**Caro aluno**, seja bem-vindo!

A partir de agora, você tem a oportunidade de estudar com uma coleção didática da SM que integra um conjunto de recursos educacionais impressos e digitais desenhados especialmente para auxiliar os seus estudos.

Para acessar os recursos digitais integrantes deste projeto, cadastre-se no *site* da SM e ative sua conta.

Veja como ativar sua conta SM:

1. Acesse o *site* <www.edicoessm.com.br>.
2. Se você não possui um cadastro, basta clicar em "Login/Cadastre clicar em "Quero me cadastrar" e seguir as instruções.
3. Se você já possui um cadastro, digite seu *e-mail* e sua senha para
4. Após acessar o *site* da SM, entre na área "Ativar recursos digitais" e insira o código indicado abaixo:

Par-Mat-7-LA

## 4AT43 - NUG96 - 5MWP5 - 77VA4

Você terá acesso aos recursos digitais por 12 meses, a partir da data de ativação desse código.

Ressaltamos que o código de ativação somente poderá ser utilizado uma vez, conforme descrito no "Termo de Responsabilidade do Usuário dos Recursos Digitais SM", localizado na área de ativação do código no *site* da SM.

Em caso de dúvida, entre em contato com nosso **Atendimento**, pelo telefone **0800 72 54876** ou pelo *e-mail* **atendimento@grupo-sm.com** ou pela internet <www.edicoessm.com.br>.

Desejamos muito sucesso nos seus estudos!

### Requisitos mínimos recomendados para uso dos conteúdos digitais SM

| Computador | Tablet | Navegador |
|---|---|---|
| **PC Windows**<br>• Windows XP ou superior<br>• Processador dual-core<br>• 1 GB de memória RAM<br><br>**PC Linux**<br>• Ubuntu 9.x, Fedora Core 12 ou OpenSUSE 11.x<br>• 1 GB de memória RAM<br><br>**Macintosh**<br>• MAC OS 10.x<br>• Processador dual-core<br>• 1 GB de memória RAM | **Tablet IPAD IOS**<br>• IOS versão 7.x ou mais recente<br>• Armazenamento mínimo: 8GB<br>• Tela com tamanho de 10"<br><br>**Outros fabricantes**<br>• Sistema operacional Android versão 3.0 (Honeycomb) ou mais recente<br>• Armazenamento mínimo: 8GB<br>• 512 MB de memória RAM<br>• Processador dual-core | *Internet Explorer 10*<br>*Google Chrome 20* ou mais recente<br>*Mozilla Firefox 20* ou mais recente<br><br>Recomendado o uso do Google Chrome<br><br>Você precisará ter o programa Adobe Acrobat instalado, *kit* multimídia e conexão à internet com, no mínimo, 1Mb |

## Para Viver Juntos

# MATEMÁTICA

ENSINO FUNDAMENTAL 7º ANO

**Carlos N. C. de Oliveira**
Mestre em Educação Matemática pela Pontifícia Universidade Católica de São Paulo (PUC–SP).
Licenciado em Matemática pelo Instituto de Matemática e Estatística da Universidade de São Paulo (USP).
Especialista em Educação Matemática pelo Centro Universitário Fundação Santo André.
Professor e Coordenador de ensino de Matemática.

**Felipe Fugita**
Licenciado em Matemática pelo Instituto de Matemática e Estatística da USP.
Professor de Matemática.

**Marco Antonio Martins Fernandes**
Licenciado em Matemática pela Fundação Instituto de Ensino para Osasco (Fieo).
Professor de Matemática e Coordenador de ensino em curso de Educação de Jovens e Adultos.

São Paulo,
3ª edição
2014

*Para Viver Juntos* – Matemática 7
© Edições SM Ltda.
Todos os direitos reservados

| | |
|---:|:---|
| Direção editorial | Juliane Matsubara Barroso |
| Gerência editorial | Roberta Lombardi Martins |
| Gerência de processos editoriais | Rosimeire Tada da Cunha |
| Coordenação de área | Ana Paula Souza Nani |
| Edição | Andrezza Guarsoni Rocha, Marcelo Augusto Barbosa Medeiros, Simone Politi Xavier, Tomas Masatsugui Hirayama |
| Equipe editorial | Edson Ferreira de Souza, Ivone Sampaio Parente, Marcela Maris, Tadeu Nestor Neto |
| Apoio editorial | Polyanna Costa, Luís Felipe Porto Mendes, Melissa Rebelo, Gabriel Amorim Costa, Laís Tubertini, Marta Rabioglio, Aline dos Reis Matheus, Camila Cardoso de Oliveira, Tarcísio Henke Fortes, Danielle Christiane Canteiro Zanin, Ligia Medeiros Nunes, Rodrigo Tadashi Kitahara, Thiago Henrique Moreira da Cruz, Paulo Nogueira Starzynski, Flávio Matos Garbin, Leandro Baptista, Débora Duarte An, Adriana Souza Resende, Renan Sanchez Viestel |
| Consultoria | Eduardo Wagner<br>Engenheiro civil pela Universidade Federal do Rio de Janeiro (UFRJ).<br>Mestre em Matemática pelo Instituto Nacional de Matemática Pura e Aplicada (Impa).<br>Professor de cursos de formação de professores.<br>Autor de livros e artigos de Matemática |
| Assistência de produção editorial | Alzira Aparecida Bertholim Meana, Flávia R. R. Chaluppe, Silvana Siqueira |
| Preparação e revisão | Cláudia Rodrigues do Espírito Santo (Coord.), Eliana Vila Nova de Souza, Fátima Cezare Pasculli, Fernanda Oliveira Souza, Izilda de Oliveira Pereira, Maíra de Freitas Cammarano, Rosinei Aparecida Rodrigues Araujo, Valéria Cristina Borsanelli, Marco Aurélio Feltran (apoio de equipe) |
| Coordenação de *design* | Erika Tiemi Yamauchi Asato |
| Coordenação de arte | Ulisses Pires |
| Edição de arte | Felipe Repiso, Elizabeth Kamazuka Santos, Melissa Steiner Rocha Antunes, Vitor Trevelin |
| Projeto gráfico | Erika Tiemi Yamauchi Asato, Aurélio Camilo |
| Capa | Erika Tiemi Yamauchi Asato, Aurélio Camilo sobre ilustração de Estúdio Colletivo |
| Iconografia | Jaime Yamane, Karina Tengan, Mariana Zanato, Priscila Ferraz, Sara Alencar, Tatiana Lubarino Ferreira, Tempo Composto Ltda. |
| Tratamento de imagem | Claudia Fidelis, Robson Mereu |
| Editoração eletrônica | Adriana Domingues de Farias, Setup Bureau |
| Fabricação | Alexander Maeda |
| Impressão | Intergraf Ind. Gráfica Eireli. |

Dados Internacionais de Catalogação na Publicação (CIP)
(Câmara Brasileira do Livro, SP, Brasil)

Oliveira, Carlos N. C. de
 Para viver juntos : matemática, 7º ano : ensino fundamental / Carlos N. C. de Oliveira, Felipe Fugita, Marco Antonio Martins Fernandes. — 3. ed. — São Paulo : Edições SM, 2014. — (Para viver juntos ; v. 7)

 Bibliografia.
 ISBN 978-85-418-0622-0 (aluno)
 ISBN 978-85-418-0623-7 (professor)

 1. Matemática (Ensino fundamental) I. Fugita, Felipe.
II. Fernandes, Marco Antonio Martins. III. Título. IV. Série.

14-06742      CDD-372.7

Índices para catálogo sistemático:
1. Matemática : Ensino fundamental 372.7

3ª edição, 2014

**Edições SM Ltda.**
Rua Tenente Lycurgo Lopes da Cruz, 55
Água Branca 05036-120 São Paulo SP Brasil
Tel. 11 2111-7400
edicoessm@grupo-sm.com
www.edicoessm.com.br

# APRESENTAÇÃO

É preciso ter algum conhecimento de Matemática para dimensionar o tamanho de arquivos em um computador, sintonizar o rádio em sua emissora preferida, verificar as horas, saber da temperatura, conferir o troco, encontrar a cadeira reservada no cinema. São muitas as ações do dia a dia que exigem conhecimentos dessa ciência.

A Matemática foi concebida e imaginada para que pudéssemos compreender melhor a nós mesmos, o grupo ao qual pertencemos e a natureza. Ela tem sido fundamental para o desenvolvimento de outras áreas do conhecimento e de novas tecnologias, além de contribuir na busca por respostas sobre o que acontece no mundo e no Universo.

Essa ciência reúne métodos e técnicas que nos permitem conviver em uma sociedade em constante transformação.

Nesta coleção, você terá condições de aprofundar os conhecimentos sobre medidas, grandezas e muitos outros assuntos relacionados à Matemática e de aplicá-los nas mais variadas situações de sua vida.

Você vai se surpreender com os conteúdos de cada capítulo e, além das consultas ao livro, poderá encontrar mais informações acessando na internet a página desta coleção.

Cada página é um convite à sua participação e ao seu envolvimento na busca por um conhecimento inclusivo, voltado para a construção de uma sociedade sustentável, justa e democrática.

**Os autores**

# CONHEÇA SEU LIVRO

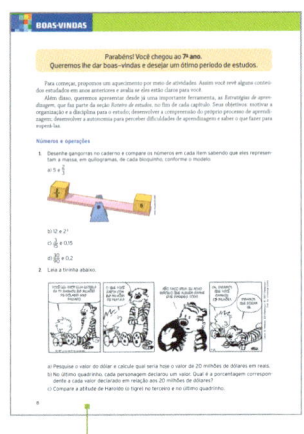

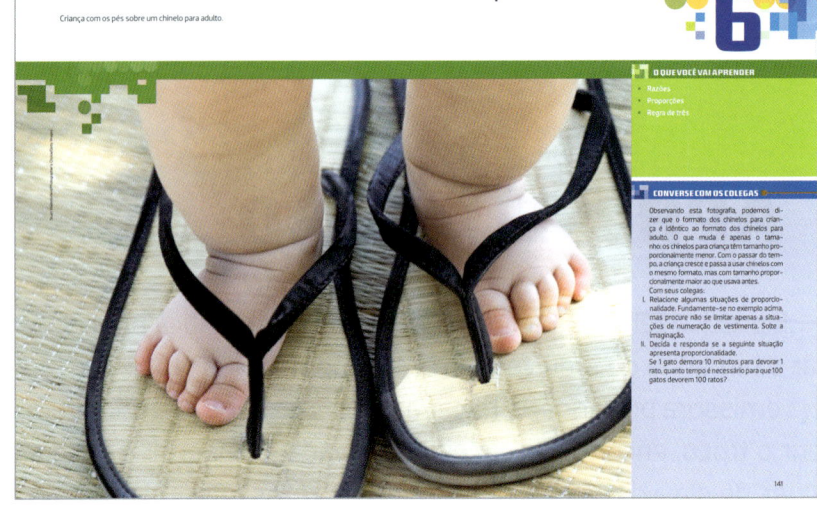

**Boas-vindas**
Atividades para levantamento dos conteúdos prévios.

**Converse com os colegas**
A imagem de abertura e o texto apresentado ao lado dela vão motivá-lo a pensar e a conversar com os colegas sobre o tema a ser estudado no capítulo.

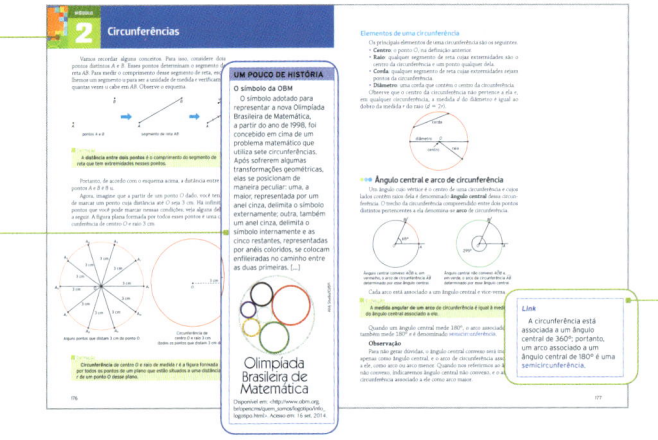

**Os capítulos são divididos em módulos, constituídos por textos teóricos e atividades.**

**A coleção apresenta boxes para complementar ou ampliar o tema estudado. Esses boxes vão instigar sua curiosidade e fazer você aprender mais.**

**Link**
Boxe que aprofunda ou retoma conteúdos já vistos, podendo propor questionamentos aos alunos.

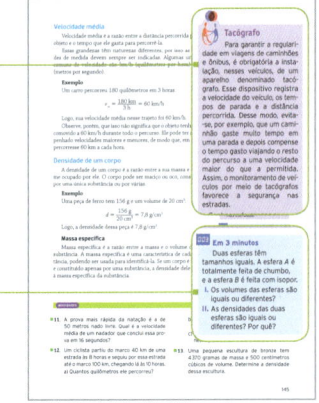

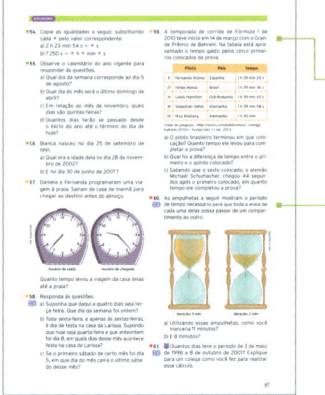

**Educação em valores**
São apresentados importantes temas da vida social para que você reflita e expresse sua opinião sobre eles. Esses boxes, e algumas atividades, ajudam a buscar uma convivência mais solidária com os colegas e a sociedade em geral. Essas atividades são acompanhadas pelo ícone:

**Em 3 minutos**
O nome do boxe indica que a atividade é de rápida execução (mas nem sempre possível de ser feita em 3 minutos).

Todos os módulos apresentam séries de atividades indicadas por nível de dificuldade e de aplicação do conhecimento:

As atividades são acompanhadas por ícones que indicam:

- uso de calculadora
- trabalho em grupo
- aplicação de estratégias de cálculo
- conexão com *Educação em valores*

### Compreender e resolver

Os problemas propostos desenvolvem a compreensão e a resolução, aliadas às habilidades de ler e representar informações, enfrentar situações-problema e tomar decisões.

No fim do livro, há mais sugestões de problemas.

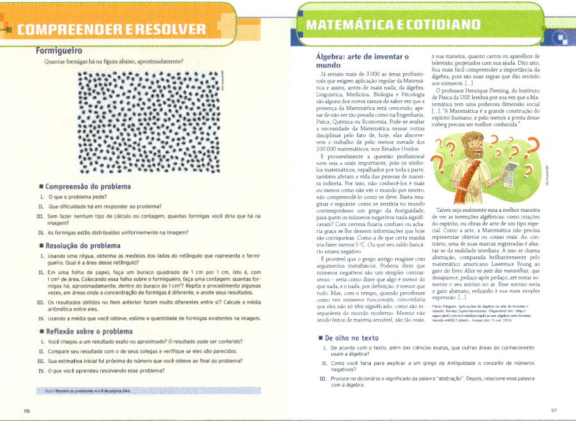

### Matemática e ...

Seção que apresenta textos veiculados pela mídia. As questões finais propõem uma discussão sobre o assunto tratado, que se relaciona ao conteúdo estudado no capítulo.

### Mundo tecnológico

A seção mostra aplicações da Matemática em contextos que utilizam recursos tecnológicos, como a calculadora, o computador e a internet.

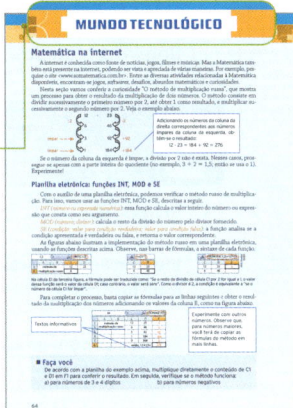

### Roteiro de estudos

Essa seção vai orientá-lo a melhorar o aproveitamento de seus estudos. Você vai se autoavaliar, decidir se necessita de reforço ou um aprofundamento e fará uma reflexão a respeito de suas estratégias de aprendizagem.

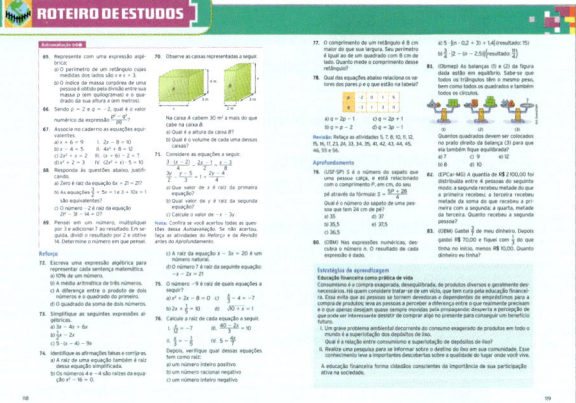

### Caixa de ferramentas

Essa seção apresenta atividades preparatórias para os projetos propostos sempre nos capítulos 6 e 9 de cada livro.

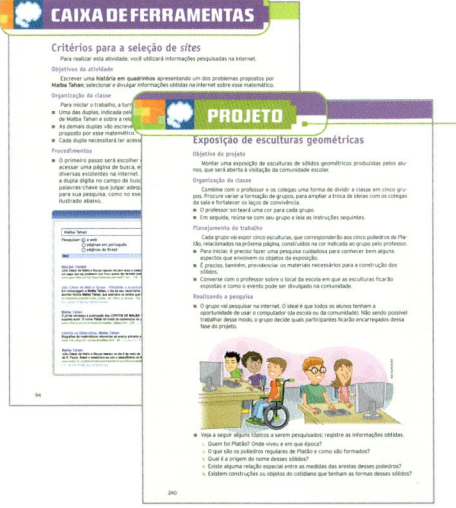

### Projeto

As atividades apresentadas aqui são um convite para se trabalhar em grupo, seguindo determinadas etapas. Você vai aprender a realizar procedimentos que serão úteis em diversas situações da vida escolar.

### Leituras e sites indicados aos alunos

Aqui você encontra sugestões de livros e sites que contribuem com seu aprendizado.

### Questões de concursos

Para você verificar o que aprendeu e se está apto a ser aprovado em um concurso do seu nível de estudo.

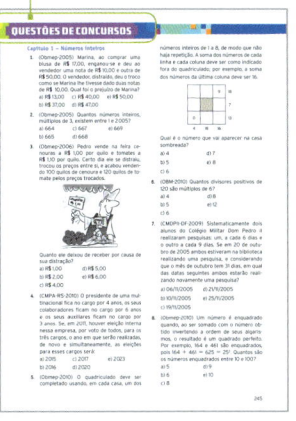

# SUMÁRIO

| Boas-vindas | 8 |

## 1 Números inteiros — 15

1. Significados dos números inteiros — 16
2. Operações com números inteiros — 23
3. Coordenadas cartesianas — 35

- Compreender e resolver:
  Tetraminós — 38
- Matemática e Física:
  Estações do ano em outros planetas — 39

Roteiro de estudos — 40

## 2 Números racionais — 43

1. Os números racionais — 44
2. Operações com números racionais — 52

- Mundo tecnológico:
  Matemática na internet — 64
- Matemática e sociedade:
  Moedas de até R$ 0,25 custam mais do que valem — 65

Roteiro de estudos — 66

## 3 Grandezas e medidas — 69

1. Volume — 70
2. Volume do paralelepípedo retângulo e do cubo — 74
3. Capacidade — 78
4. Massa — 82
5. Outras grandezas e unidades de medida — 86

- Compreender e resolver:
  Arranjo de palitos — 90
- Matemática e cultura:
  Ano-novo pelo mundo — 91

Roteiro de estudos — 92

### Caixa de ferramentas
Critérios para a seleção de *sites* — 94

## 4 Equações — 97

1. Expressões algébricas — 98
2. Equações — 102
3. Equação do 1º grau com uma incógnita — 106

- Compreender e resolver:
  Formigueiro — 116
- Matemática e cotidiano:
  Álgebra: arte de inventar o mundo — 117

Roteiro de estudos — 118

## 5 Inequações e equações com duas incógnitas — 121

1. Inequações — 122
2. Inequação do 1º grau com uma incógnita — 127
3. Equações com duas incógnitas — 131

- Mundo tecnológico:
  Símbolos da Matemática e o computador — 136
- Matemática e justiça social:
  Justiça social, conhecimento e educação — 137

Roteiro de estudos — 138

## 6 Proporcionalidade — 141

1. Razões .......... 142
2. Proporções .......... 147
3. Regra de três .......... 152
- Compreender e resolver: Festa na escola .......... 156
- Matemática e automobilismo: Grande Prêmio Brasil .......... 157

Roteiro de estudos .......... 158

**Projeto**
Decoração com mosaicos .......... 160

## 7 Ângulos, circunferências e círculos — 163

1. Ângulos .......... 164
2. Circunferências .......... 176
3. Círculo e gráfico de setores .......... 181
4. Simetria central .......... 185
- Compreender e resolver: Nove retas, muitas regiões .......... 186
- Matemática e transporte: Boa viagem com o cinto de segurança .......... 187

Roteiro de estudos .......... 188

## 8 Probabilidade e estatística — 191

1. Contagem dos casos possíveis .......... 192
2. Noção de probabilidade .......... 195
3. Pesquisa em estatística .......... 198
- Mundo tecnológico: Planilha eletrônica: datas e contagem .......... 204
- Matemática e educação: Aprender – Programa de educação do Unicef .......... 205

Roteiro de estudos .......... 206

## 9 Polígonos, construções geométricas e áreas — 209

1. Polígonos .......... 210
2. Construções geométricas .......... 218
3. Áreas de figuras planas .......... 229
- Mundo tecnológico: A geometria e o computador .......... 236
- Matemática e tecnologia: Em busca da onda perfeita .......... 237

Roteiro de estudos .......... 238

**Projeto**
Exposição de esculturas geométricas .......... 240

Leituras e sites indicados aos alunos .......... 242
Mais problemas .......... 244
Questões de concursos .......... 245
Siglas das questões de concursos .......... 258
Gabarito das questões de concursos .......... 258
Gabarito dos roteiros de estudos .......... 259
Referências bibliográficas .......... 264
Encarte .......... 265

## BOAS-VINDAS

Parabéns! Você chegou ao **7º ano**.
Queremos lhe dar boas-vindas e desejar um ótimo período de estudos.

Para começar, propomos um aquecimento por meio de atividades. Assim você revê alguns conteúdos estudados em anos anteriores e avalia se eles estão claros para você.

Além disso, queremos apresentar desde já uma importante ferramenta, as *Estratégias de aprendizagem*, que faz parte da seção *Roteiro de estudos*, no fim de cada capítulo. Seus objetivos: motivar a organização e a disciplina para o estudo; desenvolver a compreensão do próprio processo de aprendizagem; desenvolver a autonomia para perceber dificuldades de aprendizagem e saber o que fazer para superá-las.

### Números e operações

1. Desenhe gangorras no caderno e compare os números em cada item sabendo que eles representam a massa, em quilogramas, de cada bloquinho, conforme o modelo.

   a) $5$ e $\dfrac{2}{3}$

   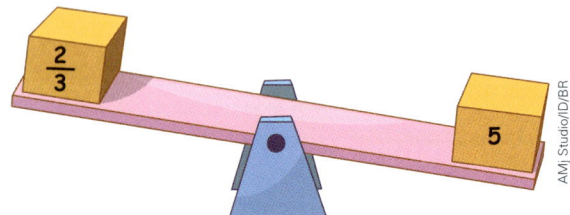

   b) $12$ e $2^3$

   c) $\dfrac{3}{15}$ e $0{,}15$

   d) $\dfrac{30}{90}$ e $0{,}2$

2. Leia a tirinha abaixo.

   a) Pesquise o valor do dólar e calcule qual seria hoje o valor de 20 milhões de dólares em reais.
   b) No último quadrinho, cada personagem declarou um valor. Qual é a porcentagem correspondente a cada valor declarado em relação aos 20 milhões de dólares?
   c) Compare a atitude de Haroldo (o tigre) no terceiro e no último quadrinho.

3. Os números 324, 4 860 e 18 750 estão em diferentes representações no mapa do tesouro.

Imagens em diferentes escalas.

Escreva no caderno cada número na forma usual (canônica) e suas outras representações: fatorada, decomposta e polinomial.

4. Vítor foi a um parque de diversões. Depois de se divertir bastante em vários brinquedos, ele quis ir embora. Para que ele encontre a saída, será necessário conferir o resultado de cada operação: se estiver correta, segue-se o sentido "sim", se estiver errada, segue-se o sentido "não". Reproduza no caderno as operações por onde Vítor passará.

Imagens em diferentes escalas.

5. Cada brinquedo a seguir representa um número natural. A soma dos números das linhas e das três primeiras colunas é dada. Determine o número que deve ser colocado no lugar do ponto de interrogação, que representa a soma da quarta coluna.

Imagens em diferentes escalas.

AMj Studio/ID/BR

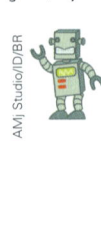

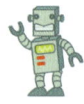

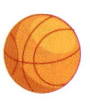

= 18
= 8
= 14
= 13
=
=
=
=
18
13
8
?

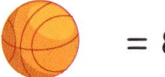

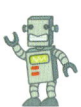

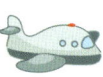

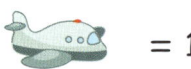

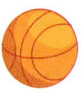

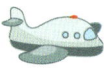

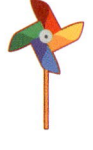

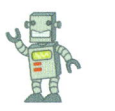

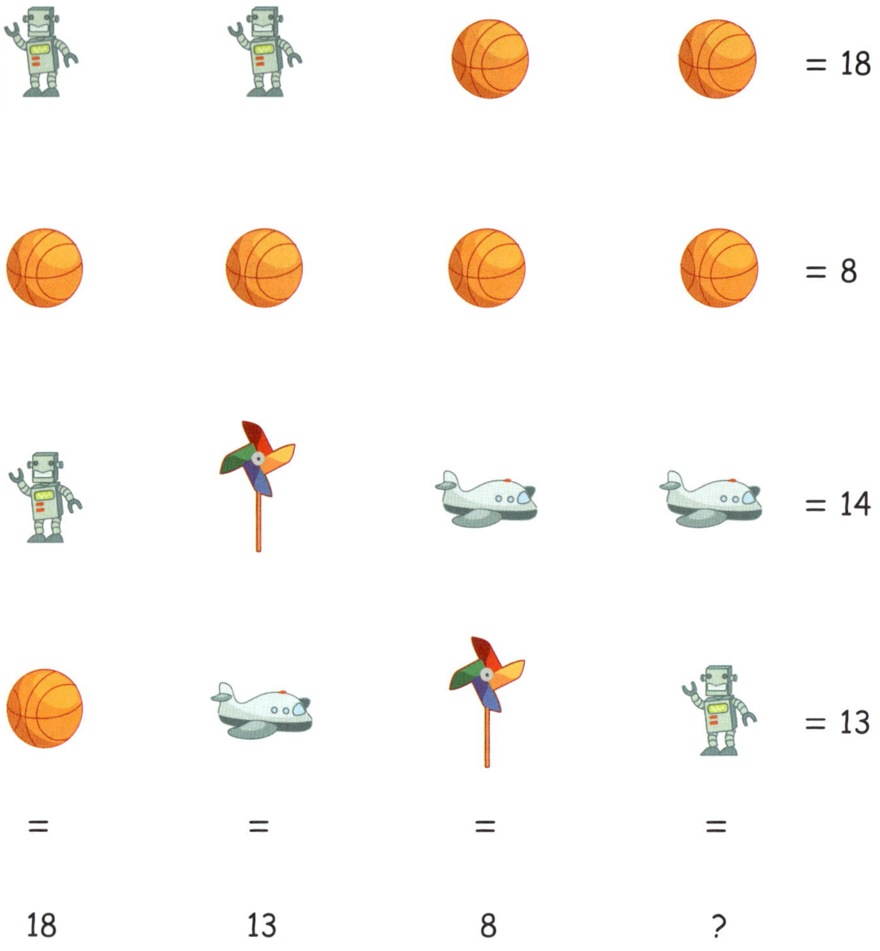

## Geometria

6. De todos os objetos abaixo, qual deles representa a figura em destaque depois de dobrada e montada? Indique-a no caderno.

Imagens em diferentes escalas.

Planificação

a)

c)

b)

d)

Ilustrações: Setup Bureau/ID/BR

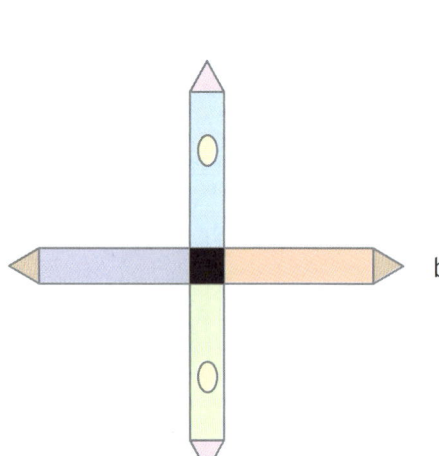

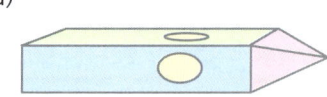

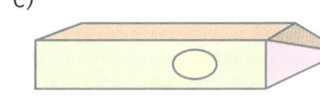

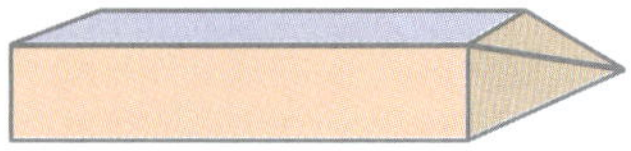

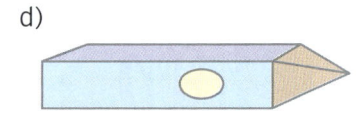

7. Veja a planificação da superfície de um cubo. Considere as informações a seguir e responda às questões.
   - O ponto de interrogação indica que a face é pintada de uma cor desconhecida.
   - Entre as seis representações de cubo, apenas uma não equivale ao cubo em destaque depois de dobrado e montado.

   Imagens em diferentes escalas.

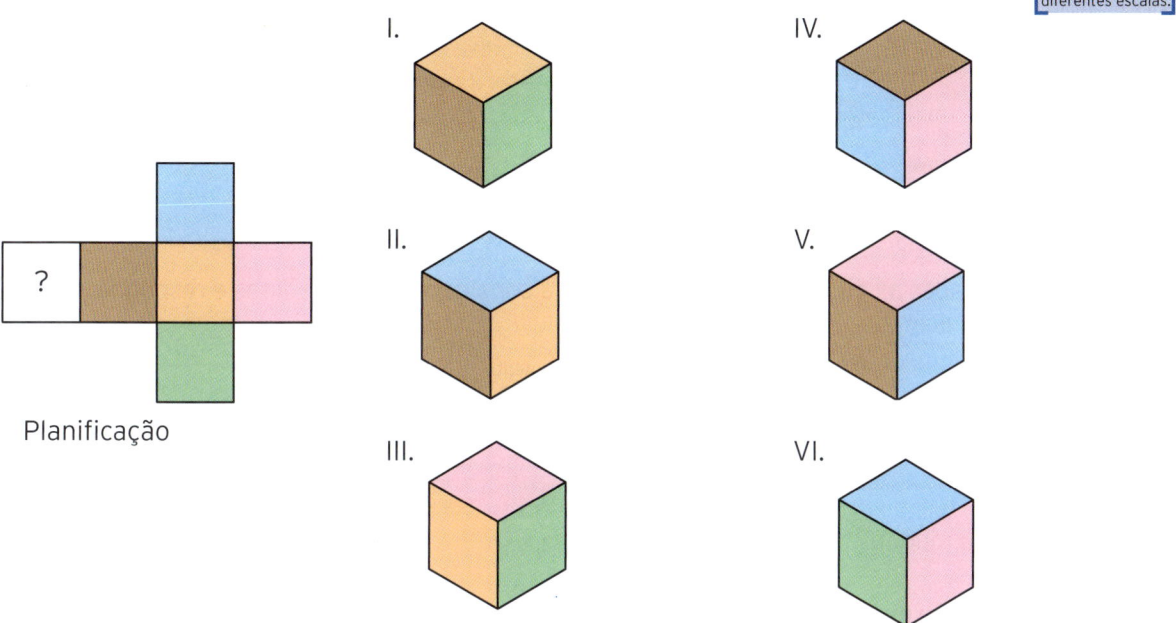

Planificação

a) Qual é a cor da face que leva o ponto de interrogação?
b) Qual é o cubo que não equivale à planificação da superfície do cubo em destaque?

## Grandezas e medidas

8. O desenho a seguir é composto de figuras geométricas.

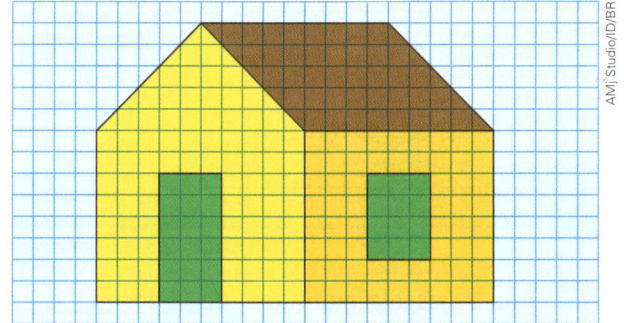

Considere a área de um quadradinho da malha regular como unidade de medida de área (u.a.) e calcule:
a) a área da porta
b) a área da janela
c) a área da parede da porta
d) a área da parede da janela
e) a área do telhado

9. Observe este desenho de um barquinho.

Considere que a distância entre dois tracinhos das laterais do desenho é 1 m. De quantos metros quadrados de tecido é composta a vela desse barquinho?

10. Com base em sua observação das imagens a seguir, responda: Qual aquário você acha que tem o maior volume? E o menor?

aquário 1       aquário 2       aquário 3

Abaixo são dadas as medidas de cada um. Agora considere essas medidas e responda novamente às perguntas acima.

|  | Comprimento | Altura | Largura |
|---|---|---|---|
| Aquário 1 | 40 cm | 40 cm | 40 cm |
| Aquário 2 | 50 cm | 40 cm | 30 cm |
| Aquário 3 | 30 cm | 30 cm | 70 cm |

Sua resposta mudou?

## Tratamento da informação

11. Observe o gráfico ao lado.
    a) As informações organizadas no gráfico indicam todas as temperaturas do período de 9 a 18 de fevereiro de 2011?
    b) A variação de temperatura é a diferença entre as temperaturas máxima e mínina registrada no dia. Em que dia houve a maior variação de temperatura? E a menor?
    c) Qual é a média das temperaturas médias?
    d) A linha vermelha poderia ter um ponto comum à linha verde em um dia qualquer? Explique para um colega.

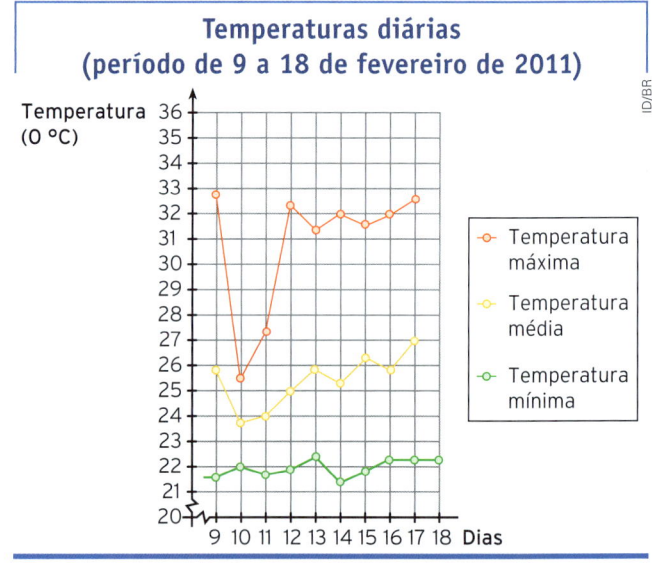

Dados criados para esta atividade.

12. Observe o gráfico ao lado.
    a) Quantos alunos há no 7º ano da Escola Municipal de Codorna?
    b) Qual é a porcentagem de alunos que têm dois ou mais irmãos?

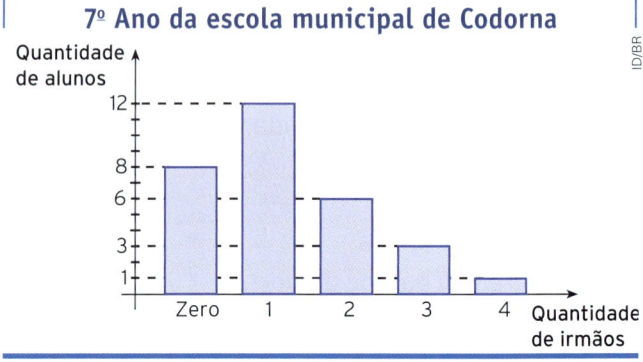

Dados criados para esta atividade.

### Estratégias de aprendizagem

**Conhecendo os objetivos do estudo**

A realização de objetivos é uma busca constante em nossa vida. No caso dos estudos, é adequado ter clareza dos objetivos a serem alcançados neste momento da vida escolar. Do nosso ponto de vista, o principal objetivo do ensino básico (fundamental e médio) é formar cidadãos ativamente atuantes na sociedade. Isso exige basicamente duas coisas:

- **compreensão do conteúdo estudado**, com capacidade para aplicá-lo em situações variadas, na escola e fora dela;

- **prática dos valores universais**, que são **liberdade**, **solidariedade**, **responsabilidade**, **respeito** e **justiça**.

Um cidadão assim preparado exerce seu direito de cidadania. Além disso, encontra maior oportunidade de vir a ocupar a posição almejada em suas relações sociais (família, trabalho, etc.).

I. Defina com palavras próprias os cinco valores universais descritos acima; dê um exemplo de cada valor. Consulte o dicionário para verificar suas definições. Incentivamos sua tarefa com um exemplo para o valor **liberdade**: **liberdade de expressão** – direito básico para a prática da democracia. (Procure outro exemplo para o valor liberdade.)

II. Faça duas listas: uma de alguns objetivos que você pretende alcançar por meio de sua educação escolar básica e outra com as atitudes necessárias à realização desses objetivos.

III. Construa um quadro para organizar as listas elaboradas acima. Veja um modelo:

| Objetivo | Atitude necessária |
|---|---|
|  |  |

IV. Para finalizar, leia no sumário os temas do capítulo 1 e olhe as imagens e os subtítulos das páginas deste capítulo. Depois, elabore um plano de estudos para o capítulo 1. Estabeleça as metas a serem cumpridas e as estratégias que pretende usar para cumprir essas metas.

> Elaborar sempre um plano de estudo no início de cada capítulo ajuda no desenvolvimento da organização e da disciplina, permitindo que você tome conta do próprio processo de aprendizagem. Experimente elaborar esse plano também nas outras matérias escolares, bem como em situações de sua vida diária. Planejar uma ação pode economizar tempo e levar a resultados gratificantes.

Fotografia abaixo: estação de esqui no Valle Nevado – região da cordilheira dos Andes (em roxo no mapa) –, 2010.

Fotografia à direita: Vale da Morte (em vermelho no mapa) – divisa da Califórnia e de Nevada, nos Estados Unidos –, 2012.

# Números inteiros

**CAPÍTULO 1**

## O QUE VOCÊ VAI APRENDER

- Significados dos números inteiros
- Operações com números inteiros
- Coordenadas cartesianas

## CONVERSE COM OS COLEGAS

A cordilheira dos Andes é a maior cadeia de montanhas do mundo em comprimento, estendendo-se ao longo de toda a costa ocidental da América do Sul. A base da estação de esqui no Valle Nevado está localizada a 3 025 metros de altitude, e sua temperatura pode atingir −17 °C no inverno.

Já a desértica depressão geográfica do Vale da Morte, nos Estados Unidos, tem altitude e temperaturas com sinais contrários aos dos Andes. A região, localizada a 86 metros abaixo do nível do mar, tem um dos climas mais extremos do planeta: a temperatura pode atingir aproximadamente 57 °C no verão. Daí o nome "Vale da Morte".

Fontes de pesquisa: <www.welcomechile.com/vallenevado/index_p.html>; <www.brasilescola.com/geografia/vale-morte.htm>. Acessos em: 4 set. 2014.

Em dupla com um colega, responda ao que se pede.

I. O que significa dizer que as altitudes e as temperaturas entre as duas regiões mostradas nas fotografias têm sinais diferentes?

II. No caderno, construa uma tabela para organizar as altitudes e temperaturas dessas duas regiões. Modelo de tabela:

| Valle Nevado | | Vale da Morte | |
|---|---|---|---|
| Altitude | Temperatura | Altitude | Temperatura |
|  |  |  |  |

III. Converse com outras duplas de colegas para verificar se as respostas dadas acima são semelhantes.

Imagens em diferentes escalas.

## MÓDULO 1 — Significados dos números inteiros

Nos anos anteriores você estudou os números naturais e aprendeu a operar com eles. Mas será que os números naturais são suficientes para representar todas as situações do cotidiano? A resposta é não. Por isso agora você vai estudar os números inteiros.

> **Número natural**: qualquer elemento do seguinte conjunto:
> $\mathbb{N} = \{0, 1, 2, 3, 4, 5, ...\}$

### Positivo, negativo ou nulo

O texto da abertura deste capítulo apresenta duas situações reais. Para cada situação há dois números relacionados: um indica a altitude, outro, a temperatura.

| | | Altitude (em m) | Temperatura (em °C) |
|---|---|---|---|
| **Exemplo** | Valle Nevado | 3 025 | −17 |
| | Vale da Morte | −86 | 57 |
| **Significado** | | Na escala de altitude, em metros, o nível do mar representa o zero, ou seja, altitude nula. Altitudes maiores do que zero são positivas; altitudes menores do que zero são negativas. | Na escala de temperatura, em °C, o ponto de fusão do gelo representa o zero, ou seja, temperatura nula. Temperaturas maiores do que zero são positivas; temperaturas menores do que zero são negativas. |

Fontes de pesquisa: <www.welcomechile.com/vallenevado/index_p.html>; <www.brasilescola.com/geografia/vale-morte.htm>. Acessos em: 4 set. 2014.

É importante observar que, nas duas situações acima, o zero foi utilizado como referencial: em comparação com ele, tanto a altitude como a temperatura assumem valores positivos ou negativos. Essas situações utilizam a ideia dos números inteiros.

Assim, os números inteiros têm um **referencial** que determina se o número é positivo (+) ou negativo (−). Esse referencial é o **zero**, considerado um número **nulo**, ou seja, nem positivo nem negativo.

Então, qualquer número inteiro ou é positivo – maior do que zero –, ou é negativo – menor do que zero – ou é nulo – igual a zero.

### ATIVIDADES

1. Cite outras situações, além da altitude e da temperatura, que utilizam a ideia de número positivo, negativo e nulo.

2. O quadro a seguir registra o desempenho de Felipe em um jogo de figurinhas durante dois dias.

a) Que números do registro você acha que são negativos? E positivos? Por quê?

b) Explique para um colega a lógica desse registro. Depois, verifique se a explicação dele é semelhante a sua.

c) Seguindo o raciocínio do registro acima, como você registraria um jogo em que Felipe nem ganhou nem perdeu figurinhas?

## Os significados dos sinais + e −

Para representar os números inteiros utilizam-se o sinal + para os **positivos** e o sinal − para os **negativos**. Observe:

$$+3\,025 \text{ e } -86$$

Os números positivos também podem ser representados sem o sinal; por exemplo, o número inteiro $+3\,025$ pode ser escrito apenas como $3\,025$. Portanto, com exceção do zero, que é nulo, qualquer número inteiro escrito sem sinal é positivo. Já os números inteiros negativos exigem a presença do sinal.

> **Em 3 minutos**
> Classifique os números inteiros a seguir em positivo, negativo ou nulo.
> I. Meu saldo bancário está devedor em 9 reais.
> II. Recebi 5 reais de presente da minha tia.
> III. Feijó, cidade do Acre, está a 153 metros de altitude.

## Representação em uma reta numérica

**I** Traçamos uma reta e escolhemos um ponto, que representará o 0. Esse ponto é denominado **origem**.

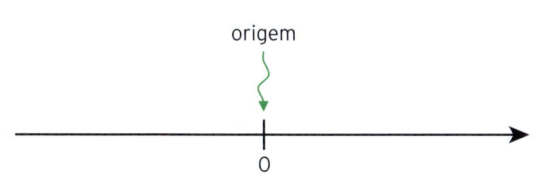

**II** Escolhemos outro ponto à direita da origem, para associar ao número +1. A distância entre a origem e o número +1 determina a unidade de comprimento da reta numérica.

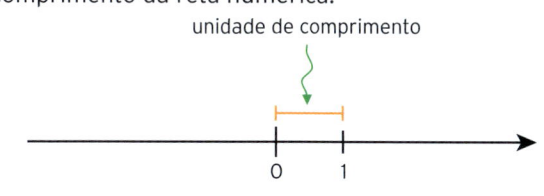

**III** Representando a unidade de comprimento repetidas vezes, da esquerda para a direita, a começar da origem, determinamos a posição dos pontos associados aos números positivos +2, +3, etc.

Começando da origem, representamos com números positivos, da esquerda para a direita, os pontos localizados.

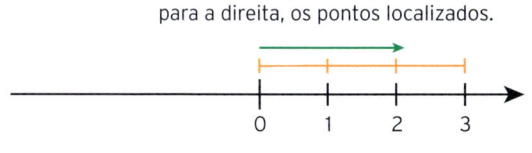

**IV** Representando agora a unidade de comprimento, repetidas vezes, da direita para a esquerda, a começar da origem, determinamos a posição dos pontos associados aos números negativos −1, −2, −3, etc.

Começando da origem, representamos com números negativos, da direita para a esquerda, os pontos localizados.

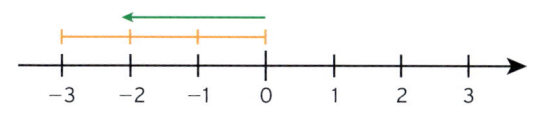

### ATIVIDADES

**3.** Faça o que se pede a seguir.

a) Represente duas retas numéricas: cada qual com uma unidade de comprimento diferente.

b) Indique nessas retas alguns números. Não indique apenas números positivos.

c) Observe as semelhanças e as diferenças na posição dos números positivos, dos negativos e do zero em cada uma das retas numéricas. Depois, compare suas representações com as de um colega.

**4.** Represente em uma mesma reta numérica os números inteiros 15, 1, 0, −11, −4 e −7.

**5.** As casas da rua Fantástica são numeradas de um modo diferente. A numeração começa no zero e decresce de 4 em 4: 0, −4, −8, ...

a) Represente a numeração das dez primeiras casas dessa rua em uma reta numérica.

b) Qual é o número da 20ª casa dessa rua?

**6.** Em grupo, responda.

a) Qual é o significado do zero para você?

b) As frases abaixo utilizam ideias do zero. Que diferenças você percebe entre elas?

- O marco zero dessa rodovia é a cidade onde moro.
- O saldo da minha conta é nulo.
- Tirei zero na prova.

## ●●● Comparação de números inteiros

Você já aprendeu a comparar números naturais e números na forma fracionária ou decimal. Agora você vai estudar a comparação entre números inteiros.

Considerando um número inteiro, sabe-se que ele pode ser positivo, nulo ou negativo. Vamos listar os possíveis casos para dois números inteiros diferentes.

- Dois números inteiros positivos. Exemplo: $+32\ °C$ é uma temperatura maior do que $+19\ °C$; portanto: $+32 > +19$
- Um número inteiro positivo e o outro nulo. Exemplo: saldo de $+8$ reais é maior do que saldo 0; portanto: $+8 > 0$
- Um número inteiro negativo e o outro nulo. Exemplo: saldo de $-8$ reais é menor do que saldo 0; portanto: $-8 < 0$
- Um número inteiro positivo e o outro negativo. Exemplo: $+2$ metros de altitude é superior a $-3$ metros de altitude; portanto: $+2 > -3$
- Dois números inteiros negativos. Exemplo: uma dívida de 9 reais ($-9$) é melhor do que uma dívida de 12 reais ($-12$); portanto: $-9 > -12$

### Comparação em uma reta numérica

Na construção de uma reta numérica horizontal, os números inteiros são representados em ordem crescente da esquerda para a direita*. Assim, podemos comparar dois números inteiros em uma reta numérica.

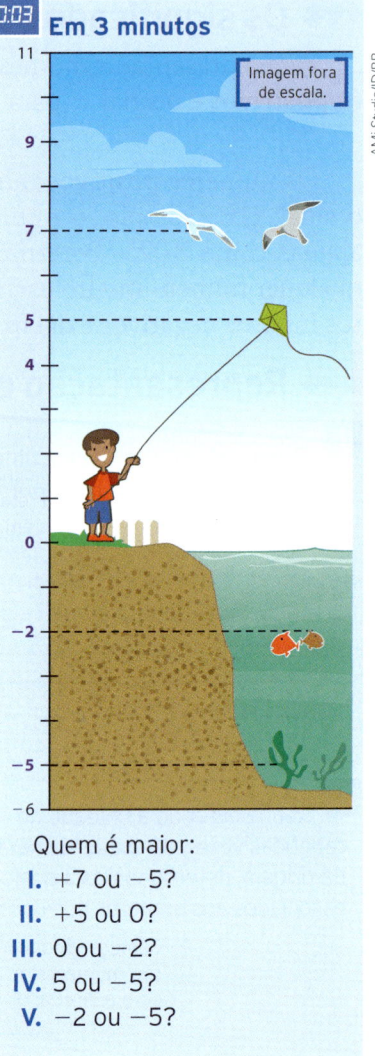

Quem é maior:
I. $+7$ ou $-5$?
II. $+5$ ou $0$?
III. $0$ ou $-2$?
IV. $5$ ou $-5$?
V. $-2$ ou $-5$?

> Dados dois números inteiros localizados por pontos em uma reta numérica horizontal, o maior deles é o que está à direita do outro.

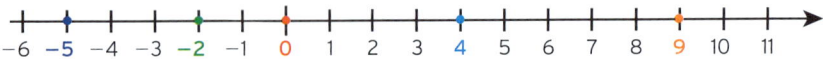

- $4$ está localizado à esquerda de $9$ e à direita de $0$ na reta numérica. Logo: $4 < 9$ e $4 > 0$
- $-2$ está localizado à esquerda de $0$, à esquerda de $4$ e à direita de $-5$ na reta numérica. Logo: $-2 < 0$, $-2 < 4$ e $-2 > -5$

\* Na representação dos números inteiros em uma reta numérica, a ordem crescente também pode ser da direita para a esquerda, embora seja pouco usada em livros didáticos.

**ATIVIDADES**

**7.** Copie cada item a seguir substituindo ★ por *maior* ou *menor*, de modo que as sentenças sejam verdadeiras.

a) Dados dois números inteiros positivos, o ★ é aquele que está mais à direita na reta numérica.

b) Qualquer número inteiro positivo é ★ do que o zero.

c) Qualquer número inteiro positivo é ★ do que qualquer número inteiro negativo.

d) Qualquer número inteiro negativo é ★ do que o zero.

e) Dados dois números inteiros negativos, o ★ é aquele que está mais à esquerda na reta numérica.

## Valor absoluto

O esquema a seguir representa a linha Norte-Sul do metrô de uma cidade associada a uma reta numérica.

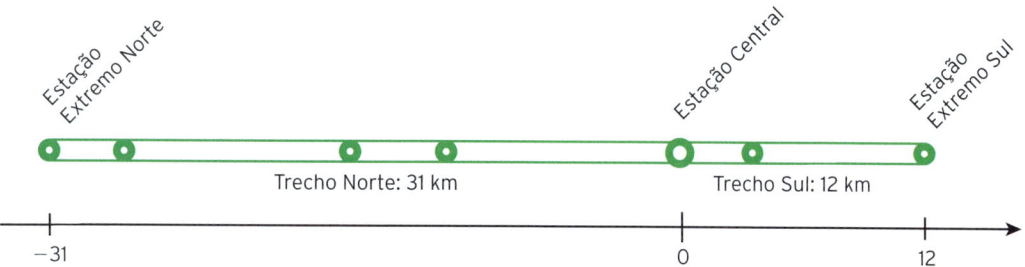

| A Estação Central é o referencial da linha; portanto, representa o marco 0 da reta numérica. Um trem nessa estação tem distância nula em relação a ela. ▶ Distância: 0 km | A Estação Extremo Sul representa o marco 12 da reta numérica. Um trem nessa estação está a 12 km de distância da Estação Central. ▶ Distância: 12 km | A Estação Extremo Norte representa o marco −31 da reta numérica. Um trem nessa estação está a 31 km de distância da Estação Central. ▶ Distância: 31 km |

Dado um ponto qualquer da reta numérica, a distância entre a origem e o ponto dado é um número positivo. Por exemplo, a distância entre o ponto que representa o número −31 e a origem é 31.

### Definição

**Valor absoluto** ou **módulo** de um número inteiro é a distância entre a origem e o ponto que representa esse número.

O módulo de um número inteiro é representado pelo símbolo: | | Assim, o módulo de −15 é 15, e indicamos $|-15| = 15$; o módulo de +15 é 15, e indicamos $|15| = 15$.

### ATIVIDADES

**8.** Em uma escala de termômetro, que temperatura está mais próxima de 0 °C: −8 °C ou +12 °C?

**9.** Em uma escala de altitude, o que está mais próximo do nível do mar: um local a −130 m ou um local a 129 m?

**10.** Veja como um aluno calculou corretamente a distância entre 4 e −2 e entre 5 e 7.

> Para indicar a distância entre 4 e −2, determinei inicialmente a distância entre 4 e 0 e −2 e 0.
> Assim: $|4| = 4$ e $|-2| = 2$
> Como 4 e −2 estão em sentidos opostos em relação à origem, a distância entre eles é a soma da distância de cada um à origem. Logo, a distância entre 4 e −2 é: $4 + 2 = 6$
> A distância entre 5 e 0 é $|5| = 5$ e entre 7 e 0 é $|7| = 7$. Como 5 e 7 estão no mesmo sentido em relação à origem, a distância entre eles é a diferença entre a maior e a menor distância. Logo, a distância é: $7 - 5 = 2$

Seguindo os mesmos raciocínios apresentados, calcule a distância entre cada par de números.

a) 4 e 0
b) −7 e 0
c) 5 e −1
d) −3 e 7
e) 9 e 15
f) −7 e −11

**11.** Dois números inteiros diferentes um do outro podem ter módulos iguais? Cite um exemplo que confirme sua resposta.

**12.** Entre os números a seguir, qual tem o maior módulo?

$$-35, 25, 35 \text{ e } -55$$

**13.** Quais são os possíveis valores inteiros para $x$ em cada caso a seguir?

a) $|x| = 0$
b) $|x| = 15$
c) $|x| = -15$
d) $|x| + 1 = 10$

### ●●● Números opostos

Marina é vizinha de Pedro e de Camila. Para ir à casa de Pedro, Marina sai de sua casa e caminha 8 metros para a direita. Já para ir à casa de Camila, ela sai de sua casa e caminha 8 metros para a esquerda. A distância da casa de Marina à casa de Pedro é igual à distância da casa de Marina à casa de Camila: 8 metros

Essa situação foi representada por uma reta numérica tal que a casa de Marina é o referencial ou a origem na reta dos números inteiros.

Na reta numérica, a casa de Pedro representa o −8, e a casa de Camila, o 8. A distância do 8 até a origem e a distância do −8 até a origem são iguais a 8.

> Números inteiros **opostos** ou **simétricos** são números de sinais diferentes com iguais distâncias dos pontos que os representam até a origem.

O número −8 é o oposto de 8, bem como 8 é o oposto de −8. O número 0 é o oposto dele mesmo.

**Em 3 minutos**
Determine o oposto de cada número a seguir.
I. 2
II. −3
III. −15
IV. 34
V. 1
VI. −147
VII. −5 − (−3)
VIII. 7 + (−14)

### ATIVIDADES

**14.** Considere os números representados pelas letras a seguir.

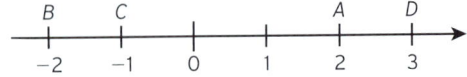

a) Qual é a distância até a origem de cada número representado por essas letras?

b) Qual par de pontos dados representa dois números simétricos?

**15.** Amanda e Bia estavam brincando de jogar pedrinhas, que partiam de um mesmo lugar, porém eram lançadas em sentidos opostos. Elas repetiram essa ação várias vezes.

a) Na vez representada acima, qual delas jogou a pedrinha mais longe?

b) Em quais situações os números que representam a posição das pedrinhas de Amanda e de Bia seriam opostos?

**16.** Escreva o oposto de cada situação a seguir, bem como o número que a representa.

a) O lucro na venda de uma calça foi 12 reais.

b) Cinco andares acima do térreo.

c) Temperatura de 7 °C abaixo de zero.

d) Perder 2 pontos em um jogo.

e) O ponto de partida fica 13 metros à esquerda do zero.

**17.** Dois números inteiros opostos estão a uma distância de 34 unidades um do outro. Quais são esses números?

**18.** Os números representados por $x$ e $-x$ são opostos em relação a zero.

a) $x$ pode ser um número inteiro positivo?

b) $x$ pode ser um número inteiro negativo?

c) Dê exemplos de possíveis valores que $x$ pode assumir.

## Conjunto dos números inteiros

O conjunto $\mathbb{N}$, você já conhece, é o conjunto dos números naturais: $\mathbb{N} = \{0, 1, 2, 3, 4, 5, ...\}$. Observe que em $\mathbb{N}$ há o número nulo (o zero) e números positivos. Considere o conjunto dos números inteiros negativos:

$$\{..., -5, -4, -3, -2, -1\}$$

Reunindo $\mathbb{N}$ e o conjunto dos números inteiros negativos, obtemos o **conjunto dos números inteiros**, que pode ser representado assim:

$$\mathbb{Z} = \{..., -5, -4, -3, -2, -1, 0, +1, +2, +3, +4, +5, ...\}$$

Ou, simplesmente:

$$\mathbb{Z} = \{..., -5, -4, -3, -2, -1, 0, 1, 2, 3, 4, 5, ...\}$$

### Observação

Nem todo número inteiro é natural. Por exemplo, $-18$ é um número inteiro, mas não é natural. Ou seja, $-18$ pertence (símbolo: $\in$) ao conjunto $\mathbb{Z}$, mas não pertence ($\notin$) ao $\mathbb{N}$. Escrito em linguagem matemática: $-18 \in \mathbb{Z}$ e $-18 \notin \mathbb{N}$

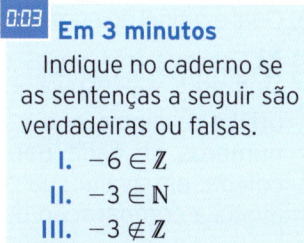

**Em 3 minutos**
Indique no caderno se as sentenças a seguir são verdadeiras ou falsas.
I. $-6 \in \mathbb{Z}$
II. $-3 \in \mathbb{N}$
III. $-3 \notin \mathbb{Z}$
IV. $+3 \in \mathbb{N}$
V. $6 \notin \mathbb{Z}$
VI. $0 \notin \mathbb{Z}$

### ATIVIDADES

**19.** Considere os números inteiros representados a seguir.

17, 25, −32, 41, −2, −17, 0, 16, 1 e −18

a) Quais deles são naturais?
b) Quais são inteiros negativos?
c) Escreva os números inteiros positivos.
d) Organize os números dados em ordem crescente.

**20.** Escreva um número inteiro:
a) não natural
b) não positivo

**21.** Veja as seguintes informações:

O **sucessor** de um número inteiro é o número inteiro representado imediatamente a sua direita em uma reta numérica horizontal, ou seja, uma unidade maior.

O **antecessor** de um número inteiro é o número inteiro representado imediatamente a sua esquerda em uma reta numérica horizontal, ou seja, uma unidade menor. Veja agora alguns exemplos:

- O antecessor de 4 é 3 e seu sucessor é 5.
- 385 é antecessor de 386 e sucessor de 384.

a) Sabendo disso, complete a tabela a seguir.

| Número | Antecessor | Sucessor | Oposto | Módulo |
|---|---|---|---|---|
| −7 | | | | 7 |
| 13 | | | −13 | |
| 127 | | 128 | | |
| 0 | | | | |
| −25 | | | | |
| −275 | −276 | | | |

b) Faça outra tabela que contenha três colunas: com os números inteiros positivos, os negativos e o número nulo. Depois, organize os números da tabela do item anterior nas respectivas colunas desta tabela.

c) A quais conjuntos numéricos pertencem esses números?

d) Pense em outras maneiras de separar esses números e apresente no mínimo uma delas.

Para reforçar o estudo desse módulo apresentamos algumas atividades. Procure identificar qual conceito está sendo solicitado e sempre que possível trabalhe com diferentes estratégias.

## ATIVIDADES

**22.** Considere a reta numérica a seguir. Cada letra está associada a um número inteiro.

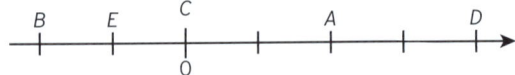

a) Indique as letras que representam números inteiros positivos e as letras que indicam números inteiros negativos.

b) Qual é o sinal do número representado por C?

c) 👥 Escreva três pares de números representados por letras nessa reta. Depois, utilize os sinais > e < para comparar os números de cada par. Troque com um colega: ele avalia sua comparação e você avalia a comparação dele.

**23.** Observe a previsão do tempo para algumas cidades brasileiras.

Fonte de pesquisa: IBGE. Dados criados para esta atividade.

a) Em qual cidade a temperatura mínima prevista é mais baixa?

b) Em qual cidade a temperatura máxima prevista é mais alta?

c) 👥 Troque ideias com os colegas. Nas cidades identificadas nos itens anteriores ocorrerão necessariamente a menor e a maior temperatura em relação às outras cidades que aparecem no mapa? Por quê?

**24.** Faça uma pesquisa sobre as temperaturas máximas e mínimas registradas nos últimos cinco dias em sua cidade.

a) Registre em uma reta numérica as temperaturas obtidas. Marque o dia em que cada temperatura foi registrada e utilize cores diferentes para a máxima e para a mínima dentro desse período.

b) Qual foi a maior temperatura obtida?

c) Qual foi a menor temperatura obtida?

d) Houve algum registro de temperatura negativa?

e) Qualquer temperatura negativa seria menor do que as temperaturas que você encontrou? Explique.

**25.** Escreva os números inteiros compreendidos entre os números dados abaixo.

a) 5 e 12

b) −12 e −7, incluindo esses números

c) −3 e 4, incluindo apenas o −3

**26.** Faça uma pesquisa e descubra qual é o ponto mais alto das Américas. Descreva sua localização, sua altura e outras informações que julgar necessárias.

**27.** João pensou em um número, adicionou a ele uma unidade e representou o resultado em uma reta numérica. Veja.

a) Qual foi o número representado por João na reta numérica?

b) Em qual número João pensou?

c) Indique em uma reta numérica o oposto do número pensado por João.

# MÓDULO 2

# Operações com números inteiros

## ●●● Adição de números inteiros

Com exceção do zero, na adição de dois números inteiros pode ocorrer que ambos sejam positivos ou negativos ou que tenham sinais diferentes. Vamos estudar esses três casos, analisando o extrato bancário representado ao lado.

### Adição de dois números inteiros positivos

Em 10 de abril, o saldo desse extrato é 450 reais. Nesse dia é feito um depósito de 120 reais.

$$(+450) + (+120) = +570$$

Portanto, no fim do dia, a conta apresenta um saldo de 570 reais.

A adição de dois números inteiros positivos é igual à adição de dois números naturais.

### Adição de dois números inteiros negativos

Em 12 de abril, o extrato registra um cheque descontado no valor de 230 reais e um saque de 50 reais.

$$(-230) + (-50) = -280$$

Portanto, no fim do dia, a conta apresenta $-280$ reais em relação ao saldo do dia 10.

Na adição de dois números inteiros negativos adiciona-se o módulo de cada um deles e conserva-se o sinal no resultado.

Essas operações também podem ser representadas sem os parênteses: $+450 + 120 = +570$ e $-230 - 50 = -280$

> Na adição de dois números inteiros de **sinais iguais**, adicionam-se os módulos e conserva-se o sinal dos números.

**Banco da Cidade**
Cláudio da Silva Oliveira
Agência 237X-2
Conta-corrente 3B5100W-7

Demonstrativo de extrato    23 abr. 2013

| DATA | MOVIMENTAÇÃO | | SALDO |
|---|---|---|---|
| 10 abr. | Anterior | | 450,00 C |
| 10 abr. | Depósito | 120,00 C | 570,00 C |
| 12 abr. | Cheque 00012W | 230,00 D | |
| 12 abr. | Saque | 50,00 D | 290,00 C |
| 20 abr. | Depósito | 350,00 C | |
| 20 abr. | Cheque 00013X | 110,00 D | 530,00 C |
| 22 abr. | Crédito | 130,00 C | |
| 22 abr. | Saque | 190,00 D | 470,00 C |

**Link**
Para qualquer número inteiro $a$ é válida a seguinte regra de sinais para a eliminação dos parênteses.
$+(+a) = +a$
$+(-a) = -a$
$-(+a) = -a$
$-(-a) = +a$

### ATIVIDADES

**28.** Veja como um aluno determinou corretamente o valor das somas $(+2) + (+3)$ e $(-10) + (-30)$ e as representou em uma reta numérica:

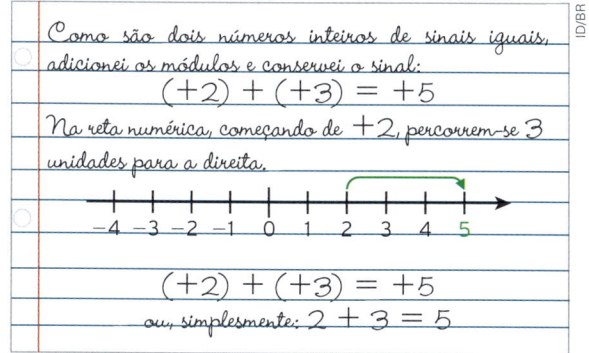

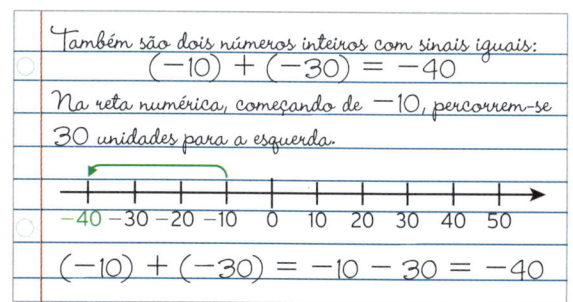

De acordo com as resoluções desse aluno, determine o valor de cada soma. Represente-as também em uma reta numérica.

a) $(+7) + (+5)$
b) $+13 + 4$
c) $+200 + 100$
d) $(-8) + (-12)$
e) $(-25) + (-3)$
f) $(-350) + (-150)$

## Adição de dois números inteiros de sinais diferentes

Em 20 de abril, consta nesse extrato um depósito de 350 reais e o desconto de um cheque de 110 reais.

$$(+350) + (-110) = +240$$

Representando a operação sem os parênteses, temos:
$+350 - 110 = +240$, ou, simplesmente, $350 - 110 = 240$.

Em 22 de abril, o extrato registra um crédito de 130 reais e um saque de 190 reais.

$$(+130) + (-190) = -60$$

Representamos essa operação também sem os parênteses: $+130 - 190 = -60$, ou, simplesmente, $130 - 190 = -60$.

> Na adição de dois números inteiros de **sinais diferentes**, subtrai-se o módulo maior do módulo menor e conserva-se o sinal do número de módulo maior.

### Observação

Também é igual à adição de números naturais a adição de dois números inteiros, em que um deles ou os dois são nulos.

$(+4) + 0 = +4$    $0 + 0 = 0$    $0 + (+3) = +3$

**BANCO DA CIDADE**

Cláudio da Silva Oliveira
Agência 237X-2
Conta-corrente 3B5100W-7

Demonstrativo de extrato    23 abr. 2013

| DATA | MOVIMENTAÇÃO | | SALDO |
|---|---|---|---|
| 10 abr. | Anterior | | 450,00 C |
| 10 abr. | Depósito | 120,00 C | 570,00 C |
| 12 abr. | Cheque 00012W | 230,00 D | |
| 12 abr. | Saque | 50,00 D | 290,00 C |
| 20 abr. | Depósito | 350,00 C | |
| 20 abr. | Cheque 00013X | 110,00 D | 530,00 C |
| 22 abr. | Crédito | 130,00 C | |
| 22 abr. | Saque | 190,00 D | 470,00 C |

### ATIVIDADES

**29.** Determine o valor de cada soma. Depois, represente-as em uma reta numérica.

a) $(+3) + (-5)$
b) $(+5) + (-2)$
c) $0 + (-20)$
d) $(+30) + 0$
e) $(-27) + (+12)$
f) $-52 + 41$
g) $-268 + 324$
h) $(325) - (268)$

**30.** O saldo bancário de uma conta é 300 reais negativos.

a) Qual é o novo saldo dessa conta se dela for descontado um cheque de 150 reais?

b) No dia seguinte à emissão desse cheque são depositados 510 reais nessa conta. Qual é o valor do novo saldo?

c) Quantos reais, no máximo, podem ser gastos dessa conta, para que o saldo, ao fim do dia, não seja negativo?

**31.** Complete a tabela a seguir. Cada célula deve ser preenchida com o valor da soma do número representado na primeira linha e o número representado na primeira coluna, como nos exemplos.

| +    | +17 | −25 | +3 | −86 | 0 | 32 |
|------|-----|-----|----|-----|---|----|
| +25  | +42 |     |    |     |   |    |
| −6   |     | −31 | −3 |     |   |    |
| −18  |     |     |    |     |   |    |
| 210  |     |     |    |     |   |    |
| −125 |     |     |    |     |   |    |

**32.** Considere um número inteiro. Ao ser adicionado ao seu sucessor, obtém-se um resultado cujo módulo é 13. Qual é o número inteiro considerado?

**33.** Pesquise e elabore um texto sobre fusos horários, explicando entre outras informações que julgar pertinentes: o que são; por que existem; o que significa a linha internacional de data. Informe também quantos fusos horários há no Brasil, como se faz para calcular o horário nesses fusos e qual desses horários é o oficial.

Não se esqueça de citar as fontes de pesquisa utilizadas.

## Adição ou subtração?

Observe as seguintes operações.

- $\underbrace{5 - 3 = 2}_{\text{subtrair 3 de 5}}$ é equivalente a $\underbrace{5 + (-3) = 2}_{\text{adicionar } -3 \text{ a } 5}$

- $\underbrace{-3 - (-7) = +4}_{\text{subtrair } -7 \text{ de } -3}$ é equivalente a $\underbrace{-3 + 7 = +4}_{\text{adicionar 7 a } -3}$

> Subtrair um número inteiro de outro número inteiro equivale a adicionar o primeiro número e o oposto do segundo.

Assim, a adição e a subtração podem ser consideradas e calculadas como uma única operação, denominada **adição algébrica**.

### ATIVIDADES

**34.** Às 6 horas da manhã do mesmo dia, nas cidades A e B, são registradas as seguintes temperaturas.

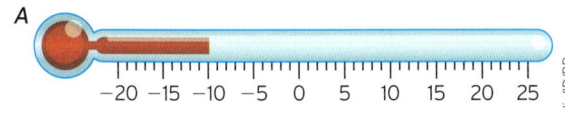

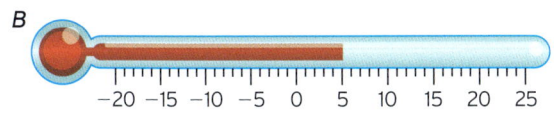

Indique a temperatura que esses termômetros marcam nas situações a seguir.
a) A temperatura aumenta 7 °C.
b) A temperatura diminui 5 °C.
c) A temperatura diminui 8 °C.
d) A diferença entre a temperatura marcada e a temperatura às 6 horas da manhã é −11 °C.
e) A diferença entre a temperatura marcada e a temperatura às 6 horas da manhã é 6 °C.

**35.** Em um campeonato de futsal em Sobral, Ceará, quatro equipes jogaram entre si, obtendo os seguintes resultados.

|              | Boleiros | Bons de bola | Goleadores |
|--------------|----------|--------------|------------|
| Atacantes    | 3 × 0    | 1 × 1        | 2 × 1      |
| Boleiros     | —        | 2 × 0        | 3 × 1      |
| Bons de bola | —        | —            | 2 × 0      |

Dados criados para esta atividade.

a) Quantas partidas cada equipe disputou?
b) Quantas vitórias cada equipe obteve?
c) Quantos gols, ao todo, cada equipe fez?
d) Quantos gols, ao todo, cada equipe sofreu?
e) Saldo de gols é a diferença entre a quantidade de gols que cada equipe fez e a quantidade de gols que cada equipe sofreu. Calcule o saldo de gols de cada equipe nesse campeonato.
f) Coloque em ordem crescente os números inteiros que representam o saldo de gols de cada equipe.

**36.** Copie e substitua cada ★ por um número inteiro, de modo que as igualdades sejam verdadeiras.
a) 54 + ★ = 69
b) 37 + ★ = 23
c) −16 + ★ = −3
d) −25 + ★ = −51
e) −15 − ★ = −37
f) 10 − ★ = 23
g) 42 − ★ = 42
h) −21 − ★ = −12

**37.** Em cada uma das caixas representadas a seguir, há bolas marcadas com números inteiros.

Um aluno é desafiado a retirar a menor quantidade possível de bolas das caixas, de modo que a soma dos números marcados nas bolas retiradas seja −18.

Uma aluna também é desafiada a retirar a menor quantidade possível de bolas, mas agora a soma dos números marcados nas bolas retiradas deve ser 23.

Determine quais bolas devem ser retiradas em cada caso para atingir o objetivo esperado.

## Adição de três ou mais números inteiros

No final de uma partida de um jogo de tabuleiro, a equipe formada por Ari, Bianca e Carlos deve adicionar os valores das fichas que ganharam.

Eles já tinham percebido que podem agrupar as fichas de várias maneiras sem que o resultado da adição de seus valores se altere.

Veja a estratégia de cálculo que cada um dos três amigos utiliza para determinar a soma dos valores das fichas.

**Ari**: adiciona os valores na ordem em que estão dispostos.

$(+5) + (-2) + (-1) + (0) + (+3) + (-8) + (0) + (-5) + (+4) =$
$= (+3) + (-1) + (0) + (+3) + (-8) + (0) + (-5) + (+4) =$
$= (+2) + (0) + (+3) + (-8) + (0) + (-5) + (+4) =$
$= (+2) + (+3) + (-8) + (0) + (-5) + (+4) =$
$= (+5) + (-8) + (0) + (-5) + (+4) =$
$= (-3) + (0) + (-5) + (+4) =$
$= (-3) + (-5) + (+4) =$
$= (-8) + (+4) = -4$

**Bianca**: associa os valores de suas fichas adicionando todos os números positivos, todos os números negativos e todos os zeros; depois, adiciona os resultados.

$(+5) + (-2) + (-1) + (0) + (+3) + (-8) + (0) + (-5) + (+4) =$
$= (+5) + (+3) + (+4) + (-2) + (-1) + (-8) + (-5) + (0) + (0) =$
$= (+12) \quad + \quad (-16) \quad + \quad (0) \quad = -4$

**Carlos**: associa os valores de duas ou mais fichas adicionando números cuja soma é zero. Além disso, já percebeu que adicionar 0 não altera a soma.

$(+5) + (-2) + (-1) + (0) + (+3) + (-8) + (0) + (-5) + (+4) =$
$= (+5) + (-5) + (-2) + (-1) + (+3) + (-8) + (+4) + (0) + (0) =$
$= (0) \quad + \quad (0) \quad + \quad (-4) \quad + \quad (0) \quad = -4$

As estratégias utilizadas acima são aplicações das *propriedades* da adição de números inteiros.

> **Propriedade**: característica ou atributo próprio de alguma coisa.

| Propriedade da adição de números inteiros | | Representação algébrica | Exemplo |
|---|---|---|---|
| Comutativa | A ordem das parcelas não altera a soma. | $a + b = b + a$ | $5 + (-2) = (-2) + 5 = 3$ |
| Associativa | A ordem de associação das parcelas não altera a soma. | $(a + b) + c = a + (b + c)$ | $[5 + 2] + (-1) = 5 + [2 + (-1)] = 6$ |
| Elemento neutro | O zero é o elemento neutro. | $a + 0 = a$ | $-3 + 0 = -3$ |
| Elemento oposto | Para todo número inteiro existe um oposto; a soma desses números é 0. | $a + (-a) = 0$ | $5 + (-5) = 0$ |

## ATIVIDADES

**38.** Calcule o valor de cada expressão numérica, indicando a utilização das propriedades.
a) $-7 + 15 + 0 - 15 + 37 - 10$
b) $37 - 22 + 13 - 22 - 0 + 13$
c) $(-2) + (-6) + (-11) + (+8) + 10$
d) $-13 + (27 - 12) - 5 + 76 - (7 + 14)$
e) $[(52 - 13) + 26] + 2$
f) $-3 - \{[0 + (127 - 127) - 32] + 5 + 32\}$

**39.** Acompanhe a movimentação bancária de uma conta-corrente.

> Começo do mês: saldo de 450 reais.
> No decorrer do mês:
> - descontados dois cheques, um de 230 reais, outro de 185 reais;
> - depósito de um cheque de 420 reais;
> - saque de 500 reais.

Sabendo que não houve nenhuma outra movimentação nessa conta, qual é o saldo final?

**40.** Em um jogo de dardos entre três jogadores I, II e III, cada jogador lança 5 dardos por rodada.

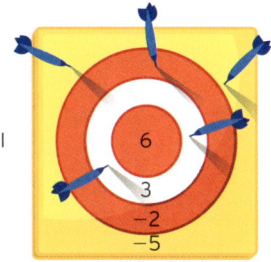

I

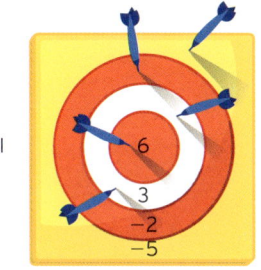

II

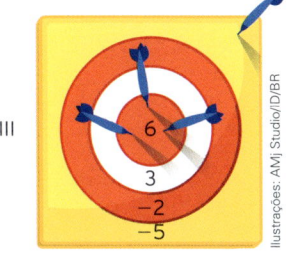

III

Os pontos da rodada são dados pela adição dos pontos obtidos nos lançamentos, que correspondem ao número indicado na região do alvo em que o dardo acerta. Se um dardo não atinge o alvo, o jogador perde 10 pontos.

a) Calcule o total de pontos de I, II e III na rodada representada na ilustração.
b) Qual dos três jogadores obteve maior pontuação?
c) Em uma rodada, quais são os possíveis totais parciais de pontos que um jogador pode ter depois de lançar 2 dardos?

**41.** Copie e substitua cada ★ por um número inteiro, de modo que as igualdades sejam verdadeiras.
a) $9 + ★ -(-12) + 3 = 20$
b) $-2 - ★ + 8 + (-10) = -15$
c) $-2 + ★ -(-31) - 9 = 15$
d) $10 - ★ - 18 - 12 = 10$
e) $-★ + (-9) - 22 - 7 = -14$
f) $8 + ★ - (-11) - 36 + 8 = 6$

**42.** Complete a tabela a seguir.

| a | -4 | +6 | 0 | -2 |
|---|---|---|---|---|
| b | +3 | -7 | +1 | -5 |
| a + b | | | | |
| b + a | | | | |
| Oposto de a + oposto de b | | | | |
| Oposto de (a + b) | | | | |
| Oposto de (b + a) | | | | |

a) Os resultados obtidos em $a + b$ e em $b + a$ são iguais? Que propriedade justifica sua resposta?

b) Conclua por que os resultados obtidos nas duas últimas linhas da tabela são iguais. Represente sua conclusão algebricamente.

**43.** No quadrado mágico abaixo, as somas dos números de cada linha, de cada coluna ou de cada diagonal são iguais.

| 4 | | 2 |
|---|---|---|
| | | 3 |
| 0 | | -2 |

Complete o quadrado mágico com os números que estão faltando.

## ••• Multiplicação de números inteiros

Na multiplicação de dois números inteiros pode ocorrer que pelo menos um deles seja nulo.

$0 \cdot (+15) = 0 \qquad (-3) \cdot 0 = 0 \qquad 0 \cdot 0 = 0$

Para todo inteiro $a$, tem-se: $a \cdot 0 = 0 \cdot a = 0$

Se nenhum dos dois números é nulo, então pode acontecer que ambos sejam positivos, ambos sejam negativos ou tenham sinais contrários.

### Multiplicação de dois números inteiros positivos

Assim como a adição de dois números inteiros positivos é igual à adição de dois números naturais, a multiplicação de dois números inteiros positivos é igual à multiplicação de dois números naturais.

> Na multiplicação de dois números inteiros positivos, multiplicam-se os módulos, e o sinal do resultado é positivo.

Podemos organizar essas e outras multiplicações em um quadro como este.

**Multiplicando solidariedade**

Júlio precisou de certa quantia para pagar uma cirurgia de emergência. Por essa razão recorreu a Luciano, Marcelo e Norberto, amigos desde a infância. Cada um lhe emprestou 1500 reais, e assim ele conseguiu o valor integral de que necessitava.

- Qual será o valor da dívida de Júlio, caso seus amigos não lhe cobrem acréscimo quando devolver o dinheiro?
- Se você fosse um dos amigos de Júlio, cobraria acréscimo? Explique a um colega.

| × | +3 | +2 | +1 | 0 |
|---|----|----|----|---|
| +3 | +9 | +6 | +3 | 0 |
| +2 | +6 | +4 | +2 | 0 |
| +1 | +3 | +2 | +1 | 0 |
| 0  | 0  | 0  | 0  | 0 |

### Multiplicação de dois números inteiros com sinais diferentes

Observando o padrão da sequência, podemos organizar mais algumas multiplicações em quadros como este.

| × | +3 | +2 | +1 | 0 | −1 | −2 | −3 |
|---|----|----|----|---|----|----|----|
| +3 | +9 | +6 | +3 | 0 | −3 | −6 | −9 |
| +2 | +6 | +4 | +2 | 0 | −2 | −4 | −6 |
| +1 | +3 | +2 | +1 | 0 | −1 | −2 | −3 |
| 0  | 0  | 0  | 0  | 0 | 0  | 0  | 0  |
| −1 | −3 | −2 | −1 | 0 |    |    |    |
| −2 | −6 | −4 | −2 | 0 |    |    |    |
| −3 | −9 | −6 | −3 | 0 |    |    |    |

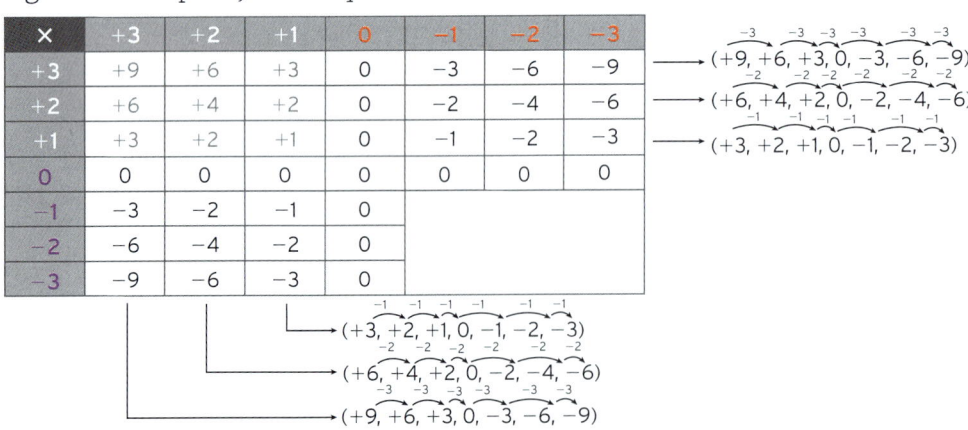

> Na multiplicação de dois números inteiros de sinais diferentes, multiplicam-se os módulos, e o sinal do resultado é negativo.

## Multiplicação de dois números inteiros negativos

Dos quadros anteriores – o primeiro com a multiplicação de números positivos; o segundo com a multiplicação de números com sinais diferentes – podemos observar outras sequências. Veja abaixo.

| × | +3 | +2 | +1 | 0 | −1 | −2 | −3 |
|---|---|---|---|---|---|---|---|
| +3 | +9 | +6 | +3 | 0 | −3 | −6 | −9 |
| +2 | +6 | +4 | +2 | 0 | −2 | −4 | −6 |
| +1 | +3 | +2 | +1 | 0 | −1 | −2 | −3 |
| 0 | 0 | 0 | 0 | 0 | 0 | 0 | 0 |
| −1 | −3 | −2 | −1 | 0 | | | |
| −2 | −6 | −4 | −2 | 0 | | | |
| −3 | −9 | −6 | −3 | 0 | | | |

⟶ (−3, −2, −1, 0)
⟶ (−6, −4, −2, 0)
⟶ (−9, −6, −3, 0)

Utilizando o quadro acima e a regularidade que nele se percebe, vamos completar o resultado das multiplicações de dois números inteiros negativos.

| × | +3 | +2 | +1 | 0 | −1 | −2 | −3 |
|---|---|---|---|---|---|---|---|
| +3 | +9 | +6 | +3 | 0 | −3 | −6 | −9 |
| +2 | +6 | +4 | +2 | 0 | −2 | −4 | −6 |
| +1 | +3 | +2 | +1 | 0 | −1 | −2 | −3 |
| 0 | 0 | 0 | 0 | 0 | 0 | 0 | 0 |
| −1 | −3 | −2 | −1 | 0 | +1 | +2 | +3 |
| −2 | −6 | −4 | −2 | 0 | +2 | +4 | +6 |
| −3 | −9 | −6 | −3 | 0 | +3 | +6 | +9 |

⟶ (−3, −2, −1, 0, +1, +2, +3)
⟶ (−6, −4, −2, 0, +2, +4, +6)
⟶ (−9, −6, −3, 0, +3, +6, +9)

> Na multiplicação de dois números inteiros negativos, multiplicam-se os módulos, e o sinal do resultado é positivo.

### ATIVIDADES

**44.** Complete a tabela a seguir.

| Primeiro fator | Segundo fator | Sinal do produto | Valor do produto |
|---|---|---|---|
| 6 | −4 | | −24 |
| −9 | 12 | − | |
| 3 | 13 | | |
| −8 | −24 | | |
| −7 | | | −14 |
| | −5 | | 35 |

| Sinais | | |
|---|---|---|
| do primeiro fator | do segundo fator | do produto |
| | | |

**45.** Construa uma tabela – como a do modelo a seguir – com os possíveis sinais dos fatores e o sinal que terá cada produto na multiplicação de dois números não nulos.

**46.** Qual número multiplicado por −9 tem como resultado +9?

**47.** Qual é o número que multiplicado por −3 tem resultado 0?

**48.** Qual é o resultado da multiplicação por zero de um número inteiro positivo? E negativo?

**49.** A temperatura de Umuarama, Paraná, era 4 °C. Com a chegada do inverno, a temperatura diminuiu 1 °C a cada 3 dias. Qual foi a temperatura registrada na cidade 15 dias depois da chegada do inverno?

## Multiplicação ou divisão?

Veja como Rafaela respondeu à pergunta de Bruna.

Pensei em um número que, ao ser dividido por 6, dá −8. Qual foi o número em que pensei?

Esquema de Rafaela:

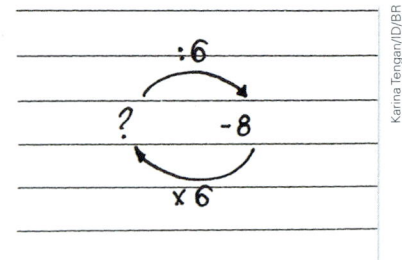

No esquema utilizado por Rafaela é possível efetuar $(-8) \cdot 6$ para obter o resultado $-48$, que é o valor de "?".

Assim, $(-48) : 6 = -8$, pois $(-8) \cdot 6 = -48$.

Veja outros exemplos:
- $132 : 11 = 12$, pois $12 \cdot 11 = 132$
- $16 : (-2) = -8$, pois $(-8) \cdot (-2) = 16$
- $-75 : (-5) = 15$, pois $15 \cdot (-5) = -75$

### ATIVIDADES

**50.** Construa uma tabela com os possíveis sinais do dividendo e do divisor e o sinal que terá cada quociente na divisão de dois números inteiros não nulos.

| Sinais | | |
|---|---|---|
| do dividendo | do divisor | do quociente |
| | | |

Que semelhanças você percebe entre essa tabela e a tabela de sinais da multiplicação? Por que isso ocorre?

**51.** Em grupo, calcule o valor de cada quociente.
a) $(+64) : (+2)$
b) $(-225) : (-25)$
c) $(+96) : (-12)$
d) $(-80) : 4$

**52.** Copie e substitua cada ★ por um número inteiro, de modo que as igualdades sejam verdadeiras.
a) $-3 \cdot ★ = 12$
b) $★ \cdot 3 = -36$
c) $(-5) \cdot ★ = -100$
d) $★ : (-7) = 12$
e) $-9 : ★ = 9$
f) $(-65) : ★ = -5$

**53.** Escreva três divisões de números inteiros diferentes que tenham como quociente o número $-5$.

**54.** Faça três reproduções da tabela abaixo.

| | 6 | −5 | −51 | 10 | −11 | −12 |
|---|---|---|---|---|---|---|
| 12 | | | | | | |
| −25 | | | | | | |
| 100 | | | | | | |
| 144 | | | | | | |

Complete a primeira tabela com o valor da soma dos números representados na primeira coluna e os números representados na primeira linha.

Complete da mesma maneira a segunda tabela, agora com o valor da diferença desses números. Depois, complete a terceira tabela com o valor do produto desses números.

Verifique e escreva quais são os pares de números que podem ser divididos, obtendo-se um número inteiro como resultado exato.

## Multiplicação de três ou mais números inteiros

Em outra partida de jogo de tabuleiro, a equipe formada por Carlos, Bianca e Ari resolveu eliminar as fichas com valores nulos e mudar a regra do jogo: ao fim da partida, a equipe deve multiplicar os valores das fichas que ganharam.

Eles já tinham percebido, de partidas anteriores, que poderiam agrupar as fichas de vários modos, sem que o resultado da multiplicação de seus valores se alterasse.

Veja como cada um utiliza sua estratégia de cálculo para determinar o produto dos valores das fichas.

**Carlos:** multiplica os valores na ordem em que estavam dispostos.

$$(+3) \cdot (-2) \cdot (-3) \cdot (+1) \cdot (-1) \cdot (+5) \cdot (+1) =$$
$$= (-6) \cdot (-3) \cdot (+1) \cdot (-1) \cdot (+5) \cdot (+1) =$$
$$= (+18) \cdot (+1) \cdot (-1) \cdot (+5) \cdot (+1) =$$
$$= (+18) \cdot (-1) \cdot (+5) \cdot (+1) =$$
$$= (-18) \cdot (+5) \cdot (+1) =$$
$$= (-90) \cdot (+1) = -90$$

**Bianca:** associa os valores de suas fichas, multiplicando todos os números positivos e todos os números negativos. Depois multiplica os resultados.

$$(+3) \cdot (-2) \cdot (-3) \cdot (+1) \cdot (-1) \cdot (+5) \cdot (+1) =$$
$$= \underbrace{(+3) \cdot (+1) \cdot (+5) \cdot (+1)}_{} \cdot \underbrace{(-2) \cdot (-3) \cdot (-1)}_{} =$$
$$= (+15) \quad \cdot \quad (-6) \quad = -90$$

**Ari:** associa os valores de suas fichas, multiplicando os números que ele considera mais fáceis. Além disso, ele já tinha percebido que a multiplicação por 1 não altera o produto.

$$(+3) \cdot (-2) \cdot (-3) \cdot (+1) \cdot (-1) \cdot (+5) \cdot (+1) =$$
$$= (+1) \cdot (+1) \cdot \underbrace{(-1) \cdot (+3) \cdot (-2) \cdot (-3)}_{} \cdot (+5) =$$
$$= (-18) \cdot (+5) =$$
$$= (-10-8) \cdot (+5) =$$
$$= (-10) \cdot (+5) + (-8) \cdot (+5) =$$
$$= (-50) + (-40) = -90$$

As estratégias utilizadas acima são aplicações das **propriedades** da multiplicação de números inteiros.

| Propriedade da multiplicação de números inteiros | | Representação algébrica | Exemplo |
|---|---|---|---|
| Comutativa | A ordem dos fatores não altera o produto. | $a \cdot b = b \cdot a$ | $3 \cdot (-2) = (-2) \cdot 3 = -6$ |
| Associativa | A ordem de associação dos fatores não altera o produto. | $(a \cdot b) \cdot c = a \cdot (b \cdot c)$ | $[3 \cdot 2] \cdot (-4) = 3 \cdot [2 \cdot (-4)] = -24$ |
| Elemento neutro | O 1 é o elemento neutro. | $a \cdot 1 = a$ | $-3 \cdot 1 = -3$ |
| Distributiva em relação à adição | Multiplicar cada parcela de uma soma e adicionar os resultados não altera o produto do fator pela soma. | $(a + b) \cdot c = a \cdot c + b \cdot c$ | $(5 + 2) \cdot 3 = 15 + 6 = 21$ |

## ATIVIDADES

**55.** Calcule mentalmente.
   a) A metade do oposto de 44.
   b) O dobro de 40 : (−4).
   c) O oposto do oposto de (−13) · 1.
   d) O oposto do dobro de (−15) · (−2).

**56.** Veja como Carla e Pedro calcularam corretamente o resultado da expressão numérica (−7) · (5 + 3) de duas maneiras diferentes.

> Carla:
> Para resolver (−7) · (5 + 3), adicionei primeiro os números 5 e 3; depois fiz a multiplicação.
> (−7) · (5 + 3) = (−7) · 8 = −56

> Pedro:
> Como não me recordava do resultado da multiplicação (−7) · 8, apliquei a propriedade distributiva.
> (−7) · (5 + 3) = (−7) · 5 + (−7) · 3 =
> = −35 − 21 = −56

Calcule o resultado de cada expressão numérica. Quando necessário, aplique as propriedades que você aprendeu.
   a) 8 · (9 − 5)
   b) (−13 − 6) · 3
   c) (100 − 10) · 43
   d) [(−5) · (−3)] · 2
   e) 8 · 1 · (−8)

**57.** Copie as igualdades e substitua ★ pelo sinal adequado: =, > ou <
   a) 17 · (−41) ★ (−41) · 17
   b) (−5) · (−2) · 3 ★ (−2) · [3 · (−5)]
   c) (−13) · 17 ★ (+17) · (−13)
   d) 173 · 1 ★ 174
   e) 37 · (−2 − 1) ★ −74 + 37
   f) (−12) · (−124) ★ 12 · 124

**58.** Um pintor de paredes utiliza 3 litros de tinta para pintar cada quarto de uma casa. Ele tem uma lata de 18 litros de tinta e deve pintar 4 quartos.

   a) Determine a quantidade de tinta necessária para pintar todos os quartos.
   b) Quantos litros de tinta faltarão/sobrarão?

**59.** Ao fazer um empréstimo em um banco, uma pessoa escolhe um plano em que, a cada ano em que a dívida não é paga, seu valor duplica. Sabendo que o empréstimo é de 480 reais, e a dívida só será paga após 4 anos, quanto essa pessoa vai pagar para quitá-la?

**60.** Uma pessoa vai a um bazar beneficente. Em cada banca em que compra um produto, ela recebe uma nota com o valor da dívida. Antes de sair, ela deve pagar no caixa o valor total de todas as notas. Veja a distribuição de seus gastos:
   - 13 reais na banca de toalhas
   - o triplo disso com camisetas
   - lanche de 5 reais
   - um presente que custou o quíntuplo do valor do lanche

   a) Quanto a pessoa gastou com as camisetas?
   b) Qual é o valor do gasto total?
   c) Você sabe qual é o objetivo de um bazar beneficente? Já esteve em algum? Troque experiências com seus colegas.

**61.** Considere a seguinte expressão.
$$(-2) \cdot x \cdot 7$$
   a) Complete a tabela a seguir com o valor da expressão para cada valor de $x$.

| $x$ | −2 | −1 | 0 | 1 | 2 | 3 |
|---|---|---|---|---|---|---|
| $(-2) \cdot x \cdot 7$ | | | | | | |

   b) Para quais valores de $x$ a expressão é negativa?
   c) Para quais valores de $x$ a expressão é positiva?
   d) Para quais valores de $x$ a expressão é nula?
   e) Explique o que acontece com o valor da expressão à medida que o valor de $x$ aumenta.

**62.** Escreva três números inteiros distintos, de modo que o produto do primeiro pela soma dos outros dois seja igual ao oposto do primeiro.
   Compare sua resposta com a de um colega e juntos procurem regularidades entre os números escritos.

## Potenciação de expoente natural

Você já deve ter aprendido a representar com uma potenciação o produto de números naturais iguais. Veja dois exemplos.

- $6 \cdot 6 = 6^2$ (base 6, expoente 2)
- $27 \cdot 27 \cdot 27 \cdot 27 \cdot 27 = 27^5$ (base 27, expoente 5)

Essa representação também é feita para o produto de números inteiros iguais.

- $(-6) \cdot (-6) = (-6)^2$ (base $-6$, expoente 2)
- $(-123) \cdot (-123) \cdot (-123) = (-123)^3$ (base $-123$, expoente 3)

Observe que a base fica entre parênteses por conta de seu sinal.

Veja um exemplo:
$(-2)^4 = (-2) \cdot (-2) \cdot (-2) \cdot (-2) = 16$ e $-2^4 = -(2 \cdot 2 \cdot 2 \cdot 2) = -16$

### ATIVIDADES

**63.** Escreva cada situação abaixo na forma de potência. Depois calcule seu valor.
a) $6 \cdot 6 \cdot 6 \cdot 6$
b) $(-15) \cdot (-15) \cdot (-15)$
c) $1 \cdot 1 \cdot 1 \cdot 1 \cdot 1$
d) $-(-27) \cdot (-27)$
e) $(-11) \cdot (-11) \cdot 11$
f) A área de um quadrado cujo lado mede 7.
g) O quadrado de $-14$.
h) O volume de um cubo cujas arestas medem 5.
i) O cubo de $-4$.

**64.** A tabela a seguir foi construída calculando a potência cuja base é cada um dos números da primeira coluna, e o expoente é cada um dos números da primeira linha.

|    | 0 | 1 | 2 | 3 | 4 | 5 | 6 |
|----|---|---|---|---|---|---|---|
| +3 | +1 | +3 | +9 | +27 | +81 | +243 | +729 |
| +2 | +1 | +2 | +4 | +8 | +16 | +32 | +64 |
| +1 | +1 | +1 | +1 | +1 | +1 | +1 | +1 |
| 0  | indefinido | 0 | 0 | 0 | 0 | 0 | 0 |
| −1 | +1 | −1 | +1 | −1 | +1 | −1 | +1 |
| −2 | +1 | −2 | +4 | −8 | +16 | −32 | +64 |
| −3 | +1 | −3 | +9 | −27 | +81 | −243 | +729 |

a) O que você observa de semelhante entre as potências de expoente 0? E entre as potências de base 0? Cite outros exemplos em que essas semelhanças também possam ser observadas. Você acredita que esse resultado mostra regularidade, ou seja, qualquer potência de expoente 0 e qualquer potência de base 0 têm essas semelhanças?

b) O que você observa de semelhante entre as potências de expoente 1? Cite outros exemplos e levante hipóteses que expliquem se isso é uma regularidade.

c) Na tabela, qual é o sinal das potências de base positiva? Cite outros exemplos. Depois, relacione as potências de base inteira positiva com a multiplicação de números inteiros positivos.

d) Na tabela, qual é o sinal das potências de base negativa? Observe o expoente dessas potências e identifique semelhanças entre eles.

e) Sabendo que a multiplicação de dois números inteiros negativos resulta em um número inteiro positivo, qual é o sinal do produto de três números inteiros negativos? E de quatro números inteiros negativos? Identifique a relação entre o sinal desses produtos e os expoentes de potências de bases negativas.

f) Das conclusões feitas nos itens anteriores, complete a tabela a seguir.

| Potência com base inteira e expoente natural ||||
|---|---|---|---|
| Base | Expoente | Exemplo | Sinal da potência |
| Positiva | Positivo | | |
| Negativa | Positivo par | | |
| Negativa | Positivo ímpar | | |
| Zero | Positivo | | |
| Um | Positivo | | |
| Inteira não nula | Zero | | |

## Radiciação

Você estudou neste capítulo que um número inteiro positivo ou nulo é um número natural. Assim, o cálculo da raiz quadrada de um número inteiro positivo ou nulo (que são quadrados perfeitos) é igual ao cálculo da raiz quadrada de um número natural.

A raiz quadrada de um número inteiro negativo não é um número inteiro. Portanto, neste momento, essa raiz quadrada ainda não será definida.

### ATIVIDADES

**65.** Calcule o valor de cada raiz quadrada. Depois, represente-as em uma única reta numérica.
a) $\sqrt{81}$  c) $\sqrt{100}$  e) $\sqrt{4^2}$
b) $\sqrt{25}$  d) $\sqrt{64}$  f) $\sqrt{12^2}$

**66.** A soma dos quadrados de dois números inteiros positivos é 100.
a) Represente a situação por meio de uma expressão matemática.
b) Sabendo que um dos números é 6, qual é o outro número?

**67.** Calcule a área dos quadrados representados a seguir.

Imagens em diferentes escalas.

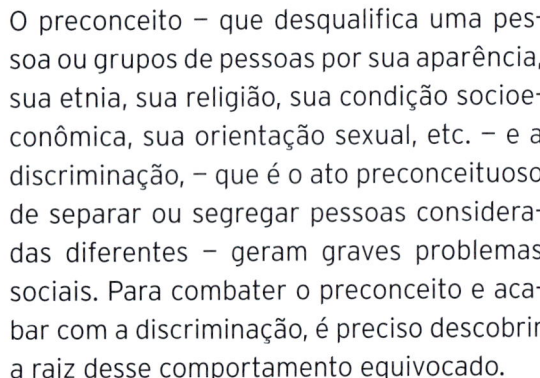

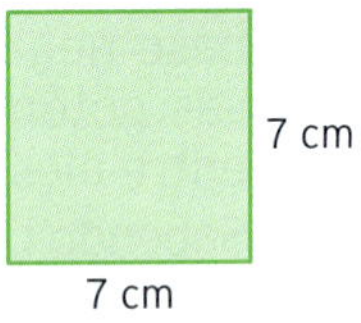

**68.** Qual é a medida do lado de um quadrado cuja área é 225 cm²?

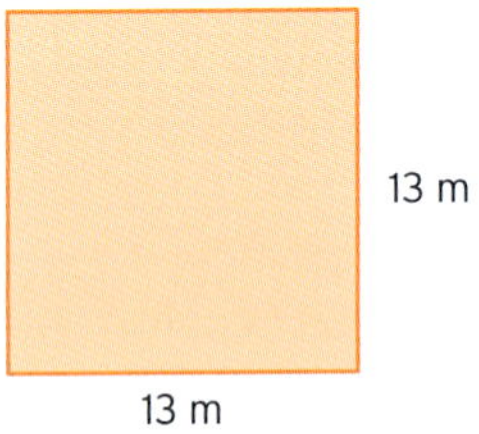

**69.** Escreva o número 64 como potências de números inteiros.

**70.** Quantos números inteiros existem entre $\sqrt{100}$ e $\sqrt{196}$? E entre 17 e $\sqrt{289}$?

**71.** Determine o número inteiro que é maior do que 100 e menor do que 200, cuja soma de seus algarismos é 9 e sua raiz quadrada é um número inteiro positivo.

**72.** Em dupla, calcule o valor de cada expressão a seguir, sabendo que $a = 5$ e $b = -3$.
a) $a^2 - b^2$  c) $a^2 \cdot a^3 + b$
b) $a^2 + a \cdot b + b^2$  d) $b^7 : b^5 \cdot a^7 : a^5$

Compare a resolução com a de outra dupla.

**73.** Em dupla, explique por que podemos escrever a potência $(-4)^5$ como $-(4^5)$. Escreva uma regra que explique como transformar potências de bases negativas em potências de bases positivas.

**74.** Qual é o sinal do valor de um número inteiro positivo elevado ao quadrado? E de um número inteiro negativo elevado ao quadrado? Debata com seus colegas: Por que não existe raiz quadrada inteira de um número inteiro negativo?

**75.** Uma opinião ou um sentimento hostil pode ser ou originar preconceito e discriminação.

O preconceito – que desqualifica uma pessoa ou grupos de pessoas por sua aparência, sua etnia, sua religião, sua condição socioeconômica, sua orientação sexual, etc. – e a discriminação, – que é o ato preconceituoso de separar ou segregar pessoas consideradas diferentes – geram graves problemas sociais. Para combater o preconceito e acabar com a discriminação, é preciso descobrir a raiz desse comportamento equivocado.

a) Você já presenciou ou soube de algum ato de preconceito e/ou de discriminação? Descreva o caso.

b) Você identificou, ou conseguiria identificar, a raiz desse preconceito?

c) Explique o que há de comum no sentido da palavra "raiz" nestas duas expressões: "raiz" do preconceito e "raiz" quadrada. Se preciso, consulte o dicionário ou a internet.

# Coordenadas cartesianas

**MÓDULO 3**

## Pontos em uma reta: números

Você já sabe localizar pontos em uma reta numérica e associar números a esses pontos. Veja duas representações de retas numéricas e números inteiros.

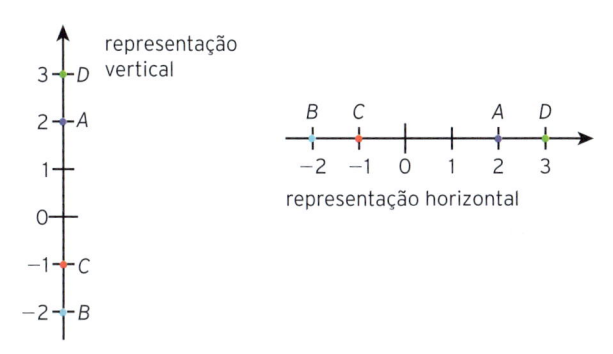

- O ponto *A* representa o número 2: está a 2 unidades acima da origem, o zero, na reta vertical, ou a 2 unidades à direita do zero, na reta horizontal.
- Já o ponto *C* representa −1: está a 1 unidade abaixo do zero, na reta vertical, ou a 1 unidade à esquerda do zero, na reta horizontal.

## Pontos em um plano: pares de números

A empresa de saneamento básico de uma cidade precisa fazer reparos nos canais e bueiros do sistema de esgoto. Há problemas no sistema de algumas quadras.

Para facilitar a localização dessas quadras, o técnico utiliza um mapa (veja o esquema ao lado, em que *P* representa a praça central). Partindo da praça central, o técnico sabe a localização das falhas no sistema de esgoto. Por exemplo, a duas quadras à esquerda ou a duas quadras para cima.

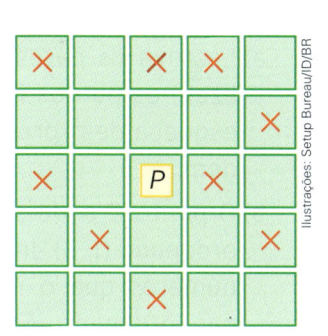

### Eixos numéricos

Para representar as quadras com problemas no sistema de esgoto, podemos traçar retas perpendiculares (uma horizontal e outra vertical) – os **eixos numéricos** – passando pela praça central (esquema ao lado). A praça é o marco zero ou a **origem**; as demais quadras são localizadas por pares de números inteiros, que indicam as posições das quadras na horizontal e na vertical.

Exemplos de localização: a quadra dada por −2 no eixo horizontal e por 0 no eixo vertical; a quadra dada por +2 no eixo horizontal e −1 no eixo vertical.

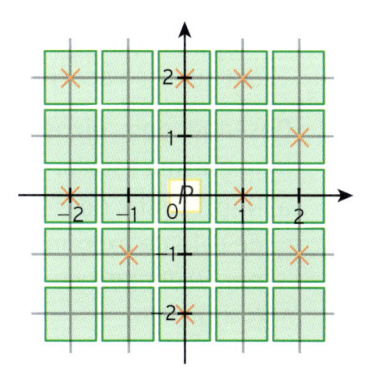

### Pares ordenados

A localização da quadra dada por +1 no eixo horizontal e por +2 no eixo vertical é indicada por (1, 2). Já a localização da quadra dada por +2 no eixo horizontal e −1 no vertical é (2, −1).

O par (1, 0) indica a localização da quadra dada por +1 no eixo horizontal e 0 no eixo vertical. O par (−2, −1) indica a localização da quadra dada por −2 no eixo horizontal e −1 no vertical.

Perceba que a ordem dos números no par é importante. Por isso, dizemos que esses pares são **ordenados**. Por exemplo, os pares (1, 2) e (2, 1) indicam a localização de quadras diferentes.

## ATIVIDADES

**76.** Considere os eixos numéricos e alguns pontos representados a seguir.

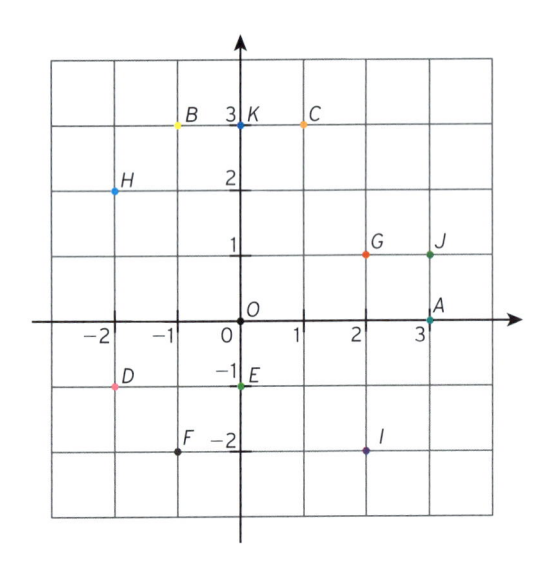

a) Escreva os pares ordenados que localizam os pontos representados. Não se esqueça de representar o ponto da origem.

b) O ponto C pode ser localizado pelo par ordenado (1, 3). Invertendo a ordem dos números que o representam, temos o par ordenado (3, 1), que representa o ponto J.

Há outros pares de pontos representados em que isso ocorre?

**77.** Desenhe dois eixos numéricos utilizando uma mesma escala.

a) Represente nesses eixos um segmento de reta de extremos A e B, em que A tem par ordenado (1, 2), e B, par ordenado (−1, 2).

b) Represente nesses eixos um triângulo de vértices A, B e C, em que C tem par ordenado (0, 0).

c) Qual é a área do triângulo ABC?

d) Determine os pares ordenados dos pontos D e E de modo que ABDE forme um quadrado.

**78.** Outro modo de localizar pontos em um plano é utilizando letras como coordenadas do eixo horizontal e números como coordenadas do eixo vertical.

Veja um modelo no tabuleiro de xadrez abaixo.

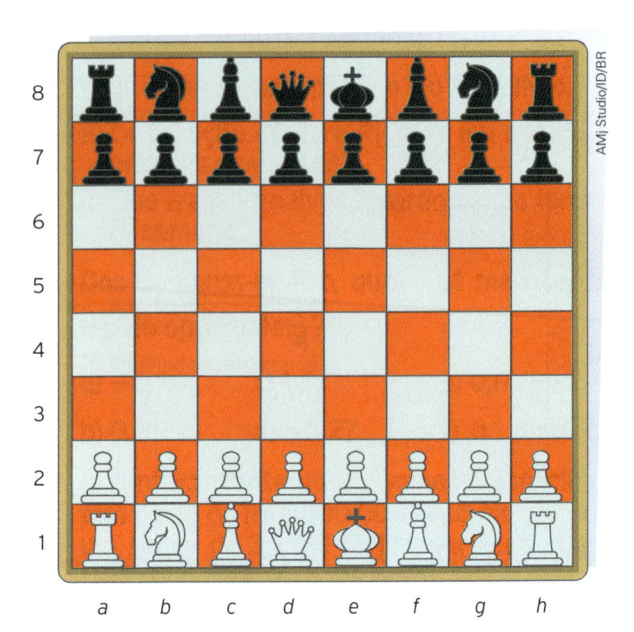

Suponha que cada "casa" seja um ponto do tabuleiro. Assim, por exemplo, um dos cavalos pretos está localizado em (b, 8).

Escolha algumas peças do tabuleiro representado acima e indique o par ordenado que localiza cada uma delas.

**79.** Utilizando a mesma representação para as coordenadas do exercício anterior, escreva os pares ordenados referentes às vagas livres do estacionamento representado abaixo.

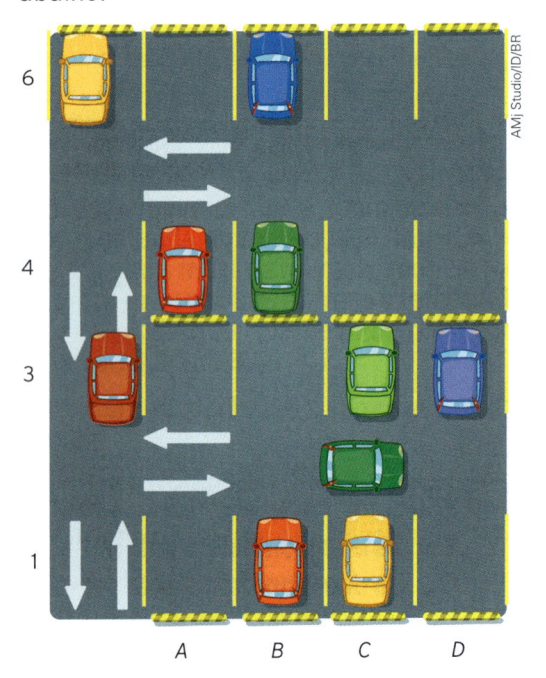

## ●●● Plano cartesiano

O plano fornecido por duas retas reais perpendiculares, os eixos numéricos, que se intersectam na origem (o zero) é denominado **plano cartesiano**.

O eixo horizontal é denominado **eixo das abscissas**, e o eixo vertical, **eixo das ordenadas**.

No plano cartesiano podemos localizar pontos, que são representados por pares ordenados. Nesses pares cada um dos dois números é uma **coordenada** do ponto.

Por exemplo, para indicar as coordenadas do ponto A representado no plano cartesiano ao lado, utilizamos o **par ordenado** (2, 4), em que a primeira coordenada se refere ao eixo das abscissas, e a segunda, ao eixo das ordenadas.

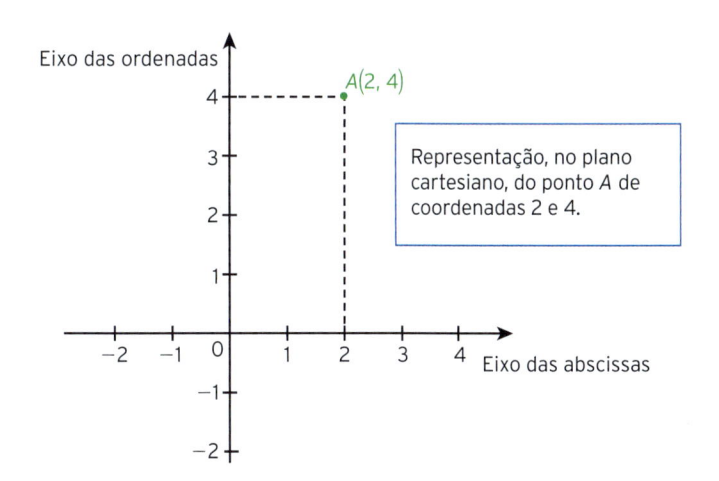

Representação, no plano cartesiano, do ponto A de coordenadas 2 e 4.

Veja a localização de outros pontos em um plano cartesiano.

$M(1, 2)$
$N(4, -2)$
$P(-3, 3)$
$K(-2, -3)$

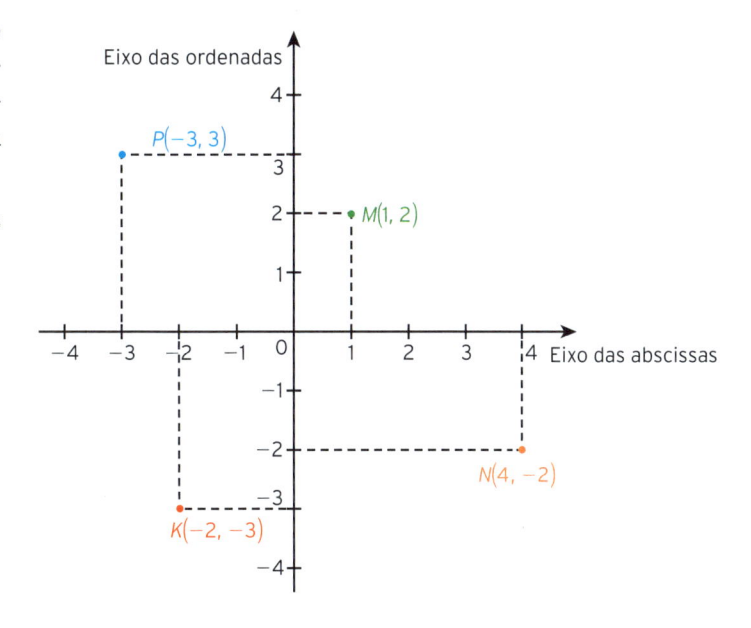

### ATIVIDADES

■ **80.** Quais são as coordenadas dos pontos representados ao lado?

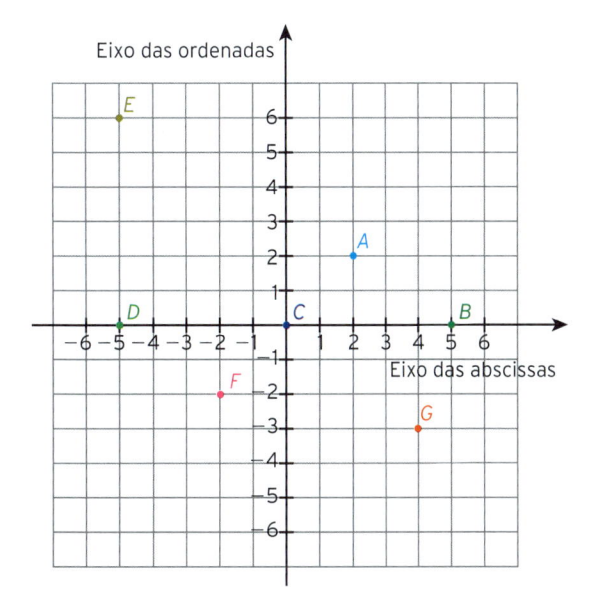

■ **81.** Localize, aproximadamente, os seguintes pontos em um plano cartesiano traçado no caderno.
   a) $A(5, 2)$
   b) $B(-1, 2)$
   c) $C(-5, -9)$
   d) $D(6, 3)$

# COMPREENDER E RESOLVER

## Tetraminós

É provável que você saiba o que é um dominó, mas você sabe o que é um poliminó?

Um dominó é uma figura formada por dois quadrados justapostos; um triminó é uma figura formada por três quadrados justapostos; um tetraminó, por quatro quadrados, e assim por diante. De modo geral, essas figuras são denominadas poliminós. Veja alguns exemplos:

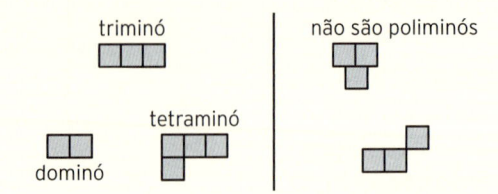

Existem só *dois* formatos possíveis para um triminó, pois não contamos as variações obtidas por meio de rotações no plano. O esquema ao lado mostra os dois formatos possíveis. Repare que as figuras de mesma cor são triminós iguais.

Quantos tetraminós diferentes existem? Quais são eles?

### ■ Compreensão do problema

I. O que é um poliminó? Explique com suas palavras.

II. A figura ao lado é um poliminó? Por quê?

III. Quantos quadrados compõem um tetraminó? Você sabe o que significa o prefixo *tetra*?

IV. Seguindo a regra imposta no enunciado, os pentaminós abaixo são iguais ou diferentes? Explique.

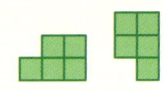

V. E os pentaminós a seguir, são iguais ou diferentes? Explique.

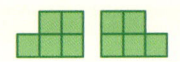

### ■ Resolução do problema

I. Desenhe todos os tetraminós diferentes que você conseguir.

II. Observe atentamente os tetraminós desenhados. Algum deles é repetido?

III. Quantos tetraminós diferentes existem? Desenhe todos eles.

### ■ Reflexão sobre o problema

I. Você conhece um jogo de computador e *video game* chamado *Tetris*? Se conhecer, depois de resolver esse problema, é capaz de adivinhar por que o jogo tem esse nome?

II. Qual foi o aspecto mais difícil na resolução desse problema?

III. O que você aprendeu resolvendo esse problema?

**Mais:** Resolva os problemas 5 e 9 da página 244.

# MATEMÁTICA E FÍSICA

## Estações do ano em outros planetas

Que tal embarcar conosco em uma viagem pelo Sistema Solar? Prepare-se: você vai ver que as temperaturas em alguns planetas podem ser extremamente quentes... ou frias! Como a Terra, os outros planetas que giram em torno do Sol também têm estações do ano. Alguns, como Marte, apresentam as quatro estações: primavera, verão, outono e inverno. Em outros, existe apenas verão e inverno. No entanto, as estações do ano nos planetas do nosso Sistema Solar são determinadas da mesma maneira que as da Terra.

Imagens em diferentes escalas.

O Sol e os oito planetas do Sistema Solar: Mercúrio, Vênus, Terra, Marte, Júpiter, Saturno, Urano e Netuno. Cores-fantasia.

[...] No dia 22 de setembro [de 2000], a Terra juntou-se a dois outros planetas em que é outono no hemisfério norte: Saturno e Netuno. [...] Em Netuno, a temperatura pode chegar abaixo de 200 graus negativos!

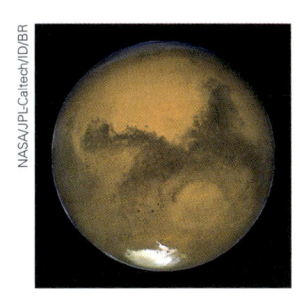

[...] o verão em Marte não é sinônimo de calor: as temperaturas variam de zero a 70 graus negativos! [...]

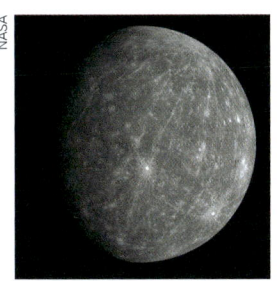

Marte.

[...] Já em Mercúrio, a temperatura em um dia de verão pode alcançar 400 graus centígrados! E nas noites de inverno, as temperaturas podem chegar a 200 graus negativos!

Mercúrio.

Apesar de ser o planeta mais próximo do Sol, não é em Mercúrio que se registram as temperaturas mais quentes do Sistema Solar. O recordista é Vênus (o segundo mais próximo), com espantosos 470 graus centígrados!

Mara Figueira. *Ciência Hoje*, Rio de Janeiro, 27 set. 2000. Disponível em: <http://chc.cienciahoje.uol.com.br/estacoes-do-ano-em-outros-planetas>. Acesso em: 2 mar. 2012.

## ■ De olho no texto

I. Em Mercúrio, qual é a variação de temperatura entre um dia de verão e uma noite de inverno?

II. Registre com um número inteiro uma possível temperatura para o hemisfério norte de Netuno.

III. Em qual planeta são registradas as maiores temperaturas do Sistema Solar? E as menores temperaturas? Indique quais são essas temperaturas.

# ROTEIRO DE ESTUDOS

**Autoavaliação**

82. Localize em uma reta numérica os seguintes números:

    −7   5   −3   −9   0   2   4

    a) Quais são o menor e o maior número que você localizou na reta?
    b) Qual é o valor absoluto dos números localizados na reta?
    c) Qual é o simétrico de cada número?
    d) O módulo do menor número é menor do que o módulo do maior número?

83. Identifique as afirmações verdadeiras e corrija as falsas.
    a) O sucessor de −21 é o oposto do antecessor de 21.
    b) Entre −2 e 2 há somente dois números inteiros.
    c) O maior número inteiro negativo é −1.
    d) O módulo de um número inteiro é sempre um número positivo.

84. O elevador de uma mina de carvão está a 40 metros de profundidade. Determine qual será a posição do elevador se ele subir 28 metros. E se descer 15 metros?

85. Resolva estas expressões numéricas:
    a) $-10 - 7 - (+3) - 2 - (-4) + 10$
    b) $6 - \{-9 - [-1 + 14 - (8 + 17 - 12)]\}$
    c) $\{8 - [4 : 2 + (2 + 5) \cdot 2]\} : 4$
    d) $\{[(-3)^2 + (-2)^3] \cdot \sqrt{81}\} : (-3)$

86. Um tanque com capacidade para 300 litros de água tem uma torneira. Quando aberta, a torneira despeja 20 litros para fora do tanque a cada 15 minutos. Se o tanque estava completamente cheio quando a torneira foi aberta, em quantas horas o tanque ficará vazio?

87. Desenhe em uma malha quadriculada regular dois eixos e identifique os pontos: $A(1, 0)$; $B(3, 3)$; $C(0, 1)$; $D(-3, 3)$; $E(-1, 0)$; $F(-3, -3)$; $G(0, -1)$; $H(3, -3)$. Em seguida, ligue esses pontos em ordem alfabética e ligue $H$ e $A$. Que figura foi formada?

**Nota:** Confira se você acertou todas as questões dessa *Autoavaliação*. Se não acertou, faça as atividades do *Reforço* e da *Revisão* antes do *Aprofundamento*.

## Reforço

88. Considere as seguintes temperaturas.

    36,5 °C   −18 °C   6 000 °C
    −3 °C   58 °C   −88 °C   0 °C

    a) Relacione no caderno cada temperatura com uma das situações descritas abaixo.
    - temperatura de um *freezer* doméstico
    - temperatura da superfície do Sol
    - recorde mundial de frio (no Polo Sul)
    - temperatura normal do corpo humano
    - recorde mundial de calor (na Líbia)
    - temperatura em que a água se transforma em gelo
    - temperatura do congelador de uma geladeira

    b) Escreva as temperaturas em ordem crescente.

89. As letras abaixo representam números inteiros.

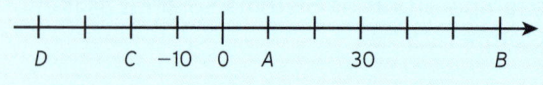

    D   C  −10   0   A        30        B

    Nessas condições, qual das afirmações é falsa?
    a) $D < C < A < B$
    b) O módulo de $D$ é igual a 30.
    c) $-10$ e $A$ são simétricos.
    d) $A$ e $B$ são números inteiros positivos e $C$ e $D$ são inteiros negativos.

90. Observe a descrição do extrato de uma conta bancária.

    | Data | Depósito | Retirada | Saldo |
    |---|---|---|---|
    | 31/3 | R$ 200,00 | — | + R$ 120,00 |
    | 1/4 | — | R$ 150,00 | |
    | 3/4 | — | R$ 60,00 | |
    | 5/4 | R$ 50,00 | — | |
    | 10/4 | R$ 100,00 | — | |

    Dados criados para esta atividade.

    a) Complete os espaços referentes ao saldo na tabela.
    b) Qual era o saldo dessa conta bancária antes do depósito feito no dia 31/3?

91. Determine o par de números inteiros cujo produto é −24 e a soma é 2.

40

92. (Saresp) Efetuando-se as operações indicadas na expressão

$$[(-3)^3 \cdot (-2)^2] : (+6)^2$$

obtém-se:

a) −6   b) −3   c) 3   d) 6

**Revisão:** Refaça as atividades 7, 12, 13, 17, 18, 19, 21, 25, 32, 35, 36, 37, 41, 42, 43, 54, 59, 60, 61, 64, 71, 72, 74, 77, 78, 79 e 81.

## Aprofundamento

93. Duas equipes A e B disputam 100 partidas de certo jogo. Cada vez que a equipe A vence uma partida, recebe 20 fichas de B, e cada vez que B vence, recebe 30 fichas de A. Se A vencer 51 partidas, quantas fichas a mais ou a menos ela terá em relação à equipe B?

94. Complete o quadrado mágico abaixo com os números inteiros de −4 a 4, de modo que a soma em cada linha, coluna ou diagonal seja zero.

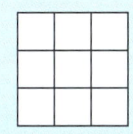

95. (OBM) Esmeralda compra cinco latas de azeite a quatro reais e setenta centavos a lata, cinco latas de leite em pó a três reais e doze centavos cada uma e três caixas de iogurte com seis iogurtes em cada caixa ao preço de oitenta centavos por iogurte. Paga com uma nota de cinquenta reais e quer saber quanto irá receber de troco. Qual das expressões aritméticas a seguir representa a solução para esse problema?

a) $50 - 5 \cdot (4{,}70 + 3{,}12) + 18 \cdot 0{,}80$
b) $5 \cdot 4{,}70 + 5 \cdot 3{,}12 + 3 \cdot 6 \cdot 0{,}80 - 50$
c) $-[5 \cdot (4{,}70 + 3{,}12) + 3 \cdot 6 \cdot 0{,}80] + 50$
d) $50 - [5 \cdot (4{,}70 + 3{,}12) + 3 \cdot 6 + 0{,}80]$
e) $50 - [5 \cdot (4{,}70 + 3{,}12) + 6 \cdot 0{,}80]$

96. Em uma prova composta de 25 testes, cada resposta certa vale (+4) pontos, cada resposta errada vale (−1) ponto e cada resposta em branco, 0 ponto. Um aluno que deixar 6 testes em branco e acertar 9 dos que responder ficará com quantos pontos?

a) 36   c) 26
b) 27   d) 20

## Estratégias de aprendizagem

### Conhecendo os objetivos do estudo

Na seção *Boas-vindas* deste livro você foi convidado a considerar que os objetivos da formação escolar incluem, além do aprendizado dos conteúdos, uma necessária (e constante) reflexão sobre a prática de valores. Agora, no fim deste primeiro capítulo, vamos complementar aquela tarefa.

I. Verifique se os objetivos que você levantou no item II de *Estratégias de aprendizagem* da seção *Boas-vindas* continuam adequados ou merecem reformulação em algum aspecto. Avalie-se quanto às atitudes que vem tomando para alcançar seus objetivos. Essa reflexão ajuda a aprimorar suas estratégias de aprendizagem para o restante do ano escolar.

II. Uma boa maneira de refletir sobre a prática dos valores e avaliar seu desenvolvimento como cidadão é escrever um texto sobre o assunto. De acordo com a orientação do professor, peça sugestões ao professor de Português para desenvolver uma redação sobre o tema **valores e cidadania**, que pode ser o próprio título do texto.

A realização de objetivos é uma busca constante em nossa vida, seja na escola, na família, no trabalho, enfim, na sociedade como um todo. Pensando especificamente nos estudos, convém ter metas claras para alcançar objetivos de aprendizagem. Isso inclui, além do conhecimento específico das matérias, a prática dos valores, pois educar significa formar pessoas para a prática da cidadania ativa.

Fotografia aérea do arquipélago de Anavilhanas — região da Amazônia brasileira, 2010.

# Números racionais

**CAPÍTULO 2**

## O QUE VOCÊ VAI APRENDER

- Os números racionais
- Operações com números racionais

## CONVERSE COM OS COLEGAS

A bacia Amazônica abrange sete milhões de quilômetros quadrados, dos quais cerca de cinco milhões e meio de quilômetros quadrados são cobertos pela floresta tropical, que pertence a nove nações, com cerca de trinta e quatro milhões de habitantes: Bolívia, Brasil, Colômbia, Equador, Guiana, Guiana Francesa, Peru, Suriname e Venezuela.

O território brasileiro contém sessenta por cento da floresta Amazônica. No Brasil sua área se estende pelos seguintes estados: Acre, Amapá, Amazonas, Maranhão, Mato Grosso, Pará, Rondônia, Roraima e Tocantins.

Representando mais da metade das florestas tropicais remanescentes no planeta, a floresta Amazônica é a mais biodiversa floresta tropical do mundo. Nela vive mais de um terço das espécies animais e vegetais do planeta.

Fontes de pesquisa: <http://espacoescolar.com.br/intervalo/amazonia-esta-longe-de-cumprir-objetivos-de-desenvolvimento-do-milenio-mostra-relatorio/>; <http://ofca.com.br/artigos/2008/11/09/091108-governo-ongs-mst-indios-e-a-destruicao-da-amazonia/>. Acessos em: 19 jan. 2012.

Forme uma dupla com um colega para as seguintes atividades.
I. Consulte um mapa da América do Sul e localize nele a floresta Amazônica em sua totalidade.
II. No caderno, escreva com algarismos todos os números citados no texto acima.
III. Explique esta frase do texto: "Representando mais da metade das florestas tropicais remanescentes no planeta, a floresta Amazônica é a mais biodiversa floresta tropical do mundo". (Consulte o dicionário para o significado de palavras desconhecidas.) Depois procure saber o que as outras duplas responderam.

## MÓDULO 1

# Os números racionais

## Uso dos números racionais

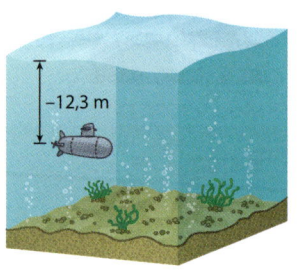

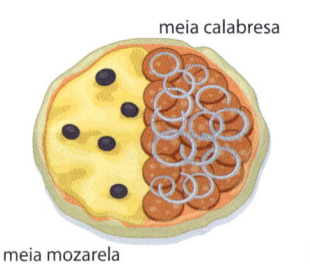

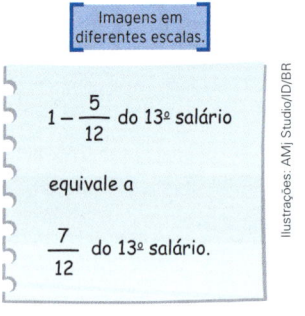

Você já estudou os números naturais e os números inteiros. Mas esses números não são suficientes para representar todas as quantidades ou medidas que usamos em nosso dia a dia. Por isso utilizamos números na forma de fração e na forma decimal, que você deve ter estudado no 6º ano.

Nas situações apresentadas acima foram utilizados **números racionais**. Observe que eles se apresentam de vários modos: na forma decimal, escrito por extenso, na forma de fração, positivos ou negativos.

### Exemplos

- $-8{,}25$ é um número racional.
- $-7$ é um número inteiro e também é um número racional.
- 5 é um número natural, é um número inteiro e também é um número racional.

### ATIVIDADES

1. Leandro escreveu alguns números em um quadro. Veja.

   $2;\ -3;\ 4{,}5;\ \dfrac{7}{2};\ -\dfrac{1}{3};\ -3{,}78;\ 3\dfrac{2}{7};\ 2{,}\overline{6}$

   a) Quais desses números são naturais?
   b) Quais são inteiros?
   c) Quais são racionais?

2. Leia as seguintes manchetes.
   - Temperatura na serra Catarinense pode chegar a $-5\ °C$ na madrugada de hoje.
   - Taxa de desemprego chega a 13%.
   - Chipe de robô que fará trabalho na construção do metrô tem $3{,}5\ cm^2$ de área.
   - China poderá ter um sexto dos habitantes do planeta em 2050.
   - Jovens afirmam que a metade do seu tempo é gasto com o uso de tecnologia.

   a) Quais desses números são racionais?
   b) Quais desses números são racionais e não são inteiros?
   c) Escreva uma manchete utilizando apenas números racionais que não sejam inteiros. Troque sua manchete com a de um colega e comente a dele.

3. Leia o problema.

   > Uma fábrica produz os seguintes doces:
   > - 235 bombons em 6 horas
   > - 180 balas em 4 horas
   >
   > Quantos bombons e quantas balas, em média, essa fábrica produz por hora?

   a) Resolva o problema.
   b) A média da quantidade de bombons produzidos por hora é um número inteiro?
   c) E a média de balas produzidas por hora?

# Definição

Os números racionais podem ser escritos como uma fração de números inteiros, ou seja, como um quociente de dois números inteiros.

> **Definição**
>
> **Números racionais** são aqueles que podem ser escritos na forma de fração, em que o numerador e o denominador são números inteiros e o denominador é diferente de zero.

Se considerarmos que $a$ e $b$ podem representar quaisquer números inteiros, com $b$ diferente de zero, então um número racional é aquele que pode ser escrito na forma $\frac{a}{b}$.

### Exemplos

- Os números $-\frac{3}{2}$ e $\frac{5}{3}$ estão escritos na forma $\frac{a}{b}$, com $b \neq 0$. Portanto, são racionais.

- Os números $6\frac{1}{5}$ e $-2{,}45$ podem ser escritos na forma $\frac{a}{b}$: $6\frac{1}{5} = \frac{31}{5}$ e $-2{,}45 = -\frac{245}{100}$

- Seguindo o mesmo raciocínio, os números $0$ e $-7$ podem ser escritos na forma $\frac{a}{b}$: $0 = \frac{0}{n}$, sendo $n$ qualquer número inteiro diferente de zero, e $-7 = -\frac{7}{1} = -\frac{14}{2} = -\frac{21}{3}$.

- A dízima periódica $-4{,}333\ldots$ pode ser escrita na forma $\frac{a}{b}$, pois $-4{,}333\ldots = -\frac{13}{3}$.

- O número escrito na forma decimal infinita $2{,}12345678910\ldots$, que não configura uma dízima periódica, não é racional, pois não é possível escrevê-lo na forma $\frac{a}{b}$.

> **Link**
>
> O número $-\frac{3}{2}$ pode ser representado também por $\frac{-3}{2}$ ou $\frac{3}{-2}$. Assim:
> $$-\frac{3}{2} = \frac{-3}{2} = \frac{3}{-2}$$

> **SAIBA MAIS**
>
> **Frações negativas**
>
> Para determinar frações equivalentes ou para simplificar frações, o procedimento utilizado para frações negativas é o mesmo que você aprendeu para frações positivas. Veja alguns exemplos.
>
> - $-\frac{3 \cdot 5}{8 \cdot 5} = -\frac{15}{40}$
> - $-\frac{2 : 2}{4 : 2} = -\frac{1}{2}$
> - $-\frac{30 : 15}{15 : 15} = -2$

## ATIVIDADES

**4.** Copie a sentença a seguir substituindo ◆, ● e ★ pelos termos corretos.

> O número $\frac{9}{2}$ é um número ◆, pois corresponde a um quociente de dois números ● cujo ★ é diferente de zero.

**5.** Dê exemplos de números racionais positivos e negativos. Depois, escreva duas frações equivalentes para cada um deles.

**6.** Escreva a fração que representa a parte pintada de cada figura a seguir.

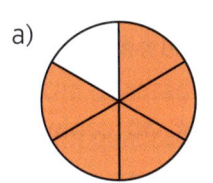

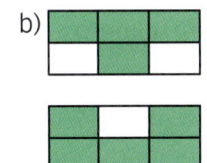

a) b)

**7.** Quais são os números inteiros mais próximos das frações determinadas na atividade anterior?

**8.** Explique por que os números representados a seguir são racionais.

$$0{,}4;\ -6{,}3;\ -\frac{7}{6};\ 2;\ 0;\ -2\frac{1}{2}$$

## ••• Conjunto dos números racionais

Você viu que números racionais são os números que podem ser escritos como fração de dois números inteiros, sendo o segundo não nulo. O **conjunto dos números racionais** é formado por todos os números que podem ser escritos dessa forma. Assim, os números decimais, as frações, as dízimas periódicas, os números naturais e os números inteiros fazem parte do conjunto dos números racionais, ou seja, esses números pertencem (símbolo: $\in$) ao conjunto dos racionais, que é representado por $\mathbb{Q}$.

Veja a representação do conjunto dos números naturais ($\mathbb{N}$), dos inteiros ($\mathbb{Z}$) e dos racionais ($\mathbb{Q}$).

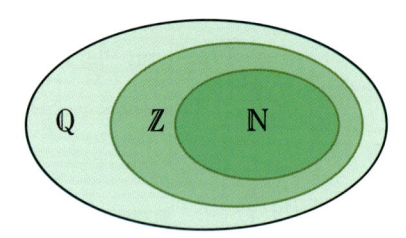

Esse diagrama é conhecido como diagrama de Venn. Note que a região que representa o conjunto dos racionais engloba também a região dos inteiros e a dos naturais. Podemos dizer que o conjunto dos números naturais está contido (símbolo: $\subset$) no conjunto dos números inteiros que, por sua vez, está contido no conjunto dos racionais: $\mathbb{N} \subset \mathbb{Z} \subset \mathbb{Q}$

Pela definição de números racionais podemos representar o conjunto $\mathbb{Q}$:

$$\mathbb{Q} = \left\{ \frac{a}{b}, \text{ com } a \in \mathbb{Z}, b \in \mathbb{Z}, b \neq 0 \right\}$$

### SAIBA MAIS

**Diagrama de Venn**

O diagrama de Venn é qualquer representação de um ou mais conjuntos numéricos. Nele, os conjuntos são representados por linhas curvas fechadas.

Veja outros exemplos de diagrama de Venn.

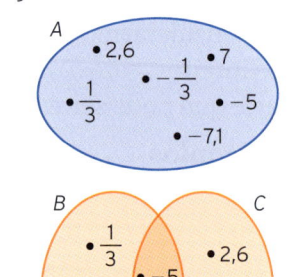

### ATIVIDADES

**9.** Copie as sentenças a seguir, completando-as.

a) O número −0,6 pertence ao conjunto dos números ★.

b) O número −10 ★ ao conjunto dos números naturais.

c) O número −0,333... ★ ao conjunto dos números racionais.

d) O número $\frac{15}{6}$ ★ ao conjunto dos números inteiros.

**10.** Leia a notícia a seguir.

**Brasil vendeu 3,7 milhões de PCs, diz IDC**

[...] Foram vendidos 3,7 milhões de computadores no Brasil no terceiro trimestre de 2010. [...]

O resultado é 19% superior àquele registrado no mesmo período do ano passado e 8% acima do número alcançado no segundo trimestre deste ano. [...]

Entre o total de máquinas comercializadas no terceiro trimestre, 52% são *desktops* e 48% são *notebooks*, aponta a pesquisa. [...]

Rogerio Jovaneli. *Info Online*. Disponível em: <www.info.abril.com.br/noticias/mercado/brasil-vendeu-3-7-milhoes-de-pcs-diz-idc-29112010-58.shl>. Acesso em: 1º dez. 2010.

a) Quais são os números citados no texto?

b) Como eles estão representados?

c) O texto apresenta algumas porcentagens. Escreva a fração que as representa.

d) A que conjunto essas frações pertencem?

e) Quantos computadores foram vendidos no segundo trimestre de 2010?

## Representação em uma reta numérica

No capítulo anterior, você aprendeu a representar números inteiros em uma reta numérica. Agora, você verá exemplos de como representar números racionais em uma reta numérica.

### $\frac{1}{4}$

Na fração $\frac{1}{4}$, o numerador é menor do que o denominador, então $\frac{1}{4}$ está entre 0 e 1.

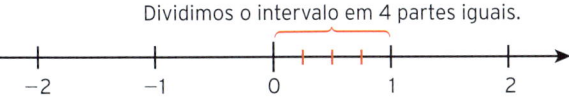

Dividimos o intervalo em 4 partes iguais.

Marcamos o ponto no primeiro tracinho, da esquerda para a direita.

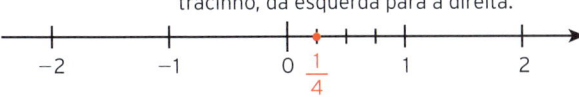

### $-\frac{7}{5}$

Podemos reescrever a fração na forma de número misto: $-\frac{7}{5} = -1\frac{2}{5} = -\left(1 + \frac{2}{5}\right)$. Desse modo, $-\frac{7}{5}$ está entre $-1$ e $-2$.

Dividimos o intervalo em 5 partes iguais.

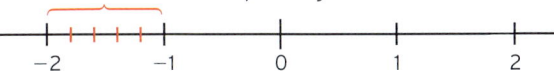

Marcamos o ponto no segundo tracinho, da direita para a esquerda.

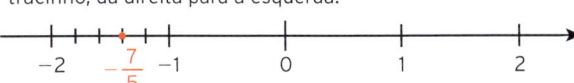

### 0,7

O número 0,7 está entre 0 e 1.

Dividimos o intervalo em 10 partes iguais.

Marcamos o ponto no sétimo tracinho, da esquerda para a direita.

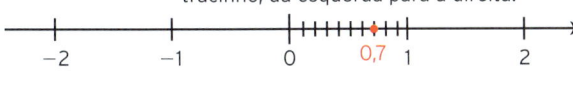

### −1,4

Neste caso, −1,4 está entre −1 e −2.

Dividimos o intervalo em 10 partes iguais.

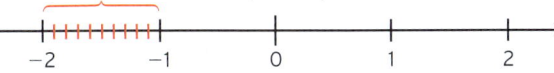

Marcamos o ponto no quarto tracinho, da direita para a esquerda.

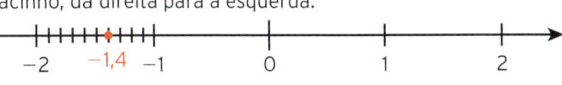

### Observação

Representações diferentes de um mesmo número racional têm a mesma localização em uma reta numérica.

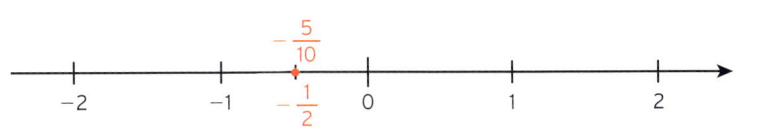

## ATIVIDADES

**11.** Qual é a medida do lápis representado a seguir?

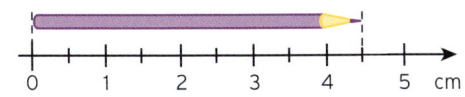

**12.** Identifique as frações mistas representadas pelos pontos a seguir.

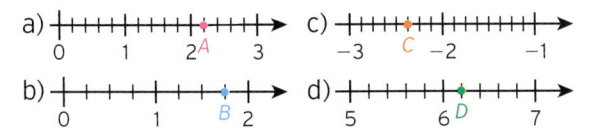

a) (ponto A entre 2 e 3)
b) (ponto B entre 1 e 2)
c) (ponto C entre −3 e −2)
d) (ponto D entre 6 e 7)

**13.** Represente as frações mistas da atividade anterior na forma decimal.

**14.** O recipiente a seguir foi dividido em partes iguais. Nele há 2 litros de água.

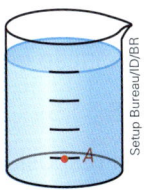

Se o nível da água estivesse no nível do ponto A, qual seria seu volume?

**15.** Represente em uma mesma reta numérica os seguintes números.

$$0,4; \quad -5,3; \quad -\frac{7}{6}; \quad 2; \quad 0; \quad -2\frac{1}{2}$$

47

## ••• Valor absoluto

Veja a representação de $+\frac{1}{3}$ e $-\frac{10}{7}$ em uma reta numérica.

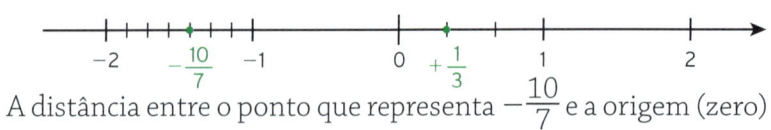

A distância entre o ponto que representa $-\frac{10}{7}$ e a origem (zero) é $\frac{10}{7}$, e entre o ponto que representa $+\frac{1}{3}$ e a origem é $\frac{1}{3}$.

### Definição
**Valor absoluto** ou **módulo** de um número racional é a distância entre a origem e o ponto que representa esse número.

Assim, o módulo de $+\frac{1}{3}$ é $\frac{1}{3}$ e indica-se $\left|+\frac{1}{3}\right| = \frac{1}{3}$; o módulo de $-\frac{10}{7}$ é $\frac{10}{7}$ e indica-se $\left|-\frac{10}{7}\right| = \frac{10}{7}$.

> **Em 3 minutos**
> Determine o valor dos módulos a seguir.
> I. $|-9,8|$ IV. $\left|\frac{7}{5}\right|$
> II. $|-10,2|$ V. $|7,5|$
> III. $\left|-\frac{2}{3}\right|$ VI. $|-19,3|$

## ••• Números opostos

Veja a representação de $+\frac{1}{2}$ e $-\frac{1}{2}$ em uma reta numérica.

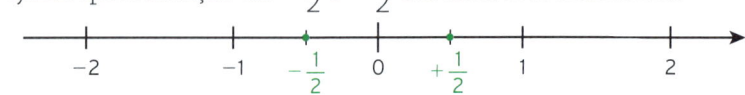

Tanto o módulo de $+\frac{1}{2}$ quanto o módulo de $-\frac{1}{2}$ são iguais a $\frac{1}{2}$.

### Definição
Números racionais **opostos** ou **simétricos** são números de sinais diferentes com iguais distâncias dos pontos que os representam até a origem.

Como $\left|+\frac{1}{2}\right| = \left|-\frac{1}{2}\right| = \frac{1}{2}$, dizemos que $+\frac{1}{2}$ e $-\frac{1}{2}$ são números opostos ou simétricos.

> **Em 3 minutos**
> Determine o oposto de cada número a seguir.
> I. 3,5 IV. $-\frac{9}{5}$
> II. $-6,1$ V. 0
> III. $\frac{9}{4}$ VI. $-5,3$

### ATIVIDADES

**16.** Determine o módulo e o oposto do número representado pelo ponto A.

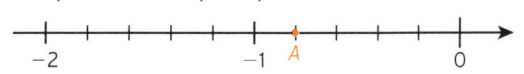

**17.** Expresse uma relação entre estes números:
$|-1,5|$; $|1,5|$; $\left|-\frac{3}{2}\right|$ e $\left|\frac{3}{2}\right|$
Compare sua resposta com a de um colega. Vocês observaram a mesma relação?

**18.** Dois números racionais diferentes um do outro podem ter módulos iguais? Cite um exemplo que confirme sua resposta.

**19.** Dois números racionais opostos representados em uma reta numérica estão a uma distância de $\frac{6}{7}$ um do outro. Quais são esses números?

**20.** O oposto de um número racional qualquer sempre é um número racional negativo? Justifique.

**21.** Considerando o número 3 e seu oposto, qual deles está mais próximo da origem?

**22.** Quais são os possíveis valores inteiros para x em cada caso a seguir?

a) $|x| = \frac{7}{2}$ c) $|x| = -6,2$

b) $|x| = -\frac{12}{17}$ d) $|x| + 1 = 2,8$

## Comparação de números racionais

Você já aprendeu a comparar frações e números decimais. Portanto, já sabe fazer a comparação entre números racionais positivos. Também aprendeu, no capítulo anterior, a comparar números inteiros. Vamos agora juntar esses conhecimentos para comparar quaisquer números racionais.

### Dois números racionais com sinais diferentes

- $-\frac{2}{3}$ e $+\frac{4}{5}$. Um número positivo é sempre maior do que um número negativo. Logo, $-\frac{2}{3} < \frac{4}{5}$.

- $-12,2$ e $+7$. Analogamente, $-12,2 < 7$.

### Dois números racionais negativos

- $-\frac{2}{3}$ e $-\frac{3}{4}$. Reduzimos as frações a um denominador comum:
  $-\frac{2 \cdot 4}{3 \cdot 4} = -\frac{8}{12}$ e $-\frac{3 \cdot 3}{4 \cdot 3} = -\frac{9}{12}$
  Comparamos as frações obtidas: $-\frac{8}{12} > -\frac{9}{12}$, pois $-8 > -9$
  Logo, $-\frac{2}{3} > -\frac{3}{4}$.

- $-3,2$ e $-4,75$. Como $-3 > -4$, $-3,2 > -4,75$.

- $-7,65$ e $-7,1$. Como as partes inteiras dos números são iguais, comparamos as partes decimais: $-65$ centésimos $< -10$ centésimos. Logo $-7,65 < -7,1$.

## Comparação em uma reta numérica

Outro modo de comparar números racionais é representando-os em uma reta numérica horizontal. O maior deles sempre é o que está à direita do outro.

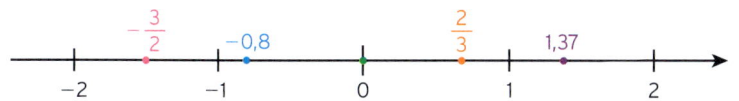

- $\frac{2}{3}$ está localizado à esquerda de 1,37 e à direita de $-\frac{3}{2}$ na reta numérica. Logo, $\frac{2}{3} < 1,37$ e $\frac{2}{3} > -\frac{3}{2}$.

- $-0,8$ está localizado à esquerda de zero, à esquerda de $\frac{2}{3}$ e à direita de $-\frac{3}{2}$ na reta numérica. Logo, $-0,8 < 0$, $-0,8 < \frac{2}{3}$ e $-0,8 > -\frac{3}{2}$.

---

**PARA RECORDAR**

**Comparação de frações positivas**

- Com denominadores iguais: a maior fração é aquela que apresenta o maior numerador. Por exemplo: $\frac{4}{6} > \frac{2}{6}$

- Com numeradores iguais: a maior fração é aquela que apresenta o menor denominador. Por exemplo: $\frac{1}{4} > \frac{1}{6}$

- Com numerador e denominador diferentes: é preciso determinar a fração equivalente a cada fração dada de modo que ambas tenham denominadores iguais. Por exemplo, $\frac{3}{5} < \frac{2}{3}$, pois:
  mmc(3,5) = 15; $\frac{3}{5} = \frac{9}{15}$;
  $\frac{2}{3} = \frac{10}{15}$ e $\frac{9}{15} < \frac{10}{15}$

**Comparação de decimais positivos**

- Com partes inteiras diferentes: $4,1 > 2,986$, pois $4 > 2$

- Com partes inteiras iguais: $5,3 < 5,345$, pois $5,3 = 5,300$ e 300 milésimos $<$ 345 milésimos.

**0:03 Em 3 minutos**

Identifique qual é o maior número em cada par abaixo.
I. 3,44 e 3,61
II. $-4,82$ e $-4,96$
III. 6,7 e 6,6894

---

### ATIVIDADES

**23.** Copie os itens a seguir substituindo cada ★ por *maior* ou *menor*, de modo que as sentenças sejam verdadeiras.

a) Dados dois números racionais positivos, o ★ é aquele que tem ★ módulo.

b) Qualquer número racional positivo é ★ do que o zero.

c) Qualquer número racional positivo é ★ do que qualquer número racional negativo.

d) Qualquer número racional negativo é ★ do que o zero.

e) Dados dois números racionais negativos, o ★ é aquele que tem ★ módulo.

**ATIVIDADES**

**24.** Verifique quais sentenças a seguir são verdadeiras e corrija as falsas.

a) $\dfrac{11}{2} > \dfrac{7}{2}$  g) $-1\dfrac{1}{2} = \dfrac{3}{2}$

b) $-\dfrac{5}{3} < -\dfrac{9}{4}$  h) $\left|-\dfrac{3}{6}\right| = 0,5$

c) $-\dfrac{13}{4} > \dfrac{15}{2}$  i) $\left|-1\dfrac{3}{4}\right| > 1,5$

d) $-\dfrac{18}{6} = -\dfrac{9}{2}$  j) $-\dfrac{9}{3} < -2\dfrac{7}{6}$

e) $-2 \in \mathbb{N}$  k) $1\dfrac{2}{3} \notin \mathbb{Z}$

f) $\dfrac{18}{6} \in \mathbb{Q}$  l) $\dfrac{9}{3} \in \mathbb{N}$

**25.** Qual número é maior: 4,5 ou $\dfrac{9}{2}$? Explique a um colega a estratégia que você utilizou para responder.

**26.** Em cada item a seguir, identifique no caderno o maior número racional.

a) $\dfrac{9}{2}$ e $-\dfrac{7}{2}$  f) $-6,2$ e $-6,75$

b) $-\dfrac{9}{6}$ e $-\dfrac{7}{2}$  g) $-9,34$ e $-4,9$

c) $-\dfrac{12}{2}$ e $-\dfrac{12}{3}$  h) $\dfrac{7}{8}$ e $-0,25$

d) $\dfrac{1}{2}$ e $-\dfrac{8}{9}$  i) $-\dfrac{3}{7}$ e $-1,8$

e) $3,14$ e $-4,1$  j) $-1\dfrac{3}{4}$ e $-1,80$

**27.** Considere os números racionais:

17; $\dfrac{2}{5}$; $-3,2$; 4,1; $-2$; $-\dfrac{17}{12}$; 0; 0,16; $-\dfrac{1}{8}$

a) Quais deles são inteiros?
b) Quais são racionais negativos?
c) Escreva os números racionais positivos.
d) Organize os números dados em ordem crescente, utilizando o sinal menor do que (<).

**28.** Escreva um número racional que seja:
a) não inteiro
b) não positivo

**29.** Utilizando uma régua, verifique a medida do segmento representado a seguir.

A————B

Expresse essa medida utilizando um número decimal e uma fração.

Depois, desenhe dois segmentos: um maior e outro menor do que o segmento AB. Peça a um colega que confira e escreva a medida deles.

**30.** A fração $\dfrac{8}{n}$ pode ser representada pelo decimal 0,8. Qual é o valor de $n$?

**31.** Leia as informações a seguir.

Na madrugada de 28 de novembro de 2010, a região do centro-sul do Chile foi atingida por um tremor de 5,6 graus na escala Richter. Esse tremor foi registrado pelo Instituto Sismológico da Universidade do Chile às 5 h 19 min do horário local, e seu epicentro estava a 174 km ao sul de Santiago, a uma profundidade de 41,9 km.

Disponível em: <http://ssn.dgf.uchile.cl/events/sensibles/2010/11/20101128082005.html>. Acesso em: 1º dez. 2010.

a) Quais números aparecem nessa notícia?
b) Quais deles são números racionais?
c) Represente o horário registrado do terremoto como fração da hora.
d) Você sabe o que é um terremoto e quais são suas causas? Faça uma pesquisa sobre esse assunto.
e) O terremoto citado não causou vítima ou dano visível à localidade atingida. Outros terremotos já registrados, porém, causaram grandes estragos. Frequentemente, diversos países e cidadãos voluntários enviam ajuda à localidade afetada, auxiliando-a a se reerguer.

O que você acha dessa atitude? Já ocorreu em sua comunidade alguma situação que tenha despertado a solidariedade de todos? Discuta com seus colegas, promovendo um debate sobre a necessidade de ajudar pessoas em situações de calamidade.

**32.** Os números representados por $x$ e $-x$ são opostos em relação a zero.
a) $x$ pode ser um número racional positivo?
b) $x$ pode ser um número racional negativo?
c) Dê exemplos de possíveis valores que $x$ pode assumir.

## ••• Números racionais e a calculadora

A calculadora é um instrumento muito utilizado para realizar cálculos com números racionais. Em muitos contextos, entretanto, os números estão representados na forma fracionária, e em muitas calculadoras só é possível representar os números racionais na forma decimal.

Veja um método prático para transformar um número racional na forma fracionária para a forma decimal. Por exemplo, o número $\frac{3}{4}$.

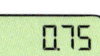

Digitamos na calculadora: 3 ÷ 4 =     Aparece no visor: 0.75

Constatamos que 0,75 é a forma decimal do número $\frac{3}{4}$.

Para transformar um número racional na forma fracionária para a forma decimal **dividimos o numerador pelo denominador**.

Lembre-se de que, na maioria das calculadoras, a vírgula do número na forma decimal é representada por ponto.

### ATIVIDADES

**33.** Determine a forma decimal dos números representados a seguir.

a) $\frac{15}{4}$   d) $2\frac{3}{4}$   g) $-3\frac{2}{5}$

b) $\frac{23}{10}$   e) $\frac{15}{100}$   h) $-\frac{17}{10}$

c) $\left|-5\frac{1}{2}\right|$   f) $-\frac{3}{5}$   i) $-\left|-5\frac{4}{5}\right|$

**34.** Construa uma reta numérica e represente, na forma decimal, os números racionais a seguir.

a) $\frac{10}{10}$   c) $-\frac{3}{2}$   e) $-\frac{7}{10}$

b) $-\left|-1\frac{1}{2}\right|$   d) $1\frac{1}{10}$   f) $-1\frac{3}{5}$

**35.** A garrafa a seguir foi dividida em partes iguais. Veja a quantidade de água que há nela.

Qual é o número decimal que representa essa quantidade de água?

**36.** Represente os números a seguir na forma decimal e em ordem crescente.

$$-3\frac{3}{5};\ -2,5 \text{ e } -\frac{27}{10}$$

**37.** Veja o controle de temperatura feito por um fazendeiro.

| Temperatura ao meio-dia na fazenda Dourada (MT) | | |
|---|---|---|
| 6 nov. | Domingo | 37,8 °C |
| 7 nov. | Segunda-feira | 36,7 °C |
| 8 nov. | Terça-feira | 35,9 °C |
| 9 nov. | Quarta-feira | $\frac{81}{2}$ °C |
| 10 nov. | Quinta-feira | 40,3 °C |
| 11 nov. | Sexta-feira | 39,8 °C |
| 12 nov. | Sábado | 38,8 °C |

Dados criados para esta atividade.

a) Na quarta-feira a temperatura foi representada de um modo diferente. Essa representação é prática? Comente com um colega.

b) Em qual dia dessa semana foi registrada a maior temperatura?

c) Em qual dia da semana foi registrada a menor temperatura?

d) É comum a representação de uma temperatura na forma fracionária?

e) Pesquise reportagens ou relatórios meteorológicos que apresentem a temperatura da cidade onde se localiza a escola na última semana.

f) Faça seu próprio controle. Você pode escolher registrar durante vários dias a temperatura em um mesmo horário ou registrar as variações de temperatura em um mesmo dia.

## MÓDULO 2

# Operações com números racionais

### ●●● Adição algébrica de números racionais

Assim como foi feito no caso dos números inteiros, a adição e a subtração de números racionais são tratadas como uma única operação: a adição algébrica.

Vamos relembrar os sinais das somas e estendê-los para os números racionais.

**Adição de números racionais com sinais iguais**

Adicionam-se os módulos e conserva-se o sinal dos números.

**Exemplos**

- $-3{,}52 - 7{,}61 = -11{,}13$
- $-\dfrac{3}{5} - \dfrac{7}{6} = -\dfrac{3 \cdot 6}{5 \cdot 6} - \dfrac{7 \cdot 5}{6 \cdot 5} = -\dfrac{18}{30} - \dfrac{35}{30} = \dfrac{-18 - 35}{30} = -\dfrac{53}{30}$

| D | U | d | c |
|---|---|---|---|
|   | ¹3, | 5 | 2 |
| + | 7, | 6 | 1 |
| 1 | 1, | 1 | 3 |

**Adição de números racionais com sinais diferentes**

Subtrai-se o módulo menor do maior e conserva-se o sinal do número de módulo maior.

**Exemplos**

- $4{,}2 - 8{,}16 = -3{,}96$
- $-\dfrac{2}{3} + \dfrac{1}{4} = -\dfrac{2 \cdot 4}{3 \cdot 4} + \dfrac{1 \cdot 3}{4 \cdot 3} = -\dfrac{8}{12} + \dfrac{3}{12} = \dfrac{-8 + 3}{12} = -\dfrac{5}{12}$

| D | U | d | c |
|---|---|---|---|
|   | ⁷8̸, | ¹1 | 6 |
| − | 4, | 2 | 0 |
|   | 3, | 9 | 6 |

### ATIVIDADES

**38.** Determine o valor de cada soma.

a) $\dfrac{11}{2} + \dfrac{7}{2}$

b) $-\dfrac{6}{5} + \dfrac{4}{3}$

c) $\dfrac{7}{3} - \dfrac{9}{2}$

d) $-\dfrac{3}{7} - \dfrac{6}{5}$

e) $0{,}75 + 3{,}24$

f) $-3{,}21 + 6{,}5$

g) $17{,}2 - 6{,}17$

h) $-62{,}1 - 8{,}17$

i) $\dfrac{11}{2} - \dfrac{4}{3} + \dfrac{7}{6}$

j) $\dfrac{21}{2} - \dfrac{6}{3} - \dfrac{8}{6}$

k) $3{,}4 - 9{,}5 - 2$

l) $\dfrac{27}{10} - 3{,}1$

m) $\dfrac{13}{4} - \dfrac{5}{4} + 0{,}25$

n) $-0{,}45 - \dfrac{4}{3} + \dfrac{5}{2}$

**39.** Calcule a distância entre os pontos que representam cada par de números.

a) $\dfrac{7}{3}$ e $\dfrac{8}{9}$

b) $5{,}6$ e $9{,}2$

c) $-\dfrac{2}{3}$ e $2{,}1$

d) $-3{,}2$ e $\dfrac{1}{2}$

e) $-3{,}3$ e $-7{,}9$

f) $-\dfrac{6}{7}$ e $-\dfrac{9}{2}$

**40.** Complete a tabela a seguir, determinando o valor da soma de cada número da primeira coluna com cada número da primeira linha.

| + | 1,25 | 3,7 | −6,2 | −$\dfrac{3}{4}$ |
|---|---|---|---|---|
| −2,63 |   |   |   |   |
| −11 |   |   |   |   |
| 6,893 |   |   |   |   |
| $\dfrac{17}{10}$ |   |   |   |   |
| $-1\dfrac{1}{5}$ |   |   |   |   |

**41.** Complete a tabela a seguir com as informações que estão faltando.

| a | −2,6 |  | −7,6 |
|---|---|---|---|
| b | 3,8 | 0,5 |  |
| a + b |  | 0,42 | −13,7 |

## Adição algébrica na calculadora

Veja alguns exemplos de adições de números racionais na calculadora.

- $-0,76 + 0,3$

  Digitamos na calculadora: [−] [0] [.] [7] [6] [+] [0] [.] [3] [=]   Aparece no visor: -0.46

  Logo: $-0,76 + 0,3 = -0,46$

- $\dfrac{6}{5} + \dfrac{3}{4}$

  Primeiramente, temos de transformar as representações fracionárias em representações decimais.

  Digitamos na calculadora: [6] [÷] [5] [=]   Aparece no visor: 1.2

  Digitamos na calculadora: [3] [÷] [4] [=]   Aparece no visor: 0.75

  Então, a soma que devemos efetuar é $1,2 + 0,75$.

  Digitamos na calculadora: [1] [.] [2] [+] [0] [.] [7] [5] [=]   Aparece no visor: 1.95

  Logo: $\dfrac{6}{5} + \dfrac{3}{4} = 1,95$

Outro modo de efetuar essa soma é utilizando as teclas de memória da calculadora. Observe que temos de registrar as parcelas na ordem inversa.

Digitamos na calculadora: [3] [÷] [4] [=]   Aparece no visor: 0.75

Digitamos na calculadora: [M+]   Aparece no visor: M 0.75

Essa tecla fará com que a calculadora armazene o resultado 0,75 da divisão na memória.

Digitamos na calculadora: [6] [÷] [5] [=]   Aparece no visor: 1.2

Digitamos na calculadora: [M+]   Aparece no visor: M 1.2

Agora essa tecla adicionará 1,2 ao que já estava armazenado em sua memória (0,75). Depois, armazenará esse novo resultado.

Digitamos na calculadora: [MR]   Aparece no visor: M 1.95

Essa tecla fará com que a calculadora exiba no visor o valor armazenado na memória.

Logo, como calculado anteriormente: $\dfrac{6}{5} + \dfrac{3}{4} = 1,95$

### Observação

Quando utilizamos as teclas de memória, devemos nos lembrar de apagar a memória antes do próximo cálculo, para que o próximo resultado não seja alterado.

Para isso, digitamos [MC] e o M do visor desaparecerá, significando que a memória não contém nenhum valor armazenado.

**ATIVIDADES**

**42.** Utilizando uma calculadora, determine os seguintes valores.
a) $0{,}23 - 3{,}75$
b) $-6{,}37 - 1{,}48$
c) $-37{,}2 + 26{,}1$
d) $-2{,}67 - 3{,}2$
e) $\dfrac{2}{3} + \dfrac{7}{5}$
f) $\dfrac{3}{5} - \dfrac{5}{4}$
g) $-\dfrac{2}{9} + \dfrac{9}{11}$
h) $-\dfrac{12}{5} + \dfrac{6}{7}$
i) $2{,}89 - \dfrac{7}{3}$
j) $-\dfrac{12}{11} - 3{,}75$

**43.** Um pintor, na primeira hora em que começou seu trabalho, pintou $\dfrac{5}{9}$ do cômodo de uma casa. Na segunda hora pintou $\dfrac{3}{7}$ do cômodo.

a) Que fração do cômodo falta ser pintada?

b) É útil resolver essa atividade com uma calculadora?

**44.** Determine o valor da soma das frações correspondentes às partes pintadas das figuras de cada item.

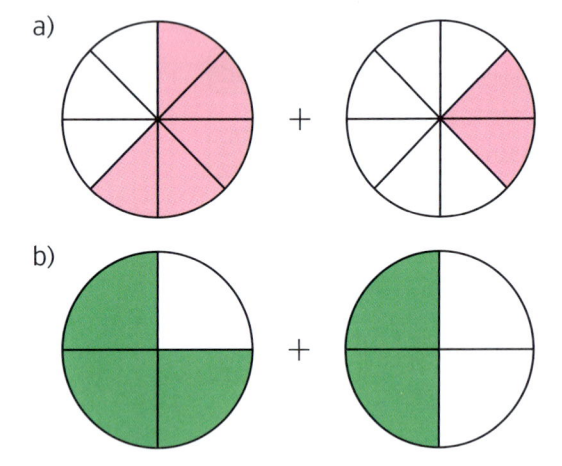

a)

b)

**45.** Duas amigas decidiram preencher juntas um álbum de figurinhas. Márcia trouxe $\dfrac{1}{6}$ das figurinhas do álbum, e Cristina trouxe mais $\dfrac{3}{4}$ das figurinhas. Que fração das figurinhas as duas amigas juntaram, sabendo que não havia figurinhas repetidas?

**46.** Ricardo leu um livro em 3 semanas. Veja como ele distribuiu a leitura:
- na primeira semana, ele leu $\dfrac{1}{4}$ do livro;
- na semana seguinte, ele leu $\dfrac{1}{6}$ do livro.

a) Que fração do livro Ricardo leu nas duas primeiras semanas?

b) Que fração do livro Ricardo leu na terceira semana?

**47.** Dos números abaixo, qual está mais próximo do oposto de $\dfrac{1}{4}$?
a) $-0{,}24$   c) $1{,}4$   e) $0{,}17$
b) $0{,}23$   d) $-0{,}27$   f) $0$

**48.** A conta-corrente do Sr. Gomes é especial e tem limite de R\$ 6800,00. Dia 18 ele efetuou um saque de 3,2 mil reais e verificou que o saldo ficou em $-3{,}6$ mil reais.

a) Qual era o saldo da conta antes do saque do dia 18?

b) Quanto o Sr. Gomes pode sacar ainda, antes de atingir o limite de sua conta?

**49.** Leia a legenda da fotografia e responda.

No deserto do Atacama, localizado no norte do Chile, as temperaturas podem sofrer grandes variações durante o dia. Fotografia de 2009.

Em determinado dia, a temperatura mínima, registrada na madrugada, foi $-1{,}8\ °C$; a temperatura máxima foi registrada ao meio-dia. Como você determinaria a temperatura máxima, sabendo que naquele dia ocorreu uma variação de $39{,}5\ °C$?

**50.** Considere os pontos $A$ e $B$ representados a seguir.

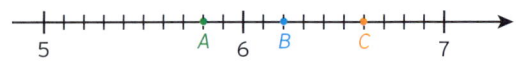

a) Determine a distância entre $A$ e $B$.

b) Determine a distância entre $B$ e $C$.

c) A soma dessas distâncias equivale à distância entre $A$ e $C$?

## Multiplicação de números racionais

Você aprendeu, no capítulo anterior, a multiplicar números inteiros. Os sinais utilizados na multiplicação também são válidos para multiplicar números racionais.

Vamos relembrar as regras e estendê-las para esses números.

**Multiplicação de números racionais com sinais iguais**

Multiplicam-se os módulos, e o sinal do resultado é positivo.

**Exemplos**

- $(-0,45) \cdot (-23,1) = +10,395$

- $\left(\dfrac{3}{5}\right) \cdot \left(\dfrac{7}{8}\right) = +\dfrac{3 \cdot 7}{5 \cdot 8} = +\dfrac{21}{40}$

**Multiplicação de números racionais com sinais diferentes**

Multiplicam-se os módulos, e o sinal do resultado é negativo.

**Exemplos**

- $(5,2) \cdot (-7,1) = -36,92$

- $\left(-\dfrac{2}{7}\right) \cdot \dfrac{3}{10} = -\dfrac{2 \cdot 3}{7 \cdot 10} = -\dfrac{6}{70} = -\dfrac{3}{35}$

### ATIVIDADES

**51.** Determine o valor de cada produto.

a) $\dfrac{11}{2} \cdot \dfrac{7}{2}$

b) $\left(-\dfrac{6}{5}\right) \cdot \dfrac{4}{3}$

c) $\dfrac{7}{15} \cdot \left(-\dfrac{9}{21}\right)$

d) $\left(-\dfrac{5}{7}\right) \cdot \left(-\dfrac{3}{8}\right)$

e) $0,75 \cdot 3,24$

f) $(-3,21) \cdot 6,5$

g) $(-6,1) \cdot (-8,7)$

h) $\dfrac{1}{4} \cdot (-25,2)$

i) $\dfrac{27}{10} \cdot (-3,1)$

j) $\dfrac{3}{4} \cdot (-15,3)$

**52.** Em um restaurante, o preço da comida é R$ 23,00 por quilograma. Quanto se paga nesse restaurante por um prato com 0,450 kg de comida?

**53.** Identifique os valores *a*, *b* e *c* representados na reta numérica pelos pontos A, B e C.

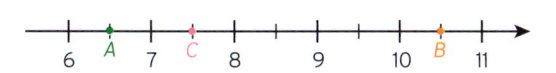

Depois, determine o valor de seus produtos, dois a dois.

**54.** Complete a tabela a seguir, determinando o valor do produto entre cada número da primeira coluna e cada número da primeira linha.

| × | 1,25 | 3,7 | −6,2 | −$\dfrac{3}{4}$ |
|---|---|---|---|---|
| −2,63 | | | | |
| −11 | | | | |
| 6,893 | | | | |
| $\dfrac{17}{10}$ | | | | |
| −$1\dfrac{1}{5}$ | | | | |

**55.** Complete a tabela a seguir com as informações que estão faltando.

| a | −2,6 | | −1,85 |
|---|---|---|---|
| b | 3,8 | 0,5 | |
| a · b | | 0,42 | −14,06 |

## Números inversos

Veja as multiplicações a seguir.

- $\left(-\dfrac{2}{3}\right) \cdot \left(-\dfrac{3}{2}\right) = +\left(\dfrac{2}{3} \cdot \dfrac{3}{2}\right) = 1$
- $1{,}6 \cdot 0{,}625 = 1$

### Definição
Dois números racionais diferentes de zero são **inversos** quando o produto de um pelo outro é igual a 1.

Assim, $-\dfrac{2}{3}$ e $-\dfrac{3}{2}$ são números inversos, e 1,6 é o inverso de 0,625.

> **0:03 Em 3 minutos**
> Determine o inverso dos seguintes números racionais.
> I. $\dfrac{4}{5}$        VII. $6{,}4$
> II. $\dfrac{5}{9}$       VIII. $-2{,}5$
> III. $-\dfrac{2}{3}$     IX. $2\dfrac{3}{4}$
> IV. $-\dfrac{2}{10}$     X. $\left|-\dfrac{3}{7}\right|$
> V. $0{,}8$               XI. $\left|-3\dfrac{3}{5}\right|$
> VI. $-7$

## Propriedades

Além da propriedade de números inversos, as propriedades vistas para a multiplicação de números inteiros são válidas também para a multiplicação de números racionais.

| Propriedade da multiplicação de números racionais | | Representação algébrica | Exemplo |
|---|---|---|---|
| Comutativa | A ordem dos fatores não altera o produto. | $a \cdot b = b \cdot a$ | $3{,}1 \cdot (-2{,}7) = (-2{,}7) \cdot 3{,}1 = -8{,}37$ |
| Associativa | A ordem de associação dos fatores não altera o produto. | $(a \cdot b) \cdot c = a \cdot (b \cdot c)$ | $\left[\dfrac{1}{2} \cdot \dfrac{3}{4}\right] \cdot \left(-\dfrac{4}{5}\right) = \dfrac{3}{4} \cdot \left[\dfrac{1}{2} \cdot \left(-\dfrac{4}{5}\right)\right] = -\dfrac{3}{10}$ |
| Elemento neutro | O 1 é o elemento neutro. | $a \cdot 1 = a$ | $-7{,}3 \cdot 1 = -7{,}3$ |
| Números inversos | Dois números são inversos se seu produto é igual a 1. | $a \cdot b = 1$ | $7 \cdot \dfrac{1}{7} = 1$ |
| Distributiva em relação à adição | Multiplicar cada parcela de uma soma e adicionar os resultados não altera o produto do fator pela soma. | $(a + b) \cdot c = a \cdot c + b \cdot c$ | $\left(\dfrac{5}{3} + \dfrac{2}{5}\right) \cdot \dfrac{3}{7} = \dfrac{5}{7} + \dfrac{6}{35} = \dfrac{31}{35}$ |

### ATIVIDADES

**56.** Considere este exemplo de números inversos:

$$-\dfrac{2}{3} \text{ e } -\dfrac{3}{2}$$

a) Que relação existe entre o numerador e o denominador dessas frações?

b) Transforme os números 1,6 e 0,625 para a forma de fração e simplifique-os. A relação observada no item anterior também é válida para esses números?

c) Com base na relação constatada, escreva outros pares de números inversos e mostre que seu produto é igual a 1.

**57.** Qual número está mais próximo do zero: o inverso de $\dfrac{4}{5}$ ou o inverso de $-\dfrac{7}{6}$?

**58.** Dê exemplos das propriedades comutativa e do elemento neutro utilizando números racionais na forma fracionária.

**59.** Utilizando números racionais na forma decimal, dê exemplos das propriedades associativa, dos números inversos e distributiva em relação à adição.

**60.** Verifique qual número é maior em cada item do boxe *Em 3 minutos*: o número dado ou seu inverso. Existe algum padrão nessa comparação?

## Divisão de números racionais

Do mesmo modo que foi feito no caso dos números inteiros, a multiplicação e a divisão de números racionais são tratadas como uma única operação: a multiplicação algébrica. Assim, as regras vistas na multiplicação de números racionais são válidas também para a divisão.

### Divisão de números racionais com sinais iguais

Dividem-se os módulos, e o sinal do resultado é positivo.

**Exemplos**

- $(-3,57) : (-0,7) = +5,1$
- $\left(-\dfrac{3}{5}\right) : \left(-\dfrac{7}{8}\right) = +\left(\dfrac{3}{5} : \dfrac{7}{8}\right) = +\left(\dfrac{3}{5} \cdot \dfrac{8}{7}\right) = +\dfrac{3 \cdot 8}{5 \cdot 7} = +\dfrac{24}{35}$

Igualando as casas decimais:
$(-3,57) : (-0,7) =$
$= (-357) : (-70)$

```
  3 5 7 | 7 0
    7 0   5, 1
      0
```

### Divisão de números racionais com sinais diferentes

Dividem-se os módulos, e o sinal do resultado é negativo.

**Exemplos**

- $(-6) : (2,4) = -2,5$
- $\dfrac{3}{5} : \left(-\dfrac{4}{7}\right) = -\left(\dfrac{3}{5} \cdot \dfrac{7}{4}\right) = -\dfrac{3 \cdot 7}{5 \cdot 4} = -\dfrac{21}{20}$

Igualando as casas decimais:
$(-6) : (2,4) = (-60) : (-24)$

```
  6 0 | 2 4
  1 2 0  2, 5
      0
```

### ATIVIDADES

**61.** Determine o valor de cada quociente.

a) $\dfrac{11}{2} : \dfrac{7}{2}$

b) $\left(-\dfrac{6}{5}\right) : \dfrac{4}{3}$

c) $\left(-5\dfrac{1}{4}\right) : \left(-\dfrac{1}{8}\right)$

d) $\dfrac{7}{8} : \left(-\dfrac{5}{4}\right)$

e) $\left(1\dfrac{1}{8}\right) : \left(6\dfrac{1}{8}\right)$

f) $\left(-\dfrac{5}{16}\right) : \dfrac{32}{28}$

g) $0,75 : 3,24$

h) $(-0,25) : (-0,75)$

i) $3 : (-1,25)$

j) $\left(3\dfrac{3}{4}\right) : (-0,25)$

k) $\dfrac{27}{10} : (-3,1)$

l) $\dfrac{3}{4} : (-15,3)$

**62.** Carlos quer dividir R$ 72,90 entre seus dois filhos, de modo que um filho receba $\dfrac{2}{3}$ do valor e o outro receba o restante. Quanto cada filho receberá?

**63.** Complete a tabela a seguir, determinando o valor do quociente de cada número da primeira coluna por cada número da primeira linha.

| : | 1,25 | 3,7 | −6,2 | $-\dfrac{3}{4}$ |
|---|---|---|---|---|
| −2,63 | | | | |
| −11 | | | | |
| 6,893 | | | | |
| $\dfrac{17}{10}$ | | | | |
| $-1\dfrac{1}{5}$ | | | | |

**64.** Complete a tabela a seguir com as informações que estão faltando.

| a | b | a : b |
|---|---|---|
| −2,6 | +2,5 | |
| | 0,5 | 0,42 |
| −7,535 | | −13,7 |

## Multiplicação algébrica na calculadora

Veja alguns exemplos de multiplicações de números racionais na calculadora.

- $0{,}75 \cdot 2{,}4$

  Digitamos na calculadora: [0][.][7][5][×][2][.][4][=]   Aparece no visor: 1.8

  Logo: $0{,}75 \cdot 2{,}4 = 1{,}8$

- $-16{,}5 : 6{,}6$

  Digitamos na calculadora: [−][1][6][.][5][÷][6][.][6][=]   Aparece no visor: -2.5

  Logo: $-16{,}5 : 6{,}6 = -2{,}5$

  Nas multiplicações que envolvem números racionais negativos, temos duas opções: efetuar os cálculos apenas com os módulos dos números e aplicar a regra de sinais ao resultado ou então utilizar as teclas de memória da calculadora e operar com todos os sinais. Ao utilizar as teclas de memória, os números (dividendo e divisor) devem ser escritos na ordem inversa.

- $(-6{,}48) : (-1{,}8)$

  Digitamos na calculadora: [−][1][.][8][=]   Aparece no visor: -1.8

  Digitamos na calculadora: [M+]   Aparece no visor: M -1.8

  Digitamos na calculadora: [AC][−][6][.][4][8][=]   Aparece no visor: M -6.48

  Digitamos a tecla [AC] para limpar o visor e não misturar o sinal negativo aos valores anteriores.

  Digitamos na calculadora: [÷][MR][=]   Aparece no visor: M 3.6

  Logo: $(-6{,}48) : (-1{,}8) = 3{,}6$

### ATIVIDADES

**65.** Complete a tabela a seguir, determinando o valor do produto de cada número da primeira coluna e cada número da primeira linha.

| × | 1,1 | −2,1 | $\frac{1}{8}$ |
|---|---|---|---|
| −0,18 | | | |
| $-1\frac{1}{4}$ | | | |
| $\frac{17}{34}$ | | | |

**66.** Faça o mesmo que na atividade anterior, determinando agora o valor do quociente.

| : | 2,4 | −8,01 | $-\frac{1}{8}$ |
|---|---|---|---|
| 3 | | | |
| $2\frac{3}{8}$ | | | |
| $6\frac{1}{5}$ | | | |

# Potenciação de expoente natural

Você aprendeu, no capítulo anterior, a representar o produto de números inteiros iguais por uma potência e a calcular o seu valor. A potenciação de base racional é feita do mesmo modo.

Vamos relembrar os sinais e estendê-los para esses números.

## Potência de base racional positiva

A potência de base racional positiva é a representação de um produto de fatores positivos iguais. Logo, seu valor é positivo.

### Exemplos

- $(0{,}6)^2 = 0{,}6 \cdot 0{,}6 = 0{,}36$
- $\left(\dfrac{1}{5}\right)^3 = \left(\dfrac{1}{5}\right) \cdot \left(\dfrac{1}{5}\right) \cdot \left(\dfrac{1}{5}\right) = \dfrac{1}{125}$

## Potência de base racional negativa

A potência de base racional negativa é a representação de um produto de fatores negativos iguais. Logo, seu valor pode ser positivo ou negativo, dependendo da quantidade de fatores.

### Exemplos

- $\left(-\dfrac{1}{2}\right)^2 = \left(-\dfrac{1}{2}\right) \cdot \left(-\dfrac{1}{2}\right) = +\dfrac{1}{4}$
- $\left(-\dfrac{1}{2}\right)^3 = \left(-\dfrac{1}{2}\right) \cdot \left(-\dfrac{1}{2}\right) \cdot \left(-\dfrac{1}{2}\right) = -\dfrac{1}{8}$
- $\left(-\dfrac{1}{2}\right)^4 = \left(-\dfrac{1}{2}\right) \cdot \left(-\dfrac{1}{2}\right) \cdot \left(-\dfrac{1}{2}\right) \cdot \left(-\dfrac{1}{2}\right) = +\dfrac{1}{16}$
- $\left(-\dfrac{1}{2}\right)^5 = \left(-\dfrac{1}{2}\right) \cdot \left(-\dfrac{1}{2}\right) \cdot \left(-\dfrac{1}{2}\right) \cdot \left(-\dfrac{1}{2}\right) \cdot \left(-\dfrac{1}{2}\right) = -\dfrac{1}{32}$
- ⋮

Perceba que, na potência de base racional negativa, quando o expoente é par, o resultado é um número positivo, e, quando o expoente é ímpar, o resultado é um número negativo.

Essa regularidade pode ser observada em qualquer produto de fatores negativos iguais.

### SAIBA MAIS

**Conjunto de Cantor**

O matemático alemão Georg Cantor (1845-1918) criou um conjunto interessante, que recebe seu nome. O conjunto de Cantor é construído começando com um segmento unitário, que é dividido em três partes iguais cujo segmento central é removido a cada etapa:

A medida total dos segmentos restantes em cada etapa é obtida por:

1ª etapa: $\dfrac{2}{3}$

2ª etapa: $\dfrac{2}{3} \cdot \dfrac{2}{3} = \left(\dfrac{2}{3}\right)^2$

3ª etapa: $\dfrac{2}{3} \cdot \dfrac{2}{3} \cdot \dfrac{2}{3} = \left(\dfrac{2}{3}\right)^3$

⋮

## ATIVIDADES

**67.** Calcule o valor de cada item.

a) $2^4$
b) $(-2)^4$
c) $-(2^4)$
d) $\left(\dfrac{1}{2}\right)^5$
e) $\left(-\dfrac{1}{3}\right)^3$
f) $\left(-\dfrac{2}{3}\right)^5$
g) $\left(-\dfrac{1}{4}\right)^4$
h) $0{,}2^5$
i) $(-0{,}5)^4$
j) $-(-0{,}7)^3$
k) $\left|\left(-\dfrac{2}{7}\right)^3\right|$
l) $-|-0{,}3|^3$

**68.** Sabendo que $a = -2{,}1$ e $b = \dfrac{1}{4}$, calcule o valor de cada expressão.

a) $a^2 + b^2$
b) $a^3 + b^3$
c) $3a^4 + \dfrac{1}{3} \cdot b^2$
d) $(a^3 + b^2) \cdot (a^2 - b^3)$

**69.** Determine a área dos seguintes quadriláteros.

a) Um quadrado cujo lado mede 4,5 cm.
b) Um quadrado cujo perímetro é 6 cm.
c) Um retângulo cujos lados medem 2,3 cm e 4,1 cm.

**70.** Calcule o valor de cada expressão numérica.

a) $\left(\dfrac{1}{4}\right) : \left(-\dfrac{3}{5}\right)^2$
b) $\left(-\dfrac{3}{5}\right)^3 \cdot \left(-\dfrac{3}{4}\right)^4$
c) $1{,}2^3 \cdot (-7{,}1)^3$
d) $(-1)^7 : (2{,}2^3 + 2{,}2^3)$
e) $\left[\left(-\dfrac{3}{9}\right)^3 + \left(\dfrac{1}{3}\right)^3\right] \cdot (-17{,}85)^7$

## Potenciação de expoente inteiro

Visto que as potências de expoente inteiro positivo ou nulo (natural) já foram estudadas anteriormente, precisamos analisar agora apenas as potências de expoente inteiro negativo. Para tanto, vamos observar uma sequência numérica.

### Uma sequência composta de potências

Um fazendeiro produziu suco de uva concentrado e o envasou em garrafas com tampas medidoras.

Como não sabia qual era a proporção ideal de suco e água para cada copo de 100 mL, ele preparou alguns copos com uma concentração diferente em cada um e pediu a seus netos que experimentassem.

No primeiro copo ele colocou 4 medidas de suco de uva concentrado e completou com água; no segundo, colocou metade da quantidade de suco do copo anterior e completou com água; e assim por diante, até o quinto copo, que resultou em uma mistura bem diluída.

Suco de uva concentrado e tampinha utilizada como medidor para diluí-lo em água.

| Copo (100 mL) | 1º | 2º | 3º | 4º | 5º |
|---|---|---|---|---|---|
| Copos com a mistura de suco concentrado e água. | | | | | |
| Quantidade de medidores de suco | 4 | 2 | 1 | $\frac{1}{2}$ | $\frac{1}{4}$ |

Dados fictícios.

Imagens em diferentes escalas.

### Definição de potência de expoente inteiro

Observando a quantidade de medidores de suco de uva concentrado colocados em cada copo, podemos escrever uma sequência numérica.

$$\left(4; 2; 1; \frac{1}{2}; \frac{1}{4}\right)$$

Observando a regularidade apresentada, podemos escrevê-la como uma sequência composta de potências de base 2: $2^2, 2^1, 2^0, 2^?, 2^?$

Quais seriam os valores dos expoentes nos dois últimos termos?

Notamos que, conforme cada expoente diminui uma unidade, a potência é dividida por 2. Assim, temos: $2^2, 2^1, 2^0, 2^{-1}$ e $2^{-2}$, ou seja, $2^{-1} = \frac{1}{2}$ e $2^{-2} = \frac{1}{4}$

> ■ **Definição**
>
> Para todo número racional $a \neq 0$, definimos $a^{-n} = \left(\frac{1}{a}\right)^n$, em que $n$ é um número natural não nulo.

Veja outros exemplos.

- $(-9)^{-2} = \left(-\frac{1}{9}\right)^2 = \left(-\frac{1}{9}\right) \cdot \left(-\frac{1}{9}\right) = +\frac{1}{81}$
- $\left(\frac{1}{4}\right)^{-3} = 4^3 = 4 \cdot 4 \cdot 4 = 64$
- $\left(\frac{2}{3}\right)^{-4} = \left(\frac{3}{2}\right)^4 = \left(\frac{3}{2}\right) \cdot \left(\frac{3}{2}\right) \cdot \left(\frac{3}{2}\right) \cdot \left(\frac{3}{2}\right) = \frac{81}{16}$

# Potências de base 10

Você viu que as potências de base 10 e expoente natural apresentam uma regularidade: a quantidade de zeros do resultado é igual ao expoente da potência.

- $10^0 = 1$
- $10^1 = 10$
- $10^2 = 10 \cdot 10 = 100$
- $10^3 = 10 \cdot 10 \cdot 10 = 1\,000$
- $10^4 = 10 \cdot 10 \cdot 10 \cdot 10 = 10\,000$

As potências de base 10 e expoente inteiro negativo também apresentam uma regularidade. Veja.

- $10^{-1} = \left(\dfrac{1}{10}\right) = 0{,}1$ — 1 casa decimal
- $10^{-2} = \left(\dfrac{1}{10}\right)^2 = \dfrac{1}{100} = 0{,}01$ — 2 casas decimais
- $10^{-3} = \left(\dfrac{1}{10}\right)^3 = \dfrac{1}{1\,000} = 0{,}001$ — 3 casas decimais
- $10^{-4} = \left(\dfrac{1}{10}\right)^4 = \dfrac{1}{10\,000} = 0{,}0001$ — 4 casas decimais

Note que a quantidade de casas decimais do resultado é igual ao módulo do expoente da potência.

> **SAIBA MAIS**
>
> **Potências de 10**
>
> Algumas potências de 10 recebem nomes especiais. Veja alguns deles e algumas utilizações.
>
> - $10^{-3}$ → mili
>   Exemplos: milímetro, mililitro e miligrama.
> - $10^{-6}$ → micro
>   Exemplos: micróbios, microscópio e micro-ondas.
> - $10^{-9}$ → nano
>   Exemplos: nanotecnologia, nanobactéria e nanômetro.

## ATIVIDADES

**71.** Calcule o valor de cada potência.

a) $2^0$
b) $2^{-1}$
c) $2^{-2}$
d) $(-2)^0$
e) $(-2)^{-1}$
f) $(-2)^{-2}$
g) $(-5)^{-3}$
h) $(-5)^{-4}$
i) $(-5)^{-5}$
j) $0{,}23^{-3}$
k) $\left(\dfrac{1}{7}\right)^{-4}$
l) $0{,}25^{-5}$
m) $\left(\dfrac{2}{5}\right)^{-2}$
n) $\left(-\dfrac{11}{2}\right)^{-3}$
o) $(-1{,}3)^{-5}$

**72.** Determine o valor de cada expressão.

a) $\left(1\dfrac{1}{4}\right)^2 + (-0{,}25)^2$
b) $\left(\dfrac{7}{2}\right)^2 - \left(-\dfrac{5}{4}\right)$
c) $(0{,}35)^2 - (-0{,}75)^{-2}$
d) $\left(1\dfrac{1}{8}\right)^2 + \left(5\dfrac{1}{4}\right)$
e) $\left(-\dfrac{1}{4}\right)^{-3} - \left(\dfrac{1}{8}\right)^2$
f) $-3^3 + (-12)^2$
g) $\left(3\dfrac{1}{5}\right)^2 + \dfrac{1}{25}$
h) $\left(-\dfrac{14}{16}\right) - \left(\dfrac{8}{7}\right)^{-2}$

**73.** Quantos números inteiros há entre $8^{-1}$ e $2^2$?

**74.** Calcule o valor de cada expressão.

a) $\left(5\dfrac{1}{4}\right) : 0{,}25^2$
b) $\dfrac{7}{8} : \left(-\dfrac{5}{4}\right)^{-2}$
c) $(-0{,}25)^2 : (-0{,}75)^2$
d) $\left(1\dfrac{1}{2}\right)^3 \cdot \left(6\dfrac{1}{8}\right)^{-1}$
e) $\left(\dfrac{1}{4}\right)^{-1} \cdot \left(-\dfrac{1}{8}\right)^0$
f) $5^{-2} : (-1{,}25)$
g) $\left(-2\dfrac{1}{2}\right) : \left(\dfrac{1}{2}\right)^4$
h) $\left(-\dfrac{5}{16}\right) \cdot \left(\dfrac{2}{256}\right)^{-1}$

**75.** Qual é a diferença entre a área do quadrado maior e a área do quadrado menor representados a seguir?

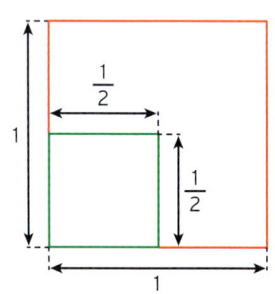

**76.** Considere os números racionais $a$ e $b$ representados pelos pontos $A$ e $B$ na reta a seguir.

a) Quais são os números $a$ e $b$?
b) Determine o valor de $a^2$ e de $b^2$.
c) Calcule: $a^3 + b^3$ e $a^2 : b$

## Radiciação

Se um número racional não negativo pode ser escrito como produto de dois fatores racionais não negativos e iguais, então o fator é a **raiz quadrada** desse número. Veja alguns exemplos.

- O número positivo que elevado ao quadrado resulta em 144 é a raiz quadrada de 144, e é indicado por $\sqrt{144}$.
  Nesse caso, a raiz quadrada é 12, pois $12^2 = 144$.
  Portanto: $\sqrt{144} = 12$.

- $\sqrt{81} = 9$, pois $9^2 = 81$

- $\sqrt{0{,}36} = 0{,}6$, pois $0{,}6^2 = 0{,}36$

- $\sqrt{\dfrac{1}{16}} = \dfrac{\sqrt{1}}{\sqrt{16}} = \dfrac{1}{4}$, pois $\left(\dfrac{1}{4}\right)^2 = \dfrac{1}{16}$

> **Link**
> Em outras palavras, se um número racional positivo pode ser escrito como uma potência de base racional positiva e expoente 2, então o valor da base é a raiz quadrada desse número.

### Definição

Quando existe em $\mathbb{Q}_+$, a **raiz quadrada** de um número racional não negativo $a$ é o número racional não negativo cujo quadrado é igual a $a$.
Se $a, n \in \mathbb{Q}_+$ e $\sqrt{a} = n$, então $n^2 = a$.

> **Link**
> Quando escrevemos $a$ e $n \in \mathbb{Q}_+$, estamos dizendo que os números representados pelas letras $a$ e $n$ pertencem ao conjunto dos números racionais não negativos.
> O sinal $+$ em um conjunto significa que o conjunto se restringe aos números não negativos.

### Observações

- Em $\sqrt{a} = n$, $a$ é denominado **radicando**, e $n$, **raiz quadrada**.
- $\sqrt{0} = 0$

## ATIVIDADES

**77.** Veja o desenvolvimento do cálculo de uma raiz quadrada.

$$\sqrt{0{,}25} = \sqrt{\dfrac{\text{IIII}}{100}} = \dfrac{\sqrt{25}}{\sqrt{\text{IIII}}} = \dfrac{\text{IIII}}{10} = \text{IIII}$$

Copie a expressão, completando-a com os números que foram omitidos nesse cálculo.

**78.** Determine o valor de cada raiz quadrada.

a) $\sqrt{\dfrac{4}{16}}$   d) $\sqrt{0{,}04}$   g) $\sqrt{0}$

b) $\sqrt{\dfrac{625}{100}}$   e) $\sqrt{\dfrac{64}{49}}$   h) $\sqrt{2{,}25}$

c) $\sqrt{0{,}25}$   f) $\sqrt{1{,}96}$   i) $\sqrt{\dfrac{144}{9}}$

**79.** Sabendo que $\sqrt{1{,}44} = 1{,}2$, quais nomes damos aos seguintes elementos?
a) 1,44   b) 1,2

**80.** Determine o valor da seguinte expressão.
$$\sqrt{900} - \sqrt{441} + \sqrt{289}$$

**81.** Quais números inteiros são maiores do que $\sqrt{0{,}81}$ e menores do que $\sqrt{2{,}25}$?

**82.** Calcule o valor de cada raiz.

a) $\sqrt{0{,}09}$   e) $\sqrt{2{,}89}$

b) $\sqrt{10\,000}$   f) $\sqrt{81}$

c) $\sqrt{1{,}69}$   g) $\sqrt{\dfrac{484}{100}}$

d) $\sqrt{4}$   h) $\sqrt{17{,}64}$

**83.** Monte uma tabela como esta e assinale nela as colunas que correspondem aos conjuntos que contêm as raízes quadradas calculadas em cada item da atividade anterior.

| Itens | Números naturais | Números inteiros | Números racionais |
|---|---|---|---|
| a | | | |
| b | | | |
| ⋮ | | | |

a) Qual é a relação entre a coluna "Números naturais" e a coluna "Números inteiros"? Justifique.

b) Quais itens foram assinalados na coluna "Números racionais"? Justifique.

## ••• Expressões numéricas

Para resolver expressões numéricas que envolvem números racionais, utilizamos os mesmos procedimentos adotados quando resolvemos expressões com números naturais ou inteiros.

- Continuam válidas as propriedades das operações.
- Devemos respeitar a ordem de resolução das operações: primeiro potências e raízes, em seguida, multiplicações e divisões e, por fim, adições e subtrações.
- Devemos resolver as operações contidas dentro de parênteses, colchetes e chaves, nessa ordem.

### Exemplo

$5,83 - \left[\left(1 - \frac{3}{4}\right) - \left(-\frac{1}{8} + \frac{1}{4}\right) : 2^{-4}\right] \cdot \left(\frac{1}{10}\right)^{-1} =$

$= 5,83 - \left[\left(1 - \frac{3}{4}\right) - \left(-\frac{1}{8} + \frac{1}{4}\right) : \frac{1}{16}\right] \cdot 10 =$

$= 5,83 - \left[\left(\frac{4}{4} - \frac{3}{4}\right) - \left(-\frac{1}{8} + \frac{2}{8}\right) : \frac{1}{16}\right] \cdot 10 =$

$= 5,83 - \left[\frac{1}{4} - \frac{1}{8} : \frac{1}{16}\right] \cdot 10 =$

$= 5,83 - \left[\frac{1}{4} - \frac{1}{8} \cdot 16\right] \cdot 10 =$

$= 5,83 - \left[\frac{1}{4} - 2\right] \cdot 10 =$

$= 5,83 - \left[\frac{1}{4} - \frac{8}{4}\right] \cdot 10 =$

$= 5,83 - \left[-\frac{7}{4}\right] \cdot 10 =$

$= 5,83 + \frac{7}{4} \cdot 10 = 5,83 + 1,75 \cdot 10 =$

$= 5,83 + 17,5 = 23,33$

### Cidadania

Cidadania é o direito de ter uma ideia e poder expressá-la. É poder votar em quem quiser sem constrangimento. [...] É o direito de ser negro, índio, homossexual, mulher, sem ser discriminado. De praticar uma religião sem ser perseguido.

Há detalhes que parecem insignificantes, mas revelam estágios de cidadania: respeitar o sinal vermelho no trânsito, não jogar papel na rua.

[...]

Gilberto Dimenstein. *O cidadão de papel*: a infância, a adolescência e os Direitos Humanos no Brasil. São Paulo: Ática, 2006. p. 22.

- Para resolver expressões numéricas, utilizamos procedimentos matemáticos. Já para expressar nosso pensamento precisamos adotar procedimentos de respeito à opinião dos outros. Qual é a maneira cidadã de discordar de uma opinião?
- No texto ao lado você tem a ordem de resolução de expressões numéricas. Na vida social, o significado da palavra ordem não é diferente. O que significa **ordem**?

### ATIVIDADES

**84.** Alguns valores que completam o processo de cálculo da soma das duas frações abaixo foram omitidos.

$\frac{1}{2} + \frac{1}{3} = \frac{3}{||||} + \frac{||||}{6} = \frac{||||}{6}$

Copie a expressão, completando-a.

**85.** Resolva as seguintes expressões numéricas.

a) $3 \cdot \left(\frac{1}{5} + \frac{1}{15}\right)$

b) $2 - 8 \cdot \left(-\frac{3}{8} - \frac{5}{16} + \frac{6}{4}\right)$

c) $\left[\left(-\frac{3}{2} + \frac{5}{4}\right) : \frac{1}{4}\right] + \left(\frac{1}{2}\right)^{-2} + 5,8$

d) $10 \cdot (0,6^2 + 0,2^3) + \sqrt{1,69}$

e) $4,2 - \left\{\left[\left(-\frac{5}{8} + \frac{1}{2}\right) : 2\right] : 2\right\}$

f) $\left\{\left[2^5 + \left(\frac{1}{2}\right)^{-4}\right] : 2\right\} \cdot 3 - 5,3 + 102^2 + \sqrt{256}$

**86.** Represente a expressão numérica que corresponde a cada sentença a seguir e resolva-a.

a) A soma de um meio positivo com um terço negativo.

b) O quádruplo da soma de um sexto positivo e cinco doze avos negativos.

c) A soma do inverso de dois quintos positivos com um quarto negativo.

d) A soma do dobro do inverso de três quartos com seis décimos.

## MUNDO TECNOLÓGICO

## Matemática na internet

A internet é conhecida como fonte de notícias, jogos, filmes e músicas. Mas a Matemática também está presente na internet, podendo ser vista e apreciada de várias maneiras. Por exemplo, pesquise o *site* <www.somatematica.com.br>. Entre as diversas atividades relacionadas à Matemática disponíveis, encontram-se jogos, *softwares*, desafios, absurdos matemáticos e curiosidades.

Nesta seção vamos conferir a curiosidade "O método de multiplicação russa", que mostra um processo para obter o resultado da multiplicação de dois números. O método consiste em dividir sucessivamente o primeiro número por 2, até obter 1 como resultado, e multiplicar sucessivamente o segundo número por 2. Veja o exemplo abaixo.

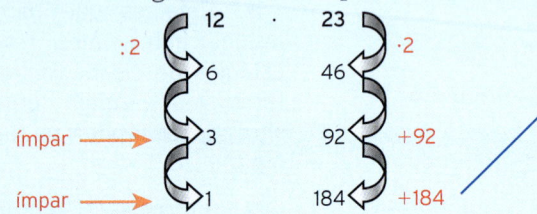

|  | 12 | · | 23 |  |
|---|---|---|---|---|
| :2 |  |  |  | ·2 |
|  | 6 |  | 46 |  |
| ímpar → | 3 |  | 92 | +92 |
| ímpar → | 1 |  | 184 | +184 |

Adicionando os números da coluna da direita correspondentes aos números ímpares da coluna da esquerda, obtém-se o resultado:
$$12 \cdot 23 = 184 + 92 = 276$$

Se o número da coluna da esquerda é ímpar, a divisão por 2 não é exata. Nesses casos, prossegue-se apenas com a parte inteira do quociente (no exemplo, $3 \div 2 = 1{,}5$; então se usa o 1). Experimente!

### Planilha eletrônica: funções INT, MOD e SE

Com o auxílio de uma planilha eletrônica, podemos verificar o método russo de multiplicação. Para isso, vamos usar as funções INT, MOD e SE, descritas a seguir.

*INT (número ou expressão numérica)*: essa função calcula o valor inteiro do número ou expressão que consta como seu argumento.

*MOD (número; divisor)*: calcula o resto da divisão do número pelo divisor fornecido.

*SE (condição; valor para condição verdadeira; valor para condição falsa)*: a função analisa se a condição apresentada é verdadeira ou falsa, e retorna o valor correspondente.

As figuras abaixo ilustram a implementação do método russo em uma planilha eletrônica, usando as funções descritas acima. Observe, nas barras de fórmulas, a sintaxe de cada função.

| C2 | | fx | =INT(C1/2) |
|---|---|---|---|
| | A | B | C | D |
| 1 | método de | | 12 | 23 |
| 2 | multiplicação russo | | 6 | |

| | | fx | =+D1*2 |
|---|---|---|---|
| | C | D |
| | 12 | 23 |
| | 6 | 46 |

| | | fx | =SE(MOD(C1;2)=1;D1;0) |
|---|---|---|---|
| | C | D | E |
| | 12 | 23 | 0 |
| | 6 | 46 | |

Na célula E1 da terceira figura, a fórmula pode ser traduzida como: "Se o resto da divisão da célula C1 por 2 for igual a 1, o valor dessa função será o valor da célula D1; caso contrário, o valor será zero". Como o divisor é 2, a condição é equivalente a "se o número da célula C1 for ímpar".

Para completar o processo, basta copiar as fórmulas para as linhas seguintes e obter o resultado da multiplicação dos números adicionando os valores da coluna E, como na figura abaixo.

| E6 | | fx | =SOMA(E1:E5) |
|---|---|---|---|
| | A | B | C | D | E |
| 1 | método de | | 12 | 23 | 0 |
| 2 | multiplicação russo | | 6 | 46 | 0 |
| 3 | | | 3 | 92 | 92 |
| 4 | | | 1 | 184 | 184 |
| 5 | | | 0 | 368 | 0 |
| 6 | | | então, 12×23= | | 276 |

Textos informativos

Experimente com outros números. Observe que, para números maiores, você terá de copiar as fórmulas do método em mais linhas.

### ■ Faça você

De acordo com a planilha do exemplo acima, multiplique diretamente o conteúdo de C1 e D1 em F1 para conferir o resultado. Em seguida, verifique se o método funciona:

a) para números de 3 e 4 dígitos

b) para números negativos

# MATEMÁTICA E SOCIEDADE

## Moedas de até R$ 0,25 custam mais do que valem

**Uma moeda de R$ 0,01 custa R$ 0,09 para o Banco Central; a despesa para fabricar cada cédula de real na Casa da Moeda é de R$ 0,15.**

Moedas de um, cinco, dez e vinte e cinco centavos não se pagam. O custo delas para a sociedade supera o valor que estampam em seus discos de aço. Aliás, os contratos celebrados entre a Casa da Moeda e o Banco Central apresentam uma curiosidade: as moedas de vinte e cinco centavos custam mais caro do que as [moedas] de cinquenta centavos.

Uma moeda de um centavo tem preço de R$ 0,09 estipulado ao Banco Central. Ou seja, a fabricação de cada uma delas sai pelo preço de nove centavos de real. A [moeda] de cinco centavos sai por R$ 0,12 da Casa da Moeda, enquanto a de dez custa R$ 0,16. A moeda de vinte e cinco centavos quase vale o quanto pesa: sai da fábrica custando R$ 0,27.

O Banco Central compra moedas de cinquenta centavos e de um real por R$ 0,24 e R$ 0,28, segundo contratos firmados em 2009. [...] A defasagem entre o preço das moedas de até vinte e cinco centavos e o seu valor de face continua [...], de acordo com a Casa da Moeda.

Mesmo sendo mais caras do que valem na carteira, as moedas são fundamentais para fazer a economia funcionar, afirma Lagoeiro, o diretor de Produção da Casa da Moeda. "É dever do Estado colocar as moedas em circulação para haver paz social", diz. "Esporadicamente, pode-se ter uma senhoriagem (a razão entre custo e valor do dinheiro) negativa."

Produção de moedas, 2010.

### Cédulas valem mais e custam menos

Segundo Lagoeiro, a Casa da Moeda tem cuidado para não agregar valor demais às moedas, para que não percam sua finalidade. "Se usássemos metais mais nobres, ou mais metais na produção, as pessoas pegariam as moedas para outra utilidade. As moedas de um centavo já foram usadas para fazer artesanato. Também tinham firmas que faziam arruelas de aço", diz.

A Casa da Moeda utiliza aço, cobre e estanho para produzir moedas. A quantidade de metal usado na produção depende de espessura, tamanho e material usado em cada uma. A moeda de vinte e cinco centavos leva cobre e estanho, para resultar no bronze que caracteriza sua cor.

O fenômeno não se repete na produção de cédulas. Todas se pagam. Em média, cada cédula custa R$ 0,15.

Sabrina Lorenzi. Disponível em: <http://economia.ig.com.br/empresas/comercioservicos/moedas+de+ate+r+025+custam+mais+do+que+valem/n1237557136022.html>. Acesso em: 30 jan. 2012.

## ■ De olho no texto

I. Quais são os números racionais citados no texto? Escreva-os na forma fracionária.

II. Quantas moedas de 1 centavo são necessárias para se ter 1 real? E de 5 centavos? 10 centavos? 25 centavos? 50 centavos?

III. Por que algumas moedas custam mais do que seu valor?

IV. O que é senhoriagem?

V. Calcule a senhoriagem de todas as moedas do real.

# ROTEIRO DE ESTUDOS

**Autoavaliação**

**87.** Classifique cada afirmação em verdadeira ou falsa e justifique.

a) Todo número inteiro é racional, mas nem todo número racional é inteiro.

b) Todo número racional pode ser escrito na forma fracionária com numerador e denominador inteiros e denominador diferente de zero.

c) Todo número natural é racional.

d) Todo número racional é natural.

**88.** Escreva os números racionais a seguir na forma fracionária e, depois, escreva-os em ordem crescente.

$$-5\frac{9}{13};\ 33;\ -18{,}6;\ 7{,}124;\ -93{,}39;\ 2\frac{15}{28}$$

**89.** Localize cada número da coluna da esquerda na reta numérica. Depois relacione no caderno as colunas, determinando o intervalo a que cada um dos números pertence.

a) $\left|-\dfrac{3}{5}\right|$  I. 2 a 3

b) $-1\dfrac{2}{3}$  II. 1 a 2

c) $-\dfrac{3}{8}$  III. −1 a 0

d) $\left|-\dfrac{12}{5}\right|$  IV. −2 a −1

e) $\dfrac{7}{5}$  V. 0 a 1

**90.** Considere os seguintes números:

$$1\frac{3}{4};\ -\frac{7}{5};\ -2\frac{3}{4};\ \frac{9}{10}$$

a) Qual é a soma dos dois maiores números?

b) Qual é a diferença entre o maior e o menor número?

**91.** (CMB-DF) Um motorista percorreu $\dfrac{2}{5}$ da distância entre duas cidades e parou para abastecer. Sabendo-se que $\dfrac{1}{4}$ da distância que falta para completar o percurso corresponde a 105 km, a distância que separa as duas cidades, em quilômetros, é igual a:

a) 180  c) 420  e) 700
b) 252  d) 620

**Nota:** Confira se você acertou todas as questões dessa *Autoavaliação*. Se não acertou, faça as atividades do *Reforço* e da *Revisão* antes do *Aprofundamento*.

## Reforço

**92.** Copie as frases e complete-as adequadamente.

a) O valor absoluto do oposto de $-\dfrac{4}{9}$ é:

b) O simétrico de $\left|-\dfrac{1}{8}\right|$ é:

c) O número −0,245 na forma de fração irredutível é:

d) O número 42,5% na forma decimal é:

**93.** Considere os seguintes números.

$$4;\ -7;\ \frac{1}{5};\ 2\frac{7}{4};\ -2{,}5$$

Identifique os números que pertencem aos seguintes conjuntos.

a) naturais   b) inteiros   c) racionais

**94.** Complete o quadrado mágico de modo que a soma dos números de cada linha e de cada coluna seja sempre a mesma.

| | | |
|---|---|---|
| $-\dfrac{5}{2}$ | −4 | $-\dfrac{3}{2}$ |
| −1 | | |
| | | |

**95.** (Saresp) Veja os preços das cópias de xerox numa papelaria:

| Cópia | Preço |
|---|---|
| Simples | R$ 0,15 |
| Colorida | R$ 3,60 |

Eu tinha R$ 10,00 e pedi duas cópias coloridas de uma fotografia. Com o dinheiro restante, quantas cópias simples poderei pagar?

a) 1,8   b) 6   c) 8   d) 12   e) 18

**96.** (Fuvest) O valor da expressão

$$\frac{1 - \frac{1}{6} - \frac{1}{3}}{\left(\frac{1}{6} + \frac{1}{2}\right)^2 + \frac{3}{2}}$$

é:

a) $\frac{1}{2}$   b) $\frac{3}{4}$   c) $\frac{7}{6}$   d) $\frac{3}{5}$   e) $-\frac{3}{5}$

**Revisão:** Refaça as atividades 14, 15, 19, 22, 24, 28, 31, 32, 37, 41, 48, 49, 50, 55, 64, 68, 69, 72, 73, 74, 82, 83 e 86.

## Aprofundamento

**97.** (UFRN) Uma prova foi aplicada em duas turmas distintas. Na primeira, com 30 alunos, a média aritmética das notas foi 6,40. Na segunda, com 50 alunos, foi 5,20. Qual é a média aritmética das notas dos 80 alunos?

**98.** (UFMG) A soma dos inversos de dois números é 1. Se um deles é $\frac{7}{2}$, o outro é:

a) $\frac{2}{7}$   b) $\frac{5}{7}$   c) $\frac{7}{5}$   d) $\frac{5}{3}$   e) $\frac{7}{2}$

**99.** (OBM) Sabe-se que $\frac{2}{9}$ do conteúdo de uma garrafa enchem $\frac{5}{6}$ de um copo. Para encher 15 copos iguais a esse, quantas garrafas deverão ser usadas?

a) 2   b) 3   c) 4   d) 5   e) 6

**100.** (OBM) Certo banco brasileiro obteve um lucro de R$ 4,1082 bilhões ao final do primeiro semestre de 2008. Esse valor representa um aumento de 2,5% em relação ao resultado obtido no mesmo período do ano passado. Qual é a soma dos dígitos do número inteiro que representa, em reais, o lucro desse banco no primeiro semestre de 2007?

---

### Estratégias de aprendizagem

**O mundo de um novo ângulo**

Com simplicidade e entusiasmo, o jovem matemático [norte-]americano Salman Khan já deu mais de 115 milhões de aulas na [internet] e começa a revolucionar a [...] rotina escolar.

[...]

Com [...] vídeos e exercícios gratuitos [...], ele traduz em linguagem simples desde rudimentos da matemática até guerras napoleônicas [...].

Formado em matemática, ciências da computação e engenharia elétrica pelo Instituto de Tecnologia de Massachusetts (MIT) [...] Sal afixou nas paredes de seu escritório cartazes que traduzem o jeitão [...] direto, de pensar o ensino: "Vá à essência do problema", "Nunca deixe de aprender", "Divirta-se!".

[...] a experiência sugere que a iniciativa pode vir a tornar-se uma poderosa ferramenta para transformar a maneira como as pessoas aprendem e a própria escola. [...] Em alguns desses colégios a rotina mudou de forma radical. Os alunos passaram a assistir às aulas de Sal em casa, deixando o tempo na escola livre para problemas, dúvidas e projetos que estimulem a capacidade criativa e a investigação científica.

Monica Weinberg. O mundo de um novo ângulo. Revista *Veja*, ed. 2254, ano 45, n. 5, p. 65-71, 1º fev. 2012.

I. O texto informa que os alunos de Sal passaram a ter mais tempo livre na escola para desenvolver projetos, resolver dúvidas, investigar. O que você pode fazer para ganhar espaço livre na escola para pesquisas, reflexões e trocas de ideias com os colegas?

II. Nas escolas que seguem o professor Sal, os alunos que aprendem mais rapidamente uma matéria se tornam tutores dos colegas que ainda têm dificuldade em certos conteúdos. Você aceitaria ser tutor e também ser tutelado por colegas mais adiantados? Por quê?

No Brasil é possível assistir em português a algumas aulas do professor Sal pelo *site* <http://www.fundacaolemann.org.br/khanportugues/>. Verifique e avalie. (Acesso em: 2 jan. 2012.)

Turista na geleira Briksdal, em Olden, Noruega. A geleira Briksdal é um braço da geleira de Jostedal, a maior do continente europeu, em fotografia do inverno de 1986. Nessa época, a geleira se expandiu, atingindo seu tamanho máximo. Porém, a partir dos anos 2000, seu tamanho vem se reduzindo devido ao aumento da temperatura global, entre outros fatores.

Fonte de pesquisa: <http://glacsweb.org/norway/panoramas>. Acesso em: 12 set. 2014.

# Grandezas e medidas

**CAPÍTULO 3**

## O QUE VOCÊ VAI APRENDER

- Volume
- Volume do paralelepípedo retângulo e do cubo
- Capacidade
- Massa
- Outras grandezas e unidades de medida

## CONVERSE COM OS COLEGAS

Podemos afirmar que a altura e a massa (o "peso") dessa turista são menores do que a altura e a massa da pedra onde ela está sentada. Considere apenas as partes do ambiente que podemos ver na fotografia, ou seja, não pense, por exemplo, no prolongamento das pedras, da parte líquida e da geleira. Com esse recorte podemos afirmar também que são **maiores**: o tamanho da pedra onde a turista está sentada do que o tamanho da pedra em destaque na água; a quantidade de gelo do que a quantidade de água líquida.

Neste capítulo veremos como se quantifica (se mede) um corpo de acordo com o espaço que ele ocupa. Vamos estudar também as unidades utilizadas nessas medições.

I. Observe com os colegas vários objetos (caneta, cadeira, lâmpada, pé de tênis, etc.). Escreva o nome de cada um na ordem crescente de espaço que ocupam.

II. Com os colegas, pense em objetos ausentes da sala de aula. Escreva o nome de cada um na ordem decrescente de espaço que ocupam.

## MÓDULO 1

# Volume

Estamos rodeados de objetos das mais diversas formas, como: um livro, uma bola, uma pilha de tijolos, um edifício, um carro, um lápis, um lanche, uma pedra, um televisor, etc. Apesar de serem elementos completamente diferentes, todos eles têm algo em comum: ocupam determinada porção do espaço.

Quando queremos medir a quantidade de espaço ocupada por um objeto, escolhemos uma unidade de medida e verificamos quantas vezes ela cabe no objeto. A medida do espaço ocupado por um objeto é denominada **volume**.

### ●●● Unidade de medida de volume

bloco que servirá de unidade de medida de volume (1 u.v.)   corpo A   corpo B

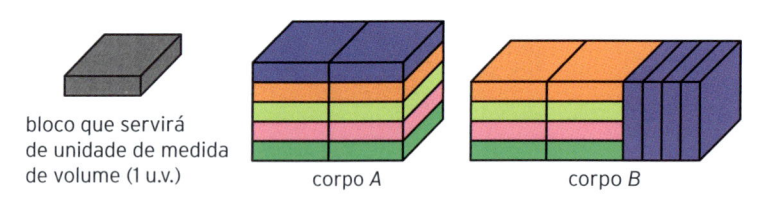

Tomando o bloco mostrado na primeira figura como unidade de medida de volume (1 u.v.), podemos verificar que esse bloco cabe 10 vezes no corpo A e 12 vezes no corpo B. É por isso que podemos afirmar que o volume do corpo A é 10 blocos e o volume do corpo B é 12 blocos. Indicamos essas medidas como:

$$V_{corpo\,A} = 10 \text{ u.v.} \quad \text{e} \quad V_{corpo\,B} = 12 \text{ u.v.}$$

Lembre-se de que o registro de uma medição é formado por duas partes: a **parte numérica** e a **unidade de medida**.

**PARA RECORDAR**

**Grandeza e unidade de medida**

Tudo o que pode ser medido é uma **grandeza**. O comprimento, o volume, a massa e o tempo são exemplos de grandezas.

Geralmente, para medir uma grandeza, a comparamos com outra grandeza de mesma natureza, tomada como **unidade de medida**, e verificamos quantas vezes essa unidade de medida cabe na grandeza que queremos medir.

### ATIVIDADES

**1.** Considerando o tijolo destacado como unidade de medida de volume (1 u.v.), determine o volume de cada pilha de tijolos.

1 u.v.

Não há tijolos escondidos atrás das pilhas.

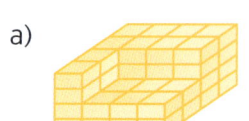

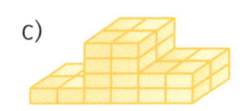

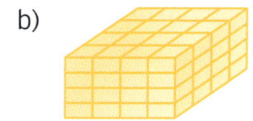

a)

b)

c)

d)

**2.** Considere o seguinte bloquinho como unidade de medida de volume (1 u.v.).

1 u.v.

Qual é o volume da pilha de blocos mostrada abaixo?

Não há blocos escondidos atrás da pilha.

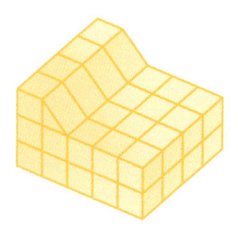

## ●●● Comparando volumes

Em muitos casos, é possível dizer se o volume de um objeto é maior ou menor do que o de outro pela simples observação desses objetos. Por exemplo, podemos afirmar que uma bola de pingue-pongue tem volume menor do que uma bola de basquete. Há outros casos, no entanto, em que é necessário mais do que a confiança em nossos olhos. Dois objetos podem ser diferentes nas formas e terem volumes iguais.

Observe as pilhas formadas por blocos iguais (de volumes iguais).

> **SAIBA MAIS**
>
> **Sólidos equivalentes**
> Dois sólidos são **equivalentes** quando o volume de um é igual ao volume do outro.

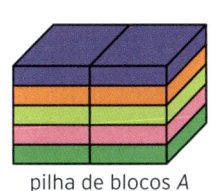

bloco   pilha de blocos A   pilha de blocos B

A porção de espaço ocupada pela pilha de blocos A é igual à porção de espaço ocupada pela pilha de blocos B, pois ambas são formadas por quantidades iguais de blocos de volumes iguais.

Apesar de terem formatos diferentes, o volume da pilha de blocos A é igual ao volume da pilha de blocos B.

## ●●● Unidades de medida padronizadas

Qualquer sólido pode ser escolhido como unidade de medida de volume. Por essa razão, é possível obter diferentes medidas numéricas para o volume de um mesmo corpo, caso tenha sido considerada uma unidade de medida diferente a cada nova medição. Com o objetivo de padronizar a unidade de medida de volume, o Sistema Internacional de Unidades (SI) determinou o **metro cúbico** (símbolo: m$^3$) como unidade de medida padrão.

Um metro cúbico corresponde ao espaço ocupado por um cubo cujas arestas medem 1 m.

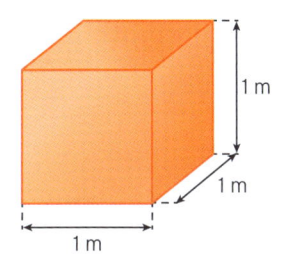

> **PARA RECORDAR**
>
> **Representação de figuras geométricas**
> Esta coleção utiliza muitas ilustrações que representam figuras geométricas. Para facilitar a comunicação, quando quisermos nos referir, por exemplo, à representação de um cubo, diremos simplesmente: cubo. Esse acordo também vale para as demais figuras geométricas.

> **PARA RECORDAR**
>
> **Aresta**
> Aresta é o segmento de reta em que se encontram duas faces.

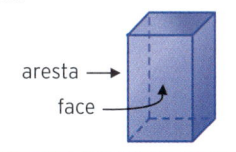

### ATIVIDADES

■ **3.** Faça uma lista dos seguintes objetos, ordenando-os dos de menor volume para os de maior volume: bola de tênis, caixa de leite, geladeira, apontador.

■ **4.** Para medir o volume de água em um recipiente, Camila usou um copo. Em seguida, Daniel mediu o mesmo volume de água usando uma jarra. Quem obteve a medida numericamente maior?

■ **5.** Sabendo que o pedaço de bambu que representa cada aresta do cubo na fotografia a seguir tem 1 m de comprimento, estime quantas crianças de 10 anos cabem em um metro cúbico.

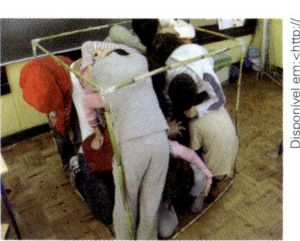

Crianças em uma estrutura cúbica de 1 m de aresta.

## Múltiplos e submúltiplos do metro cúbico

Como vimos, o metro cúbico é a unidade do SI de medida de volume. Se, contudo, existisse apenas o metro cúbico como unidade de medida, não seria muito prático medir volumes que fossem muito menores ou muito maiores do que ele. Para isso, foram criados os múltiplos e os submúltiplos do metro cúbico.

|  | Múltiplos | | | Unidade | Submúltiplos | | |
| --- | --- | --- | --- | --- | --- | --- | --- |
| Unidade de medida | quilômetro cúbico | hectômetro cúbico | decâmetro cúbico | metro cúbico | decímetro cúbico | centímetro cúbico | milímetro cúbico |
| Símbolo | $km^3$ | $hm^3$ | $dam^3$ | $m^3$ | $dm^3$ | $cm^3$ | $mm^3$ |
| Valor equivalente | $1\,000\,000\,000\ m^3$ | $1\,000\,000\ m^3$ | $1\,000\ m^3$ | $1\ m^3$ | $0,001\ m^3$ | $0,000001\ m^3$ | $0,000000001\ m^3$ |

Da análise do quadro acima, obtêm-se os seguintes fatos:
- Cada unidade de medida é igual a **1 000 vezes** a unidade de medida que está imediatamente a sua **direita**.
  Por exemplo: $1\ dam^3 = 1\,000\ m^3$
- Cada unidade de medida é igual a **1 milésimo** da unidade de medida que está imediatamente a sua **esquerda**.
  Por exemplo: $1\,000\ cm^3 = 1\ dm^3$

Vamos analisar três exemplos que exploram as relações entre o metro cúbico e seus múltiplos e submúltiplos.

### Exemplo 1

Um dos múltiplos do metro cúbico é o decâmetro cúbico. Um decâmetro cúbico corresponde ao espaço ocupado por um cubo cujas arestas medem um decâmetro (1 dam).

Vamos verificar quantos metros cúbicos cabem em um decâmetro cúbico. Para isso, vamos preencher um cubo de $1\ dam^3$ com cubos de $1\ m^3$.

**PARA RECORDAR**

Relações entre o metro e seus múltiplos e submúltiplos
- 1 m = 0,001 km
- 1 m = 0,01 hm
- 1 m = 0,1 dam
- 1 m = 10 dm
- 1 m = 100 cm
- 1 m = 1 000 mm

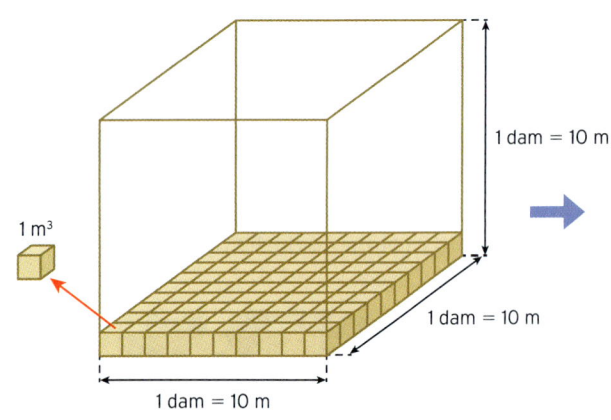

A primeira camada apresenta 100 cubos de $1\ m^3$, o que corresponde a:

10 fileiras com 10 cubos de $1\ m^3 = 10 \cdot 10\ m^3 = 100\ m^3$

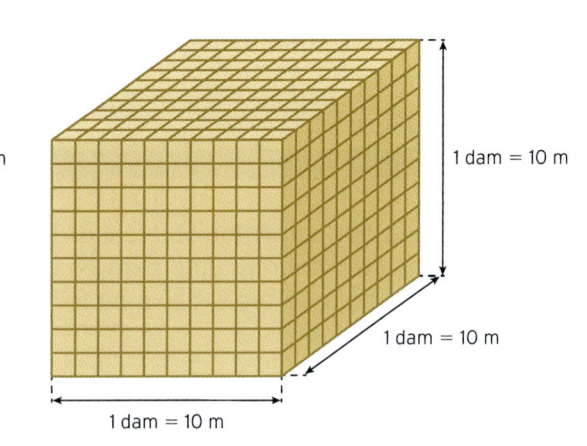

Em $1\ dam^3$ cabem 10 camadas iguais à primeira, ou seja, 1 000 cubos de $1\ m^3$, o que corresponde a:

10 camadas com 100 cubos cada uma $= 10 \cdot 10 \cdot 10\ m^3 = 1\,000\ m^3$

Portanto: $1\ dam^3 = 1\,000\ m^3$

## Exemplo 2

Vamos verificar quantos centímetros cúbicos são necessários para formar um decímetro cúbico. Para isso, vamos empilhar e unir cubos de 1 cm³ até obter um cubo cuja aresta meça 1 dm.

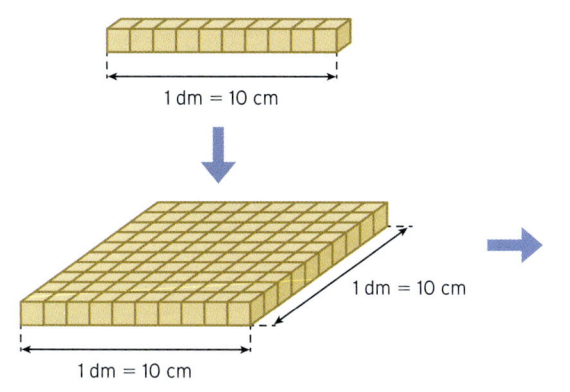

1 dm = 10 cm

Ao enfileirar 10 cubos, obtemos a medida da aresta do cubo que queremos formar: 1 dm. Logo, para compor a primeira camada, precisamos de 100 cubos de 1 cm³ (10 fileiras de 10 cubos de 1 cm³).

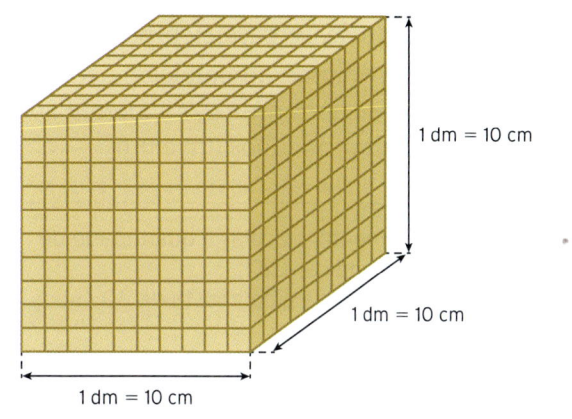

Para formar 1 dm³, precisamos de 10 camadas iguais à primeira, ou seja, 1 000 cubos de 1 cm³ (10 camadas com 100 cubos cada uma).

Portanto: $1\,000 \text{ cm}^3 = 1 \text{ dm}^3$

### Observação

Assim como o metro cúbico corresponde ao espaço ocupado por um cubo cujas arestas medem 1 m, o decímetro cúbico corresponde ao volume de um cubo cuja aresta mede 1 dm; o centímetro cúbico, por sua vez, corresponde ao volume de um cubo cuja aresta mede 1 cm, e assim sucessivamente para todos os múltiplos e submúltiplos do metro cúbico.

## Exemplo 3

Vamos verificar quantos cm³ são necessários para formar 5 m³.
Como $1 \text{ m}^3 = 1\,000 \text{ dm}^3 = 1\,000 \cdot 1\,000 \text{ cm}^3 = 1\,000\,000 \text{ cm}^3$:
$$5 \text{ m}^3 = 5 \cdot 1\,000\,000 \text{ cm}^3 = 5\,000\,000 \text{ cm}^3$$

### ATIVIDADES

**6.** Escreva a unidade de medida de volume mais adequada para expressar o volume de cada elemento.
a) caminhão
b) livro
c) edifício
d) geladeira
e) rolha de cortiça

**7.** Copie as seguintes igualdades, substituindo cada ★ pela unidade de medida de volume correta.
a) 1 dam³ = 1000 ★
b) 1 hm³ = 1000 ★
c) 1 km³ = 1000 ★
d) 1 dm³ = 1000 ★

**8.** Copie as igualdades, substituindo cada ★ pelo valor correspondente.
a) 12 m³ = ★ cm³
b) 3,2 km³ = ★ dam³
c) 435 000 mm³ = ★ cm³
d) 7 400 000 m³ = ★ km³

**9.** Um caminhão vai transportar 25 caixas com mercadorias de uma loja, cada uma delas com 126 dm³. No total, quantos metros cúbicos essas caixas ocuparão no caminhão?

## MÓDULO 2
# Volume do paralelepípedo retângulo e do cubo

### ●●● Volume do paralelepípedo retângulo

O paralelepípedo retângulo, ou bloco retangular, é um prisma cujas faces são regiões planas retangulares. Camila construiu o paralelepípedo retângulo representado ao lado utilizando cubos de 1 cm de aresta, isto é, cada cubo tem 1 cm³ de volume.

Qual é o volume desse paralelepípedo?

Sabemos que o volume do paralelepípedo é igual à soma dos volumes de todos os cubos que o compõem. Para obter essa soma, não precisamos contar os cubos um a um.

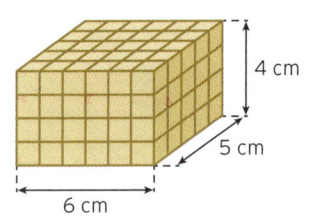

**I** Podemos, inicialmente, calcular a quantidade de cubos que compõe cada camada:
$6 \cdot 5 = 30 \rightarrow$ Cada camada é composta de 30 cubos.
6 fileiras com 5 cubos cada uma

**II** Como o paralelepípedo é formado por 4 camadas de 30 cubos cada uma, multiplicamos por 4 a quantidade de cubos de cada camada:
$4 \cdot 30 = 120 \rightarrow$ O paralelepípedo é composto de 120 cubos.

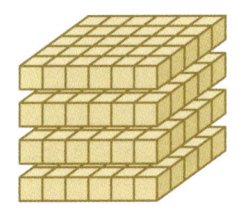

Portanto, o volume de um paralelepípedo retângulo que tem 6 cm de comprimento, 5 cm de largura e 4 cm de altura é equivalente ao volume de 120 cubos ($6 \cdot 5 \cdot 4 = 120$) de 1 cm³ cada um, ou seja, o volume desse paralelepípedo é 120 cm³.

Em resumo, o que fizemos para obter esse volume foi multiplicar as medidas do comprimento (6 cm), da largura (5 cm) e da altura (4 cm) desse paralelepípedo.

■ Definição

> O **volume de um paralelepípedo retângulo** é igual ao produto das medidas do comprimento, da largura e da altura desse paralelepípedo.

**Observação**

O volume de um paralelepípedo retângulo pode ser calculado da maneira a seguir, mesmo que suas medidas não sejam inteiras.

Por exemplo, vamos calcular o volume do paralelepípedo representado ao lado.

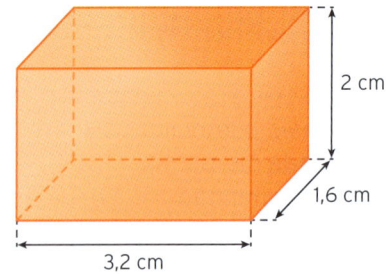

$3,2 \text{ cm} = 32 \text{ mm}$
$2 \text{ cm} = 20 \text{ mm}$
$1,6 \text{ cm} = 16 \text{ mm}$

Volume = $\underbrace{32 \text{ mm} \cdot 20 \text{ mm} \cdot 16 \text{ mm}}_{\text{medidas inteiras}} = 10\,240 \text{ mm}^3 = 10,24 \text{ cm}^3$

Utilizando, diretamente, as medidas não inteiras:
Volume = $3,2 \text{ cm} \cdot 2 \text{ cm} \cdot 1,6 \text{ cm} = 10,24 \text{ cm}^3$

## Volume do cubo

O cubo é um paralelepípedo retângulo cujas faces são regiões planas quadradas iguais, ou seja, é um caso particular de paralelepípedo retângulo.

O cálculo do volume do cubo é feito do mesmo modo que o do paralelepípedo retângulo: devemos multiplicar as medidas do comprimento, da largura e da altura do cubo. No caso do cubo, entretanto, essas três medidas são iguais. Se denotamos por $a$ essas medidas, então o volume do cubo ($V_{cubo}$) será dado por:

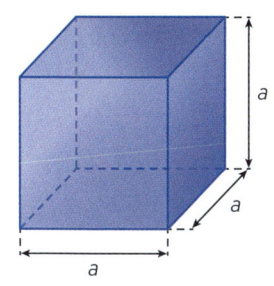

$$V_{cubo} = a \cdot a \cdot a$$
ou
$$V_{cubo} = a^3$$

### Definição

O **volume de um cubo** é igual à medida da sua aresta elevada ao cubo.

### Exemplo

O volume de um cubo cuja aresta mede 4 m é:
$$V_{cubo} = (4 \cdot 4 \cdot 4) \text{ m}^3 = 4^3 \text{ m}^3 = 64 \text{ m}^3$$

### Observação

Para calcular o volume de um paralelepípedo retângulo ou de um cubo, as dimensões devem estar na mesma unidade de medida. Caso isso não aconteça, é preciso fazer as devidas transformações para que as unidades de medida sejam as mesmas. Assim, quando a medida do comprimento, a medida da largura e a medida da altura forem dadas em centímetros, o volume será indicado em centímetros cúbicos (cm³); quando forem dadas em metros, o volume será indicado em metros cúbicos (m³); e assim por diante.

---

### Economizar é preciso

A água é um bem precioso para a humanidade. Um relatório do Banco Mundial, de 1995, alertava para o fato de que "as guerras do próximo século serão por causa de água, não por causa de petróleo ou política".

Estima-se que a Terra dispõe de 1,386 bilhão de km³ de água, dos quais 97,3% são água salgada, 2,07% são água doce congelada em geleiras e calotas polares e apenas 0,63% é água doce que resta para consumo (sabendo que nem toda essa quantidade é totalmente aproveitada por questões de inviabilidade técnica, econômica, financeira e de sustentabilidade ambiental).

Disponível em: <http://www.ufrrj.br/institutos/it/deng/leonardo/downloads/APOSTILA/HIDRO-Cap1-INTRO.pdf>. Acesso em: 12 set. 2014.

- Calcule o volume de água doce do planeta que não está congelada em geleiras e calotas polares.
- Discuta com os colegas como se pode evitar o desperdício de água em casa e na escola.

---

### ATIVIDADES

**10.** Calcule o volume de cada paralelepípedo a seguir.

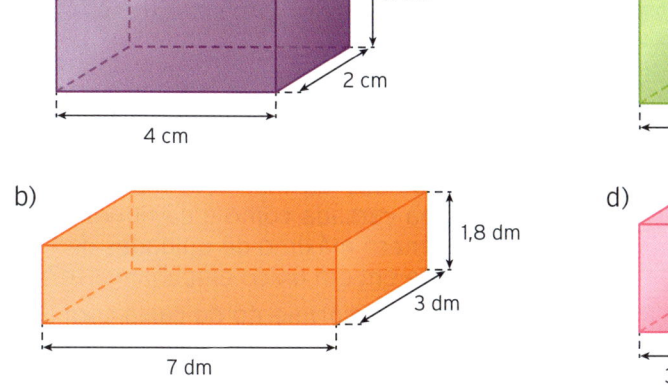

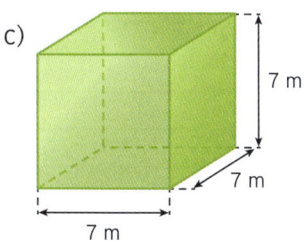

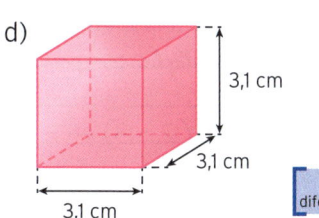

a) 4 cm × 2 cm × 2 cm

b) 7 dm × 3 dm × 1,8 dm

c) 7 m × 7 m × 7 m

d) 3,1 cm × 3,1 cm × 3,1 cm

Imagens em diferentes escalas.

## ATIVIDADES

**11.** As medidas do comprimento, da largura e da altura de uma caixa de CD são 14 cm, 12 cm e 1 cm, respectivamente.
  a) Calcule o volume dessa caixa de CD.
  b) Quantas caixas iguais a essa, aproximadamente, são necessárias para compor um volume equivalente a 1 dm³?

**12.** Com o auxílio de uma régua, meça a largura, a altura e o comprimento aproximados do seu livro de Matemática e calcule qual é o volume desse livro, em decímetros cúbicos.

**13.** Joana fez um bolo com formato de bloco retangular; assado, o bolo tinha as seguintes medidas:
  - 40 cm de comprimento
  - 25 cm de largura
  - 5 cm de altura

  Depois que Joana colocou uma cobertura de chantili, o bolo passou a ter:
  - 42 cm de comprimento
  - 27 cm de largura
  - 7 cm de altura

  Qual foi, em cm³, o volume de chantili utilizado no bolo feito por Joana?

**14.** Júlio produz brinquedos artesanais e deseja vendê-los em caixinhas com forma de cubo que tenham 216 cm³ de volume. Para calcular quanto deve medir a aresta de cada uma dessas caixinhas, Júlio fez corretamente o seguinte cálculo:

> Preciso determinar um número que, elevado ao cubo, resulte em 216.
> Um modo de descobrir esse número é por meio da decomposição do número 216 em fatores primos.
>
> | 216 | 2 |
> | 108 | 2 |
> | 54  | 2 |
> | 27  | 3 |
> | 9   | 3 |
> | 3   | 3 |
> | 1   |   |
>
> Utilizando as propriedades da multiplicação, posso escrever:
> $216 = (2 \cdot 3) \cdot (2 \cdot 3) \cdot (2 \cdot 3) = 6 \cdot 6 \cdot 6 = 6^3$
> Logo, as arestas devem medir 6 cm.

Agora, determine a medida da aresta das caixinhas com os seguintes volumes:
  a) 125 dm³
  b) 512 cm³

**15.** Na figura a seguir, a linha em vermelho indica a trajetória de uma formiga que caminhou sobre as arestas de uma caixa com a forma de um cubo de 8 dm³ de volume.

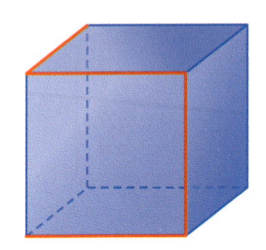

Quanto essa formiga andou sobre a caixa?

**16.** Podemos encontrar nos supermercados embalagens que contêm uma dúzia de caixas de leite de 1 litro. Nessas embalagens, geralmente aparece uma instrução de como empilhá-las e a quantidade máxima de camadas de empilhamento. A figura 1 mostra a disposição das embalagens vista de cima; a figura 2 mostra uma camada dessas embalagens empilhadas vista de lado.

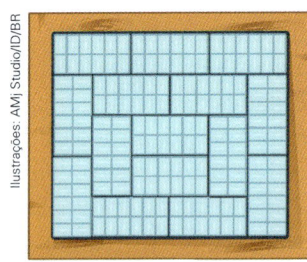

figura 1

*Mantenha em local seco e fresco. Empilhamento máximo: 6 camadas*

figura 2

a) Quantas unidades de 1 litro de leite há em uma camada?
b) Seguidas as instruções e considerando uma camada como a da figura 1, qual é o número máximo de unidades de 1 litro de leite em um único empilhamento?
c) Se o comprimento da caixa com uma dúzia de litros de leite mede 40 cm, quanto mede sua largura?

## ATIVIDADES

**17.** Calcule o volume da peça representada a seguir, sabendo que ela é composta de paralelepípedos retângulos.

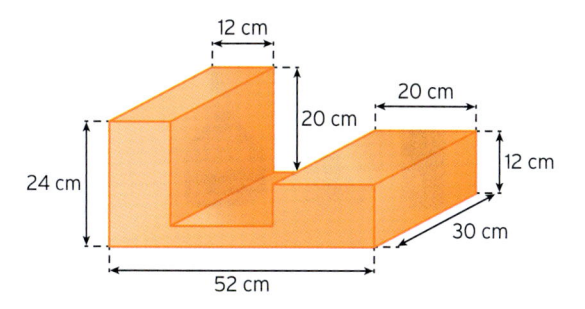

(12 cm; 20 cm; 20 cm; 12 cm; 24 cm; 30 cm; 52 cm)

**18.** A aresta de cada cubo da pilha abaixo mede 1 dm. Originalmente, a pilha formava um único cubo de 64 dm³ de volume, mas alguns cubos foram retirados.

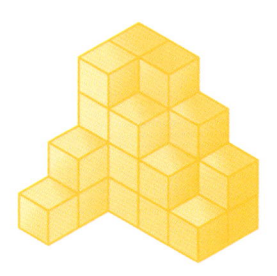

Para recompor o cubo original, todas as peças abaixo serão utilizadas, exceto uma. Indique no caderno o número da peça que não será utilizada.

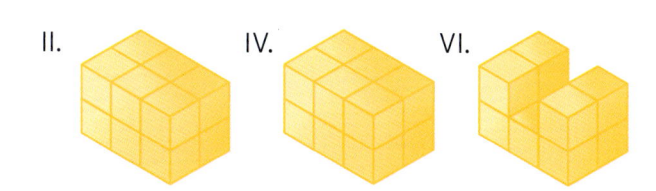

I. II. III. IV. V. VI.

**19.** O volume de certo tijolo é 1 dm³. Mário vende o milheiro desse tijolo por R$ 300,00. Ele fechou um contrato para entregar 30 milheiros desse tijolo a um cliente.
a) Quanto esse cliente deverá pagar pelos tijolos?
b) Qual é, em metros cúbicos, o volume total dos tijolos vendidos?

**20.** Um procedimento que permite o cálculo do volume de um objeto irregular consiste em mergulhá-lo em uma caixa com água e medir o volume de água deslocado, que é igual ao volume do objeto.

João colocou um pião, que ficou totalmente imerso, dentro de uma caixa com água, cujas medidas estão indicadas abaixo, e verificou que o nível da água subiu 0,4 cm.

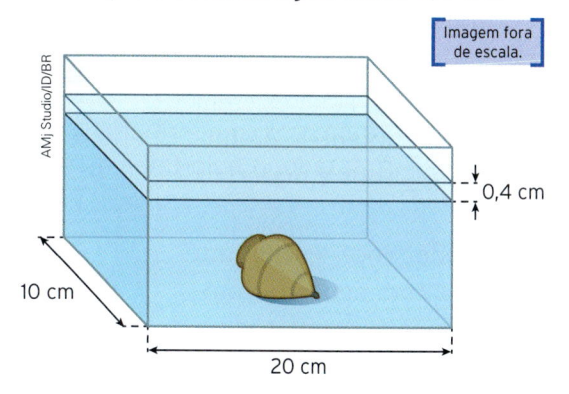

(Imagem fora de escala. 0,4 cm; 10 cm; 20 cm)

Qual é o volume do pião?

**21.** Considere o cubo representado.

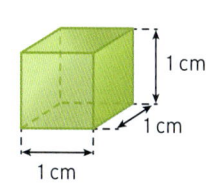

(1 cm; 1 cm; 1 cm)

a) Qual é o volume do cubo?
b) Se fosse triplicada a medida de cada aresta do cubo, o que aconteceria com seu volume?

**22.** A figura a seguir mostra uma planificação da superfície de um cubo.

Se o perímetro dessa figura é 168 cm, qual é, em dm³, o volume do cubo correspondente?

## MÓDULO 3

# Capacidade

Desde os tempos mais remotos o homem precisou transportar e armazenar água e outros líquidos. Para isso utilizava cântaros, que são uma espécie de vaso de barro ou metal. Às vezes, utilizava odres, que são sacos feitos de pele de animal. Hoje existem inúmeros recipientes, de formatos, tamanhos e materiais variados.

Quando você enche um recipiente com água até completá-lo, a água ocupa todo o espaço interno desse recipiente. O espaço ocupado por ela é a capacidade do recipiente.

De modo geral, líquidos e gases tomam a forma do recipiente que os contém. Denomina-se **capacidade** de um recipiente o volume máximo de líquido ou gás que ele pode comportar em seu interior.

Da esquerda para a direita: cântaro, odre, vidros com azeite, embalagens longa vida.

Imagens em diferentes escalas.

### ••• Comparando capacidades

Um procedimento que pode ser utilizado para verificar se a capacidade de um recipiente é maior do que, menor do que, ou igual à de outro é o seguinte: enche-se um deles completamente com água e, em seguida, despeja-se a água no outro.

Se a água transbordar, é porque a capacidade do primeiro recipiente é maior do que a do segundo. Se não ficar completamente cheio, isso indica que a capacidade do primeiro recipiente é menor do que a do segundo. Se o segundo recipiente ficar completamente cheio, então as capacidades são iguais.

**0:03 Em 3 minutos**

Observe o aquário que Lucas pretende encher de água.

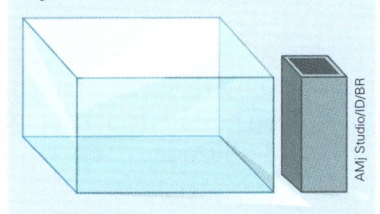

Ele vai utilizar o recipiente que está ao lado do aquário para enchê-lo.

Quantas vezes ele precisará utilizar esse recipiente? Faça uma estimativa.

### ATIVIDADE

**23.** Os três recipientes representados abaixo são idênticos.

recipiente *A*    recipiente *B*    recipiente *C*

Observe que, em cada um deles, foi colocada certa quantidade de água.

a) Qual dos recipientes contém o maior volume de água? E o menor?

b) Qual dos recipientes apresenta a maior capacidade? E a menor?

c) É possível colocar todo o conteúdo do recipiente *B* no recipiente *C* sem transbordar? Explique a estratégia que você usou para responder.

78

## ••• Unidades de medida padronizadas

Como a capacidade é o volume máximo que cabe em um objeto, ela pode ser medida com a unidade de medida padrão de volume: o metro cúbico (e seus múltiplos e submúltiplos). É comum também medir a capacidade e o volume de um recipiente com a unidade de medida **litro** (símbolo: L), seus múltiplos e submúltiplos.

Um litro corresponde à capacidade de um recipiente em forma de um cubo que tem 1 dm de aresta, ou seja, 1 L = 1 dm³.

Para medir capacidades que são muito maiores ou muito menores do que o litro, utilizamos seus múltiplos e submúltiplos, apresentados no quadro a seguir.

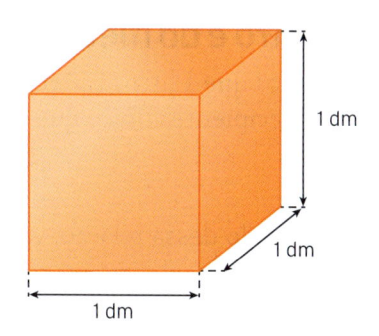

|                     | Múltiplos  |           |          | Unidade | Submúltiplos |           |          |
|---------------------|------------|-----------|----------|---------|--------------|-----------|----------|
| Unidade de medida   | quilolitro | hectolitro| decalitro| litro   | decilitro    | centilitro| mililitro|
| Símbolo             | kL         | hL        | daL      | L       | dL           | cL        | mL       |
| Valor equivalente   | 1000 L     | 100 L     | 10 L     | 1 L     | 0,1 L        | 0,01 L    | 0,001 L  |

Da análise do quadro acima, obtêm-se os seguintes fatos.

- Cada unidade de medida é igual a **10 vezes** a unidade de medida que está imediatamente a sua **direita**.
  Por exemplo: 1 daL = 10 L
- Cada unidade de medida é igual a **1 décimo** da unidade de medida que está imediatamente a sua **esquerda**.
  Por exemplo: 1 000 mL = 100 cL = 10 dL = 1 L

Vamos analisar algumas relações entre o litro e seus múltiplos e submúltiplos.

- 5 hL = 500 L, pois 5 hL = 5 · 1 hL = 5 · 100 L = 500 L
- 3 200 mL = 3,2 L, pois 3 200 mL = 3 200 · 1 mL = 3 200 · 0,001 L = 3,2 L

### ATIVIDADES

**24.** Certa lanchonete vende café em xícaras com capacidade para 50 mL. Se cada xícara é vendida por R$ 1,00, quanto a lanchonete terá recebido dos clientes após ter vendido 5 L de café?

**25.** Henrique foi ao posto de saúde, pois estava com amigdalite. O médico que o atendeu receitou 4,5 mL de antibiótico para ser tomado de 12 em 12 horas, durante dez dias, e recomendou que ele não interrompesse o tratamento antes do término. Se cada frasco do remédio contém 30 mL, quantos frascos serão necessários para o tratamento completo de Henrique?

**26.** Segundo a Companhia de Saneamento Básico de São Paulo (Sabesp), em um período de 24 horas, uma torneira com gotejamento rápido (entre 80 e 120 gotas por minuto) desperdiça 32 L de água, e uma torneira vazando, com um filete de 2 mm, desperdiça 136 L.
Fonte de pesquisa: Sabesp. Disponível: <http://site.sabesp.com.br/uploads/file/asabesp_doctos/Manual%20do%20controlador.pdf>. Acesso em: 15 set. 2014.

Quantos galões de 20 L podem ser enchidos com a água desperdiçada no período de 30 dias por uma torneira com gotejamento rápido? Que providências podem ser tomadas para evitar esse desperdício? Converse com os colegas.

## ••• Relações entre múltiplos e submúltiplos do litro e do metro cúbico

Vimos que 1 litro (1 L) corresponde, por definição, à capacidade de um recipiente cúbico que tem 1 dm de aresta.

$$1\ L = 1\ dm^3$$

Partindo dessa relação, vamos estabelecer outras.

### Relação entre litro e centímetro cúbico

Como 1 dm = 10 cm, podemos escrever:
$1\ dm^3 = 1\ dm \cdot 1\ dm \cdot 1\ dm = 10\ cm \cdot 10\ cm \cdot 10\ cm = 1\,000\ cm^3$
O que nos fornece a seguinte relação:

$$1\ L = 1\ dm^3 = 1\,000\ cm^3$$

**Em 3 minutos**
Quantas garrafinhas cheias de água são necessárias para encher a garrafa maior com água?

### Relação entre mililitro e centímetro cúbico

Se 1 L corresponde a 1 000 cm³, então 1 L dividido por 1 000 corresponderá a 1 000 cm³ divididos por 1 000.

$$:1000 \left( \begin{array}{l} 1\ L = 1\,000\ cm^3 \\ 0{,}001\ L = 1\ cm^3 \end{array} \right) :1000$$

Como 0,001 L = 1 mL, podemos reescrever a relação obtida da seguinte maneira:

$$1\ mL = 1\ cm^3$$

### Relação entre litro e metro cúbico

Como 1 m = 10 dm, podemos escrever:
$1\ m^3 = 1\ m \cdot 1\ m \cdot 1\ m = 10\ dm \cdot 10\ dm \cdot 10\ dm = 1\,000\ dm^3$
Se 1 L = 1 dm³, então 1 000 L = 1 000 dm³. Portanto, podemos reescrever a relação obtida do seguinte modo:

$$1\,000\ L = 1\ m^3$$

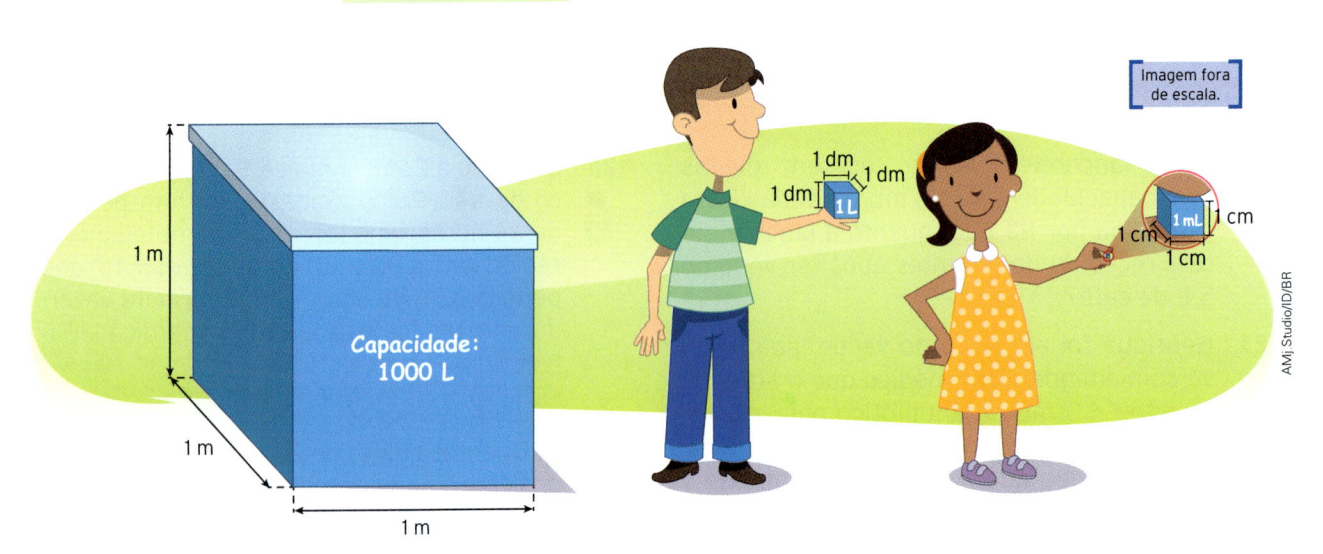

Podemos, ainda, relacionar qualquer múltiplo ou submúltiplo do litro com um múltiplo ou submúltiplo do metro cúbico.

## ATIVIDADES

**27.** Entre as unidades de medida de capacidade litro e mililitro, escreva a mais adequada para expressar a capacidade de cada recipiente a seguir:
a) copo de água
b) piscina
c) caixa-d'água
d) seringa de injeção

**28.** Expresse as seguintes quantidades em centímetros cúbicos.
a) 5 L
b) 0,05 L
c) 8 cL
d) 37 mL

**29.** Expresse as seguintes quantidades em litros.
a) 2 000 cm$^3$
b) 3,5 dm$^3$
c) 1 500 mm$^3$
d) 0,007 m$^3$

**30.** Com o objetivo de evitar inundações e enchentes, o Departamento de Águas e Energia Elétrica do Estado de São Paulo (DAEE) tem construído piscinões, como o mostrado na fotografia abaixo. A capacidade desse piscinão é 110 000 m$^3$.

Piscinão em Embu das Artes, SP, 2007.

Se as dimensões de uma piscina olímpica são 50 m × 25 m × 2 m, a capacidade desse piscinão equivale à capacidade de quantas piscinas olímpicas?

**31.** Um reservatório, com formato de paralelepípedo retângulo, contém água até $\frac{2}{3}$ da sua capacidade. Se as dimensões internas desse reservatório são 3 m, 2,5 m e 4 m, quantos litros de água faltam para que ele fique completamente cheio?

**32.** Uma caixa de suco de formato de paralelepípedo retângulo e dimensões 20 cm, 7,1 cm e 7,1 cm tem inscrito em seu rótulo: "Conteúdo: 1,2 L". Essa inscrição está correta? Explique.

**33.** A água da piscina aquecida de uma academia é trocada regularmente. Essa piscina tem 8 m de largura, 18 m de comprimento e 1,2 m de profundidade.

a) Qual é a capacidade, em litros, da piscina dessa academia?

b) Se a mangueira que enche a piscina despeja 80 L por minuto, em quanto tempo a piscina ficará cheia?

**34.** Um automóvel tem no tanque $\frac{1}{4}$ da capacidade de combustível. Se o tanque desse automóvel tem capacidade para 57 L, quantos centímetros cúbicos de combustível há nesse tanque?

**35.** A figura mostra uma caixa térmica.

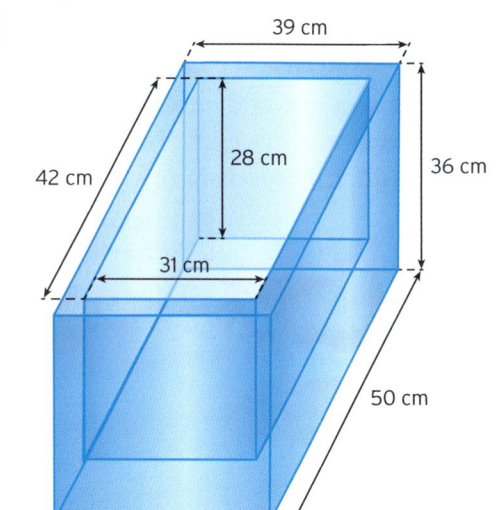

Determine a capacidade dessa caixa, em litros.

**36.** Uma caixa-d'água tem o formato de um cubo de 1 m de aresta interna e contém água até metade de sua capacidade. Se retirarmos 100 L de água dessa caixa, quantos centímetros baixará o nível da água?

**37.** Célia prepara o café para os funcionários de uma empresa. Considere que:

- cada um dos 120 funcionários consome três xícaras de café por dia;
- a capacidade de cada xícara é 50 mL.

Quantos litros de café Célia deve preparar, no mínimo, por dia?

## MÓDULO 4

# Massa

Vimos anteriormente que há objetos com formas diferentes, mas com volumes iguais. Objetos com volumes iguais, entretanto, podem conter diferentes quantidades de matéria. A quantidade de matéria de um corpo é denominada **massa**. Veja duas caixas cúbicas de volumes iguais.

caixa cúbica feita de vidro    caixa cúbica feita de isopor

Observe, pela posição dos pratos, que as massas são diferentes – apesar de os cubos serem do mesmo tamanho.

### ••• Comparando massas

Para saber se a massa de um corpo é maior do que, menor do que ou igual à de outro, podemos utilizar uma balança. A balança é um instrumento utilizado para medir a massa de um corpo.

Imagens em diferentes escalas.

balança de pratos    balança digital

No exemplo do topo da página, a balança de pratos pendeu para o lado da caixa feita de vidro. Isso significa que a quantidade de matéria dessa caixa é maior do que a da caixa feita de isopor. Isso nos leva a concluir que a massa da caixa de vidro é maior do que a massa da caixa de isopor.

> **SAIBA MAIS**
>
> **Massa × peso**
>
> O **peso** de um corpo é a força da gravidade agindo sobre esse corpo, enquanto **massa** de um corpo é a quantidade de matéria desse corpo.
>
> Assim, independentemente do lugar, a massa de um corpo não se altera, mas o seu peso, sim. Por exemplo, a gravidade na Lua é menor do que na Terra; assim, o peso de um corpo na Lua é menor do que na Terra.
>
> Porém, no dia a dia se utilizam os termos **massa** e **peso** como se fossem sinônimos.

**0:03 Em 3 minutos**

O que podemos dizer da massa de dois objetos, quando cada um é colocado sobre um prato da balança e os pratos se equilibram?

### ATIVIDADES

**38.** Observe a seguinte situação, em que se comparam as massas de sacos com batatas.

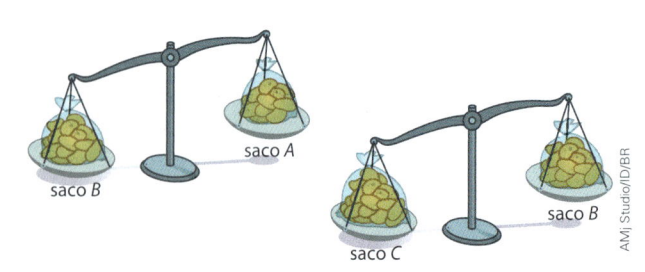

saco A    saco B    saco C

a) Qual dos sacos apresenta maior massa: o A ou o B?

b) Qual dos sacos apresenta maior massa: o B ou o C?

c) Sem utilizar novamente a balança, é possível determinar qual dos sacos, o saco A ou o saco C, apresenta maior massa? Caso a resposta seja afirmativa, explique como podemos responder à questão.

## ●●● Unidades de medida padronizadas

Qualquer objeto constituído por matéria pode ser escolhido como unidade de medida de massa. Por essa razão, é possível obter diferentes medidas para a massa de um mesmo corpo, caso tenha sido considerada uma unidade de medida diferente para cada medição. Isso dificultaria bastante as relações comerciais. Visando evitar essa variação, decidiu-se estabelecer uma unidade de medida padrão para medir massas. A unidade padrão de medida de massa do SI é o **quilograma** (símbolo: kg). Um quilograma corresponde à massa de uma peça cilíndrica que se encontra no Museu Internacional de Pesos e Medidas, na cidade de Sèvres, na França.

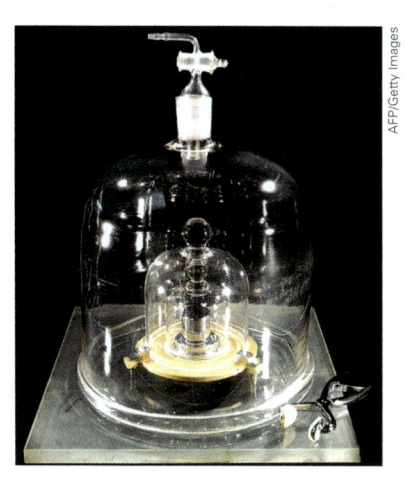

Quilograma padrão, composto de uma liga de platina e irídio. Museu Internacional de Pesos e Medidas, Sèvres, França.

### Alguns prefixos do SI

Os nomes das unidades de medida que representam múltiplos e submúltiplos de uma unidade do SI são compostos do prefixo desejado e do nome da unidade. O mesmo se dá com o símbolo.

| Múltiplos | | | Submúltiplos | | |
|---|---|---|---|---|---|
| Nome do prefixo | Símbolo do prefixo | Fator pelo qual a unidade é multiplicada | Nome do prefixo | Símbolo do prefixo | Fator pelo qual a unidade é multiplicada |
| giga | G | $10^9 = 1\,000\,000\,000$ | deci | d | $10^{-1} = 0,1$ |
| mega | M | $10^6 = 1\,000\,000$ | centi | c | $10^{-2} = 0,01$ |
| quilo | k | $10^3 = 1\,000$ | mili | m | $10^{-3} = 0,001$ |
| hecto | h | $10^2 = 100$ | micro | μ | $10^{-6} = 0,000001$ |
| deca | da | $10^1 = 10$ | nano | n | $10^{-9} = 0,000000001$ |

#### Exemplos

- mili ⊕ litro ⊜ mililitro
- m ⊕ L = mL
- hecto ⊕ grama ⊜ hectograma
- h ⊕ g ⊜ hg

### Grama, miligrama, quilograma e tonelada

O nome da unidade de medida de massa do SI é o único que apresenta um prefixo: **quilo**grama. Por essa razão, utilizamos o **grama** (símbolo: g) como unidade de referência para as medidas de massa. Um quilograma corresponde a 1 000 g:

$$1\text{ kg} = 1\,000\text{ g}$$

O quilograma e o grama estão entre as unidades de massa mais utilizadas. Para medir massas que são muito menores que o grama, costuma-se utilizar o **miligrama** (símbolo: mg); para medir massas que são muito maiores que o quilograma, costuma-se utilizar a **tonelada** (símbolo: t). Um grama corresponde a 1 000 mg, e uma tonelada corresponde a 1 000 kg. Por isso, também podemos dizer que uma tonelada é um megagrama (1 t = 1 Mg).

$$1\text{ t} = 1\,000\text{ kg} \quad \text{e} \quad 1\text{ g} = 1\,000\text{ mg}$$

> **SAIBA MAIS**
>
> **O grama**
>
> Não diga "Quero trezentas gramas de mortadela".
>
> O correto é:
>
> "Quero trezent**os** gramas de mortadela", pois a unidade de medida é **o** grama, e não **a** grama.

## Múltiplos e submúltiplos do grama

| | Múltiplos | | | Unidade | Submúltiplos | | |
|---|---|---|---|---|---|---|---|
| Unidade de medida | quilograma | hectograma | decagrama | grama | decigrama | centigrama | miligrama |
| Símbolo | kg | hg | dag | g | dg | cg | mg |
| Valor equivalente | 1 000 g | 100 g | 10 g | 1 g | 0,1 g | 0,01 g | 0,001 g |

Da análise do quadro acima, obtêm-se os seguintes fatos:

- Cada unidade de medida é igual a **10 vezes** a unidade de medida que está imediatamente a sua **direita**. Por exemplo: 1 hg = 10 dag
- Cada unidade de medida é igual a **1 décimo** da unidade de medida que está imediatamente a sua **esquerda**. Por exemplo: 100 cg = 10 dg = 1 g

**Exemplos**

- 7 hg = 700 g, pois 7 hg = 7 · 1 hg = 7 · 100 g = 700 g
  (1 hg = 100 g)

- 1,8 dg = 180 mg, pois 1,8 dg = 1,8 · 1 dg = 1,8 · 100 mg = 180 mg
  (1 dg = 100 mg)

- 3,7 g = 0,37 dag, pois 3,7 g = 3,7 · 1 g = 3,7 · 0,1 dag = 0,37 dag
  (1 g = 0,1 dag)

### ATIVIDADES

**39.** Escreva a unidade de medida mais apropriada para medir a massa dos elementos a seguir.
a) um comprimido para dor de cabeça
b) um pacote de açúcar
c) uma carga de navio
d) um pacote com seis pãezinhos
e) um urso
f) uma baleia

**40.** Copie as igualdades, substituindo cada ★ pelo valor correspondente.
a) 500 kg = ★ t
b) 3 t = ★ g
c) 2 g = ★ mg
d) 3 758 cg = ★ g
e) 3,75 dag = ★ mg
f) 757 g = ★ kg

**41.** Uma unidade de medida de massa comum no comércio agropecuário é a **arroba**. Uma arroba equivale a aproximadamente 15 kg. Bois, cavalos e porcos são negociados em arrobas. De acordo com essa informação, quantos quilogramas, aproximadamente, correspondem à massa de um boi de 16 arrobas?

**42.** Cada livro de Lúcia tem massa de aproximadamente 250 g, e cada caderno, 200 g. Se ela precisar levar 5 livros e 4 cadernos para a escola, qual será a massa aproximada que ela carregará?

**43.** Lara fez um bolo de 18 kg. Se ele foi cortado em pedaços iguais, todos com 300 g, o bolo foi partido em quantos pedaços?

**44.** Um saco de cimento com 20 kg custa R$ 28,00. Para fazer uma reforma, Carlos comprará 80 kg de cimento. Quanto será gasto com esse cimento?

**45.** Joana foi ao supermercado e observou três opções de molho de tomate pronto. O molho da marca "Tomatinho" tinha 340 g e custava R$ 2,10. O molho da marca "Vermelhinho" tinha 200 g e custava R$ 1,00. O da marca "Caprichado", com 360 g, custava R$ 2,00. Em qual dessas opções é possível ter a melhor relação preço/quantidade?

## ATIVIDADES

**46.** Uma fábrica de sabonetes produz diariamente 2 300 sabonetes de 90 g cada um. Qual é a massa total obtida em 30 dias, produzindo essa mesma quantidade por dia?

**47.** Em algumas rodovias brasileiras estão instaladas balanças que medem a carga dos caminhões que trafegam por elas. Desse modo, verifica-se se a massa está igualmente distribuída entre os eixos, evitando que caminhões circulem com excesso de carga, o que poderia danificar as rodovias. Se um caminhão de três eixos tem capacidade para transportar 45 toneladas, qual deve ser a massa por eixo?

**48.** Uma baleia jubarte pode chegar a 40 toneladas. Por sua vez, um musaranho médio tem massa de aproximadamente 40 g.

Fontes de pesquisa: <http://www.baleiajubarte.org.br/baleiajubartev02/portugues/jubarte/biologia.aspx>; <http://cienciahoje.uol.com.br/revista-ch-2004/210/ch-210-primeira-linha>. Acessos em: 1º jan. 2012.

Imagens em diferentes escalas.

Baleia jubarte.

Musaranho.

Quantos musaranhos seriam necessários para compor a massa de uma jubarte?

**49.** Após um período de três meses frequentando a academia de musculação, Paulo fez uma avaliação e constatou que sua capacidade de levantamento de carga havia melhorado 8%. Se, no início do treinamento, Paulo conseguia levantar 25 kg, quantos quilogramas ele podia levantar depois dos três meses?

**50.** Um animal tentava puxar uma carroça carregada com caixas que totalizavam 980 kg. Foi necessário retirar 30% da carga para que o animal conseguisse puxar a carroça. Quantos quilogramas o animal conseguiu puxar?

**51.** A informação nutricional a seguir foi obtida de uma embalagem de 1 L de leite integral.

| Informação nutricional Porção de 200 mL (1 copo) ||
|---|---|
| Quantidade por porção ||
| Valor energético | 130 kcal |
| Carboidratos | 10 g |
| Gorduras totais | 8 g |
| Proteína | 7 g |
| Sódio | 100 mg |
| Cálcio | 245 mg |

Fonte de pesquisa: Anvisa. Disponível em: <http://www.anvisa.gov.br/alimentos/rotulos/manual_rotulagem.pdf>. Acesso em: 15 set. 2014.

a) Quantos gramas de cálcio se obtêm em 1 L desse leite?

b) Qual é a massa total de carboidratos, proteínas, gorduras, sódio e cálcio em 200 mL de leite?

c) Quantos gramas de proteínas serão ingeridos por uma pessoa que consumir 300 mL desse leite?

**52.** Complete a tabela a seguir, calculando os valores mentalmente.

| Produto | Preço ||||
|---|---|---|---|---|
| | 1 kg | 500 g | 250 g | 750 g |
| Mortadela | R$ 6,00 | | | |
| Presunto | | R$ 4,00 | | |
| Queijo | | | R$ 2,25 | |
| Salame | | | | R$ 3,75 |

Dados criados para esta atividade.

**53.** Um remédio é vendido em comprimidos e também em gotas. Sobre ele se têm as seguintes informações:
- 35 gotas equivalem a um comprimido de 750 mg;
- uma gota equivale a 10 mm$^3$;
- um frasco do remédio tem 15 mL.

Quantos comprimidos, aproximadamente, equivalem ao conteúdo do frasco?

## MÓDULO 5
# Outras grandezas e unidades de medida

### ●●● Medidas de tempo

Imagine como seria o nosso dia a dia se o ser humano não tivesse criado uma maneira de medir o tempo. Não seria possível, por exemplo, registrar fatos da História ou simplesmente agendar um encontro com um amigo.

Se não houvesse as unidades de medida de tempo, como ano, mês, dia, hora, minuto e segundo, as civilizações teriam de observar a natureza para estabelecer a melhor ocasião para caçar, plantar, colher, dormir, entre outras atividades.

Atualmente, baseamo-nos no **calendário** gregoriano, em que o **ano** é dividido em **meses**, e os meses são divididos em **dias**. Além disso, os dias são contados em grupos de 7, denominados **semanas**. Um ano corresponde aproximadamente ao intervalo de tempo que a Terra precisa para dar uma volta completa em torno do Sol, e esse movimento é denominado **translação**. Um dia corresponde ao intervalo de tempo que a Terra leva para dar uma volta completa em torno de si mesma, e esse movimento é denominado **rotação**.

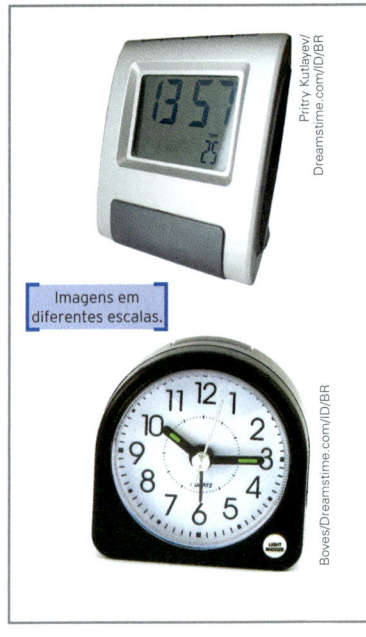

Imagens em diferentes escalas.

No primeiro relógio, não há dúvidas sobre o horário: 13 h 57 min. Em relação ao segundo relógio, não sabemos se ele marca 10 h 15 min ou 22 h 15 min.

### Relações entre as unidades de medida de tempo

- Um **bimestre** corresponde a um período de 2 meses; um **trimestre**, a 3 meses; um **semestre**, a 6 meses.
- Em geral, os relógios marcam as **horas**, os **minutos** e os **segundos**. Um dia tem 24 horas, uma hora tem 60 minutos e 1 minuto tem 60 segundos.

$$1 \text{ dia} = 24 \text{ h} \qquad 1 \text{ h} = 60 \text{ min} \qquad 1 \text{ min} = 60 \text{ s}$$

---

**UM POUCO DE HISTÓRIA**

**Calendário gregoriano**

O calendário gregoriano é o calendário utilizado na maior parte dos países ocidentais. Foi promulgado pelo Papa Gregório XIII em 24 de fevereiro do ano 1582 para substituir o calendário juliano. [...]

**Ano bissexto**

Chama-se ano bissexto o ano que possui um dia a mais do que os anos comuns [...]. No caso do calendário gregoriano, há a inserção de 1 dia extra a cada 4 anos no mês de fevereiro, que passa a ter 29 dias (ano com 366 dias) ao invés de 28 como nos anos comuns de 365 dias.

**Por que um ano é bissexto?**

A razão para existir o ano bissexto é que a Terra demora aproximadamente 365,25 dias solares [...] para dar uma volta completa ao redor do Sol, mas o ano comum tem exatos 365,000 dias solares. Portanto, essa sobra de aproximadamente 6 horas anuais (0,25 dia solar) acumula após 4 anos quase 1 dia, que é adicionado ao mês de fevereiro por motivos históricos. [...]

**Como saber se um ano é bissexto**

Para o calendário gregoriano, ano bissexto é aquele que é múltiplo de 4, exceto os múltiplos de 100 que não sejam múltiplos de 400.

Disponível em: <http://miltonborba.org/curios/gregorio.htm>. Acesso em: 1º fev. 2012.

## ATIVIDADES

**54.** Copie as igualdades a seguir, substituindo cada ★ pelo valor correspondente.
a) 2 h 23 min 54 s = ★ s
b) 7 250 s = ★ h ★ min ★ s

**55.** Observe o calendário do ano vigente para responder às questões.
a) Qual dia da semana corresponde ao dia 5 de agosto?
b) Qual dia do mês será o último domingo de abril?
c) Em relação ao mês de novembro, quais dias são quintas-feiras?
d) Quantos dias terão se passado desde o início do ano até o término do dia de hoje?

**56.** Bianca nasceu no dia 25 de setembro de 1991.
a) Qual era a idade dela no dia 28 de novembro de 2002?
b) E no dia 30 de junho de 2007?

**57.** Daniela e Fernanda programaram uma viagem à praia. Saíram de casa de manhã para chegar ao destino antes do almoço.

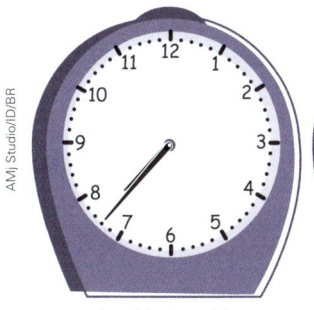

horário de saída        horário de chegada

Quanto tempo levou a viagem da casa delas até a praia?

**58.** Responda às questões.
a) Suponha que daqui a quatro dias seja terça-feira. Que dia da semana foi ontem?
b) Toda sexta-feira, e apenas às sextas-feiras, é dia de festa na casa da Larissa. Supondo que hoje seja quarta-feira e que anteontem foi dia 8, em quais dias desse mês acontece festa na casa da Larissa?
c) Se o primeiro sábado de certo mês foi dia 5, em que dia do mês cairá o último sábado desse mês?

**59.** A temporada de corrida de Fórmula 1 de 2010 teve início em 14 de março com o Grande Prêmio de Bahrein. Na tabela está apresentado o tempo gasto pelos cinco primeiros colocados da prova.

| | Piloto | País | Tempo |
|---|---|---|---|
| 1º | Fernando Alonso | Espanha | 1 h 39 min 20 s |
| 2º | Felipe Massa | Brasil | 1 h 39 min 36 s |
| 3º | Lewis Hamilton | Grã-Bretanha | 1 h 39 min 43 s |
| 4º | Sebastian Vettel | Alemanha | 1 h 39 min 58 s |
| 5º | Nico Rosberg | Alemanha | 1 h 40 min |

Fonte de pesquisa: <http://www.corridadeformula1.com/gp/bahrein-2010/>. Acesso em: 15 set. 2014.

a) O piloto brasileiro terminou em que colocação? Quanto tempo ele levou para completar a prova?
b) Qual foi a diferença de tempo entre o primeiro e o quinto colocado?
c) Sabendo que o sexto colocado, o alemão Michael Schumacher, chegou 44 segundos após o primeiro colocado, em quanto tempo ele completou a prova?

**60.** As ampulhetas a seguir mostram o período de tempo necessário para que toda a areia de cada uma delas possa passar de um compartimento ao outro.

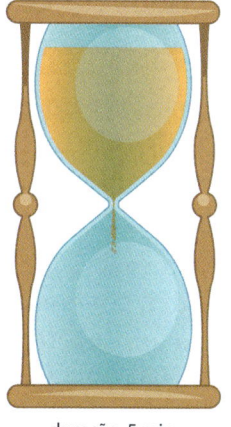

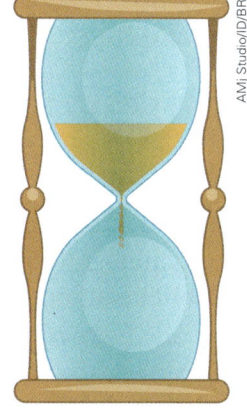

duração: 5 min        duração: 2 min

a) Utilizando essas ampulhetas, como você marcaria 11 minutos?
b) E 8 minutos?

**61.** Quantos dias teve o período de 3 de maio de 1998 a 8 de outubro de 2001? Explique para um colega como você fez para realizar esse cálculo.

## ●●● Medidas de informática

Imagine que você precise utilizar o computador. Para isso, você vai até um galpão imenso, em que as paredes são cobertas por máquinas. Nelas, há centenas de botões e fios pendurados. Para operar o computador você procura o teclado e o *mouse*, mas não os encontra. Desorientado, pede ajuda aos técnicos que monitoram o computador, dia e noite. Assim seria sua tentativa de utilizar o ENIAC – primeiro computador eletrônico, construído em 1946.

Além do imenso tamanho, ele tinha cerca de 30 t e consumia muita energia elétrica, pois era composto de milhares de válvulas, que eram muito grandes e esquentavam muito. Cada uma das válvulas funcionava como um interruptor de luz, que ligava e desligava, e esse movimento era interpretado da seguinte maneira: quando a válvula ligava, o computador registrava essa informação como 0 (zero); quando desligava, registrava como 1. Desse modo, o computador ia formando números com a combinação desses dois algarismos, por exemplo, 01001101.

Esse mecanismo básico de funcionamento do computador continua até os dias de hoje. Felizmente, os computadores atuais não têm mais válvulas. Atualmente, utilizam-se transistores, um dispositivo menor e mais prático, que também transforma sinais elétricos em zeros e uns.

Computador ENIAC. Os funcionários trabalhavam durante o dia todo trocando válvulas que se queimavam. A luz e o calor atraíam insetos, que acabavam morrendo em seu interior. Daí originou-se o termo *bug* (inseto, em inglês).

> **Link**
> 01001101
> Cada número assim formado tem um significado. Esse sistema numérico, que utiliza somente dois algarismos, é denominado **sistema binário**.

### Unidades de medida de informática

Toda informação armazenada e processada no computador é, essencialmente, uma sequência numérica formada apenas pelos algarismos 0 e 1. Cada um desses algarismos é um bite, e eles são agrupados em conjuntos de 8, o **baite** (símbolo: B), ou seja, um baite pode ser qualquer combinação de 8 bites, por exemplo, 00011001.

Cada baite corresponde a um caractere. Por exemplo, a letra *b* ocupa o espaço de 1 baite no computador. Assim, se você digita a palavra "bola", o computador exibe em sua tela a palavra como a conhecemos e, na sua memória, essa palavra fica armazenada como um conjunto de 4 baites, ou 32 bites:

Bola → 01100010 01101111 01101100 01100001

Como são necessários muitos baites para guardar informações, os computadores costumam ter bastante espaço de armazenamento. Para armazenar grandes quantidades de informação, existem outras unidades de medida, que serão vistas a seguir.

> **Bite**: menor quantidade de informação que um computador pode processar, ou seja, é a menor unidade de medida de informática.

> **Caractere**: qualquer letra do alfabeto, algarismo, sinal de pontuação, espaço em branco, etc. que pode ser introduzido no computador por um teclado ou outro dispositivo.

Outras unidades de medida de informática são o **quilobaite** (símbolo: KB), o **megabaite** (símbolo: MB), o **gigabaite** (símbolo: GB) e o **terabaite** (símbolo: TB). Observe no quadro a capacidade de armazenamento de cada uma dessas unidades.

| Unidade de medida | Quantidade de caracteres (baites) | Valor equivalente |
|---|---|---|
| 1 baite (B) | 1 | 8 bites |
| 1 quilobaite (KB) | 1024 | 1024 B |
| 1 megabaite (MB) | $1024^2 = 1\,048\,576$ | 1024 KB |
| 1 gigabaite (GB) | $1024^3 = 1\,073\,741\,824$ | 1024 MB |
| 1 terabaite (TB) | $1024^4 = 1\,099\,511\,627\,776$ | 1024 GB |

Observe que, diferentemente do SI, em que o prefixo "quilo" equivale a 1 000 vezes a unidade de medida considerada, no sistema binário 1 KB equivale a $2^{10}$ baites, ou seja, 1 024 baites, tendo, portanto, capacidade para armazenar 1 024 caracteres; 1 MB equivale a 1 024 KB, ou seja, tem a capacidade de armazenar 1 048 576 caracteres; e assim por diante. Isso significa que, se digitarmos um texto com 1 024 caracteres em um bloco de notas, o tamanho do arquivo será exatamente 1 KB.

### SAIBA MAIS

**Unidade de medida de informática**

Bite, baite, quilobaite, megabaite, gigabaite e terabaite são termos aportuguesados das palavras de língua inglesa *bit*, *byte*, *kilobyte*, *megabyte*, *gigabyte* e *terabyte*.

### ATIVIDADES

**62.** Leia as informações referentes a um computador.

| | |
|---|---|
| Processador[1]: 2.6 Ghz<br>Memória RAM[2]: 2 GB<br>HD[3]: 500 GB<br>Drives[4]: DVD-RW | Teclado: Padrão brasileiro<br>Mouse: Óptico<br>Monitor: LCD Widescreen 15,6" |

1. Efetua o processamento dos dados.
2. Memória do computador; executa programas.
3. Abreviatura de *hard disk*, que significa "disco rígido"; armazena dados.
4. Dispositivo que lê ou grava dados em CD ou DVD.

Dados criados para esta atividade.

a) Qual é a capacidade de armazenamento da memória RAM? E do HD?

b) Qual é o dispositivo utilizado para ler ou gravar CDs e DVDs?

**63.** Além do HD do computador, existem outros dispositivos que são utilizados para armazenar dados. Observe alguns deles e as respectivas capacidades de armazenamento.

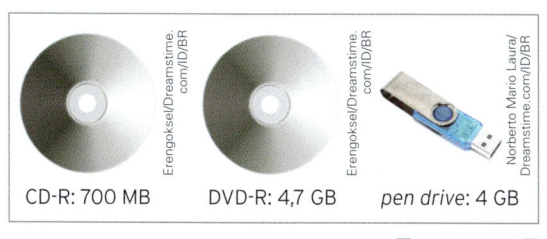

CD-R: 700 MB    DVD-R: 4,7 GB    *pen drive*: 4 GB

Imagens em diferentes escalas.

a) Quantos megabaites de informação é possível armazenar em 15 DVDs?

b) Quantos CDs são necessários para armazenar a mesma quantidade de informação que um *pen drive* de 4 GB?

**64.** Observe a tirinha abaixo.

Pablo Carranza. Disponível em: <http://pablocarranza.com.br/page14/?s=se+a+vida+fosse+como+a+internet&imageField_x=0&imageFild_y=0>. Acesso em: 15 set. 2014.

A internet é uma rede mundial em que se conectam milhões de computadores. Por meio dela, podemos ter acesso a diversas informações. O *e-mail* permite compor, enviar e receber mensagens.

Você sabe o significado da palavra *spam*? Reúna-se em grupo e escreva uma definição para ela. Se necessário, pesquise.

## COMPREENDER E RESOLVER

### Arranjo de palitos

Observe a sequência de figuras a seguir.

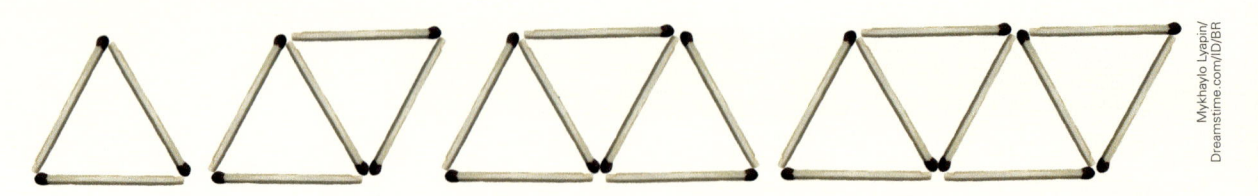

A primeira figura é um triângulo. Cada uma das figuras seguintes é formada juntando-se mais palitos de fósforo à figura anterior, de modo que a quantidade de triângulos aumente 1 unidade.

Quantos palitos são necessários para formar a 50ª figura dessa sequência?

#### ■ Compreensão do problema

I. Desenhe no caderno as duas próximas figuras da sequência.

II. Complete a tabela abaixo.

| Posição da figura | 1ª | 2ª | 3ª | 4ª | 5ª | 6ª |
|---|---|---|---|---|---|---|
| Quantidade de triângulos | | | | | | |
| Quantidade de palitos | | | | | | |

III. O que acontece com o número que indica a posição de uma figura e a quantidade de triângulos que compõem essa mesma figura?

IV. De uma figura para a próxima, o que acontece com a quantidade de palitos?

V. Que tipo de número expressa a quantidade de palitos das figuras da sequência?

#### ■ Resolução do problema

I. Partindo da 1ª figura, quantos palitos devem ser acrescentados para chegar à 2ª? E para chegar à 3ª e à 4ª figura, partindo da 1ª?

II. Para chegar à figura de determinada posição, quantos palitos devem ser acrescentados a partir da 1ª? Explique.

III. A partir da 1ª figura, quantos palitos terão de ser acrescentados para chegar à 50ª figura?

IV. Quantos palitos formam a 50ª figura?

#### ■ Reflexão sobre o problema

I. Você achou esse problema fácil ou difícil?

II. Há outras maneiras de resolver esse problema? Quais? Quais vantagens ou desvantagens elas teriam, comparadas com a resolução acima?

III. Você já tinha resolvido algum problema parecido? Comente.

IV. O que você aprendeu resolvendo esse problema?

**Mais:** Resolva os problemas 3 e 7 da página 244.

## MATEMÁTICA E CULTURA

### Ano-novo pelo mundo

Em países como o Brasil, que seguem o chamado calendário gregoriano, 31 de dezembro representa o último dia do ano e, por isso, há muita festa e expectativas. Afinal, as pessoas sempre desejam que o ano que está por vir seja melhor do que o anterior. Para isso, cada cultura desenvolveu tradições e superstições que são seguidas na noite do dia 31. Então, que tal conhecer algumas?

Segundo a pesquisadora Rúbia Lóssio, da Fundação Joaquim Nabuco, as pessoas que vivem na costa noroeste dos Estados Unidos, por exemplo, têm o hábito de comer salmão para atrair coisas boas no próximo ano.

Os norte-americanos também costumam preparar um bolo redondo, em formato de anel, chamado de Bolo de São Basílio ou Bolo de Reis. Antes de servi-lo, corta-se sua porção central com um copo, que é oferecida ao santo. Conforme diz a tradição, somente a dona da casa pode fazê-lo e, quando for levá-lo ao forno, deve estar usando suas melhores roupas e joias. Dentro dessa massa, são colocadas moedas e outros pequenos objetos. Aqueles que os encontrarem em seus pedaços terão sorte o ano todo.

Já na Irlanda, Rúbia diz que as pessoas costumam realizar na véspera do ano-novo a "Noite dos Grandes Pratos". Nessa ocasião, os irlandeses costumam comer bastante, pois isso significa, para eles, que a despensa ficará cheia o ano inteiro. [...]

Decoração para a comemoração do ano-novo chinês, em 2010, nas ruas de um bairro de Londres onde moram muitos imigrantes daquele país.

### Outros calendários

Porém, existem países que não comemoram o ano-novo no dia 31 de dezembro, pois seguem outros calendários, diferentes do gregoriano. No Vietnã, por exemplo, o ano-novo é celebrado no dia 10 de fevereiro. Nessa data, é costume ir à igreja de manhã, onde se come um bolo especial feito de arroz, feijão e carne de porco. Meia hora depois, são distribuídos os "envelopes vermelhos" para as crianças, cada um contendo dez ou vinte dólares.

A China é outro país onde o ano-novo acontece em data diferente, sendo comemorado entre os meses de janeiro e fevereiro. Durante esse tempo, as pessoas costumam seguir diversos rituais. Um deles é limpar suas casas [...] e pintá-las para que pareçam novas.

Os chineses também compram roupas [novas] e se desfazem das velhas. Isso porque acreditam que tudo o que é antigo deve ser deixado para trás, inclusive as roupas. Na véspera do ano-novo, são feitos grandes jantares em família, compostos [de] gambás – que representam a felicidade e uma vida longa –, galinhas – símbolo da prosperidade – e ostras secas com algas, que evocam, segundo a tradição, bastante dinheiro e tranquilidade [...].

Disponível em: <http://chc.cienciahoje.uol.com.br/ano-novo-pelo-mundo>. Acesso em: 15 set. 2014.

### ■ De olho no texto

I. De acordo com o texto, quando ocorre o ano-novo na China? Descreva como são as comemorações de ano-novo nesse país.

II. A celebração do ano-novo no Vietnã ocorre quantos dias após a celebração do ano-novo no Brasil?

III. Como você celebra a noite de ano-novo? Existe alguma tradição que sua família segue? Converse com um colega.

# ROTEIRO DE ESTUDOS

**Autoavaliação**

65. Um bloco de cimento com forma de um paralelepípedo retangular tem 27 cm de comprimento. Sabendo que o comprimento do bloco é o triplo da sua largura e que a largura, por sua vez, é a metade da sua altura, qual é o volume do bloco?

66. Uma construção deve receber 12 m³ de areia, entregue por um caminhão basculante (sua caçamba tem formato de paralelepípedo retângulo). A largura da caçamba do caminhão é 2,5 m e vai ser preenchida com areia até 1,5 m de altura. Qual deve ser o comprimento da caçamba para que a quantidade de areia transportada seja 12 m³?

67. Um caminhão-baú com medidas 5,5 m × 2,5 m × 2 m pode carregar, no máximo, quantas caixas de 50 cm³?

68. Uma torneira despeja 40 litros por minuto. Em quanto tempo ela enche completamente uma caixa com a forma de um cubo de 80 cm de aresta?

69. Uma caixa de forma cúbica, cuja aresta mede 120 cm, está totalmente cheia de água. Quantos litros de água devem ser retirados da caixa para que a quantidade de líquido na caixa se reduza a $\frac{3}{4}$ da sua capacidade?

70. A carga máxima que um caminhão pode transportar é 6 toneladas. Quantas arrobas esse caminhão pode carregar em uma única viagem, sabendo que 1 arroba corresponde a, aproximadamente, 15 kg?

71. (Obmpe) Uma florista colheu 49 kg de flores do campo. O quilograma das flores pode ser vendido imediatamente a R$ 1,25 ou, mais tarde, com as flores desidratadas, a R$ 3,25. O processo de desidratação faz as flores perderem $\frac{5}{7}$ de seu peso. Qual é o tipo de venda mais lucrativo para a florista?

72. Quantos bimestres há em 7 anos, 5 trimestres e 7 meses?

**Nota:** Confira se você acertou todas as questões dessa *Autoavaliação*. Se não acertou, faça as atividades do *Reforço* e da *Revisão* antes do *Aprofundamento*.

**Reforço**

73. (Obmpe) Na tabela a seguir vemos o consumo mensal de água de uma família, durante os cinco primeiros meses de 2004.

| Meses | Consumo (m³) |
|---|---|
| Janeiro | 12,5 |
| Fevereiro | 13,8 |
| Março | 13,7 |
| Abril | 11,4 |
| Maio | 12,1 |

Qual é o consumo mensal médio de janeiro a maio dessa família, em m³?
a) 11,3   b) 11,7   c) 12,7   d) 63,5   e) 317,5

74. (UFJF-MG) Por uma quantidade de combustível suficiente para encher completamente um tanque A, em forma de paralelepípedo retangular com arestas medindo, respectivamente, 1 m, 2 m e 3 m, certa empresa cobra R$ 3 000,00. Pode-se estimar que, para encher completamente, com igual tipo de combustível, um tanque B, com o mesmo formato e com arestas medindo o dobro das arestas de A, a empresa deverá cobrar:
a) R$ 12 000,00
b) R$ 6 000,00
c) R$ 16 000,00
d) R$ 24 000,00

75. Uma fábrica de suco produz 5 950 litros de suco por mês, que são embalados em latas com capacidade de 350 mL cada uma. Quantas latas são necessárias para embalar essa produção de sucos?

76. No mar, o petróleo é transportado por petroleiros, grandes navios que podem transportar 300 000 m³ de petróleo. Em terra, o petróleo é transportado por caminhões-pipa, cuja capacidade média é 15 000 litros. O volume de petróleo carregado por um petroleiro corresponde a quantos desses caminhões-pipa?

**77.** 500 horas correspondem a:
a) 20 dias
b) 20,8 dias
c) 20 dias e 20 horas
d) 20 dias e 22 horas

**Revisão:** Refaça as atividades 9, 15, 16, 17, 19, 20, 21, 22, 26, 33, 34, 36, 43, 45, 48, 50, 51, 52, 53, 58, 59, 60, 61, e 63.

## Aprofundamento

**78.** (OBM) Carlos tem 2 010 blocos iguais de 10 cm de largura por 20 cm de comprimento e 1,5 cm de espessura e resolveu empilhá-los formando uma coluna de 20 cm de largura por 40 cm de comprimento, como na figura abaixo.

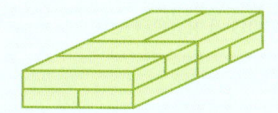

Qual dos valores a seguir, em metros, é o mais próximo da altura dessa coluna?
a) 7   b) 7,5   c) 8   d) 8,5   e) 9

**79.** Três homens querem atravessar um rio. O barco suporta no máximo 130 kg. Os homens "pesam" 60 kg, 65 kg e 80 kg. Como devem proceder para atravessar o rio, sem afundar o barco, sabendo que os três homens podem pilotá-lo?

**80.** Considere uma caixa de vidro inteiramente fechada e quase cheia de água, como mostra a figura (cujas medidas apresentadas são medidas internas). Observe que o nível de água está 5 cm abaixo do nível máximo.

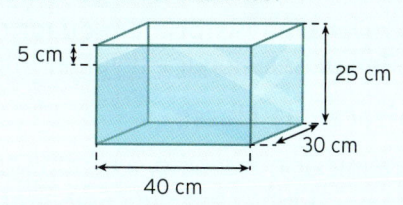

Ao virar a caixa, de modo que ela fique com 40 cm de altura, obtemos a seguinte configuração.

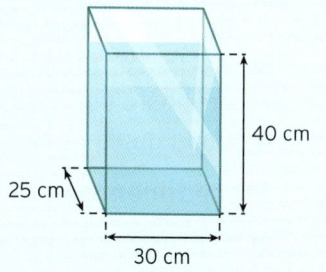

Nesse caso, o nível da água ficará quantos centímetros abaixo do nível máximo?

**81.** (Obmpe) Neste momento, são 18 horas e 27 minutos. Qual era o horário 2 880 717 minutos mais cedo?
a) 6 h 22 min
b) 6 h 24 min
c) 6 h 27 min
d) 6 h 30 min
e) 6 h 32 min

---

## Estratégias de aprendizagem
### Estudando com mapa de conceitos

Conceito é a manifestação de uma ideia, significa definição. O mapa de conceitos é uma importante ferramenta de ensino e aprendizagem. Conheça-o pela leitura do mapa conceitual a seguir.

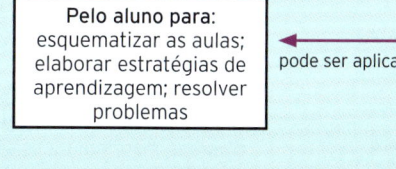

MAPA CONCEITUAL — pode ser aplicado — Pelo aluno para: esquematizar as aulas; elaborar estratégias de aprendizagem; resolver problemas

é uma → REPRESENTAÇÃO GRÁFICA

usada para apresentar os CONCEITOS são conectados entre si por LINHAS

De acordo com o professor, forme uma dupla ou um trio com os colegas, para completar no caderno o mapa a seguir, substituindo os ícones.

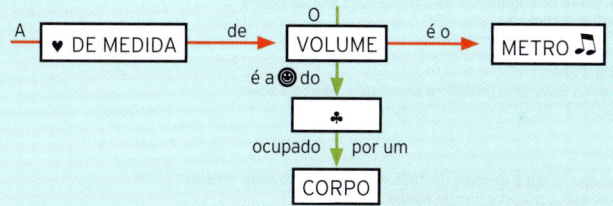

A ♥ DE MEDIDA de → VOLUME é o → METRO ♪
é a ⊙ do
♣
ocupado por um
CORPO

O mapa conceitual pode ser útil para você estudar qualquer matéria, organizar projetos, elaborar estratégias de aprendizagem e planejar atividades do dia a dia.

# CAIXA DE FERRAMENTAS

## Critérios para a seleção de *sites*

Para realizar esta atividade, você utilizará informações pesquisadas na internet.

### Objetivos da atividade

Escrever uma **história em quadrinhos** apresentando um dos problemas propostos por **Malba Tahan**; selecionar e divulgar informações obtidas na internet sobre esse matemático.

### Organização da classe

Para iniciar o trabalho, a turma será dividida em duplas.

- Uma das duplas, indicada pelo professor, fará um cartaz com informações sobre a vida de Malba Tahan e sobre a relação dele com a Matemática.
- As demais duplas vão escrever histórias em quadrinhos apresentando um problema proposto por esse matemático.
- Cada dupla necessitará ter acesso a um computador ligado à internet.

### Procedimentos

- O primeiro passo será escolher e acessar uma página de busca, entre as diversas existentes na internet. Depois, a dupla digita no campo de busca as palavras-chave que julgar adequadas para sua pesquisa, como no exemplo ilustrado abaixo.

> **DICA**
> - Para o bom andamento da pesquisa, enquanto um integrante da dupla trabalha no computador, o outro observa e faz anotações. Depois, os papéis devem ser trocados.

---

**[Busca: Malba Tahan]**

Pesquisar: ● a web
○ páginas em português
○ páginas do Brasil

Web — Resultados 1 - 5 de aproximadamente 90.700

**MALBA TAHAN**
Júlio César de Mello e Souza nasceu há cem anos e celebrizou-se como **Malba Tahan**. Foi um caso raro de professor que ficou quase tão famoso quanto um craque ...
www.geocities.com/g10ap/matematicos/mat27.htm - 15k - Em cache - Páginas Semelhantes

**Júlio César de Melo e Sousa - Wikipédia, a enciclopédia livre**
Em homenagem a **Malba Tahan**, o dia de seu nascimento – 6 de maio – foi ... Surgia aí o escritor fictício **Malba Tahan**, que assinava os contos que foram ...
pt.wikipedia.org/wiki/Júlio_César_de_Melo_e_Sousa - 33k -
Em cache - Páginas Semelhantes

**Malba Tahan**
O jornal começou a publicação dos CONTOS DE **MALBA TAHAN** com a biografia do suposto autor. O nome **Tahan** foi tirado do sobrenome de uma de suas alunas (Maria ...
www.champ.pucrs.br/matema/malba_tahan.htm - 25k - Em cache - Páginas Semelhantes

**História da Matemática: Malba Tahan**
Biografias de matemáticos relevantes ao ensino primário e secundário: **Malba Tahan**.
www.mat.ufrgs.br/~portosil/malba.html - 9k - Em cache - Páginas Semelhantes

**Malba Tahan**
Júlio César de Mello e Souza nasceu no dia 6 de maio de 1895 na cidade de Queluz, estado de S. Paulo, Brasil e celebrizou-se sob o pseudônimo de **Malba Tahan**. ...
www.educ.fc.ul.pt/docentes/opombo/seminario/4livros/malba_tahan.htm - 7k -
Em cache - Páginas Semelhantes

> **Um mundo na internet**
> Como você já sabe, na internet há *sites* ou páginas de hipertexto com conteúdos diversos, mas nem todas as informações disponíveis na rede mundial de computadores são confiáveis.
> É preciso saber selecionar os melhores *sites* para realizar uma pesquisa satisfatória e que apresente dados corretos.

## Análise do resultado da pesquisa

Observe os *sites* que apareceram na tela do computador como resultado da pesquisa. Não entre em nenhum deles antes de analisar esse resultado.

Siga as sugestões abaixo para tornar o seu trabalho mais eficaz.

- Como verificar o grau de confiabilidade de um *site*

    Independentemente do tema da pesquisa, *sites* de universidades e de instituições públicas geralmente são fontes de informação confiáveis.

    No entanto, você não precisa se restringir a esse tipo de página. Para utilizar outras instituições como fonte de informações na internet, faça inicialmente uma pesquisa, colocando o nome da instituição no campo de procura de uma página de busca. Assim, é possível descobrir mais informações sobre essa fonte, conhecer seu grau de especialização no assunto pesquisado, o que outras fontes dizem dela, quem a menciona, etc.

- Após selecionar os *sites* confiáveis em que a pesquisa será baseada, colete as informações abaixo, de acordo com a função de sua dupla.

### Duplas que escreverão as histórias em quadrinhos

- Escolher um problema proposto por Malba Tahan. Pode ser que outra dupla também escolha o mesmo problema; mas cada uma escreverá a história em quadrinhos da sua própria maneira.

### Dupla que fará o cartaz com dados biográficos

- Quem foi Malba Tahan, qual é a origem desse nome e em qual país ele nasceu, entre outros dados biográficos.
- Algumas informações sobre suas atividades como professor e como escritor.

- Para a montagem do cartaz, a dupla responsável deverá utilizar frases que chamem a atenção das pessoas ou perguntas que serão respondidas pelo texto.
- Se possível, imprima ou desenhe algumas figuras relacionadas ao tema para ilustrar a capa de sua história. Não se esqueça de indicar os *sites* de onde as informações foram retiradas.
- Nas histórias em quadrinhos, indique os *sites* em que o leitor poderá encontrar a solução do problema proposto.

## Apresentação do trabalho

Todos os trabalhos devem ser expostos para a apreciação da turma.

Se possível, o local da exposição deve ser de fácil acesso para que alunos de outras turmas também possam apreciar os trabalhos.

A cada fotografia observa-se uma mudança na posição do casal de acrobatas; porém o conjunto mantém-se em equilíbrio.

Fotografias: Sam Diephuis/Getty Images

# Equações

**CAPÍTULO 4**

## O QUE VOCÊ VAI APRENDER

- Expressões algébricas
- Equações
- Equação do 1º grau com uma incógnita

## CONVERSE COM OS COLEGAS

Nestas fotografias, o casal de acrobatas aparece em equilíbrio em quatro posições: ocorre transformação de uma posição para a outra, mas o equilíbrio se mantém. Observe que na primeira fotografia o ponto de equilíbrio está no pé esquerdo da mulher e no pé direito do homem; na fotografia abaixo o ponto de equilíbrio está nos braços e pés da mulher; nas duas outras posições o ponto de equilíbrio está no homem, que se encontra deitado de diferentes maneiras. O equilíbrio se mantém, porque, nas quatro posições, a massa do casal está distribuída igualmente no conjunto (os dois corpos).

Mas, qual é a relação entre acrobacia e equações? Na resolução de equações acontece algo semelhante ao equilíbrio na acrobacia, como você verá neste capítulo. Discuta com os colegas as seguintes questões.

I. Imagine uma balança de dois pratos, cada prato com um peso de 1 kg. Como está a balança nessa situação?

II. Acrescenta-se 0,5 kg em um dos pratos. Como fica a balança nessa situação?

III. O que se pode fazer em relação ao item II para manter a situação observada no item I?

IV. Explique a relação entre acrobacia, balança de dois pratos e equações.

Imagens em diferentes escalas.

## MÓDULO 1

# Expressões algébricas

O plano de telefonia móvel de Ana cobra uma taxa mínima de R$ 12,00 ao mês, mais R$ 0,50 por minuto de ligação que ela fizer. Ana organizou em uma tabela os seus gastos com celular nos quatro primeiros meses do ano.

| Mês | Minutos usados | Cálculo do valor gasto (em reais) | Valor a ser pago |
|---|---|---|---|
| Janeiro | 35 | 12 + 35 · 0,50 | R$ 29,50 |
| Fevereiro | 42 | 12 + 42 · 0,50 | R$ 33,00 |
| Março | 29 | 12 + 29 · 0,50 | R$ 26,50 |
| Abril | 61 | 12 + 61 · 0,50 | R$ 42,50 |

Dados fictícios.

Ao fazer os cálculos, Ana percebeu que eles apresentavam uma regularidade, podendo ser representados por uma só expressão, válida para todos os meses. Assim, ela substituiu a quantidade de minutos usados a cada mês pela letra $x$, e escreveu: $12 + x \cdot 0{,}50$

Na expressão acima, para obter o valor da conta de qualquer mês basta substituir $x$ pela quantidade de minutos utilizada naquele mês, e depois calcular o resultado da expressão.

Em seu cálculo, Ana criou uma **expressão algébrica**. Expressões constituídas por números, sinais matemáticos e letras que representam números são denominadas expressões algébricas – números também são expressões algébricas. As letras podem ser substituídas por quaisquer números, pois não representam valores fixos. Assim, a vantagem de usar expressões algébricas é que elas podem representar uma situação geral, como no caso da conta de celular de Ana.

Nesse exemplo, Ana usou a letra $x$ para representar a quantidade de minutos. É muito comum o uso da letra $x$ para representar quantidades desconhecidas em expressões algébricas, mas também se podem usar as outras letras. Assim, Ana poderia ter escolhido qualquer letra que desejasse: $a$, $b$, $c$, $y$, $z$, $t$, etc. Para facilitar a associação de ideias, muitas vezes se usam as iniciais da grandeza que se está calculando, como $d$ para distância ou $t$ para tempo.

### ●●● Usos das expressões algébricas

Expressões algébricas são usadas para vários fins: ajudar a resolver problemas, generalizar ou simplesmente representar situações matemáticas.

Veja a seguir como algumas sentenças matemáticas podem ser representadas por expressões algébricas. Note que foram usadas várias letras diferentes.

- O valor de determinado número: $n$
- A diferença entre dois números: $a - b$
- Um número adicionado à sua terça parte: $x + \dfrac{x}{3}$
- O quadrado do produto de dois números: $(a \cdot b)^2$ ou $(ab)^2$
- Raiz quadrada do primeiro número natural par não nulo adicionada ao primeiro número natural ímpar: $\sqrt{2} + 1$

## ••• Valor numérico de uma expressão algébrica

No caso das expressões que não são numéricas, quando substituímos cada letra de uma expressão algébrica por um número e efetuamos as operações indicadas, o resultado obtido é um número, denominado **valor numérico da expressão**; esse valor depende dos números que são atribuídos às letras. No caso das expressões que também são numéricas, o valor da expressão é seu valor numérico. Veja alguns exemplos.

| Expressão | Possíveis valores das letras | Valor numérico da expressão |
|---|---|---|
| $-7$ | não tem | $-7$ |
| $3x$ | $x = 3$ | $3 \cdot 3 = 9$ |
| $3x$ | $x = 5$ | $3 \cdot 5 = 15$ |
| $a - b$ | $a = 10$ e $b = 15$ | $10 - 15 = -5$ |
| $a - b$ | $a = 15$ e $b = 10$ | $15 - 10 = 5$ |
| $5 + m + \dfrac{3+n}{m}$ | $m = 2$ e $n = 7$ | $5 + 2 + \dfrac{3+7}{2} = 5 + 2 + \dfrac{10}{2} = 5 + 2 + 5 = 12$ |

### ATIVIDADES

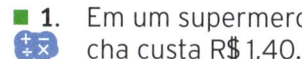

**1.** Em um supermercado, cada pacote de bolacha custa R$ 1,40.
   a) Explique como calcular o valor a ser pago por uma quantidade qualquer de pacotes de bolacha.
   b) Calcule quantos reais são necessários para comprar as seguintes quantidades de pacotes de bolacha:
   - 1
   - 2
   - 3
   - 4
   - 5
   - 6
   c) Copie a expressão algébrica que representa corretamente o valor a ser pago por uma quantidade $x$ de pacotes de bolacha.
   - $1,40 + x$
   - $1,40 - x$
   - $\dfrac{x}{1,40}$
   - $1,40x$
   - $x - 1,40$
   - $x + 1,40$

**2.** Considerando que uma camiseta custa $r$, em reais, escreva a expressão algébrica que representa o preço de cada produto a seguir.
   a) A calça *jeans* custa o triplo do valor da camiseta.
   b) O par de meias custa metade do valor da camiseta.
   c) A camisa custa R$ 10,00 a mais do que a camiseta.
   d) A bermuda custa R$ 30,00 a menos do que a calça *jeans*.

**3.** Em cada item, descreva uma sentença matemática que possa ser representada pela expressão algébrica dada. Depois, determine o valor numérico dessa expressão para os valores indicados.
   a) $\dfrac{x}{3} + x + 5$, para $x = 18$
   b) $\dfrac{y - 7}{4}$, para $y = 3$
   c) $n^2 + 2n - 30$, para $n = 12$
   d) $3a^2 - b^2$, para $a = 9$ e $b = -4$
   e) $(2t + 1)^2 \cdot (t - 1)$, para $t = 3$

**4.** Faça esta atividade com um colega. Para calcular o valor de uma viagem, um taxista cobra R$ 10,00 pela bandeirada mais R$ 1,50 por quilômetro percorrido.

Veja a expressão algébrica usada pelo taxista para calcular o valor de uma viagem.

> Preço da viagem: $10 + 1,50 \cdot q$

   a) O que o número 10 representa nessa expressão algébrica? E o número 1,50?
   b) O que representa a letra $q$?
   c) Se uma pessoa percorrer 25 quilômetros usando esse táxi, quanto ela vai pagar pela viagem?
   d) Uma pessoa pagou R$ 55,00 pela viagem. Quantos quilômetros ela percorreu?

## ATIVIDADES

**5.** Uma loja fez uma "promoção surpresa". Colocou etiquetas com expressões algébricas para que seus clientes descobrissem o preço de cada produto. Se em 5 minutos o cliente descobrisse o valor do eletrodoméstico mais barato, ele o levaria pela metade do preço.

Refrigerador
R$ $8m - \dfrac{m^2}{2} + m^2$

Lavadora
R$ $-10m + m^2 + \dfrac{m}{2}$

Fogão
R$ $-3m + m^2 - 10m$

O valor de m é 40.

Qual é o eletrodoméstico mais barato?

**6.** Veja algumas informações sobre as frutas que Carol comprou na feira:

- a quantidade de limões é igual ao dobro da quantidade de laranjas;
- a quantidade de goiabas é três unidades menor do que a quantidade de laranjas.

a) Escreva uma expressão algébrica que represente a quantidade de frutas que Carol comprou.

b) Se Carol comprou seis laranjas, quantas frutas ela comprou ao todo?

**7.** Escreva uma expressão algébrica para representar o que é pedido em cada item a seguir, usando as letras que quiser. Depois, faça um desenho de cada figura mencionada, indicando a medida que cada letra está representando.

a) o perímetro de um triângulo equilátero

b) o perímetro de um retângulo

c) o volume de um cubo

**8.** Escreva uma expressão algébrica que represente cada item, usando as letras $a$ e $b$.

a) A metade da diferença entre dois números.

b) A diferença entre o dobro de um número e a metade de outro.

c) Um número adicionado ao quadrado de seu sucessor.

**9.** Elabore uma expressão algébrica para representar a quantia em reais que você gasta em uma semana de aulas. Inclua seus gastos com transporte, lanche, sucos, etc., usando números para representar os valores unitários de cada item e letras para representar suas quantidades. Em seguida, apresente sua expressão a um colega, e verifique as semelhanças e diferenças entre a sua representação e a dele.

**10.** Considere a seguinte situação:

> A metade de um número adicionada à terça parte desse mesmo número, menos 1.

a) Escreva uma expressão algébrica para representar essa situação.

b) Calcule o valor dessa expressão, considerando que o número citado é 12.

## ●●● Termos de uma expressão algébrica

Uma expressão algébrica é formada por termos que se relacionam por adições algébricas.

Observe a expressão algébrica ao lado.

Note que o termo $3a^2$ representa o produto de 3 por $a^2$. Observe:

$$\frac{xy}{3} - 9 + 3a^2 + \sqrt{x} - 7wy^3$$

termo composto de duas partes: parte numérica, denominada **coeficiente**, e **parte literal**, que contém as letras

termo composto apenas de coeficiente (termo numérico: não tem letra)

| Termo | $+\dfrac{xy}{3}$ | $-9$ | $+3a^2$ | $+\sqrt{x}$ | $-7wy^3$ |
|---|---|---|---|---|---|
| Coeficiente | $+\dfrac{1}{3}$ | $-9$ | $+3$ | $+1$ | $-7$ |
| Parte literal | $xy$ | não tem | $a^2$ | $\sqrt{x}$ | $wy^3$ |

**⏱ Em 3 minutos**

**I.** Identifique os termos da seguinte expressão.

$$\frac{11ab}{2} - x^3y^2 + 4z + 25$$

## ●●● Simplificação de uma expressão algébrica

Observe agora a seguinte expressão algébrica:
$4 + 2t + 5xw - a + 0 - \sqrt{5} + wx + 3a^2 - 2 - 2t - a^2$

Alguns dos termos dessa expressão são semelhantes.

Esses termos podem ser agrupados, simplificando a expressão. Esse agrupamento se dá por meio das propriedades da adição e da multiplicação, que você já estudou. Essas propriedades são válidas tanto para operações com números quanto para operações com letras que representam números. Observe:

$4 + 2t + 5xw - a + 0 - \sqrt{5} + wx \underbrace{+ 3a^2 - 2 - 2t - a^2}$

$+3a^2 - a^2 = (3 - 1) \cdot a^2 = 2a^2$

Da mesma maneira, temos:
- $2t - 2t = 0$
- $4 + 0 - \sqrt{5} - 2 = 2 - \sqrt{5}$
- $5xw + wx = 6xw$ (pois $xw = wx$)

A expressão simplificada tem 4 termos, mas não há dois deles semelhantes: $2 - \sqrt{5} + 6xw - a + 2a^2$

### Observações
- O termo $-a$ não foi alterado, pois não havia na expressão inicial nenhum termo semelhante a ele.
- $2 - \sqrt{5}$ é um único termo, pois representa um único número.

**Link**

Denominam-se **termos semelhantes** os que têm partes literais iguais ou que não têm partes literais (são formados apenas por números).

**⏱ Em 3 minutos**

**II.** Identifique os termos semelhantes da expressão abaixo.

$7a + 3 - \dfrac{6a^2b}{7} - 2x^2 + \dfrac{4a}{9} + 7b - 8 + 5ba^2$

### ATIVIDADES

**11.** Simplifique as expressões algébricas a seguir, agrupando os termos semelhantes. Em seguida, identifique o coeficiente e a parte literal de cada um dos termos obtidos.

a) $3ab + 2ab$

b) $4{,}2x + 5{,}3x$

c) $\dfrac{r}{3} + 2r$

d) $\dfrac{5}{2y} + \dfrac{3}{5y} - \dfrac{1}{3y}$

e) $xy + 5t - 3yx + t$

f) $2x + 4\sqrt{x} + 7$

**12.** Das expressões algébricas abaixo, duas são iguais quando simplificadas. Copie-as.

I. $12a^2 - x + 7 + 5x - 4a + 1 - a^2$

II. $a - 3 + 4a^2 + 1 + 5x + 3a + 11 + 6a^2$

III. $-4a + 9 - 3ab - 1 + 2ab + 4x + 11a^2 + ab$

101

## MÓDULO 2

# Equações

## ●●● Igualdades e equações

Você já aprendeu a representar determinadas situações por expressões algébricas. Se quisermos, por exemplo, calcular a idade de Pedro daqui a 8 anos, podemos representar esse cálculo pela expressão algébrica $x + 8$, em que $x$ representa a idade que Pedro tem hoje.

Considerando que daqui a 8 anos Pedro terá 31 anos, essa situação pode ser representada por $x + 8 = 31$.

Essa sentença matemática é uma igualdade: a expressão algébrica à esquerda do sinal de igual (1º membro) tem valor igual ao da expressão à direita dele (2º membro).

Veja outros exemplos de igualdades.

I. $9 - 7 + 4 = 5 + 1$
II. $12 - 7 = x + 4$
III. $yw + 23 = 17 + 24$
IV. $x + 4 = y - 2 - x$

### ■ Definição

**Equação** é uma igualdade entre duas expressões algébricas em que pelo menos uma delas apresenta termo com parte literal.

Das igualdades apresentadas, apenas a I não é uma equação.

## Valor desconhecido

Taís e Paulo estão brincando de enigmas matemáticos.

*Um número adicionado a 7 é igual a 20. Que número é esse?*

*Eu fui tentando. Pensei no número 10 e fiz a operação: $10 + 7 = 17$. Pensei no número 11 e fiz: $11 + 7 = 18$. Logo em seguida, descobri que a resposta é 13, pois $13 + 7 = 20$.*

Paulo também propôs um enigma a Taís, e ela respondeu corretamente. Veja:

*O dobro de um número é 13. Qual é o número?*

*O número é 6,5. Eu pensei na metade de 13, então eu fiz $13 : 2 = 6,5$.*

---

**Em 3 minutos**

I. Represente matematicamente as seguintes situações e indique se são expressões algébricas ou equações.
   a) Um número adicionado a $-12$.
   b) Um número adicionado a $-12$ é igual a 20.
   c) Subtrair 33,4 de um número.
   d) Subtrair 33,4 de um número resulta em 66.
   e) Subtrair um número de 33,4 resulta em 66.
   f) O triplo de um número é igual a 45,6.
   g) O dobro de um número adicionado a $\frac{7}{3}$ é igual a 57.

**Em 3 minutos**

II. Taís acertou o enigma na primeira tentativa, enquanto Paulo resolveu o dele testando números ao acaso. Será que Paulo também poderia ter acertado na primeira tentativa? Como você faria? Troque ideias com seus colegas.

## ATIVIDADES

**13.** Considere o seguinte problema.

> Presenteei nove pessoas com caixas iguais de bombons, distribuindo ao todo 63 bombons. Quantos bombons havia em cada caixa?

a) Represente esse problema por uma equação.

b) Resolva mentalmente o problema e registre o valor encontrado. Escreva também a estratégia que você usou.

c) Compare o resultado que você encontrou com o encontrado por um colega. Verifique também se vocês resolveram o problema do mesmo modo.

**14.** Leia o enigma que Carlos fez a seu amigo.

> Se eu adicionar 10 a um número, obtenho 2 como resultado. Que número é esse?

a) Represente o enigma feito por Carlos com uma equação.

b) Resolva o enigma mentalmente. Registre o valor encontrado e a estratégia que você usou.

c) Compare seu resultado com o encontrado por um colega. Verifique se os dois resolveram o enigma da mesma maneira.

**15.** Considere a seguinte situação: A adição de 21 a um número multiplicado por 7 tem resultado 56.

Veja como uma aluna do 7º ano fez para determinar o valor desconhecido.

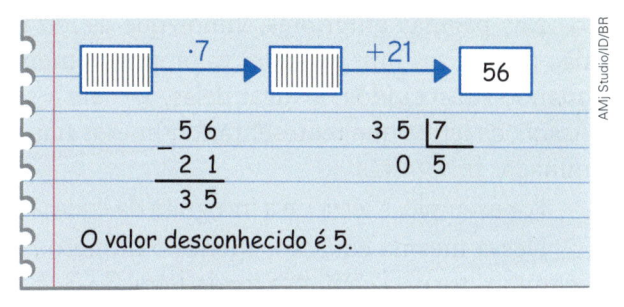

*O valor desconhecido é 5.*

Ao ver essa resolução, um colega afirmou ser possível registrar com equações os cálculos que ela fez. Veja como ele fez esses registros.

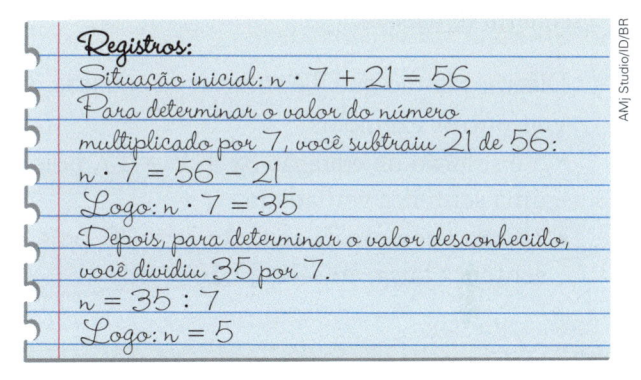

> **Registros:**
> Situação inicial: $n \cdot 7 + 21 = 56$
> Para determinar o valor do número multiplicado por 7, você subtraiu 21 de 56:
> $n \cdot 7 = 56 - 21$
> Logo: $n \cdot 7 = 35$
> Depois, para determinar o valor desconhecido, você dividiu 35 por 7.
> $n = 35 : 7$
> Logo: $n = 5$

a) Comparando os dois procedimentos, aponte semelhanças e diferenças entre eles.

b) Qual dos dois métodos você prefere?

c) Nos dois métodos, foram usadas operações inversas. Em sua opinião, por que se subtraiu 21 do total e depois se dividiu o resultado por 7 e não o contrário?

**16.** Explique como você faria para determinar o valor desconhecido em cada caso.

I. A diferença entre o dobro de um número e 35 é 15.

II. A soma de 18 à metade de um número é −7.

a) Compare seus métodos com os de um colega. Eles foram iguais?

b) O que vocês acham mais fácil: utilizar equações e operações inversas para determinar o valor desconhecido ou testar números até obter o resultado?

**17.** Determine o valor desconhecido de cada equação a seguir.

a) $x + 7 = 21$

b) $17 + 2a = 25$

c) $37 = \dfrac{n}{3} + 2$

d) $3z - 12 = -87$

## Solução ou raiz de uma equação

Nas páginas anteriores, vimos que as letras em uma equação não podem assumir qualquer valor, pois somente alguns números, quando substituídos no lugar delas, tornam a sentença verdadeira. Assim, as letras que representam números nas equações são denominadas incógnitas.

Por exemplo, a letra $x$ é a incógnita da equação $3x + 1 = 10$.

Nessa mesma equação, apenas o número 3, ao substituir a incógnita $x$, torna a sentença verdadeira: $3 \cdot 3 + 1 = 10$

**Incógnita**: aquilo que não se conhece e se deseja saber. Geralmente, as incógnitas representam números que pretendemos determinar.

### Definição

Um número é **solução** (ou **raiz**) de uma equação quando, ao ser colocado no lugar da incógnita, transforma a equação em uma sentença verdadeira.

Dizemos então que 3 é solução da equação $3x + 1 = 10$.
Veja outros exemplos.
- 5 é solução da equação $3x + 2 = 17$, pois $3 \cdot 5 + 2 = 17$ é uma sentença verdadeira.
- 10 não é solução da equação $2x = 30$, pois $2 \cdot 10 = 30$ é uma sentença falsa, ou seja, $2 \cdot 10 \neq 30$.

**Link**
Podemos dizer também que:
- a solução de uma equação é o número que a satisfaz;
- resolver uma equação significa determinar a solução dela.

### ATIVIDADES

**18.** Nos itens abaixo são apresentadas equações e valores para as incógnitas. Verifique se os valores fornecidos são raízes das equações.
a) $5 \cdot (x + 4) - (x - 1) = 40$, para $x = 6$
b) $-3 \cdot (-t^2) + 4 = 16$, para $t = -2$
c) $2z^2 + 2a - 14 = 0$, para $z = -2$ e $a = 3$
d) $5y = 3x - 2$, para $x = 4$ e $y = 2$
e) $x^3 - 12 = 0$, para $x = 3$

**19.** Verifique se $x = 4$ é solução de cada uma das seguintes equações.
a) $4x - 12 = 3$
b) $x^3 - 64 = 0$
c) $(x + 1)^3 = 15$
d) $(2x - 1)^3 = 343$

**20.** Verifique se os números $-2, -1, 0, 1$ e $2$ são raízes da equação $x^2 - x = 2$.

**21.** Complete a tabela a seguir.

| Equação | 1º membro | 2º membro | 2 é raiz? |
|---|---|---|---|
| $4x + 2 = 18$ | | | |
| $6 \cdot (k + 3)$ | | $15k$ | |
| $s^3 + 8 = 0$ | | | |

**22.** Identifique quantas incógnitas há em cada equação.
a) $a - b = 2$
b) $3 + 2n = 24$
c) $2a^2 + 2b = a$
d) $7 \cdot (p + 6) = 18p$
e) $5x + 4y = z^2$
f) $3x - 4 = 2y + 7$
g) $12 - 7 = 5y$
h) $3y^2 + 2x^2 + x = -y^3$

**23.** A quarta parte da soma de um número inteiro com dois é igual à terça parte desse número.
a) Entre as equações abaixo, copie a que representa corretamente essa situação.
- $\dfrac{x}{4} + 2 = \dfrac{x}{3}$
- $\dfrac{x + 2}{4} = \dfrac{x}{3}$

b) Verifique se 8 é raiz dessa equação.

**24.** O dobro de um número é adicionado à sua terça parte. Dessa soma é retirada a metade do número inicial, resultando em 22.
a) Escreva uma equação que represente esse problema.
b) Verifique se 6 é raiz dessa equação.

## Simplificação de uma equação

Assim como as expressões algébricas, as equações também podem ser simplificadas. Para estudar como isso é feito, vamos comparar uma equação a um conjunto em equilíbrio: o sinal de igual representa o ponto de equilíbrio, e cada membro da equação é representado pelos objetos colocados à direita e à esquerda desse ponto. Como esses dois membros têm valores iguais, os objetos colocados à esquerda devem sempre contrabalançar os objetos da direita para manter o equilíbrio.

Na prática, isso significa que, se adicionarmos ou subtrairmos objetos de massas iguais de cada lado do conjunto, ele continuará em equilíbrio. Do mesmo modo, se adicionarmos ou subtrairmos um mesmo termo aos dois membros da equação, a igualdade continua válida. A mesma coisa ocorre se multiplicarmos ou dividirmos ambos os membros da equação por um mesmo termo conhecido e diferente de zero.

Veja a seguir um exemplo de como simplificar uma equação.

árvore do equilíbrio

| Conjunto em equilíbrio | Equação |
|---|---|
| 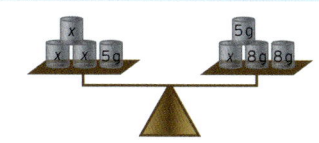 Imagine que cada latinha com indicação $x$ tenha massa igual. | Podemos representar a situação da balança ao lado pela seguinte equação: $$x + x + x + 5 = x + 5 + 8 + 8$$ Agrupando os termos semelhantes de cada membro obtemos: $$3x + 5 = x + 21$$ |
| Para que a balança continue em equilíbrio, devemos tirar ou colocar latinhas de massas iguais nos dois lados. Nesse caso, tiramos 5 g de cada lado, de modo que não restam latinhas com indicação de massa no lado esquerdo. 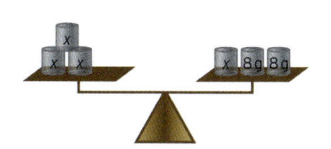 | Vamos subtrair 5 de ambos os membros da equação: $$3x + 5 = x + 21$$ $$3x + 5 - 5 = x + 21 - 5$$ $$3x = x + 16$$ ou, para simplificar a notação, podemos escrever a subtração apenas no 2º membro, já que no 1º membro o resultado é nulo (0). $$3x + 5 = x + 21$$ $$3x = x + 21 - 5$$ $$3x = x + 16$$ |
| Vamos agora tirar uma latinha com indicação $x$ de cada lado, mantendo o equilíbrio do conjunto e não deixando latinhas com essa indicação no lado direito. 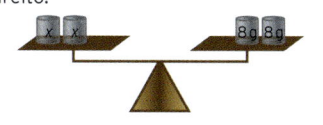 | Vamos agora subtrair $x$ de ambos os membros. $$3x = x + 16$$ $$3x - x = x + 16 - x$$ $$2x = 16$$ Ou podemos indicar a subtração apenas no 1º membro, já que no 2º membro o resultado é nulo (0). $$3x = x + 16$$ $$3x - x = 16$$ equação simplificada ⟶ $2x = 16$ |

### ATIVIDADES

**25.** Simplifique as equações a seguir até que um dos membros de cada equação não apresente parte literal.
a) $2 + x + 19 = 4x + 4$
b) $x + y + 7 = 3x - 2y + 9$
c) $2y - x = 36x + 38 - y$
d) $5a + 2ab - 7 = 8 - ab$
e) $3x - \dfrac{y}{3} = 2 + \dfrac{x}{2} + 19$
f) $-5{,}9abz - 1{,}2z = 3 - 5a + 7 - 5{,}9ab + 2{,}1z$

## MÓDULO 3
# Equação do 1º grau com uma incógnita

### Definição

Uma equação é denominada do **1º grau com uma incógnita** quando essa incógnita tem expoente 1. Essa equação pode ser escrita na forma $ax = b$, em que $x$ é a incógnita e $a$ e $b$ são números racionais, com $a \neq 0$.

Veja alguns exemplos:

- $9x = -3$ é uma equação do 1º grau na incógnita $x$, com coeficientes $a = 9$ e $b = -3$.
- $\dfrac{-y}{2} = \dfrac{3}{5}$ é uma equação do 1º grau na incógnita $y$, com coeficientes $a = -\dfrac{1}{2}$ e $b = \dfrac{3}{5}$.
- $4 + 9w - 7w = 14$ é uma equação do 1º grau, pois podemos escrevê-la na forma $2w = 10$, com $a = 2$ e $b = 10$.
- $x^2 = 4$ não é uma equação do 1º grau, pois o expoente da incógnita $x$ é diferente de 1.
- $0y = -1$ não é uma equação do 1º grau, pois o coeficiente $a$ é nulo, ou seja, $a = 0$.

### ••• Resolvendo uma equação do 1º grau

Resolver uma equação é determinar suas soluções. Para resolver uma equação do 1º grau, devemos simplificá-la até que a incógnita esteja isolada em um dos membros.

Os exemplos abaixo mostram como determinar a solução de uma equação de 1º grau por meio da redução de termos semelhantes e simplificações sucessivas.

> **SAIBA MAIS**
>
> **Testando soluções**
>
> Após resolver uma equação, pode-se testar o resultado, substituindo a incógnita pela solução e verificando se a sentença obtida é verdadeira.

---

**1.** A diferença entre um número e 17 é 35. Qual é esse número?

Sendo $x$ o número desconhecido, temos: $x - 17 = 35$
Vamos acrescentar 17 aos dois membros da equação:
$$x - 17 + 17 = 35 + 17$$
$$x = 52$$
O número procurado é 52, que é a solução da equação $x - 17 = 35$.
Observe que: $52 - 17 = 35$

---

**2.** Qual é o número cujo triplo é 17?

Sendo $n$ o número desconhecido, temos: $3n = 17$
Vamos dividir por 3 os dois membros da equação:
$$\dfrac{3n}{3} = \dfrac{17}{3}$$
$$n = \dfrac{17}{3}$$
O número procurado é $\dfrac{17}{3}$, que é a solução da equação $3n = 17$.
Observe que: $3 \cdot \dfrac{17}{3} = 17$

---

**3.** Qual é o número em que o dobro da sua soma com 13 tem como resultado o número 50?

Sendo $y$ o número desconhecido, temos: $2 \cdot (y + 13) = 50$
Vamos aplicar a propriedade distributiva em relação à adição no 1º membro:
$2y + 26 = 50$
Agora subtraímos 26 dos dois membros da equação e depois dividimos os resultados por 2:
$$2y + 26 - 26 = 50 - 26$$
$$2y = 24$$
$$\dfrac{2y}{2} = \dfrac{24}{2}$$
$$y = 12$$
O número procurado é 12, que é a solução da equação $2 \cdot (y + 13) = 50$.
Note que: $2 \cdot (12 + 13) = 2 \cdot (25) = 50$

---

**4.** Qual é o número cuja quinta parte é igual a $-\dfrac{1}{10}$?

Sendo $p$ o número desconhecido, temos: $\dfrac{p}{5} = -\dfrac{1}{10}$
Multiplicamos por 5 os dois membros da equação:
$$\dfrac{p}{5} \cdot 5 = -\dfrac{1}{10} \cdot 5$$
$$p = -\dfrac{1}{2}$$
O número procurado é $-\dfrac{1}{2}$, que é a solução da equação $\dfrac{p}{5} = -\dfrac{1}{10}$.
Note que: $\dfrac{-\dfrac{1}{2}}{5} = -\dfrac{1}{2} \cdot \dfrac{1}{5} = -\dfrac{1}{10}$

## ATIVIDADES

**26.** Copie apenas as equações que são do 1º grau com uma incógnita.

$a - 0,6 = 2,4$

$-b = 9$

$7x + 3 = 2x$

$5x - 1 = y + 2$

**27.** Escreva cada uma das equações do 1º grau na forma $ax = b$, com $a \neq 0$, e especifique os valores dos coeficientes $a$ e $b$.

a) $3x + 3 = 4x$   c) $2x - \dfrac{1}{3} = \dfrac{2}{5}$

b) $4x - 5 = 8$   d) $2x + 0,3 = 1,28$

**28.** Observe como Camila resolveu corretamente a equação do 1º grau $4b - 5 = 2b + 1$.

$4b - 5 = 2b + 1$
$4b - 5 + 5 = 2b + 1 + 5$
$4b = 2b + 6$
$4b - 2b = 2b + 6 - 2b$
$2b = 6$
$\dfrac{2b}{2} = \dfrac{6}{2}$
$b = 3$

Resolva a equação de outro modo, e compare o resultado obtido com o apresentado por Camila.

**29.** Os dois lados do conjunto representado a seguir estão equilibrados.

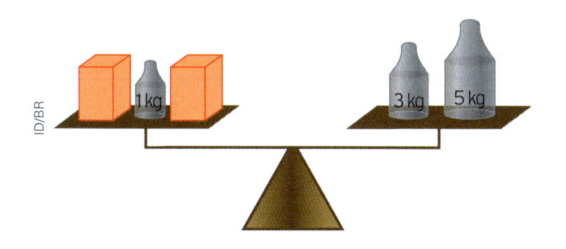

a) Considerando a massa de cada caixa igual a $x$, escreva uma equação que represente esse equilíbrio.

b) Qual é a massa de cada caixa?

**30.** Determine a solução das seguintes equações.
a) $2x + 4 = 10$
b) $9x + 5 = 8x + 7$
c) $-3x - 4 + x = -6 - x + 2$
d) $2 - x + 7 = x + 8 - 3x + 5$

**31.** Determine a raiz de cada equação a seguir.
a) $3 \cdot (x - 1) = 2 \cdot (2x + 5)$
b) $2 \cdot (6x - 4) = 3 \cdot (3x - 1)$
c) $4 - (-3x + 2) = x + 10$
d) $20 + (2x - 8) = 25 - 2 \cdot (x + 9)$

**32.** Observe a seguir a resolução de uma equação do 1º grau com incógnita.

$\dfrac{2}{3} - \dfrac{3 \cdot (x + 1)}{2} = 5 - \dfrac{x + 3}{6}$

$\dfrac{4}{6} - \dfrac{9 \cdot (x + 1)}{6} = \dfrac{30}{6} - \dfrac{1 \cdot (x + 3)}{6}$

$4 - 9 \cdot (x + 1) = 30 - 1 \cdot (x + 3)$

$4 - 9x - 9 = 30 + x - 3$

$-9x - x = 30 - 3 + 9 - 4$

$-10x = 32$

$x = \dfrac{32}{-10} = -\dfrac{16}{5}$

Há um erro nessa resolução. Identifique-o e, com um colega, refaça a resolução dessa equação, corrigindo-a.

**33.** Determine a solução das equações abaixo.

a) $\dfrac{x + 4}{2} = 2 - \dfrac{x}{3}$

b) $\dfrac{2x - 3}{5} + 2 = \dfrac{6x - 1}{4}$

c) $\dfrac{x}{5} - \dfrac{4}{3} = \dfrac{5}{2} - \dfrac{-x + 8}{3}$

d) $\dfrac{2x - 3}{4} - 1 = -2 + \dfrac{x + 3}{6}$

**34.** Faça o que se pede em cada item.
a) Escreva uma equação do 1º grau que tenha 14 como única raiz.
b) Compare a equação que você elaborou com a de um colega.
c) Troque sua equação com a elaborada por seu colega, para que ele resolva a equação que você elaborou e você resolva a dele.

**35.** Faça o que se pede em cada item.
a) Copie a equação e substitua ★ de modo que $-3$ seja a solução.
$$5x + ★ = 3x - 2$$
b) Para que 5 seja a raiz da equação do 1º grau a seguir, Ana substituiu ★ por $3x$. Verifique se ela está **correta**.
$$-3x + 5 = ★ - 10$$

## ●●● Resolução de problemas

Gabriel realizou um salto triplo, composto de três saltos consecutivos, e alcançou 12 metros no total. A distância atingida no segundo salto foi 2 metros menor do que a do primeiro salto. A distância do terceiro salto foi um terço da distância do primeiro salto. Quantos metros Gabriel alcançou em cada um dos três saltos?

Vamos resolver esse problema usando uma equação. Muitos problemas podem ser solucionados por meio de equações. Para isso, devem-se seguir alguns passos:

| Passo | Aplicação neste problema |
|---|---|
| 1º) Identificar o valor desconhecido e representá-lo por uma letra, que será a incógnita da equação. | Distância atingida por Gabriel no 1º salto: $s$ metros |
| 2º) Determinar as condições para a incógnita, ou seja, se o valor dela deve ser positivo, negativo, inteiro, etc. | O valor de $s$ deve ser um número racional positivo, pois representa uma distância. |
| 3º) Escrever a equação que representa a situação do problema. Se preferir faça isso por etapas, ou, quando possível, faça um desenho para ajudar. | Distância do 1º salto: $s$ metros<br>Distância do 2º salto: $s - 2$ metros<br>Distância do 3º salto: $\frac{s}{3}$ metros<br>Distância total alcançada: 12 metros<br>Equação: $s + s - 2 + \frac{s}{3} = 12$ |
| 4º) Resolver a equação. | $s + s - 2 + \frac{s}{3} = 12$     $7s - 6 = 36$<br>$\frac{3s}{3} + \frac{3s}{3} - \frac{6}{3} + \frac{s}{3} = \frac{36}{3}$     $7s = 42$<br>$3s + 3s - 6 + s = 36$     $s = 6$ |
| 5º) Resolver o que foi solicitado no problema e conferir com a situação proposta. | 1º salto: 6 m; 2º salto: 6 m − 2 m = 4 m; 3º salto: $\frac{6}{3}$ m = 2 m<br>Total: 6 m + 4 m + 2 m = 12 m (confere com a situação proposta) |
| 6º) Escrever a resposta do problema. | Gabriel percorreu 6 metros no primeiro salto, 4 metros no segundo e 2 metros no terceiro. |

Nas atividades da próxima página, siga esses passos para resolver cada problema.

### Doping

Em épocas de grandes eventos esportivos, como a Copa do Mundo e os Jogos Olímpicos, é comum ouvir o termo *doping*. Esse termo se refere a substâncias usadas por atletas para aumentar ilicitamente sua capacidade física, obtendo vantagem indevida nas competições.

Para tentar evitar esse problema, são realizados exames *antidoping* em vários atletas que estão participando do evento esportivo.

O exame *antidoping* garante a igualdade de condições e a equidade no esporte, além de preservar a saúde dos atletas.

- Procure em um dicionário o significado da palavra "equidade".
- Você acha correto os atletas usarem substâncias ilícitas para melhorar o rendimento nas competições? Justifique.

## ATIVIDADES

**36.** A mãe de Lúcia comprou, em um supermercado, $2n$ dúzias de laranjas e $n$ dúzias de bananas, gastando R$ 12,00. Veja na figura a seguir o preço das frutas.

R$ 3,00 A DÚZIA
R$ 2,00 A DÚZIA

a) Qual é o valor de $n$?
b) Quantas laranjas e quantas bananas ela comprou?

**37.** Marta pretende gastar R$ 620,00 em presentes para as crianças de um orfanato. Se já foram gastos R$ 350,00, quantos brinquedos de R$ 15,00 ela ainda poderá comprar?

**38.** Pedro comprou uma calça e uma camisa, gastando R$ 180,00. A calça custou o dobro da camisa. Quanto Pedro pagou pela calça?

**39.** Considere o seguinte retângulo.

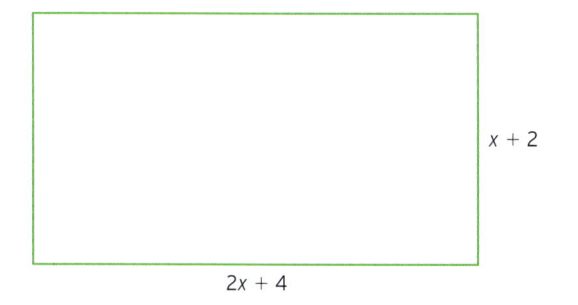

$x + 2$
$2x + 4$

Determine a medida de cada lado, sabendo que seu perímetro é 42 centímetros.

**40.** Do valor de seu salário, um motorista gasta a terça parte com alimentos, um quarto com transporte, um sexto com água, luz e telefone, e ainda lhe restam R$ 150,00. Escreva uma equação que represente essa situação em relação ao salário do motorista e resolva-a.

**41.** Renata é dois anos mais nova do que Aline. Há dez anos, a soma das idades delas era 46 anos. Quantos anos tem cada uma?

**42.** Um funcionário recebeu seu primeiro salário em seu novo emprego. Ele usou um terço do salário para comprar mantimentos para o mês, e gastou um oitavo do que sobrou com roupas novas, restando ainda R$ 350,00. Quanto ele recebeu de salário?

**43.** Para comprar um presente de despedida para o professor, 24 alunos fizeram algumas contas e viram que cada um deveria contribuir com 5 reais. Na última hora, porém, quatro alunos desistiram. De quanto será a contribuição de cada um dos outros alunos, para que eles possam comprar esse presente?

**44.** Um lojista estava vendendo calças e camisas por um mesmo preço. Caio pediu um desconto, e o gerente da loja diminuiu 10 reais no preço da camisa e 20 reais no preço da calça. Caio levou 3 calças e 4 camisas, e o total da sua compra foi R$ 250,00. Qual era o preço de uma calça antes do desconto?

**45.** É comum, no cálculo da quantidade de lajotas necessárias para revestir um piso, o uso da equação $Q = a + b$, em que $a$ representa a área do piso a ser revestida e $b$ corresponde a um adicional de 20% dessa área, utilizado para o rodapé e eventuais quebras. Laura pretende revestir uma sala retangular de 5 m de comprimento por 2 m de largura. Quantos metros quadrados de lajotas Laura deverá comprar?

**46.** Em uma prova de 50 testes, cada resposta certa vale 2 pontos, e cada erro vale $-1$ ponto.
a) Se uma aluna acertou 30 testes, que nota ela tirou?
b) Se um aluno teve nota 70, quantos testes ele acertou?

## ••• Geratriz de uma dízima periódica

Como você deve ter visto no volume anterior, algumas frações (divisões) resultam em dízimas periódicas: números na forma decimal que têm uma parte não nula que se repete infinitamente após a vírgula, denominada período. A fração que dá origem a uma dízima periódica é denominada **fração geratriz**.

Conhecendo-se a dízima periódica, podemos determinar sua fração geratriz usando uma equação. Vamos dividir nosso estudo em dois casos: dízimas periódicas simples e dízimas periódicas compostas.

### Dízima periódica simples

Em uma dízima periódica simples, o período começa na primeira casa decimal. Os exemplos a seguir mostram como determinar a fração geratriz de uma dízima periódica simples.

| 0,555... | 3,$\overline{712}$ |
|---|---|
| Seja $x$ a fração geratriz da dízima 0,555...: <br><br> $x = 0{,}555\ldots$ (I) <br><br> Como o período é composto de apenas um algarismo, multiplicamos por 10 os dois membros da igualdade. <br><br> $10 \cdot x = 10 \cdot 0{,}555\ldots$ <br><br> $10x = 5{,}555\ldots$ (II) <br><br> Uma vez que $x$ é igual a 0,555..., podemos subtrair $x$ do 1º membro da equação (II) e subtrair 0,555... do 2º membro. <br><br> $10x - x = 5{,}555\ldots - 0{,}555\ldots$ <br><br> $9x = 5$ <br><br> $x = \dfrac{5}{9}$ <br><br> Assim, a fração geratriz da dízima 0,555... é $\dfrac{5}{9}$. <br> Isso quer dizer que, se dividirmos 5 por 9 então obteremos 0,555..., ou 0,$\overline{5}$. | Seja $x$ a fração geratriz da dízima 3,$\overline{712}$: <br><br> $x = 3{,}\overline{712}$ (I) <br><br> O período é composto de três algarismos; então multiplicamos os dois membros da igualdade por 1 000, para obter uma dízima com o mesmo período que a original: <br><br> $1000 \cdot x = 1000 \cdot 3{,}712\ldots$ <br><br> $1000x = 3712{,}712\ldots$ (II) <br><br> Como $x = 3{,}\overline{712}$, vamos subtrair $x$ do 1º membro da equação (II), e 3,$\overline{712}$ do 2º membro. Veja um modo simples de representar esse processo: <br><br> $\phantom{-}1000x = 3712{,}712\ldots$ <br> $-\phantom{1000}x = \phantom{3712,}3{,}712\ldots$ <br> $\overline{\phantom{-}999x = 3709\phantom{,712...}}$ <br><br> $x = \dfrac{3709}{999}$ <br><br> Assim, a fração geratriz da dízima 3,$\overline{712}$ é $\dfrac{3709}{999}$. |

### ATIVIDADES

**47.** Identifique o período das seguintes dízimas.
   a) 16,32323232...
   b) 12,203203203...
   c) 0,111111111...
   d) 21,72147214...

**48.** Determine a fração geratriz das dízimas periódicas a seguir.
   a) 0,4444444...
   b) 42,3333...
   c) 2,15151515...
   d) 2,317317317...

**49.** Fabiano reservou algumas horas para seus afazeres. Desse tempo, $\dfrac{1}{9}$ foi usado para arrumar a escrivaninha, $\dfrac{7}{27}$ foram usados para organizar o material de estudo e 0,22222... foi gasto para tomar um lanche. O restante das horas foi dedicado ao estudo. Qual foi a fração de tempo reservada por Fabiano para estudar?

**50.** Determine a fração geratriz de cada uma das dízimas periódicas apresentadas nos quadros.

| 0,2222... <br> 0,3333... <br> 0,7777... | 0,454545... <br> 0,212121... <br> 0,818181... | 0,308308... <br> 0,431431... <br> 0,217217... |
|---|---|---|

Depois, junte-se a um colega e tentem identificar a regularidade existente entre os resultados de cada quadro.

## Dízima periódica composta

Em uma dízima periódica composta, o período não começa na primeira casa decimal. Veja um exemplo de como determinar a fração geratriz da dízima periódica composta $0,37\overline{5}$.

---

### $0,37\overline{5}$

Seja $x$ a fração geratriz da dízima $0,37555...$:

$x = 0,37555...$ (I)

Há dois algarismos decimais antes de iniciar o período da dízima; então multiplicamos por 100 os dois membros da igualdade (I), para obter uma dízima periódica simples.

$100 \cdot x = 100 \cdot 0,37555...$

$100x = 37,555...$ (II)

Multiplicamos por 10 novamente, pois o período é composto de apenas um algarismo.

$10 \cdot 100x = 10 \cdot 37,555...$

$1000x = 375,555...$ (III)

Subtraindo membro a membro a igualdade (II) da igualdade (III), obtemos:

$$1000x = 375,555...$$
$$-\ 100x = 37,555...$$
$$900x = 338$$
$$x = \frac{338}{900} = \frac{169}{450}$$

Assim, a fração geratriz da dízima $0,37\overline{5}$ é $\frac{169}{450}$.

---

### ATIVIDADES

**51.** Classifique as dízimas periódicas a seguir como simples ou compostas.
a) $0,125125125125125...$
b) $1,2346464646464...$
c) $3,24672467...$
d) $1,2569245245...$

**52.** Identifique o período das dízimas periódicas a seguir.
a) $1,4532323232...$
b) $23,071111111111...$
c) $0,89203203203203...$
d) $25,163222222...$

**53.** Determine a fração geratriz das dízimas periódicas a seguir.
a) $0,288888888...$
b) $3,5666666...$
c) $24,92222222...$
d) $81,153333...$

**54.** Veja o cálculo feito por Vítor para determinar a fração geratriz de $4,91555...$ e descubra o erro que ele cometeu. Depois, corrija-o.

$$x = 4,9155555...$$
$$1000x = 4915,55...$$
$$-\ 10x = 491,55...$$
$$990x = 4424$$
$$x = \frac{4424}{990} = \frac{2212}{495}$$

**55.** Um triatleta pratica natação em $0,1666...$ do seu tempo de treino diário, e pratica corrida e ciclismo no tempo restante.
a) Sabendo que ele treina 6 horas por dia, durante quantas horas ele pratica natação?
b) Quantas horas por dia ele pratica corrida e ciclismo?
c) Das horas que ele reserva para corrida e ciclismo, $0,4166666...$ é dedicada ao ciclismo. Quanto tempo ele pratica esse esporte diariamente?

## ●●● Uma aplicação das expressões: escalas de temperatura

WATTERSON, B. *Calvin e Haroldo:* Yukon ho! Trad. André Conti. São Paulo: Conrad, 2008. p. 34.

Quando uma pessoa parece estar com febre, costumamos colocar a mão na testa dela e arriscar um palpite sobre a temperatura da pessoa. Por garantia, também colocamos a mão na nossa testa, para comparar a nossa temperatura com a da pessoa e verificar se o corpo dela está mais ou menos quente do que o nosso. Esse procedimento, porém, não é suficiente para afirmar se a pessoa está ou não com febre. Por isso, na tirinha acima, a mãe de Calvin, para ter certeza do diagnóstico, foi buscar um instrumento de medida de temperatura: o **termômetro**.

## O termômetro

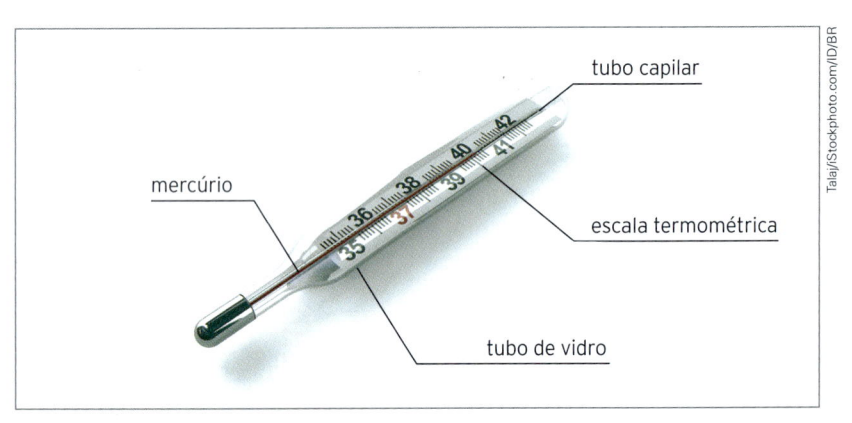

O termômetro clínico é utilizado para medir a temperatura do corpo humano. Seu funcionamento é semelhante ao de outros tipos de termômetro.

O termômetro clínico mais comum é formado por um tubo de vidro oco, e no seu interior há outro tubo muito fino, o tubo capilar, que contém **mercúrio**, o único metal em estado líquido à temperatura ambiente.

Quando colocamos a extremidade do termômetro clínico em contato com o corpo, que se supõe estar a uma temperatura mais alta do que a do termômetro, o mercúrio se dilata. Precisamos esperar alguns minutos para que se estabeleça o equilíbrio térmico entre o corpo e o termômetro. Quando isso ocorrer, o termômetro indicará, com precisão, a temperatura do corpo.

### Link

Pelo fato de o mercúrio ser um metal prejudicial à saúde, os termômetros clínicos de mercúrio vêm sendo gradualmente substituídos pelos modelos digitais, mais simples de manusear e não poluentes.

Quando dois objetos a diferentes temperaturas são colocados em contato, suas temperaturas tendem a se igualar, de modo que, ao final de certo tempo, os dois objetos apresentam temperaturas iguais.

Quando dois objetos estão à mesma temperatura, dizemos que eles estão em equilíbrio térmico.

Por exemplo, você deve saber que, depois de certo tempo, a comida fora do fogo esfria e o gelo fora do congelador derrete. Isso acontece porque a comida perde calor para o ambiente e o gelo ganha calor do ambiente. Ou seja, ambos, comida e gelo, entram em equilíbrio térmico com a temperatura ambiente.

## O fenômeno da dilatação

Você já aprendeu como o comprimento de um objeto é medido: comparando-o com o comprimento de outro objeto, tomado como unidade de medida. E a temperatura, como é medida?

Para medir a temperatura do corpo de uma pessoa, utilizamos no dia a dia um termômetro clínico, cujo funcionamento se baseia em um fenômeno observado experimentalmente: os objetos variam de tamanho quando são aquecidos ou resfriados. Essa variação de tamanho é denominada **dilatação** ou **contração térmica**.

- A dilatação térmica é o aumento do volume dos corpos, geralmente associado ao aumento de sua temperatura.
- A contração térmica é a diminuição do volume dos corpos, geralmente associada à diminuição de sua temperatura.

Assim, ao colocar o termômetro clínico em contato com o corpo da pessoa, o calor é transferido do corpo para o termômetro. Com o aumento de temperatura, o líquido existente dentro do termômetro se dilata. Para ler a temperatura, verificamos a altura da coluna de líquido, comparando-a com uma escala previamente estabelecida.

Os engenheiros evitam acidentes como esse ao prever as dilatações que os materiais vão sofrer, deixando folgas nos trilhos das linhas de trem.

GREF. *Leitura de física*: física térmica. São Paulo, p. 17, jun. 1998.

## As escalas termométricas

Uma escala termométrica permite medir a temperatura de um corpo indiretamente, medindo outra grandeza que esteja associada à temperatura, como a altura de uma coluna de mercúrio. Para construir uma escala termométrica é preciso estabelecer um padrão.

A escala de temperatura adotada na maior parte dos países, inclusive no Brasil, é a **escala Celsius** (C), em homenagem ao sueco Anders Celsius (1701-1744), que a desenvolveu.

Para construir uma escala termométrica se utiliza como padrão a variação de temperatura da água, considerando como referências sua temperatura de fusão e de vaporização. Veja como é o procedimento feito em laboratório para a escala Celsius.

**Fusão**: transição do estado sólido para o estado líquido de uma substância ou mistura.

**Vaporização**: transição do estado líquido para o estado gasoso de uma substância ou mistura.

**I** — Coloca-se um tubo de vidro com líquido em seu interior em uma mistura de água e gelo; aguarda-se o equilíbrio térmico. Nesse momento se marca a altura que a coluna do líquido atinge, associando-a a 0 °C (zero grau Celsius), correspondente à temperatura de fusão do gelo. (O líquido no tubo pode ser mercúrio ou álcool, dependendo do intervalo de temperatura a ser considerado.)

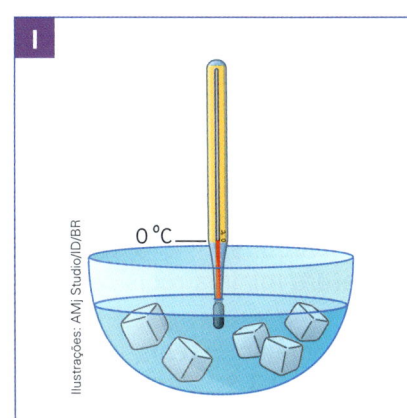

**II** — Coloca-se agora o tubo em um recipiente com água fervendo, aguardando o equilíbrio térmico. Nesse momento se marca a altura que a coluna do líquido atinge, associando-a a 100 °C (cem graus Celsius), correspondentes à temperatura de vaporização da água.

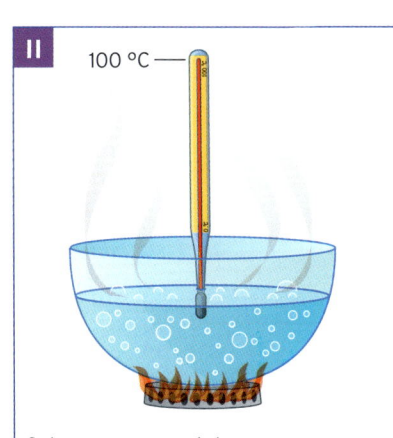

**III** — Divide-se a escala em 100 partes iguais, cada parte correspondendo a 1 °C (um grau Celsius).
Um termômetro com esse intervalo de medida de temperatura é conhecido como termômetro de laboratório.

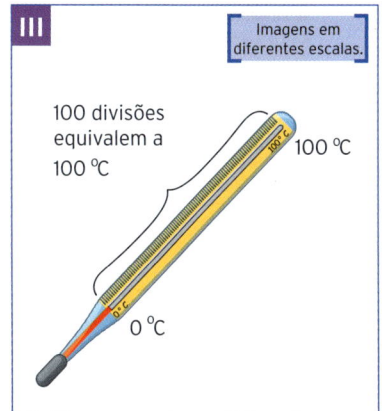

Imagens em diferentes escalas.
100 divisões equivalem a 100 °C

## ATIVIDADES

**56.** Quando queremos tomar uma bebida gelada, nós a colocamos na geladeira em funcionamento.

Aguardamos um tempo, retiramos a bebida da geladeira e a tomamos. Explique por que, enquanto esperamos, a bebida vai ficando gelada.

**57.** Mariana encheu o tanque do carro pela manhã e o deixou estacionado sob sol forte o dia todo. Ao retornar, verificou que o combustível havia vazado. Explique por que o combustível vazou.

**58.** O mapa apresenta a previsão do tempo na Região Sul do Brasil feita para o dia 2 de fevereiro de 2012.

| Curitiba-PR | |
|---|---|
| Temp. mín.: 18 °C | Temp. máx.: 30 °C |

| Florianópolis-SC | |
|---|---|
| Temp. mín.: 24 °C | Temp. máx.: 31 °C |

| Porto Alegre-RS | |
|---|---|
| Temp. mín.: 23 °C | Temp. máx.: 33 °C |

Fonte de pesquisa: <http://tempo.cptec.inpe.br>. Acesso em: 2 fev. 2012.

A diferença entre a temperatura mínima e a máxima é a **variação de temperatura** do dia.

a) Qual das capitais teve a maior temperatura prevista?

b) Qual capital teve previsão de menor variação de temperatura?

c) Qual capital teve previsão de maior variação de temperatura?

**59.** A tabela a seguir mostra as temperaturas máximas e mínimas registradas na cidade de Porto Alegre no período de 23 de janeiro a 1º de fevereiro de 2012.

| | Temperatura mínima | Temperatura máxima |
|---|---|---|
| 23/1/2012 | 24,3 °C | 35,8 °C |
| 24/1/2012 | 25,4 °C | 35,2 °C |
| 25/1/2012 | 23,5 °C | 29,4 °C |
| 26/1/2012 | 18,1 °C | y |
| 27/1/2012 | 17,6 °C | 27,9 °C |
| 28/1/2012 | 18,2 °C | 28,9 °C |
| 29/1/2012 | 17,8 °C | 31,8 °C |
| 30/1/2012 | x | 34,4 °C |
| 31/1/2012 | 19,2 °C | 35,1 °C |
| 1º/2/2012 | 20,9 °C | 33,8 °C |

Fonte de pesquisa: <http://www.inmet.gov.br/html/observacoes.php>. Acesso em: 2 fev. 2012.

a) Sabendo que a média das temperaturas mínimas nesse período foi 20,33 °C, determine o valor de $x$.

b) Sabendo que a média das temperaturas máximas nesse período foi 32,11 °C, determine o valor de $y$.

**60.** Considere as seguintes informações sobre as temperaturas registradas em algumas capitais brasileiras no dia 1º de fevereiro de 2012.

- A variação de temperatura registrada em Goiânia foi 10 °C.
- A temperatura mínima registrada em Salvador apresentou 3,3 °C a mais do que a temperatura mínima registrada em Goiânia.
- A temperatura máxima registrada em Natal apresentou 0,3 °C a mais do que a temperatura máxima registrada em Goiânia.
- A temperatura máxima registrada em Natal foi 30,4 °C.

Fonte de pesquisa: <http://www.inmet.gov.br/html/observacoes.php>. Acesso em: 2 fev. 2012.

Determine a temperatura mínima registrada em Salvador nesse dia.

## As escalas Fahrenheit e Kelvin

Além da escala Celsius, há outras escalas utilizadas para expressar temperaturas, como as escalas **Fahrenheit** (F) e **Kelvin** (K).

A escala Fahrenheit é utilizada em países de língua inglesa, por exemplo, nos Estados Unidos. Nessa escala, o ponto de fusão do gelo corresponde a 32 °F (trinta e dois graus Fahrenheit) e o ponto de vaporização da água corresponde a 212 °F (duzentos e doze graus Fahrenheit).

A escala Kelvin é utilizada para fins científicos. Nessa escala, o ponto de fusão do gelo corresponde aproximadamente a 273 K (duzentos e setenta e três Kelvin), e o ponto de vaporização da água corresponde aproximadamente a 373 K (trezentos e setenta e três Kelvin). Nessa escala, 0 K é o **zero absoluto**, a menor temperatura que um corpo teoricamente pode alcançar. O zero absoluto equivale a −273 °C.

Para transformar em graus Celsius uma temperatura que está em graus Fahrenheit ou em Kelvin, usam-se as fórmulas (expressões algébricas) a seguir.

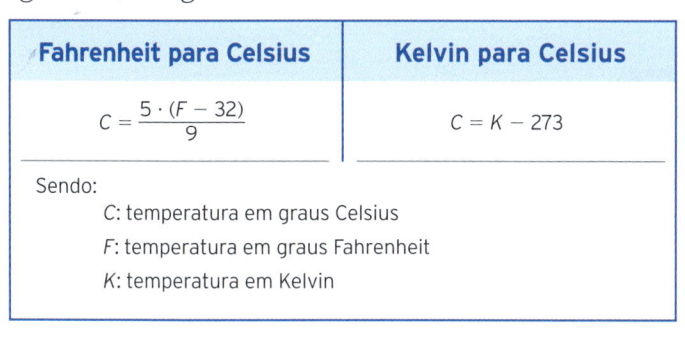

**Comparação das escalas**

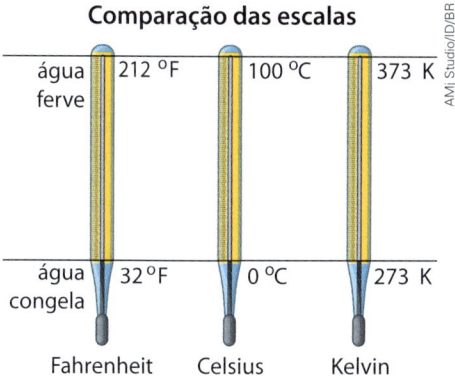

| | Fahrenheit | Celsius | Kelvin |
|---|---|---|---|
| água ferve | 212 °F | 100 °C | 373 K |
| água congela | 32 °F | 0 °C | 273 K |

| Fahrenheit para Celsius | Kelvin para Celsius |
|---|---|
| $C = \dfrac{5 \cdot (F - 32)}{9}$ | $C = K - 273$ |

Sendo:
    C: temperatura em graus Celsius
    F: temperatura em graus Fahrenheit
    K: temperatura em Kelvin

### ATIVIDADES

**61.** Determine, em graus Celsius, a temperatura expressa em cada item.
a) 95 °F    b) 19,4 °F    c) 180 K

**62.** A tabela fornece o **ponto de fusão**[1] e o **ponto de vaporização**[2] de alguns solventes orgânicos que são utilizados em laboratórios e aplicações industriais.

| Substância | Ponto de fusão | Ponto de vaporização |
|---|---|---|
| Acetona | −95 °C | 56 °C |
| Ácido acético | 17 °C | 118 °C |
| Álcool etílico | −114 °C | 78 °C |
| Benzeno | 6 °C | 80 °C |

Fonte de pesquisa: David R. Lide. *Handbook of Chemistry and Physics*. 89. ed. Florida: CRC-Press, 2011-2012.

[1] Temperatura na qual as fases sólida e líquida de uma substância estão em equilíbrio a uma pressão específica.
[2] Temperatura na qual as fases líquida e gasosa de uma substância estão em equilíbrio a uma pressão específica.

Duas das substâncias da tabela foram colocadas em diferentes tubos de ensaio A e B. Para identificar a substância contida em cada tubo, um farmacêutico resfriou e aqueceu as substâncias, determinando seus pontos de fusão e vaporização. Sabendo que o ponto de fusão da substância em A foi 178 K e que o ponto de vaporização da substância em B foi 195 K, determine a substância contida em cada um dos tubos de ensaio.

**63.** Na embalagem de um alimento importado, lê-se a seguinte instrução: "Conservar à temperatura mínima de 23 °F e máxima de 50 °F". Determine qual é a variação de temperatura, em graus Celsius, em que deve ser conservado esse alimento.

**64.** Uma estudante mediu a temperatura de um líquido com dois termômetros. Um deles utilizava a escala Celsius, e o outro, a escala Fahrenheit. Surpreendentemente, ela obteve a mesma parte numérica nas duas medidas. Qual era a temperatura do líquido?

# COMPREENDER E RESOLVER

## Formigueiro

Quantas formigas há na figura abaixo, aproximadamente?

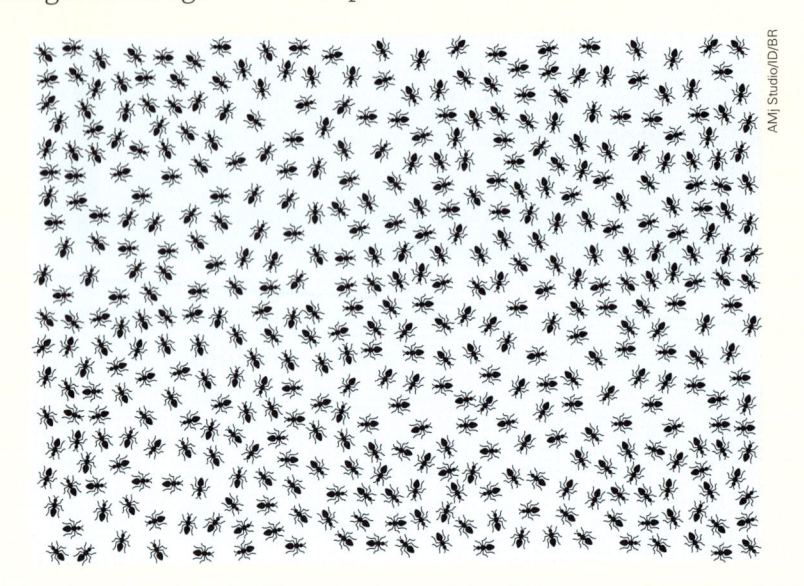

### ■ Compreensão do problema

I. O que o problema pede?

II. Que dificuldade há em responder ao problema?

III. Sem fazer nenhum tipo de cálculo ou contagem, quantas formigas você diria que há na imagem?

IV. As formigas estão distribuídas uniformemente na imagem?

### ■ Resolução do problema

I. Usando uma régua, obtenha as medidas dos lados do retângulo que representa o formigueiro. Qual é a área desse retângulo?

II. Em uma folha de papel, faça um buraco quadrado de 1 cm por 1 cm, isto é, com 1 $cm^2$ de área. Colocando essa folha sobre o formigueiro, faça uma contagem: quantas formigas há, aproximadamente, dentro do buraco de 1 $cm^2$? Repita o procedimento algumas vezes, em áreas onde a concentração de formigas é diferente, e anote seus resultados.

III. Os resultados obtidos no item anterior foram muito diferentes entre si? Calcule a média aritmética entre eles.

IV. Usando a média que você obteve, estime a quantidade de formigas existentes na imagem.

### ■ Reflexão sobre o problema

I. Você chegou a um resultado exato ou aproximado? O resultado pode ser conferido?

II. Compare seu resultado com o de seus colegas e verifique se eles são parecidos.

III. Sua estimativa inicial foi próxima do número que você obteve ao final do problema?

IV. O que você aprendeu resolvendo esse problema?

**Mais:** Resolva os problemas 4 e 8 da página 244.

## MATEMÁTICA E COTIDIANO

### Álgebra: arte de inventar o mundo

Já seriam mais de 3 000 as áreas profissionais que exigem aplicação regular da Matemática e assim, antes de mais nada, da álgebra. Linguística, Medicina, Biologia e Psicologia são alguns dos novos ramos do saber em que a presença da Matemática está crescendo, apesar de não ser tão pesada como na Engenharia, Física, Química ou Economia. Pode-se avaliar a necessidade da Matemática nessas outras disciplinas pelo fato de, hoje, elas absorverem o trabalho de pelo menos metade dos 100 000 matemáticos, nos Estados Unidos.

E provavelmente a questão profissional nem seja a mais importante, pois os símbolos matemáticos, espalhados por toda a parte, também afetam a vida das pessoas de maneira indireta. Por isso, não conhecê-los é mais ou menos como não ver o mundo por inteiro, não compreendê-lo como se deve. Basta imaginar o seguinte: como se sentiria no mundo contemporâneo um grego da Antiguidade, para quem os números negativos nada significavam? Com certeza ficaria confuso ou acharia graça se lhe dessem informações que hoje são corriqueiras. Como a de que certa manhã iria fazer menos 5 °C. Ou que seu saldo bancário estava negativo.

É provável que o grego antigo reagisse com argumentos metafísicos. Poderia dizer que números negativos são um simples contrassenso – seria como dizer que algo é menor do que nada, e o nada, por definição, é menor que tudo. Mas, com o tempo, quando percebesse como tais números funcionam, concordaria que eles não só têm significado, como são inseparáveis do mundo moderno. Mesmo não sendo feitos de matéria sensível, são tão reais, à sua maneira, quanto carros ou aparelhos de televisão, projetados com sua ajuda. Dito isto, fica mais fácil compreender a importância da álgebra, pois são suas regras que dão sentido aos números. [...]

O professor Henrique Fleming, do Instituto de Física da USP, lembra por sua vez que a Matemática tem uma poderosa dimensão social [...]. "A Matemática é a grande construção do espírito humano, e pelo menos a ponta desse *iceberg* precisa ser melhor conhecida."

Talvez seja realmente essa a melhor maneira de ver as invenções algébricas: como criações do espírito, ou obras de arte de um tipo especial. Como a arte, a Matemática não precisa representar objetos ou coisas reais. Ao contrário, uma de suas marcas registradas é afastar-se da realidade imediata. A isso se chama abstração, comparada brilhantemente pelo matemático americano Lawrence Young ao gato do livro *Alice no país das maravilhas*, que desaparece, pedaço após pedaço, até restar somente o seu sorriso no ar. Esse sorriso seria o gato abstrato, reduzido à sua mais simples expressão. [...]

Flávio Dieguez. Aplicações da álgebra na arte de inventar o mundo. Revista *Superinteressante*. Disponível em: <http://super.abril.com.br/cotidiano/aplicacoes-algebra-arte-inventar-mundo-440822.shtml>. Acesso em: 15 set. 2014.

### ■ De olho no texto

I. De acordo com o texto, além das ciências exatas, que outras áreas do conhecimento usam a álgebra?

II. Como você faria para explicar a um grego da Antiguidade o conceito de números negativos?

III. Procure no dicionário o significado da palavra "abstração". Depois, relacione essa palavra com a álgebra.

# ROTEIRO DE ESTUDOS

**Autoavaliação**

65. Represente com uma expressão algébrica:
    a) O perímetro de um retângulo cujas medidas dos lados são $x$ e $x + 3$.
    b) O índice de massa corpórea de uma pessoa é obtido pela divisão entre sua massa $p$ (em quilogramas) e o quadrado da sua altura $a$ (em metros).

66. Sendo $p = 2$ e $q = -2$, qual é o valor numérico da expressão $\dfrac{p^2 - q^3}{pq}$?

67. Associe no caderno as equações equivalentes.
    a) $x + 6 = 9$      I. $2x - 8 = 10$
    b) $x - 4 = 5$      II. $4x^2 + 8 = 12$
    c) $2x^2 + x = 2$   III. $(x + 6) - 2 = 7$
    d) $x^2 + 2 = 3$    IV. $(2x^2 + x) \cdot 5 = 10$

68. Responda às questões abaixo, justificando.
    a) Zero é raiz da equação $6x + 21 = 21$?
    b) As equações $\dfrac{3}{2} + 5x = 1$ e $3 + 10x = 1$ são equivalentes?
    c) O número $-2$ é raiz da equação $2t^2 - 3t - 14 = 0$?

69. Pensei em um número, multipliquei por 3 e adicionei 7 ao resultado. Em seguida, dividi o resultado por 2 e obtive 14. Determine o número em que pensei.

70. Observe as caixas representadas a seguir.

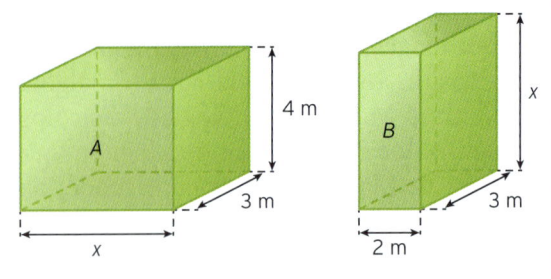

Na caixa A cabem 30 m³ a mais do que cabe na caixa B.
a) Qual é a altura da caixa B?
b) Qual é o volume de cada uma dessas caixas?

71. Considere as equações a seguir.
$$\dfrac{3 \cdot (x - 2)}{4} - \dfrac{2x - 1}{2} = \dfrac{x - 3}{8}$$
$$\dfrac{3y}{2} - \dfrac{y - 5}{3} = 1 + \dfrac{2y - 4}{4}$$
a) Que valor de $x$ é raiz da primeira equação?
b) Qual valor de $y$ é raiz da segunda equação?
c) Calcule o valor de $-x - 3y$.

**Nota:** Confira se você acertou todas as questões dessa *Autoavaliação*. Se não acertou, faça as atividades do *Reforço* e da *Revisão* antes do *Aprofundamento*.

## Reforço

72. Escreva uma expressão algébrica para representar cada sentença matemática.
    a) 10% de um número.
    b) A média aritmética de três números.
    c) A diferença entre o produto de dois números e o quadrado do primeiro.
    d) O quadrado da soma de dois números.

73. Simplifique as seguintes expressões algébricas.
    a) $3x - 4x + 6x$
    b) $\dfrac{1}{2}x - 2x$
    c) $5 \cdot (x - 4) - 9x$

74. Identifique as afirmações falsas e corrija-as.
    a) A raiz de uma equação também é raiz dessa equação simplificada.
    b) Os números 4 e $-4$ são raízes da equação $x^2 - 16 = 0$.
    c) A raiz da equação $x - 3x = 20$ é um número natural.
    d) O número 7 é raiz da seguinte equação: $-x - 2x = 21$

75. O número $-9$ é raiz de quais equações a seguir?
    a) $x^2 + 2x - 8 = 0$       c) $\dfrac{x}{3} - 4 = -7$
    b) $2x + \dfrac{1}{5} = 10$  d) $\sqrt{10 + x} = 1$

76. Calcule a raiz de cada equação a seguir.
    I. $\dfrac{x}{12} = -7$         III. $\dfrac{40 - 2x}{3} = 10$
    II. $\dfrac{x}{3} = -\dfrac{1}{5}$   IV. $5 = \dfrac{4x}{7}$

Depois, verifique qual dessas equações tem como raiz:
a) um número inteiro positivo
b) um número racional negativo
c) um número inteiro negativo

118

77. O comprimento de um retângulo é 8 cm maior do que sua largura. Seu perímetro é igual ao de um quadrado com 8 cm de lado. Quanto mede o comprimento desse retângulo?

78. Qual das equações abaixo relaciona os valores dos pares $p$ e $q$ que estão na tabela?

| p | −2 | 0 | 1 | 5 |
|---|---|---|---|---|
| q | −3 | 1 | 3 | 11 |

a) $q = 2p − 1$
b) $q = p − 2$
c) $q = 2p + 1$
d) $q = 3p − 1$

**Revisão:** Refaça as atividades 5, 7, 8, 10, 11, 12, 15, 16, 17, 23, 24, 33, 34, 35, 41, 42, 43, 44, 45, 46, 55 e 56.

## Aprofundamento

79. (USF-SP) $S$ é o número do sapato que uma pessoa calça, e está relacionado com o comprimento $P$, em cm, do seu pé através da fórmula: $S = \dfrac{5P + 28}{4}$

Qual é o número do sapato de uma pessoa que tem 24 cm de pé?
a) 35
b) 35,5
c) 36,5
d) 37
e) 37,5

80. (OBM) Nas expressões numéricas, descubra o número $n$. O resultado de cada expressão é dado.

a) $5 \cdot [(n \cdot 0{,}2 + 3) + 1{,}4]$ (resultado: 15)
b) $\dfrac{3}{4} \cdot [2 − (n − 2{,}5)]$ (resultado: $\dfrac{11}{4}$)

81. (Obmep) As balanças (1) e (2) da figura dada estão em equilíbrio. Sabe-se que todos os triângulos têm o mesmo peso, bem como todos os quadrados e também todos os círculos.

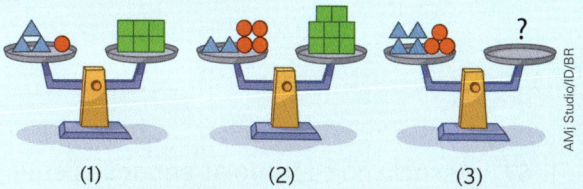

(1)   (2)   (3)

Quantos quadrados devem ser colocados no prato direito da balança (3) para que ela também fique equilibrada?
a) 7
b) 8
c) 9
d) 10
e) 12

82. (EPCar-MG) A quantia de R$ 2 100,00 foi distribuída entre 4 pessoas do seguinte modo: a segunda recebeu metade do que a primeira recebeu; a terceira recebeu metade da soma do que recebeu a primeira com a segunda; a quarta, metade da terceira. Quanto recebeu a segunda pessoa?

83. (OBM) Gastei $\dfrac{3}{7}$ de meu dinheiro. Depois gastei R$ 70,00 e fiquei com $\dfrac{1}{3}$ do que tinha no início, menos R$ 10,00. Quanto dinheiro eu tinha?

---

### Estratégias de aprendizagem

**Educação financeira como prática de vida**

Consumismo é a compra exagerada, desequilibrada, de produtos diversos e geralmente desnecessários. Há quem considere tratar-se de um vício, que tem cura pela educação financeira. Essa evita que as pessoas se tornem devedoras e dependentes de empréstimos para a compra de produtos; leva as pessoas a perceber a diferença entre o que realmente precisam e o que apenas desejam quase sempre movidas pela propaganda; desperta a percepção de que pode ser interessante desistir de comprar algo no presente para conseguir um benefício futuro.

I. Um grave problema ambiental decorrente do consumo exagerado de produtos em todo o mundo é a superlotação dos depósitos de lixo.

Qual é a relação entre consumismo e superlotação de depósitos de lixo?

II. Realize uma pesquisa para se informar sobre o destino do lixo em sua comunidade. Esse conhecimento leva a importantes descobertas sobre a qualidade do lugar onde você vive.

A educação financeira forma cidadãos conscientes da importância de sua participação ativa na sociedade.

13 de maio de 2010
Semifinal da temporada 2009-2010 de basquete brasileiro da Liga Nacional de Basquete (LNB)
Minas Tênis 78 × Brasília 70

# Inequações e equações com duas incógnitas

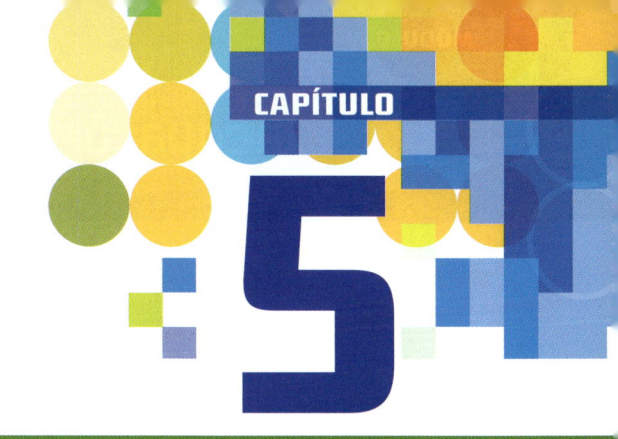

**CAPÍTULO 5**

## O QUE VOCÊ VAI APRENDER

- Inequações
- Inequação do 1º grau com uma incógnita
- Equações com duas incógnitas

## CONVERSE COM OS COLEGAS

Em jogos de basquete há três tipos de pontuação:
- 3 pontos quando o jogador que acerta o arremesso da bola está a 6,75 m ou mais da cesta;
- 2 pontos quando o jogador que acerta o arremesso da bola está a menos de 6,75 m da cesta;
- 1 ponto quando é arremesso de lance livre.

A partida mostrada nesta fotografia teve o placar 78 × 70. Portanto, no jogo houve um desequilíbrio entre os dois times: sem o empate, um deles ganhou.
Troque ideias com os colegas.

I. Relacione a situação desse jogo de basquete com a situação das acrobacias apresentada na abertura do capítulo anterior.
II. Considerando apenas a relação feita no item I, o que se pode esperar sobre o tema **inequações**?
III. Qual foi a quantidade máxima de cestas de 3 pontos que cada uma dessas equipes pode ter feito?
IV. Qual foi a quantidade máxima de cestas de 2 pontos que cada uma dessas equipes pode ter feito?
V. Qual foi a quantidade máxima de cestas de 1 ponto que cada uma dessas equipes pode ter feito?
VI. Em relação aos três tipos de pontuação, há mais de uma combinação possível?

## MÓDULO 1

# Inequações

### ••• Desigualdades e inequações

Veja a seguinte situação.

Helena comprou uma jaca e uma melancia e usou uma gangorra para comparar a massa das duas frutas.

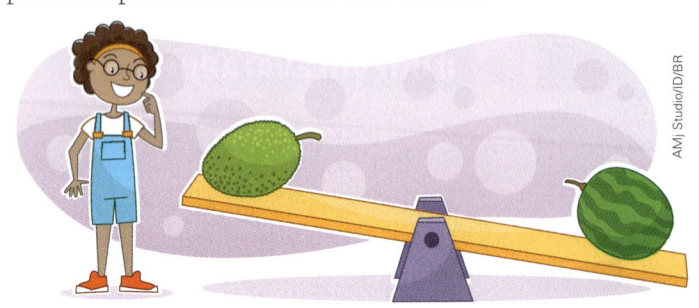

Como o lado com a melancia ficou mais baixo do que o outro lado, ela concluiu que a melancia tinha massa maior do que a da jaca.

Nessa situação, a gangorra mostrou uma desigualdade entre as massas das frutas. Você já sabe representar a desigualdade entre dois números. Reveja os símbolos.

| Símbolo | > | < | ≥ | ≤ | ≠ |
|---|---|---|---|---|---|
| Leitura | é maior do que | é menor do que | é maior do que ou igual a | é menor do que ou igual a | é diferente de |

Os símbolos utilizados para representar a desigualdade entre dois números também podem ser utilizados para representar desigualdades entre expressões algébricas. Observe.

I. $5 > 3$   II. $y < 4$   III. $x + 2 \geq x$   IV. $3 \neq 6$
V. $z \leq -7$   VI. $9 \neq 8$   VII. $a + 2 \leq b - 3$   VIII. $4 \geq -1$

### ■ Definição

**Inequação** é toda sentença matemática expressa por uma desigualdade entre duas expressões algébricas em que pelo menos uma delas apresenta parte literal.

Entre as desigualdades apresentadas acima, a I, a IV, a VI e a VIII não são inequações. A desigualdade III é uma inequação, apesar de sua forma simplificada $2 \geq 0$ não conter letras. Você verá adiante como simplificar desigualdades.

Nas inequações, as letras que representam números também são denominadas incógnitas. A expressão algébrica à esquerda do símbolo da desigualdade é o 1º membro, e a expressão algébrica à direita é o 2º membro.

Veja agora dois problemas e suas representações por meio de inequações.

| Problema | Inequação |
|---|---|
| Adicionar 9 a um número é menor do que ou igual a 21. | $x + 9 \leq 21$ |
| O dobro de um número é maior do que 13,7. | $2a > 13,7$ |

## ATIVIDADES

**1.** Classifique as sentenças matemáticas do seguinte modo:

> I. Equações
> II. Inequações
> III. Demais sentenças (não são equações, nem inequações)

a) $x - 5 = 8$
b) $x + 6 > 0$
c) $y + 4 < -2$
d) $a + b = 20$
e) $3 + 4 = 7$
f) $z - 12 \leq 10$
g) $x^2 \neq 5$
h) $4x + 3 > 5x - 6$
i) $\dfrac{x}{2} - \dfrac{a}{4} \geq \dfrac{q}{5}$
j) $-4 + 1 > 10 - 15$

**2.** Observe a seguir a representação da altura de dois prédios.

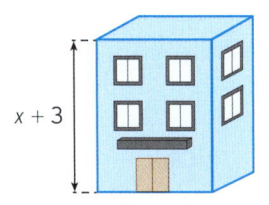

Edifício Primavera ($x + 3$)

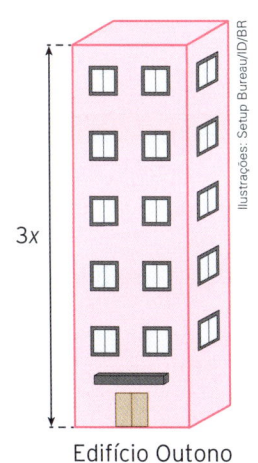

Edifício Outono ($3x$)

a) Escreva a expressão algébrica que representa a altura de cada construção.
b) Observando a figura, verificamos que a altura de um dos edifícios é maior do que a do outro. Copie a sentença matemática que representa essa afirmação.

$x + 3 > 3x$    $x + 3 \geq 3x$

$x + 3 < 3x$    $x + 3 = 3x$

**3.** Escreva as inequações que descrevem as situações apresentadas a seguir pelas balanças de equilíbrio. Os termos representados nos blocos indicam suas massas.

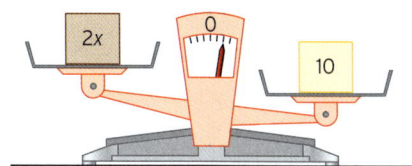

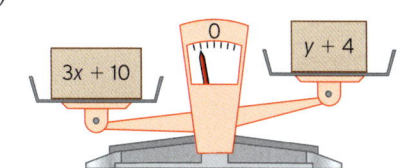

a) ($2x$ e $10$)

b) ($3x + 10$ e $y + 4$)

**4.** Represente cada situação a seguir por uma inequação.

a) Um número adicionado a 5 é maior do que 17.

b) Subtrair 7 de um número é menor do que ou igual a $\dfrac{21}{5}$.

c) O triplo de um número mais 8 é diferente de $-11$.

d) O triplo da soma de um número com 8 é diferente de $-11$.

e) A metade de 18,5 adicionada a um número é menor do que 102.

f) A quarta parte de um número é diferente da metade desse número adicionado a 5,7.

g) A diferença entre o preço $y$ de uma camiseta e o preço $z$ de um caderno é maior do que 2 reais.

h) Antônio tem $x$ DVDs, e Paula, $y$ DVDs. A soma da quantidade de DVDs de Paula com o triplo da de Antônio é menor do que 12.

## Solução ou raiz de uma inequação

Veja a continuação da situação apresentada anteriormente.

Vítor, irmão de Helena, comparou a massa da melancia com a massa de um bloco que é igual a 5 kg.

Como o lado da melancia ficou mais alto do que o outro lado, ele concluiu que a massa da melancia é menor do que 5 kg.

Ainda não sabemos, por essa comparação, a massa da melancia. Porém, como ficou constatado que ela tem massa menor do que 5 kg, podemos representar matematicamente essa situação pela inequação $x < 5$, na qual $x$ é um número racional positivo que representa a massa da melancia.

Veja alguns possíveis valores para essa massa.
- 4 kg, pois $4 < 5$
- 3,5 kg, pois $3,5 < 5$
- 3 kg, pois $3 < 5$
- 4,99 kg, pois $4,99 < 5$

Note que, ao substituir $x$ por números menores do que 5 na inequação $x < 5$, obtemos uma sentença verdadeira.

### Definição

Um número é **solução** (ou **raiz**) de uma inequação quando, ao ser colocado no lugar da incógnita, transforma a inequação em uma sentença verdadeira.

Dizemos então que 3; 3,5; 4 e 4,99 são algumas das soluções da inequação $x < 5$.

### Link

Assim como nas equações, resolver uma inequação significa determinar as soluções dela.

### ATIVIDADES

**5.** Explique por que 8 é solução da inequação $3x + 2 > 25$, mas 10 não é solução da inequação $2x \leq 15$.

**6.** Considere a inequação $y + 1 \geq 3$ com incógnita.
  a) Identifique quais dos números a seguir são soluções dessa inequação.

  | −2 | −1 | $-\frac{1}{2}$ | 0 | 1 | 2 |
  |---|---|---|---|---|---|
  | 3 | 3,5 | 4 | 6 | 7 | 8 |

  b) Com um colega, determine outros dois números racionais que sejam soluções dessa inequação.

  c) Explique como você resolveu o item anterior.

  d) A afirmação a seguir é falsa. Corrija-a no caderno.

  > Todos os números racionais menores do que ou iguais a 4 são soluções dessa inequação.

**7.** Resolva mentalmente as inequações a seguir para responder a cada questão.
  a) Quais números naturais são solução de $x + 2 < 8$?
  b) Quais números racionais são solução de $x^2 < 4$?

## Princípio aditivo e princípio multiplicativo

- Assim como nas equações, quando adicionamos um termo de igual valor aos dois membros de uma desigualdade ou de uma inequação, como $<$ ou $>$ e $\leq$ ou $\geq$, elas continuam verdadeiras. O princípio aditivo vale tanto para termos positivos como negativos. Veja alguns exemplos.

| $8 > 4$ | $-9 < 4$ | $5 < 6$ | $-3 > -7$ | $3x > 7$ | $-17y + 8 < 5b - 3$ |
|---|---|---|---|---|---|
| $8 + 6 > 4 + 6$ | $-9 + 9 < 4 + 9$ | $5 + (-8) < 6 + (-8)$ | $-3 - 5 > -7 - 5$ | $3x + 8 > 7 + 8$ | $-17y + 8 - 5b + 3 < 5b - 3 - 5b + 3$ |
| $14 > 10$ | $0 < 13$ | $-3 < -2$ | $-8 > -12$ | $3x + 8 > 15$ | $-17y - 5b + 11 < 0$ |

- No caso do princípio multiplicativo, a desigualdade ou a inequação, como $<$ ou $>$ e $\leq$ ou $\geq$, continuam verdadeiras quando multiplicamos (ou dividimos) os dois membros por um termo positivo conhecido.

| $8 > 4$ | $-9 < 4$ | $5 < 6$ | $-3 > -7$ | $-17y + 8 < 5b - 3$ |
|---|---|---|---|---|
| $8 \cdot 2 > 4 \cdot 2$ | $-9 \cdot 7 < 4 \cdot 7$ | $5 \cdot 3{,}5 < 6 \cdot 3{,}5$ | $-3 \cdot \dfrac{5}{2} > -7 \cdot \dfrac{5}{2}$ | $(-17y + 8) : 5 < (5b - 3) : 5$ |
| $16 > 8$ | $-63 < 28$ | $17{,}5 < 21$ | $-\dfrac{15}{2} > -\dfrac{35}{2}$ | $-3{,}4y + 1{,}6 < b - 0{,}6$ |

- Quando multiplicamos (ou dividimos) os dois membros de uma desigualdade ou de uma inequação, como $<$ ou $>$ e $\leq$ ou $\geq$, por um termo negativo conhecido, para manter a validade da sentença é necessário inverter seu sinal, ou seja, inverter a desigualdade.

| $8 > 4$ | $-9 < 4$ | $5 < 6$ | $-3 > -7$ | $-17y + 8 < 5b - 3$ |
|---|---|---|---|---|
| $8 \cdot (-1) < 4 \cdot (-1)$ | $-9 \cdot (-3) > 4 \cdot (-3)$ | $5 \cdot \left(-\dfrac{1}{5}\right) > 6 \cdot \left(-\dfrac{1}{5}\right)$ | $-3 \cdot (-2{,}3) < -7 \cdot (-2{,}3)$ | $(-17y + 8) : (-5) > (5b - 3) : (-5)$ |
| $-8 < -4$ | $27 > -12$ | $-1 > -1{,}2$ | $6{,}9 < 16{,}1$ | $3{,}4y - 1{,}6 > -b + 0{,}6$ |

### ATIVIDADES

**8.** Copie cada item e, usando o princípio aditivo, substitua ★ por $<$ ou $>$.

a) $4 < 5$
$4 + 7 ★ 5 + 7$

b) $6 > 2$
$6 + (-3) ★ 2 + (-3)$

c) $-3 < 1$
$-3 + 3 ★ 1 + 3$

d) $-7 > -10$
$-7 + (-2) ★ -10 + (-2)$

**9.** Considerando que nos itens abaixo foi usado o princípio multiplicativo, copie cada item e substitua ★ pelo número correto.

a) $12 > 9$
$12 \cdot ★ > 9 \cdot ★$
$48 > 36$

b) $0 < 3$
$0 \cdot ★ < 3 \cdot ★$
$0 < 15$

c) $4 > 1$
$4 \cdot ★ < 1 \cdot ★$
$-14 < -3{,}5$

d) $-\dfrac{1}{4} < \dfrac{1}{2}$
$-\dfrac{1}{4} \cdot ★ > \dfrac{1}{2} \cdot ★$
$\dfrac{1}{2} > -1$

**ATIVIDADES**

**10.** Considere a seguinte inequação:

$$3x + 4 > 7$$

Identifique quais dos números racionais a seguir são soluções dessa inequação e justifique.
a) $-2$
b) $-1$
c) $-0,5$
d) $0$
e) $1$
f) $1,5$
g) $2$

**11.** Classifique as sentenças a seguir em verdadeira ou falsa e justifique as falsas.
a) O número 6 é uma solução da inequação $a + 3 < 10$.
b) Apenas o número 6 é solução da inequação $a + 3 < 10$.
c) A inequação $a + 3 < 10$ tem infinitas soluções.
d) Os números racionais que são soluções da inequação $a + 3 < 10$ são menores do que 7.

**12.** Considere a inequação $x^2 > 16$, com incógnita.
a) Quais são os três menores números naturais que são soluções da inequação dada?
b) Quais são os três maiores números inteiros negativos que são soluções dessa inequação?
c) Compare sua resposta aos itens anteriores com as respostas de alguns colegas.
d) Podemos afirmar que todos os números racionais menores do que $-4$ ou maiores do que 4 são soluções da inequação?

**13.** Copie as sentenças falsas, corrigindo-as.
a) Se $x > -3$, então $x + 1 > -2$.
b) Se $y \leq 5$, então $y - 4 \leq 1$.
c) Se $3a \geq -3$, então $9a \leq -9$.
d) Se $-2b < -1$, então $2b > 1$.

**14.** Veja a sequência de sentenças matemáticas que Carlos escreveu.

$x > 9$
$x \cdot 0 > 9 \cdot 0$
$0 > 0$
$0 = 0$

Por que a estratégia utilizada não é válida?

**15.** Faça o que se pede.
a) Construa uma reta numérica horizontal e localize os números 3 e 8.
b) Os pontos que representam esses números estão localizados à direita ou à esquerda da origem?
c) Utilizando os sinais $<$ e $>$, compare os números 3 e 8.
d) Multiplique esses números por $-1$ e localize os produtos em outra reta numérica.
e) Os pontos que representam esses números estão localizados à direita ou à esquerda da origem?
f) Utilizando os sinais $<$ e $>$, compare os números $-3$ e $-8$.
g) Observando a comparação entre 3 e 8 e entre $-3$ e $-8$, explique por que, ao multiplicar uma desigualdade ou uma inequação por um número negativo, seu sinal deve ser invertido.

# MÓDULO 2

# Inequação do 1º grau com uma incógnita

## Definição

Uma inequação é denominada do **1º grau com uma incógnita** quando essa incógnita tem expoente 1. Essa inequação pode ser escrita de uma das seguintes formas, em que $x$ é a incógnita, $a$ e $b$ são números, com $a \neq 0$:

- $ax > b$
- $ax < b$
- $ax \geq b$
- $ax \leq b$

Veja alguns exemplos de inequações do 1º grau.

- $2x > -1$ é uma inequação do 1º grau em que $x$ é a incógnita, $a = 2$ e $b = -1$.

- $\dfrac{-y}{4} - \dfrac{2y}{4} \leq \dfrac{2}{7}$ é uma inequação do 1º grau, pois podemos escrevê-la na forma $-\dfrac{3}{4}y \leq \dfrac{2}{7}$, em que $y$ é a incógnita, $a = -\dfrac{3}{4}$ e $b = \dfrac{2}{7}$.

## ••• Resolvendo uma inequação do 1º grau com uma incógnita

### No conjunto dos números naturais

Veja alguns exemplos de como resolver uma inequação e obter como resposta um número natural.

Para isso, vamos simplificar a inequação até que a incógnita esteja isolada em um dos membros.

| 1. A diferença entre um número natural e 8 é maior do que 4. Qual pode ser esse número? | 2. Quais são os números naturais cuja terça parte é menor do que ou igual a 2? |
|---|---|
| Sendo $x$ o número desconhecido, temos a seguinte inequação que representa essa situação: $$x - 8 > 4$$ Para determinar o valor de $x$, vamos utilizar o princípio aditivo, acrescentando 8 aos dois membros da inequação. $$x - 8 > 4$$ $$x - 8 + 8 > 4 + 8$$ $$x > 12$$ Logo, qualquer número natural maior do que 12 é solução da inequação, ou seja: 13, 14, 15, ... | Sendo $x$ o número desconhecido, então: $$\dfrac{x}{3} \leq 2$$ Para determinar o valor de $x$, vamos utilizar o princípio multiplicativo, multiplicando os dois membros da inequação por 3. $$\dfrac{x}{3} \leq 2$$ $$\dfrac{x}{3} \cdot 3 \leq 2 \cdot 3$$ $$x \leq 6$$ Portanto, os números naturais menores do que ou iguais a 6 são soluções da inequação, ou seja: 0, 1, 2, 3, 4, 5 e 6 |

### ATIVIDADES

**16.** Copie apenas as inequações que sejam do 1º grau com uma incógnita.

a) $x + 1 > 5$
b) $y^2 - 8 < 6$
c) $3a > 5a + 2$
d) $\dfrac{4b}{3} \geq 5$
e) $x^2 + 9 \leq x + 3$
f) $0,9w < 10$

**17.** Resolva as seguintes situações.

a) Ao adicionar 4 a um número natural, obtemos um resultado menor do que 17. Qual pode ser esse número?

b) A quarta parte de certos números naturais é maior do que ou igual a 5. Quais são esses números?

**18.** Resolva as inequações a seguir e escreva os números naturais que são soluções de cada uma.

a) $x + 3 > 5$
b) $x - 12 > -7$
c) $x + 10 < 25$
d) $x + 4 < 13$
e) $x \geq -5$
f) $\dfrac{x}{4} > 12$
g) $\dfrac{x}{5} \leq 3$
h) $x - 0,7 \geq 3,2$
i) $x + 5 \leq -10$
j) $x + 12 \leq 12$

## No conjunto dos números racionais

Nas atividades da página anterior, você deve ter percebido que uma inequação pode não ter solução, ou ter uma única solução, ou ter mais de uma solução, ou ter infinitas soluções.

A quantidade de soluções que uma inequação pode ter, no entanto, depende do conjunto numérico considerado. Por exemplo, a inequação $x + 1 < 3$ tem apenas duas soluções no conjunto dos números naturais, mas infinitas soluções no conjunto dos números inteiros.

Assim, para escrever a resposta de um problema ou a solução de uma inequação, é necessário identificar qual conjunto numérico estamos considerando: números naturais, inteiros ou racionais. Veja alguns exemplos.

---

**1. Adicionando 4 à idade de Marcelo, temos um número menor do que 20. Qual é a idade de Marcelo?**

A idade de uma pessoa é dada por um número natural.
Então, sendo $x$ a incógnita que representa a idade de Marcelo, temos a seguinte inequação:
$x + 4 < 20$
E podemos resolvê-la.

$$x + 4 < 20$$
$$x + 4 - 4 < 20 - 4$$
$$x < 16$$

Portanto, a idade de Marcelo é um número natural menor do que 16.

---

**2. Luciana subtraiu um número de 30 e obteve um número maior do que 10. Que número Luciana pode ter subtraído?**

Não sabemos se Luciana subtraiu um número natural, inteiro ou racional. Por isso, vamos considerar a solução no conjunto dos números racionais, pois ele contém o conjunto dos inteiros e dos naturais.
Então, sendo $y$ um número racional, temos a inequação:
$30 - y > 10$
Passamos a resolvê-la:

$$30 - y > 10$$
$$30 - 30 - y > 10 - 30$$
$$-y > -20$$
$$-y \cdot (-1) < 20 \cdot (-1)$$
$$y < 20$$

Observe que a desigualdade foi invertida quando multiplicamos os dois membros por um número negativo.
Portanto, Luciana subtraiu de 30 um número racional menor do que 20.

---

**3. A diferença entre o número $\frac{3}{4}$ e o dobro de um número inteiro não nulo é maior do que ou igual a $-\frac{2}{5}$. Qual é o maior valor possível desse número?**

Pelo enunciado, sabemos que o número procurado é inteiro e diferente de zero. Representando esse número pela incógnita $a$, temos:
$\frac{3}{4} - 2a \geq -\frac{2}{5}$
Resolvendo a inequação:

$$\frac{3}{4} - 2a \geq -\frac{2}{5}$$
$$\frac{3}{4} - \frac{3}{4} - 2a \geq -\frac{2}{5} - \frac{3}{4}$$
$$-2a \geq \frac{-8 - 15}{20}$$
$$-2a \geq -\frac{23}{20}$$
$$-2a \cdot \left(-\frac{1}{2}\right) \leq -\frac{23}{20} \cdot \left(-\frac{1}{2}\right)$$
$$a \leq \frac{23}{40}$$
$$a \leq 0{,}575$$

Como $a$ é um número inteiro, diferente de zero e menor do que ou igual a 0,575, o seu maior valor possível é $-1$.

## ATIVIDADES

**19.** Determine os números racionais que são soluções das seguintes inequações.

a) $3 - 2 \cdot (x + 4) \geq x + 5 \cdot (2x - 2)$

b) $\dfrac{x}{2} - \dfrac{x + 1}{3} < \dfrac{x}{4}$

c) $\dfrac{2x}{3} - 2 < -2x$

d) $-5 \cdot (3x + 2) \leq 20$

e) $3 - 2 \cdot (3x + 1) \geq -x - 4$

f) $6 \cdot (-x + 4) > 0$

g) $2x + 1 < 7 + 255x + 8$

h) $-3 \cdot (6x - 5) \geq \dfrac{25}{4}$

i) $5 - (2x + 7) \leq -x + 3 \cdot (-x + 4)$

j) $\dfrac{x}{4} - \dfrac{2 \cdot (x + 3)}{5} > 3$

**20.** Carlos vai comprar um terreno retangular para construir sua casa. Para executar o projeto que ele escolheu, será preciso um terreno de, no mínimo, 330 m², com uma frente de 15 m de comprimento.

Carlos deve comprar um terreno com uma largura mínima de quantos metros?

**21.** Durante toda esta semana, Carla juntou latinhas de alumínio para reciclagem.

Lata de alumínio que pode ser reciclada.

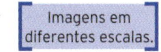

Hoje ela conseguiu juntar 35 latinhas. Adicionando a quantidade de hoje com a quantidade de latinhas que ela juntou nos dias anteriores, ela arrecadou quase 200 latinhas.

a) Representando a quantidade de latinhas que Carla juntou nos dias anteriores por x, escreva uma inequação que represente essa situação.

b) Podemos afirmar que a incógnita x só pode representar números naturais? Justifique.

c) Resolva a inequação e determine quantas latinhas Carla pode ter juntado nos dias anteriores.

d) Faça uma pesquisa sobre as vantagens de se reciclarem latinhas de alumínio e quais materiais podem ser reciclados.

e) Em sua cidade existe algum programa de coleta seletiva de lixo reciclável?

f) Na sua casa é feita alguma separação de lixo? Por quê?

g) Na sua escola existem lixeiras de coleta seletiva? As pessoas que frequentam a escola costumam jogar o lixo nas lixeiras corretas?

Lixeiras de coleta seletiva.

**22.** Um taxista cobra a corrida com a bandeirada inicial de R$ 3,00; a cada quilômetro é acrescentado R$ 1,50.

Qual é o menor número inteiro de quilômetros que o taxista deve percorrer para receber no mínimo R$ 50,00 em uma corrida?

### ATIVIDADES

**23.** Um edifício tem três andares no subsolo, numerados por −1, −2 e −3; o térreo recebe o número 0; os treze andares acima do térreo são numerados de 1 a 13, conforme mostra o esquema a seguir.

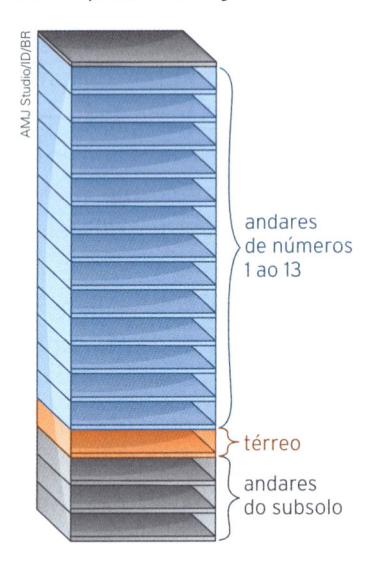

(andares de números 1 ao 13; térreo; andares do subsolo)

O elevador desse edifício partiu de determinado andar, deslocou-se cinco andares para cima e parou em algum andar abaixo do andar número 9.

a) Representando por $y$ o número do andar em que o elevador estava antes do deslocamento, escreva uma inequação para representar essa situação.
b) Quais são os números que podem ser soluções dessa inequação?
c) Em qual andar esse elevador poderia estar antes de se deslocar?

**24.** Daniel quer construir um jardim em sua casa. Esse jardim deve ter forma retangular, e o comprimento e a largura, em metros, estão representados na figura a seguir.

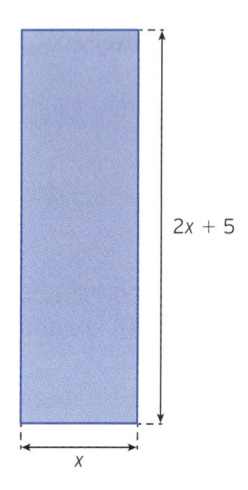

(retângulo com comprimento $2x + 5$ e largura $x$)

Quais são as possíveis medidas para a largura desse jardim, se o perímetro pode ser, no máximo, 34 metros?

**25.** Considere a seguinte inequação:

$$-3x + 2 \cdot (2 - x) < 1 - x$$

a) Qual é o menor número natural que satisfaz a inequação?
b) Qual é o menor número inteiro que satisfaz a inequação?
c) É possível determinar o menor número racional que satisfaz essa inequação? Justifique.

**26.** Determine o menor número natural que satisfaz a inequação $2x + 10 > -4x - 2$.

**27.** Para obter lucro, uma fábrica deve produzir $x$ peças por dia, de modo que seja satisfeita a desigualdade $4x - 1200 \geq 162 - 2x$. Quantas peças a fábrica deverá produzir diariamente para obter lucro?

**28.** Existe algum valor para $x$ que seja solução das duas inequações a seguir, simultaneamente?

$$-x > -2x + 10$$

$$29 + x > 5x$$

**29.** Quantos números inteiros são soluções tanto da inequação $3x - 4 \leq 2$ como da inequação $5 - x \leq x + 7$?

**30.** Ana Paula está procurando um novo emprego. Além de visar a uma atividade que a realize, ela está procurando um trabalho com salário que lhe permita gastar $\frac{1}{4}$ com alimentação, $\frac{2}{5}$ com a parcela do financiamento de sua casa, R$ 400,00 com roupas e lazer e ainda guardar, no mínimo, R$ 249,00 por mês. Para isso, quanto, no mínimo, Ana Paula precisa receber de salário?

**31.** Em um campeonato de basquete, cada time participaria de dez jogos. Para cada vitória, o time ganharia 5 pontos; para cada derrota, perderia 3 pontos. Não é possível obter empates. Além disso, para serem classificados para a segunda fase do campeonato, os times deveriam ter um mínimo de 26 pontos. Qual é o menor número de vitórias que um time deveria obter para se classificar para a segunda fase?

# Equações com duas incógnitas

**MÓDULO 3**

Veja a situação apresentada.

| Situação | Representação matemática |
|---|---|
| Alberto e Érica têm juntos cinco miniaturas de carros. Quantas miniaturas cada um tem? | Podemos representar essa situação por uma equação matemática, sendo $x$ a quantidade de miniaturas de carro que Érica tem e $y$ a quantidade de miniaturas que Alberto tem. $$x + y = 5$$ Essa equação tem duas incógnitas: $x$ e $y$ |

Com as informações fornecidas, é possível determinar quantas miniaturas de carros cada um tem?

Possivelmente você percebeu que as informações não são suficientes. Veja as seis possibilidades de resposta.

| Quantidade $x$ de miniaturas de carros que Érica tem | Quantidade $y$ de miniaturas de carros que Alberto tem | Total $x + y$ de miniaturas de carros que os dois têm |
|---|---|---|
| 0 | 5 | 0 + 5 = 5 |
| 1 | 4 | 1 + 4 = 5 |
| 2 | 3 | 2 + 3 = 5 |
| 3 | 2 | 3 + 2 = 5 |
| 4 | 1 | 4 + 1 = 5 |
| 5 | 0 | 5 + 0 = 5 |

Dados fictícios.

Essas soluções podem ser escritas na forma de pares ordenados $(x, y)$:

$$(0, 5), (1, 4), (2, 3), (3, 2), (4, 1) \text{ e } (5, 0)$$

A representação $(0, 5)$ indica que $x = 0$ e $y = 5$; a representação $(1, 4)$ indica que $x = 1$ e $y = 4$; e assim por diante.

Na representação de um par ordenado $x$ e $y$, sempre indicamos os valores entre parênteses e separados por vírgula (ou por ponto e vírgula) e representados nesta ordem: $(x, y)$.

**ATIVIDADES**

■ **32.** Copie as equações que têm exatamente duas incógnitas.

a) $x + y + z = 8$
b) $2x - 3y = 9$
c) $\frac{x}{y} = 1$
d) $3 - 4 = xy$
e) $\frac{2x + 3}{3} = \frac{5}{3}$
f) $x = 3 - 4 \cdot 2$

■ **33.** Verifique se o par ordenado $(3, 6)$ é solução de algumas das seguintes equações.

a) $x - y = -3$
b) $2x = y$
c) $2x - \frac{y}{3} = 2$
d) $2x + 3y = 4y$
e) $x^2 - y = 3$
f) $y^2 + x^3 = 21 \cdot 7$

## ••• Determinando soluções de uma equação com duas incógnitas

Para determinar um par ordenado que seja solução de uma equação, atribuímos um valor para uma das incógnitas e determinamos o valor da outra incógnita resolvendo a equação obtida.

### Exemplo
$2x + 3y = 12$

- Considerando $x = 4$, obtemos:
  $2 \cdot 4 + 3y = 12$
  $8 + 3y = 12$
  $3y = 12 - 8$
  $3y = 4$
  $y = \dfrac{4}{3}$

Note que substituímos a incógnita $x$ pelo número 4 na equação $2x + 3y = 12$. Portanto, o par $\left(4, \dfrac{4}{3}\right)$ é uma solução da equação $2x + 3y = 12$.

- Considerando $x = 0$, obtemos:
  $2 \cdot 0 + 3y = 12$
  $3y = 12$
  $y = \dfrac{12}{3}$
  $y = 4$
  O par $(0, 4)$ é outra solução da equação $2x + 3y = 12$.

- Considerando $y = 0$, obtemos:
  $2x + 3 \cdot 0 = 12$
  $2x = 12$
  $x = \dfrac{12}{2} = 6$
  O par $(6, 0)$ também é solução dessa equação.

**0:03 Em 3 minutos**

I. O par ordenado $\left(\dfrac{4}{3}, 4\right)$ é solução da equação $2x + 3y = 12$?

II. O par ordenado $(12, 0)$ é solução dessa equação?

III. E o par ordenado $(0, 4)$?

### ATIVIDADES

**34.** Determine pelo menos três soluções distintas para cada equação dada a seguir.

a) $x + y = 10$

b) $x - y = -6$

c) $\dfrac{x}{2} + \dfrac{y}{4} = \dfrac{7}{8}$

d) $2xy = 20$

e) $\dfrac{y}{x} = 2$

f) $\dfrac{8x}{y} = 1$

**35.** O perímetro do retângulo representado a seguir é 20 cm.

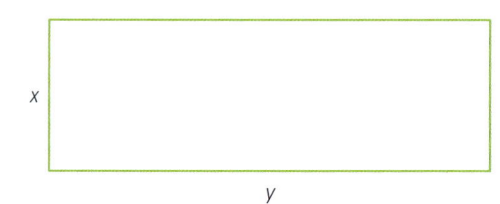

a) Escreva a equação do 1º grau com duas incógnitas que representa o perímetro desse retângulo.

b) Determine pelo menos três soluções para essa equação.

## ••• Equações do 1º grau com duas incógnitas

### Definição

Uma equação é denominada do **1º grau com duas incógnitas** quando essas incógnitas têm expoente 1 e não são relacionadas por multiplicações algébricas. Essa equação pode ser escrita na forma $ax + by = c$, em que $x$ e $y$ são as incógnitas e $a$, $b$ e $c$ são números, com $a \neq 0$ e $b \neq 0$.

Veja alguns exemplos.

- A equação $x - y = 3$ é do 1º grau com duas incógnitas $x$ e $y$, com $a = 1$, $b = -1$ e $c = 3$.

- A equação $-\frac{2}{3} + \frac{x}{4} = \frac{y}{2} + 1$ é do 1º grau com duas incógnitas, pois pode ser simplificada para $\frac{x}{4} - \frac{y}{2} = \frac{5}{3}$, em que $x$ e $y$ são as incógnitas, $a = \frac{1}{4}$, $b = -\frac{1}{2}$ e $c = \frac{5}{3}$.

- A expressão $x \cdot y = 12$ não é uma equação do 1º grau com duas incógnitas, pois as incógnitas estão relacionadas entre si por uma multiplicação.

### ATIVIDADES

**36.** Identifique se as equações a seguir são do 1º grau com duas incógnitas.
   a) $3x = y$
   b) $3xy = 4$
   c) $3x - y = 2y + 3x - 8$
   d) $\frac{x}{2} = \frac{x}{8} - \frac{y}{3} - \frac{y}{6} + \frac{7}{8} - \frac{x}{y}$

**37.** Copie os itens a seguir e substitua cada ★ por um número, de modo que os pares ordenados sejam soluções das equações dadas.
   a) $x + y = 30$
   $(5, ★); (★, 5);$
   $(10, ★); (★, 15);$
   $\left(\frac{17}{4}, ★\right); \left(★, \frac{23}{2}\right)$
   b) $2x - 3y = \frac{2}{3}$
   $\left(\frac{1}{2}, ★\right); \left(★, \frac{1}{6}\right)$

**38.** Renata comprou duas calças e três camisetas e gastou, ao todo, R$ 200,00.
   a) Considerando $x$ o preço de uma calça e $y$ o preço de uma camiseta, escreva a equação que representa essa situação.
   b) Verifique se Renata pode ter pago R$ 65,00 por cada calça e R$ 30,00 por cada camiseta.
   c) Determine pelo menos três soluções para essa equação.

**39.** Determine um par ordenado que seja solução das duas equações dadas em cada item.
   a) $x = y$ e $x + y = 2$
   b) $x + y = 3$ e $x - y = 5$
   c) $2x + y = 7$ e $x - y = \frac{12}{5}$
   d) $3x + y = 2$ e $x + 2y = -11$

   Depois, compare suas respostas com as de um colega.

**40.** Considere a equação dada a seguir.

$$x + 2y = 12$$

   a) Determine três pares ordenados que são soluções dessa equação.
   b) Marque em um plano cartesiano esses pares ordenados.
   c) Ligue os pontos. O que você observou ao fazer isso?
   d) Verifique se o ponto $\left(-7, \frac{19}{2}\right)$ é uma solução da equação. Justifique.

## Representação gráfica das soluções

As soluções de uma equação do 1º grau com duas incógnitas podem ser representadas graficamente.

Considere, por exemplo, a equação $x + y = 8$. Determinamos alguns pares ordenados de números racionais que são soluções dessa equação.

| $x = 0$ | $x = 1$ | $x = 3$ |
|---|---|---|
| $0 + y = 8$ <br> $y = 8$ | $1 + y = 8$ <br> $y = 8 - 1 = 7$ | $3 + y = 8$ <br> $y = 8 - 3 = 5$ |
| par ordenado (0, 8) | par ordenado (1, 7) | par ordenado (3, 5) |
| $x = 4$ | $x = \dfrac{7}{2}$ | $x = \dfrac{9}{2}$ |
| $4 + y = 8$ <br> $y = 8 - 4$ <br> $y = 4$ | $\dfrac{7}{2} + y = 8$ <br> $y = 8 - \dfrac{7}{2}$ <br> $y = \dfrac{16 - 7}{2} = \dfrac{9}{2}$ | $\dfrac{9}{2} + y = 8$ <br> $y = 8 - \dfrac{9}{2}$ <br> $y = \dfrac{16 - 9}{2} = \dfrac{7}{2}$ |
| par ordenado (4, 4) | par ordenado $\left(\dfrac{7}{2}, \dfrac{9}{2}\right)$ | par ordenado $\left(\dfrac{9}{2}, \dfrac{7}{2}\right)$ |

Os pares ordenados (0, 8), (1, 7), (3, 5), (4, 4), $\left(\dfrac{7}{2}, \dfrac{9}{2}\right)$ e $\left(\dfrac{9}{2}, \dfrac{7}{2}\right)$ são algumas soluções da equação $x + y = 8$. Observe a localização desses valores em um plano cartesiano. Os valores referentes a $x$ são posicionados em relação ao eixo horizontal, e os valores referentes a $y$, em relação ao eixo vertical.

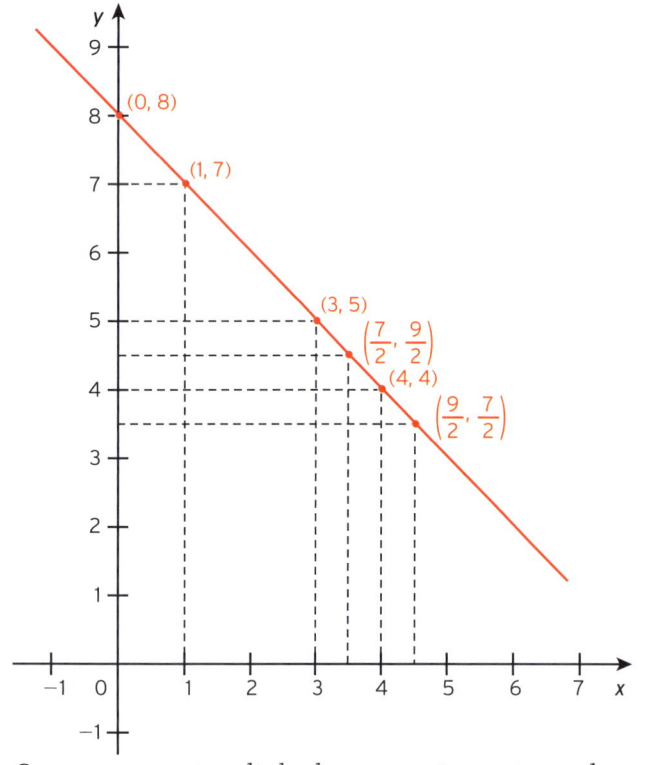

Os pontos estão alinhados, ou seja, estão todos sobre uma mesma reta. Isso acontece em todas as equações do 1º grau com duas incógnitas.

### Desigualdade

Marcos e Paula receberam da mãe uma quantia em dinheiro para que dividissem entre eles. Paula propôs que Marcos ficasse com todas as cédulas de 10 reais e lhe desse 13 reais em moedas de 1 real, enquanto ela ficaria com todas as cédulas de 5 reais, mais 9 reais que sobrariam da quantia dada pela mãe, além dos 13 reais dados pelo irmão.

- Sabendo que a quantidade de cédulas de 10 reais e de 5 reais é igual, e que Paula ficou com uma quantia em dinheiro maior do que a de Marcos, quantas cédulas de 10 reais e de 5 reais, no máximo, a mãe deles havia dado?

- Como você distribuiria essa quantia em dinheiro de modo que a divisão não fosse desigual?

- De maneira geral, você acha que as divisões de bens entre dois irmãos deve ser representada matematicamente por uma equação ou por uma inequação?

## ATIVIDADES

**41.** Copie a representação do plano cartesiano a seguir.

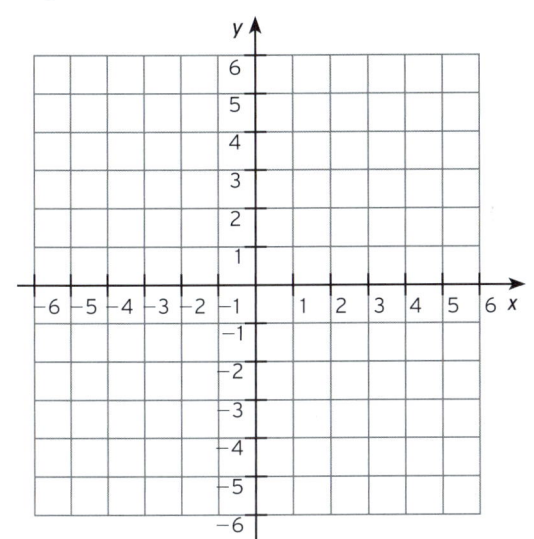

Depois, represente os seguintes pontos no plano representado.

a) (0, 3)
b) (0, −5)
c) (0, 0)
d) (2, 0)
e) (−6, 0)
f) (5, 0)
g) (1, 3)
h) (−2, −5)
i) (−5, 4)
j) (6, −1)
k) (−3, −3)
l) (2, 2)

**42.** Determine os pares ordenados dos pontos representados abaixo.

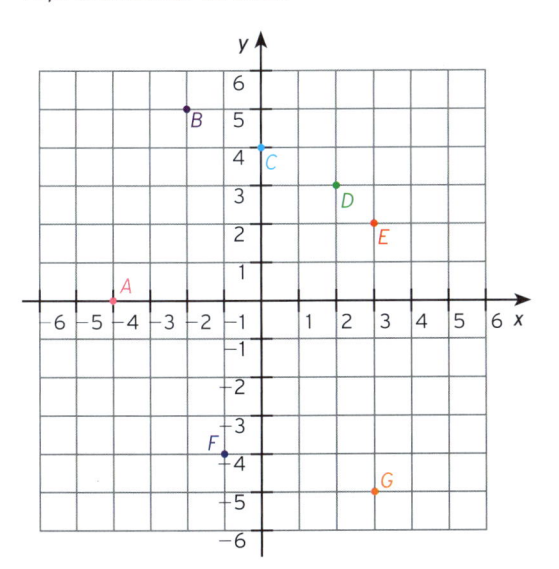

a) Quando os pontos estão sobre o eixo horizontal $x$, qual é o valor de $y$?

b) Qual deve ser o valor de $x$ para que um ponto esteja marcado sobre o eixo vertical $y$?

**43.** Identifique qual reta representada a seguir, vermelha ou azul, contém as soluções da equação $x - y = 2$.

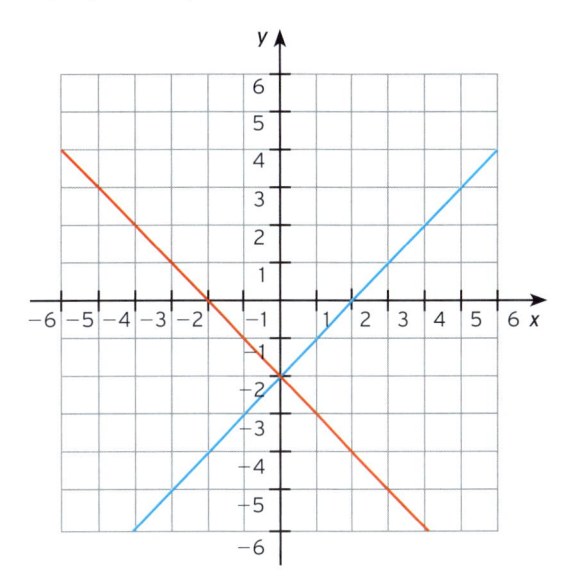

**44.** Determine pelo menos seis pares ordenados que sejam soluções da equação $2x + y = 6$. Depois, represente-os em um plano cartesiano e trace a reta que passa por esses pontos.

**45.** Observe dois conjuntos de pontos representados a seguir.

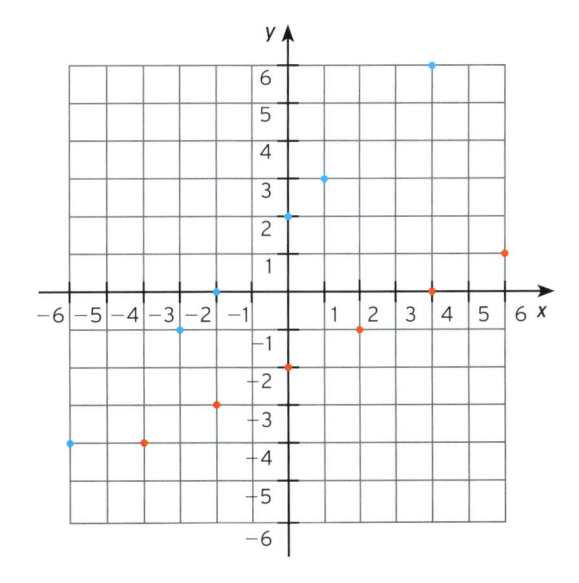

Identifique quais equações a seguir têm soluções representadas por esses conjuntos de pontos.

a) $x = y - 2$
b) $x^2 + y = -3$
c) $7 = -x + 7y$
d) $2y = x - 4$
e) $y^2 = 37$
f) $x^2 + y^2 = 1$

135

# MUNDO TECNOLÓGICO

## Símbolos da Matemática e o computador

Em Matemática, usam-se símbolos como: ⊃ (contém); ∩ (intersecção); α, β, θ (letras gregas); ⩾ (é maior do que ou igual a). Além dos símbolos, a escrita de uma fração ou a indicação de potenciação são situações para as quais o teclado não está preparado.

Os programas de edição de texto, em geral, oferecem soluções para essas situações. Uma solução é utilizar o tipo de fonte Symbol. Outra é usar uma aplicação especial comumente disponível nos editores de texto, chamada "Equação" (no Word) ou "Fórmula" (no OpenOffice).

### A fonte Symbol

Fonte é o nome que se dá ao estilo de grafar os caracteres. Observe, a seguir, alguns exemplos da letra *A* e do número 4 grafados em fontes diferentes.

| Arial | Bauhaus | Blackadder | Castellar | Goudy | Papyrus |
|---|---|---|---|---|---|
| A 4 | A 4 | A 4 | A 4 | A 4 | A 4 |

A fonte Symbol oferece diversos símbolos matemáticos. Busque, nos programas de edição de texto, o menu "inserir" e a opção "símbolo" (dependendo da versão, é preciso clicar também em "mais símbolos"). Altere a fonte para Symbol e procure os caracteres abaixo:

≠ ⩽ ⩾ α β θ σ μ ≅ π ∞ ∩ ∪ ⊃ ⊄ ∈ ∉ ⇒ Σ ± ≡

### As aplicações "Equação" e "Fórmula"

Essas aplicações aparecem como opção do menu "inserir" do editor de texto, ou nas barras de ferramentas, na forma dos ícones $\sqrt{a}$, $\sqrt{\alpha}$ ou π equação.

Elas criam um objeto que contém o texto com a escrita matemática, permitem escolher diversos símbolos matemáticos e selecionar várias formas de escrita, como frações, potências, etc.

A expressão $\dfrac{(5 + 2 \cdot 3)^2}{2} \leqslant 4x - \sqrt[2]{6}$ foi escrita utilizando essas aplicações. Note que elas não calculam o resultado das expressões: são apenas ferramentas para inserir escrita matemática em textos. Na aplicação "Equação", por exemplo, há menus com quadrados pontilhados, que representam os espaços para digitar números, letras ou outras expressões; observe abaixo.

Frações   Sobrescrito   Radiciação   Parênteses, colchetes e chaves

□/□   □/□   □/□          □□        √□  ⁿ√□  ²√□        (□) [□] {□} [□[

Na aplicação "Fórmula", esses espaços são representados por letras (*a*, *b*, *n*, *x* e *y*). Veja abaixo a barra "Elementos de fórmula", seus principais ícones e algumas formas que eles representam.

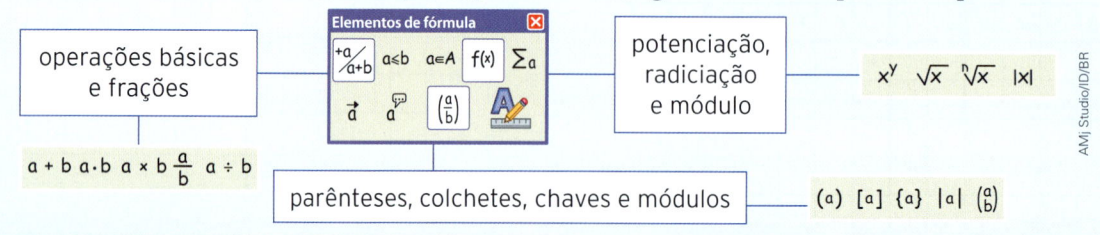

- operações básicas e frações: $a+b \quad a \cdot b \quad a \times b \quad \dfrac{a}{b} \quad a \div b$
- potenciação, radiciação e módulo: $x^y \quad \sqrt{x} \quad \sqrt[n]{x} \quad |x|$
- parênteses, colchetes, chaves e módulos: $(a) \quad [a] \quad \{a\} \quad |a| \quad \binom{a}{b}$

### ■ Faça você

Leia o texto de ajuda das aplicações "Equação" ou "Fórmula" e tente reproduzir as expressões matemáticas a seguir.

a) $\dfrac{5}{3} + 2$

b) $\sqrt[3]{9} + 18 \cdot \sqrt[2]{(5 \cdot 2) + 6}$

c) $5^2 - \left[2 + \left(\dfrac{1}{3} + \dfrac{4}{6}\right)\right]$

# MATEMÁTICA E JUSTIÇA SOCIAL

O texto que você vai ler a seguir está escrito em português de Portugal. Portanto se adapte a certas diferenças em relação ao português do Brasil (por exemplo, em Portugal a palavra "gênero" recebe acento agudo, "género"; no Brasil escrevemos fatores, em Portugal se escreve "factores").

## Justiça social, conhecimento e educação

Ao olharmos para o que nos rodeia, em busca da igualdade social, constatamos que vivemos numa sociedade onde ainda prevalecem desigualdades a vários níveis como em questões de género e racial. [...] É frequente ouvir resultados de estudos que revelam que as mulheres auferem salários inferiores aos dos homens, apesar de desempenharem a mesma tarefa e terem a mesma qualificação. Também o tom de pele e a origem cultural diferente da dominante constituem factores de constrangimento em situações de acesso a determinadas profissões.

Na sociedade existe uma forma de desigualdade que, por não estar tão visível, talvez ainda não tenham pensado nela nem a valorizem nas práticas sociais e profissionais. Falo da desigualdade de participação e de intervenção na sociedade em relação a questões sociais, económicas e políticas. [...]

A justiça social implica cooperar para reduzir diferenças e promover a igualdade entre todos nós [...]. Aqui, igualdade não é equivalente a possuirmos todos o mesmo em termos materiais. Por um lado, trata-se de podermos todos ter conhecimento para elaborarmos e concretizarmos projectos de vida [...]. Por outro lado, igualdade é poder participar activamente na sociedade, identificando, compreendendo, analisando, avaliando, criticando e fazendo sugestões em torno de questões sociais, económicas e políticas que regulam e controlam a vida de todos nós [...].

Justiça social implica olhar para o que nos rodeia e saber interpretar o que se viu usando uma poderosa ferramenta – o conhecimento. [...]

O conhecimento é fundamental para a justiça social e promove a emancipação que [...] constitui uma condição básica se pretendermos viver numa sociedade justa. Emancipação é ser capaz de entender e transformar o que nos rodeia, comunicarmos uns com os outros em interacções sociais, ser livre de opressão e de exploração.

A escola é uma instituição social que visa promover conhecimento. A justiça social está relacionada com um poder social que o cidadão deverá ter acesso para participar de forma activa na sociedade [...]

[...]

## A justiça social pela Matemática escolar

Para que uma sociedade se torne mais justa e equitativa importa ajudar os alunos a compreenderem melhor as suas vidas em relação ao que os rodeia. A relevância da Matemática na sociedade leva-nos a pensar que a Matemática escolar deve auxiliar os alunos a verem a Matemática como uma ferramenta que lhes permitirá identificar, compreender, avaliar e criticar vários modelos usados no quotidiano. [...]

[...]

Helena Gerardo. Matemática e justiça social: tempo de reflexão e de questionamento. Disponível em: <http://www.apm.pt/files/_Gerardo1_485b50b691b6f.pdf>. Acesso em: 12 set. 2014.

## ■ De olho no texto

I. No segundo parágrafo lemos: "Na sociedade existe uma forma de desigualdade que, por não estar tão visível, talvez ainda não tenham pensado nela nem a valorizem nas práticas sociais e profissionais". Que desigualdade é essa?

II. Ao reconhecer a Matemática como uma ferramenta de análise para compreender e mudar o mundo, o que os alunos ganham como cidadãos?

III. Você concorda que o estudo da Matemática pode ajudar no desenvolvimento de um maior equilíbrio social? Por quê?

## ROTEIRO DE ESTUDOS

**Autoavaliação**

46. Classifique cada afirmação a seguir em verdadeira ou falsa e corrija as falsas.
    a) Se $2 + 6 < 10$, então:
       $2 + 6 + (-6) < 10 + (-6)$
    b) Se $3 \cdot 5 \leq 18$, então:
       $3 \cdot 5 \cdot \dfrac{1}{3} \leq 18 \cdot \left(\dfrac{1}{3}\right)$
    c) Se $-x \leq 8$, então:
       $-x \cdot (-1) \leq 8 \cdot (-1)$

47. Dê o maior número inteiro que é solução da inequação:
    $5 - 3 \cdot (x - 2) > x - 2x + 1$

48. Considere os seguintes números.

    $-5 \quad \dfrac{1}{2} \quad 4 \quad -7 \quad -\dfrac{15}{2}$

    Quais desses números são soluções da inequação $\dfrac{5x - 2}{4} > x - 2$?

49. Resolva as inequações a seguir e escreva os números naturais que são soluções de cada uma.
    a) $4y - 6 \leq 3y + 7$
    b) $36 > 2x - 6$
    c) $5 - x < 8$
    d) $\dfrac{y}{2} - 1 > 2$

50. Faça o que se pede.
    a) Verifique se o par ordenado (3, 1) é solução da equação $x - 2y = 3$.
    b) Determine o valor de $x$ para que o par ordenado $(x, -3)$ seja uma solução da equação $5x - 2y = -4$.
    c) Determine o valor de $y$ para que o par ordenado $(2, y)$ seja uma solução da equação $2x - y = 3$.

51. Para fabricar $x$ unidades de um produto, o preço de custo é $2\,400 + 3{,}60x$ reais e o preço de venda de cada unidade é 10 reais. Quantas unidades precisam ser fabricadas e vendidas para que a fábrica obtenha lucro?

**Nota:** Confira se você acertou todas as questões dessa *Autoavaliação*. Se não acertou, faça as atividades do *Reforço* e da *Revisão* antes do *Aprofundamento*.

### Reforço

52. Represente cada situação por uma inequação.
    a) A altura de uma cortina acrescida de 20 cm não pode ultrapassar 2,5 m.
    b) Um número $n$ é maior do que o dobro do seu consecutivo.
    c) A terça parte de um número subtraída de 10 é maior do que esse número.

53. (UFG-GO) O menor múltiplo de três que satisfaz a inequação $x + 5 \leq 2x - 1$ é:
    a) 12
    b) 9
    c) 6
    d) 3
    e) 0

54. Resolva as inequações.
    a) $5 \cdot (x - 2) - 7 \cdot (x + 2) > x$
    b) $\dfrac{x}{2} + \dfrac{x}{3} < \dfrac{x + 1}{4}$
    c) $\dfrac{2x - 1}{3} \leq 1 - \dfrac{3x + 1}{2}$
    d) $\dfrac{3x + 2}{4} - \dfrac{5x}{6} > 1$

55. Copie a equação que é do 1º grau com duas incógnitas.
    a) $x^2 + y^2 = 4$
    b) $-y + x = 9$
    c) $3xy = 3$
    d) $2z + 8y = 3t + 1$

56. Eric viajou de avião para Porto Alegre. Chegando lá, resolveu alugar um carro por dois dias para conhecer melhor a cidade. Ele consultou o preço do aluguel de um carro da mesma categoria em duas locadoras. Veja o preço em cada uma delas:
    - Locadora A: R$ 50,00 por dia, mais R$ 1,25 por quilômetro rodado.
    - Locadora B: R$ 100,00 por dia, com quilometragem livre.

    a) Na locadora B, Eric gastaria R$ 200,00 pelos dois dias e poderia rodar quantos quilômetros quisesse. Já na locadora A, quanto ele pagaria se rodasse um total de $x$ quilômetros nos dois dias?
    b) Em que situação alugar um carro na locadora A é mais vantajoso do que alugar na locadora B?

**57.** Determine seis pares ordenados que são solução da equação $x + y = 5$.

**Revisão:** Refaça as atividades 4, 6, 7, 11, 12, 13, 24, 25, 26, 28, 29, 30, 31, 36, 39, 41, 42 e 43.

## Aprofundamento

**58.** Em um sítio, entre ovelhas e cabritos, há 200 animais. Se a quantidade de ovelhas é $\frac{1}{3}$ da quantidade de cabritos, determine quantas são as ovelhas e quantos são os cabritos.

**59.** O custo $C_1$ de produção de $x$ unidades de um produto é dado pela equação $C_1 = 800 - 2x$, com $C$ dado em R$. A empresa que fabrica esse produto desenvolveu um novo procedimento de produção que pode ser feito ao custo dado por $C_2 = 640 - 1,5x$.

  a) Em qual dos dois procedimentos a produção por unidade de 300 unidades do produto é mais barata? E de 350 unidades?

  b) Determine todos os valores de $x$ para os quais o novo procedimento de produção é mais barato do que no procedimento antigo.

**60.** (Unicamp-SP) Numa escola é adotado o seguinte critério: a nota da primeira prova é multiplicada por 1, a nota da segunda prova é multiplicada por 2 e a nota da terceira prova é multiplicada por 3. Os resultados, após somados, são divididos por 6. Se a média obtida por esse critério for maior ou igual a 6,5, o aluno é dispensado das atividades de recuperação. Suponha que um aluno tenha tirado 6,3 na primeira prova e 4,5 na segunda prova. Quanto precisará tirar na terceira prova para ser dispensado da recuperação?
  a) no máximo 7,9
  b) no mínimo 9,7
  c) no máximo 9,7
  d) no mínimo 7,9
  e) n.d.a.

**61.** (Obmep) Considere um número escrito na forma decimal $X,Y$, onde $X$ e $Y$ são algarismos diferentes de 0. Determine esse número, sabendo que $X,Y$ é igual a $\frac{3}{10} \cdot (X + Y)$.

## Estratégias de aprendizagem

**Analisando a qualidade do estudo**

Analise a qualidade de sua aprendizagem deste capítulo e trace metas sobre o que precisa fazer para superar as dificuldades que persistem. Siga estes procedimentos.

 I. Faça uma lista dos pontos do conteúdo que você ainda não compreendeu. O roteiro de estudos pode ajudar nessa tarefa: verifique se você foi capaz de realizar as atividades de *Autoavaliação*, *Reforço* e *Revisão*. Reveja também os títulos dos módulos estudados, pois isso ajuda a lembrar dos conteúdos abordados no capítulo.

 II. Trace algumas estratégias para superar os pontos fracos que você relacionou acima. Por exemplo: dedicar um tempo dos estudos para a revisão desses pontos; pedir ajuda a um colega mais adiantado; conversar com o professor sobre suas dificuldades.

Analisar o próprio desempenho ao fim de cada capítulo ajuda a corrigir a rota que você está tomando nos estudos. Às vezes é preciso uma boa dose de humildade para reconhecer uma dificuldade, e, mais ainda, para pedir ajuda a quem sabe mais do que você. Não fique inseguro em pedir essa ajuda, pois certamente em algum momento você também será procurado para cooperar com alguém que precisa de sua habilidade em algum assunto.

Criança com os pés sobre um chinelo para adulto.

# Proporcionalidade

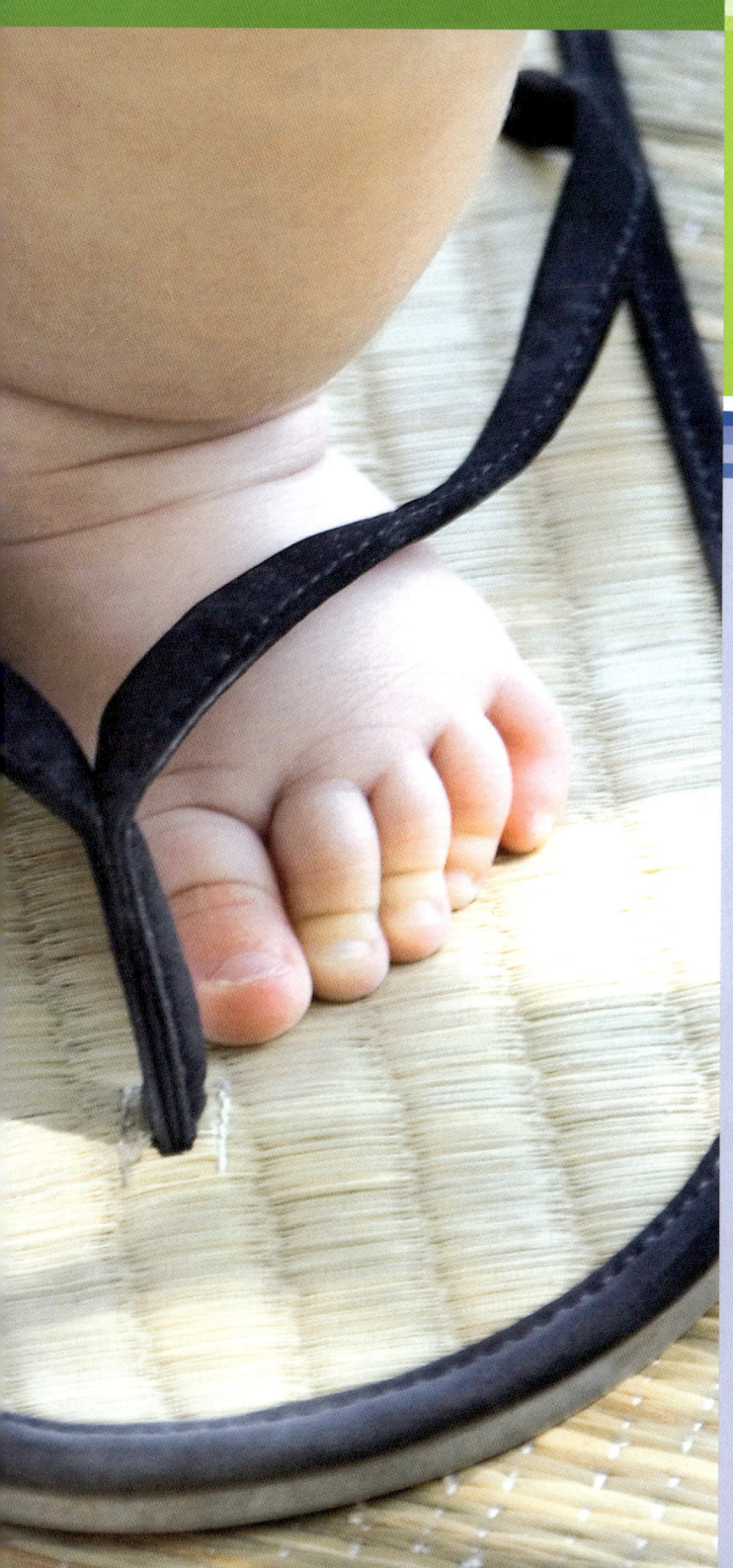

**CAPÍTULO 6**

## O QUE VOCÊ VAI APRENDER

- Razões
- Proporções
- Regra de três

## CONVERSE COM OS COLEGAS

Observando esta fotografia, podemos dizer que o formato dos chinelos para criança é idêntico ao formato dos chinelos para adulto. O que muda é apenas o tamanho: os chinelos para criança têm tamanho proporcionalmente menor. Com o passar do tempo, a criança cresce e passa a usar chinelos com o mesmo formato, mas com tamanho proporcionalmente maior ao que usava antes.

Com seus colegas:

I. Relacione algumas situações de proporcionalidade. Fundamente-se no exemplo acima, mas procure não se limitar apenas a situações de numeração de vestimenta. Solte a imaginação.

II. Decida e responda se a seguinte situação apresenta proporcionalidade.
Se 1 gato demora 10 minutos para devorar 1 rato, quanto tempo é necessário para que 100 gatos devorem 100 ratos?

## MÓDULO 1 — Razões

Ramón está comparando a quantidade de bolinhas de gude que tem, em relação à quantidade de bolinhas de seus amigos. João tem 10, Vítor tem 20 e Ramón tem 30 bolinhas.

Veja o que Ramón afirmou:

- A razão da quantidade de bolinhas que João tem para a que eu tenho é $\frac{1}{3}$.
- A razão da quantidade de bolinhas que eu tenho para a que Vítor tem é $\frac{3}{2}$.
- A razão da quantidade de bolinhas que Vítor tem para a que eu tenho é $\frac{2}{3}$.

Ramón determinou a razão entre dois números. Veja como ele fez.

- $\dfrac{\text{Quantidade de bolinhas que João tem}}{\text{Quantidade de bolinhas que eu tenho}} = \dfrac{10}{30}$ ou $\dfrac{1}{3}$ (para cada bolinha de João, Ramón tem 3 bolinhas)

- $\dfrac{\text{Quantidade de bolinhas que eu tenho}}{\text{Quantidade de bolinhas que Vítor tem}} = \dfrac{30}{20}$ ou $\dfrac{3}{2}$ (para cada 3 bolinhas de Ramón, Vítor tem 2 bolinhas)

- $\dfrac{\text{Quantidade de bolinhas que Vítor tem}}{\text{Quantidade de bolinhas que eu tenho}} = \dfrac{20}{30}$ ou $\dfrac{2}{3}$ (para cada 2 bolinhas de Vítor, Ramón tem 3 bolinhas)

Observe que, ao fazer suas afirmações, Ramón usou a palavra razão, com o objetivo de comparar dois números.

### Definição

A **razão** entre dois números *a* e *b*, com *b* diferente de zero, é a comparação dos números pelo quociente de *a* por *b*, que é indicada por $\frac{a}{b}$ ou *a:b* (lê-se: razão de *a* para *b*).

### ATIVIDADES

1. Ao fazer 20 arremessos em uma cesta de basquete, Carlos concluiu que a razão entre a quantidade de arremessos que ele acertou e o total de arremessos era de 4 para 5.
   a) Indique essa razão como quociente entre dois números.
   b) Quantos arremessos Carlos acertou no total?

2. Dos 40 adolescentes que se inscreveram para as aulas de futebol, 25 são meninos.
   a) Qual é a razão entre a quantidade de meninas e a quantidade de meninos?
   b) Escreva uma frase que indica a comparação entre a quantidade de meninos e a de meninas inscritos para as aulas de futebol.

## ••• Razões com nomes especiais

### Porcentagem

Você já sabe que porcentagem é qualquer razão entre um número $x$ e 100.

$$x\% = \frac{x}{100}$$

**Exemplo**

20% é a razão entre 20 e 100: $20\% = \frac{20}{100}$

Podemos simplificar a fração que representa essa razão: $\frac{20}{100}\frac{:20}{:20} = \frac{1}{5}$

Portanto, calcular 20% de um valor é o mesmo que determinar $\frac{1}{5}$ desse valor.

### Escala

Em mapas ou plantas de construção civil, como a planta de um apartamento, encontramos uma razão denominada **escala**. A escala indica a razão entre a medida dos objetos no desenho e a medida dos objetos reais.

Veja o exemplo a seguir.

> **Construção:** ato, efeito, modo ou arte de construir. Edificação, edifício.
>
> **Construção civil:** atividade relacionada com a construção de edifícios, estradas, pontes, estruturas, obras de saneamento, etc.

7 cm

9 cm

escala 1:100

> **Link**
>
> A palavra escala tem vários significados. Ela pode significar um turno de trabalho, uma parada durante uma viagem ou uma graduação (como a escala termométrica, que você viu no capítulo 4). O sentido usado aqui é o de razão entre a medida de um desenho e a medida real dos objetos ou do local que foram representados no desenho.

Na planta acima está indicada uma escala 1:100 (lê-se: escala de 1 para 100), o que significa que cada medida do apartamento foi dividida por 100. Assim, para determinar as medidas reais do apartamento, devemos fazer a operação inversa, ou seja, multiplicar por 100.

Então, cada 1 cm no desenho equivale a 100 cm, ou 1 metro, no apartamento.

| Dimensões reais do apartamento | |
|---|---|
| Comprimento | 100 · 9 cm = 900 cm = 9 m |
| Largura | 100 · 7 cm = 700 cm = 7 m |

Dados fictícios.

Portanto, as medidas reais do apartamento são 9 m de comprimento e 7 m de largura.

## ATIVIDADES

3. A escola em que Caio estuda está realizando um campeonato de conhecimentos gerais entre os alunos. Ao verificar seu desempenho na prova de Matemática, composta de 50 questões, Caio observou que a razão entre a quantidade de questões que ele acertou e a quantidade total de questões da prova foi de 7 para 10.
   a) Determine quantas questões Caio acertou. Você utilizou porcentagem nessa resolução?
   b) Quantas questões Caio errou?

4. Marília fez as contas e verificou que, todos os meses, a razão entre o valor que ela gasta com aluguel e o salário de R$ 1600,00 mensais que ela recebe é de 7 para 20.
   a) Determine a porcentagem do salário e o valor em reais que Marília gasta com aluguel.
   b) Depois de pagar o aluguel, Marília gasta $\frac{3}{20}$ do que sobra com lazer. Quantos reais ela gasta com lazer por mês?

5. Dos 300 convidados para uma festa, 120 são homens e 180 são mulheres. Calcule a porcentagem de homens e a de mulheres dessa festa em relação ao total de convidados.

6. O barco de pesca abaixo foi desenhado em uma escala de 1 para 200 em relação ao barco real.

   Com uma régua, meça o comprimento do barco desenhado, e calcule, em metros, seu comprimento real.

7. Na cidade de Paris, capital da França, foi construída a famosa torre Eiffel, com cerca de 320 metros de altura. Um garoto resolveu fazer maquetes de vários pontos turísticos do mundo, entre eles a da torre Eiffel.
   Fonte de pesquisa: <www.eiffel-tower.com/images/PDF/guides-visiteurs/eiffel-chin-por.pdf>.
   Acesso em: 15 set. 2014.
   a) Se o garoto pretende usar uma escala 1:800, qual será a altura da miniatura da torre Eiffel?
   b) Faça uma pesquisa sobre outros pontos turísticos do mundo e suas dimensões reais. Calcule, então, a altura que eles teriam se também fossem representados por uma maquete na escala 1:800.

8. Veja parte do mapa da divisão política do Brasil apresentado a seguir.

   **MAPA POLÍTICO DO BRASIL**

   Fonte de pesquisa: <http://www.ibge.gov.br/>.
   Acesso em: 15 set. 2014.

   Usando a escala indicada no mapa, calcule, aproximadamente, a distância real entre as cidades de Brasília e de Salvador.

9. Com um grupo de colegas, faça um desenho em escala da sua sala de aula. Indique no desenho, usando a mesma escala, as posições do quadro, da mesa do professor e do armário, se houver.

10. Veja os dois triângulos abaixo.

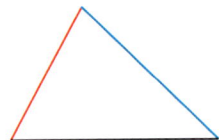

    a) Verifique se a razão entre a medida do lado vermelho do primeiro triângulo e do lado vermelho do outro é igual à razão entre a medida do lado preto do primeiro triângulo e do lado preto do outro.
    b) O que você pode concluir a respeito da razão entre a medida do lado azul do primeiro e do lado azul do segundo triângulo?
    c) Desenhe um triângulo proporcionalmente maior ao primeiro triângulo representado acima, na escala 1:5.

## Velocidade média

Velocidade média é a razão entre a distância percorrida por um objeto e o tempo que ele gasta para percorrê-la.

Essas grandezas têm naturezas diferentes, por isso as unidades de medida devem sempre ser indicadas. Algumas unidades comuns de velocidade são km/h (quilômetros por hora) e m/s (metros por segundo).

### Exemplo

Um carro percorreu 180 quilômetros em 3 horas:

$$v_m = \frac{180 \text{ km}}{3 \text{ h}} = 60 \text{ km/h}$$

Logo, sua velocidade média nesse trajeto foi 60 km/h.

Observe, porém, que isso não significa que o objeto tenha se locomovido a 60 km/h durante todo o percurso. Ele pode ter desempenhado velocidades maiores e menores, de modo que, em média, percorresse 60 km a cada hora.

## Densidade de um corpo

A densidade de um corpo é a razão entre a sua massa e o volume ocupado por ele. O corpo pode ser maciço ou oco, constituído por uma única substância ou por várias.

### Exemplo

Uma peça de ferro tem 156 g e um volume de 20 cm³:

$$d = \frac{156 \text{ g}}{20 \text{ cm}^3} = 7{,}8 \text{ g/cm}^3$$

Logo, a densidade dessa peça é 7,8 g/cm³.

### Massa específica

Massa específica é a razão entre a massa e o volume de uma substância. A massa específica é uma característica de cada substância, podendo ser usada para identificá-la. Se um corpo é maciço e constituído apenas por uma substância, a densidade dele é igual à massa específica da substância.

---

### Tacógrafo

Para garantir a regularidade em viagens de caminhões e ônibus, é obrigatória a instalação, nesses veículos, de um aparelho denominado tacógrafo. Esse dispositivo registra a velocidade do veículo, os tempos de parada e a distância percorrida. Desse modo, evita-se, por exemplo, que um caminhão gaste muito tempo em uma parada e depois compense o tempo gasto viajando o resto do percurso a uma velocidade maior do que a permitida. Assim, o monitoramento de veículos por meio de tacógrafos favorece a segurança nas estradas.

- Conhecendo apenas a extensão e o tempo do percurso, é possível saber a velocidade que o veículo desempenhou em todos os momentos?

- Com um colega, descreva outros métodos que já existem ou poderiam existir para garantir a segurança nas estradas.

### Em 3 minutos

Duas esferas têm tamanhos iguais. A esfera A é totalmente feita de chumbo, e a esfera B é feita com isopor.

I. Os volumes das esferas são iguais ou diferentes?

II. As densidades das duas esferas são iguais ou diferentes? Por quê?

---

**ATIVIDADES**

**11.** A prova mais rápida da natação é a de 50 metros nado livre. Qual é a velocidade média de um nadador que conclui essa prova em 16 segundos?

**12.** Um ciclista partiu do marco 40 km de uma estrada às 8 horas e seguiu por essa estrada até o marco 100 km, chegando lá às 10 horas.
a) Quantos quilômetros ele percorreu?
b) Em quanto tempo ele percorreu essa distância?
c) Qual foi a velocidade média do ciclista nesse percurso?

**13.** Uma pequena escultura de bronze tem 4 370 gramas de massa e 500 centímetros cúbicos de volume. Determine a densidade dessa escultura.

## Densidade demográfica

Densidade demográfica é a razão entre a quantidade de habitantes de uma região e a área dessa região.

**Exemplo**

Uma cidade tem aproximadamente 36 000 habitantes e 2 000 km² de área:

$$d_d = \frac{36\,000 \text{ hab.}}{2\,000 \text{ km}^2} = 18 \text{ hab./km}^2$$

A densidade demográfica dessa cidade é 18 habitantes por quilômetro quadrado. Isto é, nessa região, em um espaço quadrado de 1 km de lado, há, em média, 18 habitantes.

### ATIVIDADES

**14.** O município de Cidadópolis tem 450 000 habitantes distribuídos por uma área de 250 km². Alegrópolis, outro município da região, tem área de 60 km² e uma população de 108 000 habitantes.
Determine a densidade demográfica de cada cidade. Qual densidade é maior?

**15.** Uma pessoa está fazendo uma caminhada a uma velocidade de 50 m/min.
a) Quantos metros essa pessoa percorre em 20 minutos de caminhada?
b) Quantos minutos essa pessoa levará para caminhar 2 km?

**16.** Se um trem-bala viaja com velocidade média de 270 km/h, em quanto tempo ele fará um percurso de 405 km?

**17.** Um ciclista se desloca em uma pista com velocidade média de 25 km/h.
a) Quantos quilômetros o ciclista percorre em uma hora e meia?
b) Em quanto tempo esse ciclista percorre 5 km?

**18.** Nos Jogos Olímpicos de Los Angeles, em 1984, Joaquim Cruz foi o primeiro atleta brasileiro a conquistar a medalha de ouro em uma prova de pista. Ele venceu a prova correndo a uma velocidade média de aproximadamente 8 m/s.
a) Sabendo que ele levou cerca de 100 s para concluir a prova, que distância ele percorreu?
b) Se ele tivesse de percorrer 960 m com essa mesma velocidade média, quanto tempo ele levaria para concluir o percurso?
Fonte de pesquisa: <http://www.cob.org.br/brasil-jogos/edicao-interna.asp?id=23>. Acesso em: 4 fev. 2012.

**19.** Um município com 150 mil habitantes tem densidade demográfica de 500 hab./km². Qual é a área desse município?

**20.** Uma peça maciça de chumbo tem volume de 150 cm³. Determine a massa dessa peça, sabendo que a massa específica do chumbo é 11,4 g/cm³.

**21.** Veja na tabela a seguir a massa específica de dois metais.

| Metal | Massa específica (g/cm³) |
|---|---|
| Cobre | 8,96 |
| Ouro | 19,3 |

Disponível em: <www.infoescola.com/wp-content/uploads/2009/08/tabela_grande.jpg>. Acesso em: 15 set. 2014.

Em uma balança de equilíbrio foram colocados dois blocos maciços de volumes iguais, sendo um de ouro e o outro de cobre.

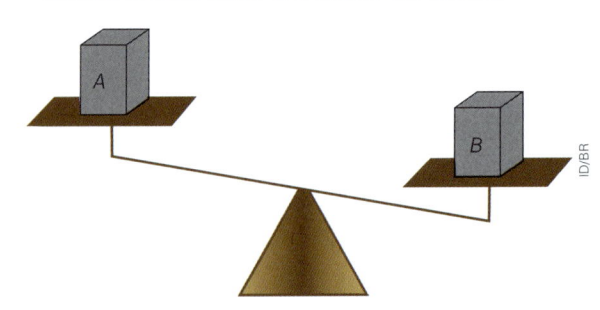

Qual é o bloco de ouro? Por quê?

**22.** Veja a afirmação a seguir.
"Quanto maior for a densidade de um material, maior será a massa de um cubo de 1 cm de aresta produzido com esse material."
Julgue se essa afirmação é verdadeira ou falsa e justifique.

# Proporções

**MÓDULO 2**

Daniel e Maria fizeram provas diferentes de Matemática. Daniel acertou 6 das 10 questões de sua prova, e Maria, 9 das 15 questões de sua prova.

Vamos calcular a razão entre a quantidade de acertos e a quantidade total de questões das provas dos dois amigos.

| Aluno | Quantidade de acertos | Quantidade total de questões | Razão acertos/total |
|---|---|---|---|
| Daniel | 6 | 10 | $\frac{6}{10}$ |
| Maria | 9 | 15 | $\frac{9}{15}$ |

Dados fictícios.

Ao simplificar as frações associadas a essas razões, verificamos que, para cada 5 questões que eles fizeram, acertaram 3. Veja:

$\frac{6}{10} = \frac{3}{5}$ e $\frac{9}{15} = \frac{3}{5}$

Como as razões $\frac{6}{10}$ e $\frac{9}{15}$ são iguais, dizemos que elas formam uma **proporção**.

### Definição

**Proporção** é uma igualdade entre duas razões.

Representamos assim: se duas razões $\frac{a}{b}$ e $\frac{x}{y}$ são iguais, então formam uma proporção: $\frac{a}{b} = \frac{x}{y}$

Lê-se: "$a$ está para $b$ assim como $x$ está para $y$".

Os números $a$ e $y$ são denominados **extremos** da proporção, e os números $b$ e $x$ são denominados **meios**.

No exemplo de Daniel e Maria, temos a proporção $\frac{6}{10} = \frac{9}{15}$. Então, podemos dizer que ambos acertaram $\frac{3}{5}$ das questões.

## Propriedade fundamental das proporções

### Propriedade

Em uma proporção, o produto dos extremos é igual ao produto dos meios: $\frac{a}{x} = \frac{b}{y} \Rightarrow a \cdot y = b \cdot x$, com $x \neq 0$ e $y \neq 0$

Por exemplo, podemos verificar que a proporção $\frac{10}{2} = \frac{15}{3}$ é verdadeira, pois: $\frac{10}{2} = \frac{15}{3} \Rightarrow 10 \cdot 3 = 15 \cdot 2$

**⏲ Em 3 minutos**

Identifique no caderno os extremos e os meios das proporções a seguir.

I. $\frac{3}{4} = \frac{6}{8}$

II. $\frac{1}{3} = \frac{4}{12}$

III. $\frac{b}{c} = \frac{t}{w}$

### SAIBA MAIS

**O sinal de implica**

Na linguagem matemática, usa-se o sinal $\Rightarrow$ para dizer que uma coisa implica outra. Assim, se temos $A \Rightarrow B$, isso quer dizer que, por exemplo, se $A$ for verdadeiro, então $B$ também será.

## ATIVIDADES

**23.** Verifique se as seguintes igualdades são verdadeiras.

a) $\frac{3}{5} = \frac{6}{10}$   b) $\frac{2}{7} = \frac{14}{42}$   c) $\frac{2}{9} = \frac{10}{45}$

**24.** Considere a proporção $\frac{a}{x} = \frac{b}{y}$, sendo $x \neq 0$ e $y \neq 0$. Usando a propriedade fundamental das proporções, verifique se ela permanece verdadeira quando:

a) trocamos os extremos, obtendo $\frac{y}{x} = \frac{b}{a}$

b) trocamos os meios, obtendo $\frac{a}{b} = \frac{x}{y}$

c) invertemos as razões, obtendo $\frac{x}{a} = \frac{y}{b}$

d) trocamos os membros, obtendo $\frac{b}{y} = \frac{a}{x}$

## Propriedades das proporções

Dadas as razões não nulas $\frac{a}{b}$ e $\frac{c}{d}$, com $b \neq 0$ e $d \neq 0$, podemos enunciar as seguintes propriedades.

**Propriedade 1**

Se $\frac{a}{b} = \frac{c}{d}$, então $\frac{a+b}{a} = \frac{c+d}{c}$ e $\frac{a+b}{b} = \frac{c+d}{d}$.

Se $\frac{a}{b} = \frac{c}{d}$, então $\frac{a-b}{a} = \frac{c-d}{c}$ e $\frac{a-b}{b} = \frac{c-d}{d}$.

### Exemplo

O combustível comercializado em determinada rede de postos tem a proporção de 1 parte de álcool para 6 partes de gasolina. Quantos litros de gasolina há em um tanque com 84 litros desse combustível?

Sendo $x$ a quantidade de litros de álcool no tanque e $y$ a quantidade de litros de gasolina nesse tanque, temos a proporção: $\frac{x}{y} = \frac{1}{6}$

Pela propriedade apresentada, temos: $\frac{x+y}{y} = \frac{1+6}{6}$

Como $x + y = 84$ (volume total do combustível no tanque): $\frac{84}{y} = \frac{7}{6} \Rightarrow y = 72$

Logo, em 84 litros desse combustível há 72 litros de gasolina.

**Propriedade 2**

Se $\frac{a}{b} = \frac{c}{d}$, então $\frac{a+c}{b+d} = \frac{a}{b} = \frac{c}{d}$.

Se $\frac{a}{b} = \frac{c}{d}$, então $\frac{a-c}{b-d} = \frac{a}{b} = \frac{c}{d}$.

### Exemplo

Antônio, Jerônimo e Priscila abriram uma empresa, investindo R$ 5 000,00, R$ 7 000,00 e R$ 8 000,00. Depois de certo tempo apurou-se um lucro de R$ 4 200,00. A cada sócio coube uma parte do lucro proporcional ao investimento. Sendo $a$ o valor que Antônio recebeu, $b$ o valor de Jerônimo e $c$ o valor de Priscila, temos:

$$\frac{a}{5000} = \frac{b}{7000} = \frac{c}{8000}$$

Pela propriedade das proporções: $\frac{a+b+c}{5000+7000+8000} = \frac{4200}{20000} = \frac{21}{100}$

$\frac{a}{5000} = \frac{21}{100}$
$100a = 21 \cdot 5000$
$a = \frac{21 \cdot 5000}{100} = 1050$

$\frac{b}{7000} = \frac{21}{100}$
$100b = 21 \cdot 7000$
$b = \frac{21 \cdot 7000}{100} = 1470$

$\frac{c}{8000} = \frac{21}{100}$
$100c = 21 \cdot 8000$
$c = \frac{21 \cdot 8000}{100} = 1680$

Assim, Antônio recebeu R$ 1 050,00; Jerônimo, R$ 1 470,00; e Priscila, R$ 1 680,00.

**ATIVIDADES**

**25.** Depois de três meses de funcionamento, Ana e Beatriz repartiram o lucro de R$ 4 200,00 proporcionalmente à quantia que cada uma investiu em uma sociedade. Ana investiu R$ 4 500,00, e Beatriz, R$ 2 500,00. Qual foi a parcela do lucro destinada a cada uma das sócias?

**26.** Diego e Gustavo têm 12 e 16 anos. Eles vão repartir R$ 1 400,00 de modo que recebam valores proporcionais a suas idades. Quanto deve receber cada um?

**27.** Caetano, Lucas e Eduardo investiram R$ 6 000,00, R$ 10 000,00 e R$ 4 000,00 em uma sociedade. O negócio começou a não ir bem, e eles decidiram encerrar a sociedade. Com isso o prejuízo foi R$ 4 000,00, atribuído proporcionalmente entre os sócios.

a) Qual é o prejuízo de cada sócio após o encerramento da sociedade?

b) Com quanto dinheiro cada um saiu da sociedade?

## Números diretamente e inversamente proporcionais

### Números diretamente proporcionais

As sequências de números (1, 2, 3, 4) e (2, 4, 6, 8) são diretamente proporcionais, pois a segunda sequência pode ser obtida multiplicando cada termo da primeira por um mesmo número.

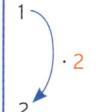

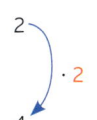

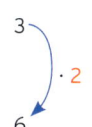

1 · 2 = 2
2 · 2 = 4
3 · 2 = 6
4 · 2 = 8

Da mesma maneira, a sequência (8, 16, 20) e a sequência (2, 4, 5) são diretamente proporcionais: os termos da segunda sequência são iguais aos termos da primeira multiplicados por $\frac{1}{4}$.

Dizemos que os números de uma sequência (a, b, c, d, ...) são diretamente proporcionais aos números de outra sequência (x, y, z, w, ...) quando $\frac{a}{x} = \frac{b}{y} = \frac{c}{z} = \frac{d}{w} = ... = k$, em que k é o valor dessas razões, denominado **coeficiente de proporcionalidade**.

Nos exemplos apresentados, temos:

$\frac{1}{2} = \frac{2}{4} = \frac{3}{6} = \frac{4}{8} = \frac{1}{2} \left(k = \frac{1}{2}\right)$ e $\frac{8}{2} = \frac{16}{4} = \frac{20}{5} = 4$ (k = 4)

### Números inversamente proporcionais

As sequências de números (1, 2, 4) e (8, 4, 2) são inversamente proporcionais, pois cada termo da segunda sequência pode ser obtido dividindo um mesmo número pelo termo correspondente da primeira sequência.

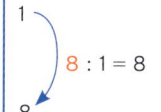

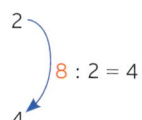

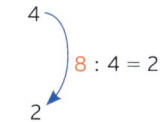

8 : 1 = 8
8 : 2 = 4
8 : 4 = 2

Dizemos que os números de uma sequência (a, b, c, d, ...) são inversamente proporcionais aos números de outra sequência (x, y, z, w, ...) quando são diretamente proporcionais aos seus inversos: $\frac{a}{\frac{1}{x}} = \frac{b}{\frac{1}{y}} = \frac{c}{\frac{1}{z}} = \frac{d}{\frac{1}{w}} = ... = k$ ou

$a \cdot x = b \cdot y = c \cdot z = d \cdot w = ... = k$, em que k é o valor desses produtos, o **coeficiente de proporcionalidade**.

No exemplo apresentado, temos: 1 · 8 = 2 · 4 = 4 · 2 = 8 (k = 8)

### ATIVIDADES

**28.** Os números da sequência (6, 9, 12, 15) são diretamente proporcionais aos números da sequência (2, 3, 4, 5). Determine o coeficiente de proporcionalidade nessa relação.

**29.** Os números da sequência (1, 3, 6, 9) são inversamente proporcionais aos números da sequência (18, 6, 3, 2). Determine o coeficiente de proporcionalidade nessa relação.

**30.** Verifique se os números das duas sequências apresentadas em cada item são diretamente proporcionais.

a) (1, 3, 5) e (4, 12, 20)

b) (2, 4) e (6, 11)

c) (2, 3, 6) e (6, 9, 18)

**31.** Verifique se os números das duas sequências apresentadas em cada item são inversamente proporcionais.

a) (1, 3) e (20, 60)

b) (2, 3, 4) e (12, 8, 6)

c) (5, 3, 1) e (3, 5, 15)

**32.** Entre as razões abaixo, apenas uma é equivalente a $\frac{2}{3}$. Identifique essa razão.

a) $\frac{3}{15}$    b) $\frac{8}{14}$    c) $\frac{10}{15}$    d) $\frac{10}{18}$    e) $\frac{6}{16}$

**33.** Os números 4 e 7 são diretamente proporcionais aos números 6 e x.

Veja como um aluno determinou corretamente o valor de x.

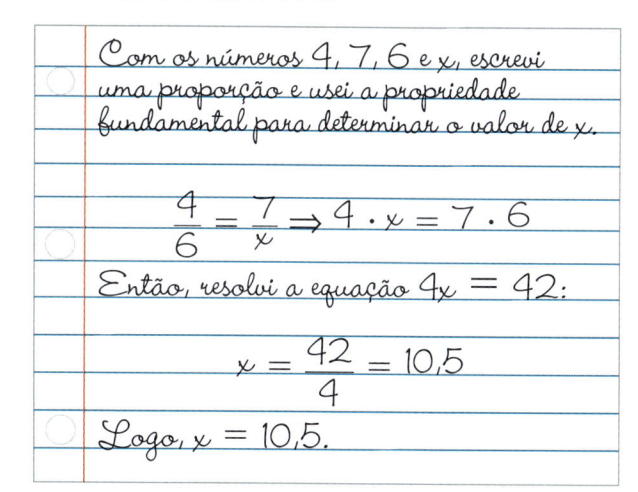

> Com os números 4, 7, 6 e x, escrevi uma proporção e usei a propriedade fundamental para determinar o valor de x.
>
> $\frac{4}{6} = \frac{7}{x} \Rightarrow 4 \cdot x = 7 \cdot 6$
>
> Então, resolvi a equação 4x = 42:
>
> $x = \frac{42}{4} = 10,5$
>
> Logo, x = 10,5.

Agora, determine o valor de x em cada caso.

a) Os números 5 e x são diretamente proporcionais aos números 3 e 9.

b) Os números 2 e 7 são diretamente proporcionais aos números 9 e x.

**34.** Determine o valor de m, de modo que as razões $\frac{2m-9}{m+1}$ e $\frac{5}{8}$ formem uma proporção.

## Grandezas diretamente e inversamente proporcionais

Assim como relacionamos números, podemos relacionar grandezas em uma situação. Veja um exemplo.

Um caminhão percorre 70 km em 1 hora, com velocidade constante. Quantos quilômetros ele percorrerá em 5 horas, se mantiver essa velocidade?

Observe que, nessa situação, dobrando o tempo da viagem, a distância percorrida também dobrará; triplicando o tempo da viagem, a distância percorrida também triplicará, e assim por diante.

$$\cdot 2 \begin{pmatrix} 1 \text{ hora} \rightarrow 70 \text{ km} \\ 2 \text{ horas} \rightarrow 140 \text{ km} \end{pmatrix} \cdot 2$$

$$\cdot 3 \begin{pmatrix} 1 \text{ hora} \rightarrow 70 \text{ km} \\ 3 \text{ horas} \rightarrow 210 \text{ km} \end{pmatrix} \cdot 3$$

$$\cdot 5 \begin{pmatrix} 1 \text{ hora} \rightarrow 70 \text{ km} \\ 5 \text{ horas} \rightarrow 350 \text{ km} \end{pmatrix} \cdot 5$$

Portanto, em 5 horas, o caminhão percorrerá 350 quilômetros.

**Definição**

Duas grandezas são **diretamente proporcionais** quando, ao multiplicar uma delas por um número, a outra também é multiplicada pelo mesmo número.

Dizemos que, no exemplo dado, o tempo de viagem e a distância percorrida são grandezas diretamente proporcionais ou, simplesmente, proporcionais.

### ATIVIDADES

**35.** Identifique quais dos pares de grandezas a seguir são diretamente proporcionais.

a) A idade de um ser humano e a altura dele.

b) A quantidade de farinha para fazer um bolo e a quantidade de bolos.

c) O tempo para realizar uma tarefa e a quantidade de funcionários para executá-la.

d) A medida do lado de um quadrado e a área dele.

e) A quantidade de chocolates que se compra e o dinheiro para comprar esses chocolates, excluindo qualquer promoção.

**36.** Uma indústria informou que, de cada 80 carros que ela produz, 3 são pintados na cor verde.

a) Quais são as grandezas envolvidas? Essas grandezas são diretamente proporcionais?

b) Quantos carros na cor verde há em 800 veículos produzidos?

**37.** Para fazer 16 bombons, Cátia usou 1 litro de creme de leite e 500 gramas de chocolate em barra. Quanto ela usaria de creme de leite e de chocolate para fazer 48 desses bombons?

**38.** Carol produz 15 peças iguais de cerâmica por semana trabalhada.

a) Copie e complete a tabela a seguir.

| Quantidade de semanas | 1 | 2 | 3 | 4 | 5 |
|---|---|---|---|---|---|
| Quantidade de peças | 15 | | | | |

b) Quantas semanas serão necessárias para Carol produzir 300 peças?

c) Em 12 semanas, quantas peças Carol consegue produzir?

Veja agora outro exemplo.

Um automóvel, movendo-se com velocidade média de 40 km/h, completou determinado percurso em 4 horas. Em quanto tempo ele faria esse mesmo percurso se sua velocidade média fosse 80 km/h?

Nessa situação, dobrando a velocidade média percorremos o dobro da distância no mesmo tempo. Assim, completamos todo o percurso na metade do tempo.

Então, o tempo da viagem é reduzido à metade. Veja:

$$\cdot 2 \begin{pmatrix} 40 \text{ km/h} & \rightarrow & 4 \text{ horas} \\ 80 \text{ km/h} & \rightarrow & 2 \text{ horas} \end{pmatrix} : 2$$

Logo, viajando a 80 km/h, o automóvel faz o percurso em 2 horas.

### Definição

Duas grandezas são **inversamente proporcionais** quando, ao multiplicarmos uma delas por um número, a outra também é dividida pelo mesmo número.

Dizemos então que a velocidade média e o tempo de viagem são inversamente proporcionais.

### ATIVIDADES

**39.** A tabela abaixo mostra os valores que cada vencedor de um prêmio receberia, conforme a quantidade total de vencedores.

| Quantidade de vencedores | Prêmio para cada vencedor (em reais) |
|---|---|
| 2 | 30 mil |
| 4 | 15 mil |
| 12 | y |
| x | 4 mil |

a) As grandezas apresentadas são direta ou inversamente proporcionais?
b) Qual é o valor de x e de y?
c) Qual é o valor total do prêmio?
d) Se fossem 120 vencedores, que quantia cada um deles receberia?

**40.** Identifique quais pares de grandezas a seguir são inversamente proporcionais.
a) A distância percorrida por um carro e a quantidade de litros de combustível no tanque.
b) A quantidade de impressoras e o tempo para imprimir certa quantidade de páginas.
c) A quantidade de músicos tocando uma música com a mesma pauta e o tempo que levam para tocá-la inteira.
d) A quantidade de caixas e a quantidade de produtos embalados em uma caixa. (Considere que, em todas as caixas, serão embaladas as mesmas quantidades de produtos.)

**41.** Com 10 máquinas de tecelagem, uma empresa precisa de 6 dias para produzir 200 tapetes.
a) Quais são as grandezas envolvidas? Essas grandezas são inversamente proporcionais?
b) Se a empresa usar 30 dessas máquinas, quantos dias serão necessários para produzir a mesma quantidade de tapetes?

**42.** Um concurso ofereceu um prêmio total de R$ 2 600,00 para os três primeiros candidatos que conseguissem resolver determinado quebra-cabeça. O prêmio foi dividido em partes inversamente proporcionais ao tempo que cada vencedor gastou para solucionar o desafio.

Calcule o prêmio que coube a cada um dos vencedores, sabendo que o primeiro colocado gastou 8 minutos para resolver o quebra-cabeça, o segundo, 12 minutos, e o terceiro gastou 16 minutos.

## MÓDULO 3

# Regra de três

A **regra de três simples** é um procedimento usado para resolver alguns problemas que envolvem duas grandezas direta ou inversamente proporcionais. Já a **regra de três composta** é usada em problemas que apresentam três ou mais grandezas direta ou inversamente proporcionais.

### ●●● Regra de três simples e grandezas diretamente proporcionais

Otávio comprou 12 metros de fio por R$ 25,00. Quanto custam 42 metros desse fio?

O comprimento do fio e o preço a ser pago são grandezas diretamente proporcionais: multiplicando por um valor a quantidade de fio comprada, o preço é multiplicado por esse mesmo valor.

Representando pela letra $x$ o preço a ser pago por 42 metros de fio, podemos organizar a seguinte tabela.

| Quantidade de fio (m) | Preço a ser pago (R$) |
|---|---|
| 12 | 25 |
| 42 | $x$ |

Dados fictícios.

Como as grandezas são diretamente proporcionais, podemos escrever a seguinte proporção com os números da tabela:

$$\frac{12}{42} = \frac{25}{x}$$

Usando a propriedade fundamental das proporções, igualamos o produto dos extremos ao produto dos meios, e resolvemos a equação obtida:

$$\frac{12}{42} = \frac{25}{x} \Rightarrow 12 \cdot x = 42 \cdot 25$$
$$12x = 1\,050$$
$$x = \frac{1\,050}{12} = 87,5$$

Portanto, Otávio pagará R$ 87,50 por 42 metros de fio.

> **Link**
>
> Conhecidos três dos quatro termos de uma proporção, a regra de três simples sempre pode ser utilizada para determinar o termo desconhecido.

### ATIVIDADES

**43.** Certa impressora pode imprimir 12 páginas por minuto.
   a) As grandezas quantidade de páginas a serem impressas e tempo para imprimi-las são direta ou inversamente proporcionais?
   b) Em quanto tempo essa impressora imprimirá 204 páginas?

**44.** Com 4 metros de tecido, uma costureira consegue fazer duas calças.
   a) Quantos metros de tecido são necessários para fazer cinco dessas calças?
   b) Quantas dessas calças ela conseguirá fazer com 12 metros de tecido?

**45.** Para preparar um suco de determinada marca, misturam-se 2 copos com polpa para cada 10 copos com água. São usados 36,5 copos de água.
   a) Quantos copos com polpa serão necessários para preparar esse suco?
   b) Quantos copos desse suco, completamente cheios, poderão ser servidos? Lembre-se: o suco pronto contém as quantidades de água e de polpa que foram utilizadas.

## Regra de três simples e grandezas inversamente proporcionais

Viajando a uma velocidade constante de 60 km/h, um trem vai de uma cidade a outra em 10 horas. Em quanto tempo esse trem faria a mesma viagem se viajasse a 80 km/h?

A velocidade do trem e o tempo de viagem são grandezas inversamente proporcionais: se a velocidade do trem dobrar, o tempo da viagem será reduzido pela metade; se a velocidade triplicar, o tempo será reduzido à terça parte, e assim por diante.

Representando pela letra $x$ o tempo de viagem com o trem a 80 km/h, podemos construir a tabela abaixo.

| Velocidade (km/h) | Tempo (horas) |
|---|---|
| 60 | 10 |
| 80 | $x$ |

Dados fictícios.

Como as grandezas apresentadas são inversamente proporcionais, temos a seguinte proporção entre os números da tabela:

$$\frac{60}{\frac{1}{10}} = \frac{80}{\frac{1}{x}} \Rightarrow 60 \cdot 10 = 80 \cdot x$$

Agora, resolvemos a equação do 1º grau com incógnita $x$.

$$80x = 600$$

$$x = \frac{600}{80} = 7{,}5$$

Logo, se o trem viajar a 80 km/h, o tempo de viagem será 7,5 horas, ou seja, 7 horas e 30 minutos.

### ATIVIDADES

**46.** Adriano preparou um churrasco para 40 pessoas e verificou, com base em sua experiência, que a comida era suficiente para 6 horas de festa. No entanto, chegaram 8 pessoas a mais do que o previsto. Determine quantas horas durará a comida, supondo que cada pessoa consuma a mesma quantidade de comida.

**47.** Um fazendeiro tem ração suficiente para alimentar 220 vacas durante 45 dias. Se o fazendeiro precisasse alimentar 450 vacas, a ração seria suficiente para quantos dias?

**48.** Milena confeccionou bermudas e quer distribuí-las em diferentes lojas, de modo que cada uma receba quantidades iguais de bermudas.

a) As grandezas quantidade de lojas e quantidade de bermudas que cada loja receberá são direta ou inversamente proporcionais?

b) Se ela distribuir as 240 bermudas que confeccionou entre 4 lojas, quantas bermudas cada loja receberá?

c) Se cada loja ficar com 40 das 240 bermudas que ela produziu, entre quantas lojas as bermudas serão distribuídas?

**49.** Usando 8 máquinas por 6 horas diárias, uma empresa consegue produzir 20 motores de avião em 4 dias.

Quantos dias essa mesma empresa levará para produzir a mesma quantidade de motores se as máquinas operarem 8 horas diárias?

## Regra de três composta

Se 40 cópias são tiradas por 5 impressoras em 2 minutos, em quanto tempo 96 cópias serão tiradas por 8 dessas impressoras?

Representando pela letra x a quantidade de minutos que 8 impressoras levam para tirar 96 cópias, podemos organizar a tabela como a seguir.

| Tempo (minutos) | Quantidade de cópias | Quantidade de impressoras |
|---|---|---|
| 2 | 40 | 5 |
| x | 96 | 8 |

Dados fictícios.

Como queremos saber o tempo decorrido, temos de determinar se:

- o tempo e a quantidade de cópias são grandezas direta ou inversamente proporcionais, considerando a mesma quantidade de impressoras.

    Nesse caso, as grandezas são diretamente proporcionais, pois, aumentando o tempo, a quantidade de cópias tiradas aumenta na mesma proporção.

- o tempo e a quantidade de impressoras são grandezas direta ou inversamente proporcionais, considerando a mesma quantidade de cópias.

    Nesse caso, as grandezas são inversamente proporcionais, pois, aumentando a quantidade de impressoras, o tempo para tirar as cópias diminui na mesma proporção.

Observe como escrevemos uma igualdade entre essas grandezas para solucionar o problema:

$$\frac{2}{x} = \frac{40}{96} \cdot \frac{8}{5}$$

(diretamente proporcional ao tempo / inversamente proporcional ao tempo)

Observe que invertemos a razão correspondente à grandeza que é inversamente proporcional à quantidade de horas. Assim, obtemos:

$$\frac{2}{x} = \frac{320}{480} \Rightarrow 320x = 960$$

$$x = \frac{960}{320} = 3$$

Portanto, 8 impressoras produzirão 96 cópias em 3 minutos.

**PARA RECORDAR**

Lembre-se que no produto de frações podem ser feitas simplificações para facilitar os cálculos. Veja outra forma de determinar o valor de x:

$$\frac{2}{x} = \frac{40^8}{96} \cdot \frac{8}{5^1}$$

$$\frac{2}{x} = \frac{2}{96^{12}} \cdot \frac{8^1}{1}$$

$$\frac{2}{x} = \frac{8^2}{12^3}$$

$$x = 3$$

### ATIVIDADES

**50.** Por 5 dias de hospedagem em um hotel, 4 pessoas pagaram R$ 1200,00. Quanto esse hotel cobrará de 6 pessoas por 10 dias de hospedagem, sabendo que o preço da diária por pessoa é sempre o mesmo?

**51.** Caminhando 10 horas diárias, durante 24 dias, um viajante percorre 720 km. Para percorrer 432 km, caminhando na mesma velocidade por 8 horas diárias, quantos dias serão necessários?

**ATIVIDADES**

**52.** Determinada quantidade de ração alimenta 24 porcos durante 5 dias. Quantos porcos devem ser vendidos para que essa ração dure 6 dias?

**53.** Uma fábrica produz 400 bonecas em 5 horas. Quanto tempo será necessário para produzir 1000 bonecas?

**54.** Se um litro de leite custa R$ 2,40, quantos litros de leite podem ser comprados com R$ 16,80?

**55.** Cada página de um dicionário de certa coleção tem 32 linhas. O dicionário tem 75 páginas. Quantas páginas teria o dicionário se em cada uma fossem impressas 40 linhas?

**56.** Uma torneira tem vazão de 15 litros por minuto e consegue encher um tanque em 12 horas. Quanto tempo uma torneira que tem vazão de 20 litros por minuto levaria para encher o mesmo tanque?

**57.** A padaria de um supermercado produz 240 kg de pão com 200 kg de farinha.
a) Quantos quilogramas de farinha serão necessários para fazer 3 kg de pão?
b) Quantos pãezinhos de 50 g poderão ser feitos com 500 kg de farinha?

**58.** Oito lâmpadas iguais, acesas durante 4 horas diárias, consomem, em 30 dias, 48 kWh (quilowatt-hora). Quanto consumirão 6 lâmpadas iguais a essas, acesas 3 horas por dia, durante 20 dias?

**59.** Dois alfaiates costuram 10 barras de calça em 20 minutos. Calcule quantas barras seriam costuradas por 3 alfaiates em 12 minutos. Considere que todos os alfaiates desenvolvam sempre o mesmo serviço no mesmo tempo.

**60.** Uma envasadora de água mineral consegue envasar 3 mil garrafas em 5 dias, funcionando 6 horas por dia. O dono do negócio quer aumentar a produção para 4 mil garrafas em 4 dias.
a) Calcule quantas horas por dia a envasadora deve funcionar para que o dono do negócio atinja seu objetivo.
b) Dadas as mesmas condições, calcule quantas horas a envasadora deve funcionar para envasar 4000 garrafas em um dia.

**61.** Uma gráfica decidiu promover algumas mudanças em sua linha de produção: triplicou o número de máquinas e reduziu em $\frac{1}{3}$ as horas diárias de funcionamento. Se antes a gráfica produzia 40 livros por dia, quantos livros ela passará a produzir diariamente com as mudanças?

**62.** A figura a seguir mostra a relação entre duas rodas dentadas.

Observe que a roda maior tem 16 dentes, e a menor tem 6 dentes. Se a roda maior der 15 voltas completas, quantas voltas completas dará a roda menor?

**63.** Uma máquina funciona 8 horas por dia, embalando vinte caixas de bolacha por minuto. Se tivermos três dessas máquinas funcionando 6 horas por dia, quantas caixas de bolacha serão embaladas por dia?

**64.** Uma impressora a *laser* consegue imprimir 10 páginas por minuto. Uma impressora de jato de tinta consegue imprimir 6 páginas por minuto. Se 2 impressoras a *laser* e 5 impressoras de jato de tinta trabalharem ao mesmo tempo, em quanto tempo essas 7 impressoras imprimirão 500 páginas?

**65.** A frequência, medida em hertz (Hz), da nota musical produzida por uma corda de guitarra é inversamente proporcional ao comprimento da corda. Se uma corda de 80 cm de comprimento produz um som com 120 Hz de frequência, que comprimento terá uma corda que produz uma nota de 150 Hz?

**66.** Na construção de um túnel, uma escavadeira consegue escavar 5 metros por dia, e a previsão é de que, nesse ritmo, a obra seja concluída em 18 dias. Foram adquiridas mais quatro dessas escavadeiras. Se todas elas estiverem operando simultaneamente, em quanto tempo a obra ficará pronta?

## COMPREENDER E RESOLVER

### Festa na escola

Ana, Bruno, Clara e Daniel estudam na mesma classe e fazem aniversário no mesmo dia. No dia do aniversário, eles levaram, juntos, noventa brigadeiros para comemorar. A professora, então, observou um fato curioso: se Ana tivesse levado dois brigadeiros a menos, se Bruno tivesse levado dois brigadeiros a mais, se Clara tivesse levado o dobro de brigadeiros e se Daniel tivesse levado a metade, todos teriam levado quantidades iguais de brigadeiros.

Quantos brigadeiros cada um deles levou?

#### ■ Compreensão do problema

I. No total, quantos brigadeiros os quatro amigos levaram para a escola?

II. Eles poderiam ter levado quantidades iguais, considerando um total de 90 brigadeiros?

III. Se Ana tivesse levado dois brigadeiros a menos; Bruno, dois a mais; Clara, o dobro, e Daniel, a metade, o total ainda poderia ser de 90 brigadeiros? Por quê?

IV. Quem levou mais brigadeiros? Quem levou menos? Como você sabe?

V. Ana levou mais ou menos brigadeiros do que Bruno? Quantos a mais ou a menos?

#### ■ Resolução do problema

I. Representando as quantidades levadas por Ana, Bruno, Clara e Daniel, por $a$, $b$, $c$ e $d$, qual seria o valor de $a + b + c + d$?

II. Se Ana levasse dois brigadeiros a menos e Bruno levasse dois a mais, a quantidade de brigadeiros dos dois seria a mesma. Assim, podemos escrever a igualdade $a - 2 = b + 2$. Procedendo de modo semelhante, escreva:

a) uma igualdade relacionando $c$ e $a$

b) uma igualdade relacionando $d$ e $a$

III. Copie as igualdades a seguir e complete-as usando uma expressão em que apareça apenas a quantidade desconhecida $a$:

$b =$

$c =$

$d =$

IV. Determine a quantidade $a$, usando uma equação.

V. Quantos brigadeiros, afinal, cada um dos quatro amigos levou para a escola?

#### ■ Reflexão sobre o problema

I. Você resolveu o problema seguindo o roteiro proposto por meio das questões? Se não, como você resolveu?

II. Compare sua resolução com a de seus colegas. Que diferenças e semelhanças aparecem?

III. Você já tinha resolvido algum problema parecido? Comente.

IV. O que você aprendeu resolvendo esse problema?

**Mais:** Resolva os problemas 1 e 6 da página 244.

# MATEMÁTICA E AUTOMOBILISMO

## Grande Prêmio Brasil

Veja abaixo informações sobre o circuito do GP Brasil Interlagos de Fórmula 1. Para cada curva, são indicadas a marcha com a qual o piloto a percorre, a velocidade do carro naquele ponto e a força G. Essa força corresponde à força que o piloto sente devido à aceleração, e é medida em múltiplos da força da gravidade – daí o nome força G. Por exemplo: uma força G de 4,5 significa que naquele momento o piloto sente uma força equivalente a 4,5 vezes a força da gravidade.

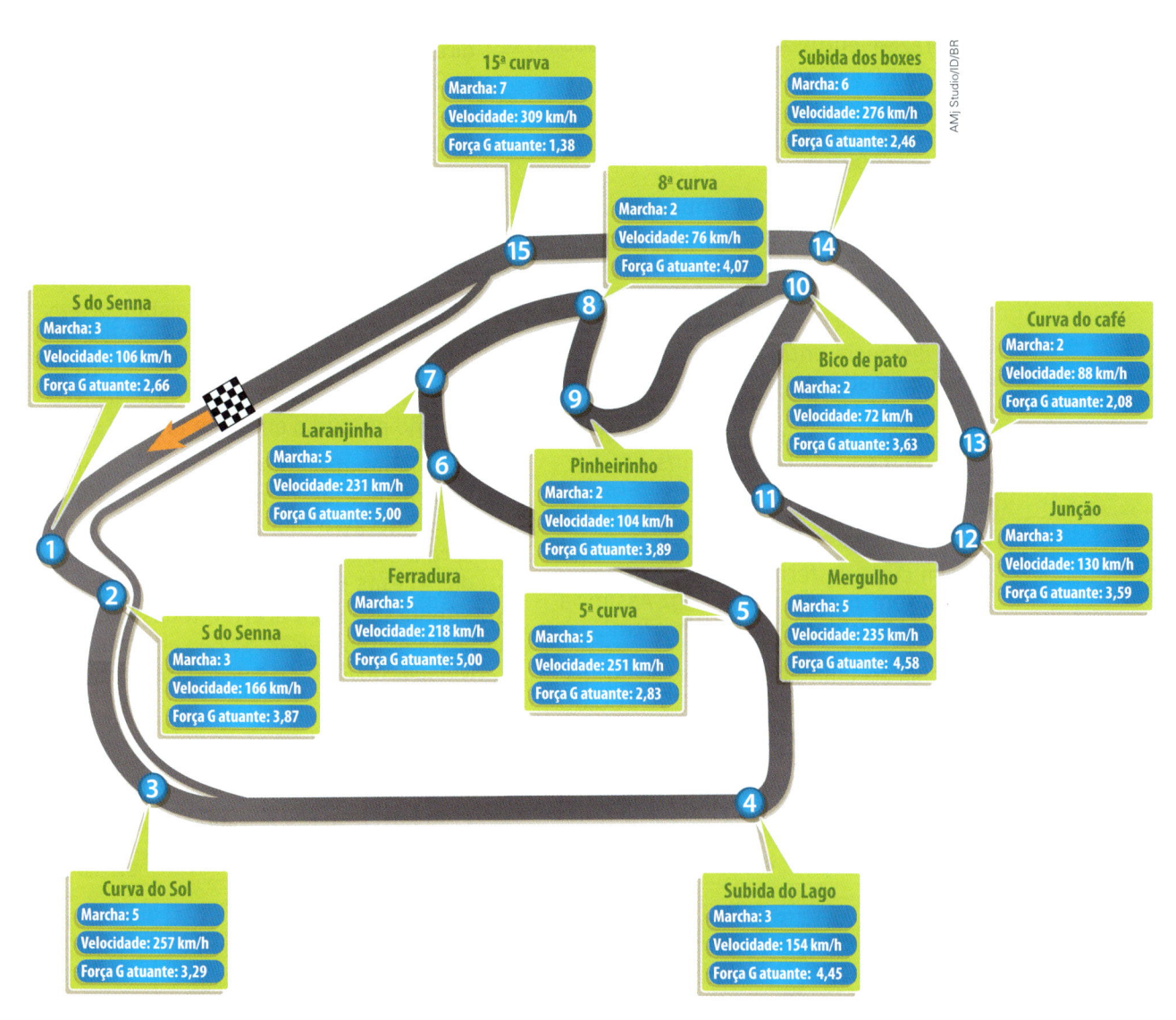

**15ª curva** — Marcha: 7; Velocidade: 309 km/h; Força G atuante: 1,38

**Subida dos boxes** — Marcha: 6; Velocidade: 276 km/h; Força G atuante: 2,46

**8ª curva** — Marcha: 2; Velocidade: 76 km/h; Força G atuante: 4,07

**S do Senna** — Marcha: 3; Velocidade: 106 km/h; Força G atuante: 2,66

**Curva do café** — Marcha: 2; Velocidade: 88 km/h; Força G atuante: 2,08

**Bico de pato** — Marcha: 2; Velocidade: 72 km/h; Força G atuante: 3,63

**Laranjinha** — Marcha: 5; Velocidade: 231 km/h; Força G atuante: 5,00

**Pinheirinho** — Marcha: 2; Velocidade: 104 km/h; Força G atuante: 3,89

**Junção** — Marcha: 3; Velocidade: 130 km/h; Força G atuante: 3,59

**Ferradura** — Marcha: 5; Velocidade: 218 km/h; Força G atuante: 5,00

**5ª curva** — Marcha: 5; Velocidade: 251 km/h; Força G atuante: 2,83

**Mergulho** — Marcha: 5; Velocidade: 235 km/h; Força G atuante: 4,58

**S do Senna** — Marcha: 3; Velocidade: 166 km/h; Força G atuante: 3,87

**Curva do Sol** — Marcha: 5; Velocidade: 257 km/h; Força G atuante: 3,29

**Subida do Lago** — Marcha: 3; Velocidade: 154 km/h; Força G atuante: 4,45

Fonte de pesquisa: <http://esporte.uol.com.br/f1/corridas-e-circuitos/2011/circuito/gp-do-brasil.jhtm>. Acesso em: 15 set. 2014.

## ■ De olho no texto

I. Sem fazer contas, responda: em qual curva o carro percorre a maior distância em um intervalo de tempo de 0,3 segundo?

II. Na 10ª curva, qual é a razão entre a força sentida pelo piloto e a força da gravidade?

## ROTEIRO DE ESTUDOS

**Autoavaliação**

67. A razão entre as medidas dos lados de dois quadrados é $\frac{4}{5}$ e o quadrado menor tem 12 cm de lado. Determine:
    a) a medida do lado do quadrado maior.
    b) a razão entre o perímetro do quadrado menor e o do quadrado maior.
    c) a razão entre a área do quadrado menor e a do quadrado maior.
    - Verifique se a razão entre os perímetros e a razão entre as áreas formam uma proporção.

68. Copie as afirmações e complete-as.
    a) A escala do mapa de uma casa é 1:100. Se o comprimento da sala, no mapa, é 4 cm, então o comprimento real da sala é ★ metros.
    b) A distância entre a Terra e o Sol é, aproximadamente, 150 000 000 km. Se a luz do Sol leva 500 segundos para atingir a Terra, então a velocidade média da luz é ★ km/s.
    Fonte de pesquisa: <www.cdcc.usp.br/cda/astro-multi-ifsc/sistema-solar.ppt/>. Acesso em: 15 set. 2014.
    c) A razão entre 6 e 40 é ★%.
    d) Um cubo de ferro de 8 cm³ de volume tem massa de 62,8 g. Assim, a densidade desse cubo é ★ g/cm³.

69. O dono de uma empresa resolveu distribuir uma gratificação de R$ 2 280,00 entre seus três gerentes A, B e C, de modo que o valor recebido fosse inversamente proporcional às faltas de cada um no decorrer do ano. Quanto cada gerente recebeu, se A faltou 5 vezes, B faltou 4 vezes e C faltou 2 vezes no ano?

70. Verifique se as grandezas envolvidas são direta ou inversamente proporcionais.
    a) Quantidade de lápis comprados e o preço a pagar.
    b) Quantidade de acertos em uma prova e a nota obtida.
    c) Quantidade de erros cometidos em uma prova e a nota obtida.
    d) A densidade e o volume de um corpo.

71. Um trem percorre certa distância em 6 h e 30 min à velocidade média de 42 km/h. Que velocidade média o trem deverá desenvolver para que faça o mesmo percurso em 5 h e 15 min?

72. Seis lâmpadas iguais, acesas durante 5 horas diárias, têm um consumo mensal de 40 kWh (quilowatt-hora). Quanto será o consumo mensal de oito lâmpadas acesas 6 horas por dia?

**Nota:** Confira se você acertou todas as questões dessa *Autoavaliação*. Se não acertou, faça as atividades do *Reforço* e da *Revisão* antes do *Aprofundamento*.

## Reforço

73. A tabela mostra a quantidade de candidatos e a quantidade de vagas para algumas carreiras de um vestibular.

| Nome da carreira | Quantidade de vagas | Quantidade de candidatos |
|---|---|---|
| Engenharia Civil | 60 | 1620 |
| Educação Física | 50 | 600 |
| Jornalismo | 60 | 1980 |
| Medicina | 275 | 11550 |
| Odontologia | 133 | 1064 |

Dados criados para esta atividade.

   a) Quantos candidatos havia por vaga para essas carreiras?
   b) Qual dessas carreiras foi a mais concorrida?

74. Verifique se as igualdades são verdadeiras.
    a) $\frac{9}{3} = \frac{12}{4}$
    b) $\frac{15}{8} = \frac{18}{6}$
    c) $\frac{0,2}{3} = \frac{1}{15}$
    d) $\frac{0,5}{0,4} = \frac{2}{4}$

75. Copie esta tabela e complete-a.

| Estado | População (hab.) | Área aproximada (km²) | Densidade demográfica aproximada (hab./km²) |
|---|---|---|---|
| Rio de Janeiro | 15 420 375 | 43 696 | |
| São Paulo | 39 827 570 | | 160,46 |
| Espírito Santo | 3 351 669 | 46 078 | |

Fonte de pesquisa: <www.ibge.gov.br/vamoscontar2010/guias-flipbook/guia-ensino-medio.pdf>. Acesso em: 15 set. 2014.

76. Uma torneira aberta com vazão de 5 litros/min enche um tanque em 6 minutos. Qual deve ser a vazão para que essa torneira encha o mesmo tanque em 8 minutos?

77. Em uma pista de corrida, Aílton percorreu 1800 m em 5 minutos e Patrícia percorreu a mesma distância em 6 minutos.
   a) Qual foi a velocidade média deles?
   b) Compare a velocidade de Aílton e a de Patrícia com a de Usain Bolt, um atleta jamaicano, recordista mundial, que correu 100 metros em 9,58 segundos em Berlim, em 2009.
   
   Fonte de pesquisa: <www.usainbolt.com/page/world-records>. Acesso em: 15 set. 2014.

78. Um ciclista percorre 200 km em 2 dias se pedalar durante 4 horas por dia. Em quantos dias ele percorrerá 500 km, se pedalar à mesma velocidade durante 5 horas por dia?

**Revisão:** Refaça as atividades 8, 10, 12, 21, 22, 24, 25, 34, 42, 45, 49, 50, 51, 65 e 66.

## Aprofundamento

79. (OBM) Em um tanque há 4000 bolinhas de pingue-pongue. Um menino começou a retirá-las, uma por uma, com velocidade constante, quando eram 10 h. Após 6 horas, havia no tanque 3520 bolinhas. Se o menino continuasse no mesmo ritmo, quando o tanque ficaria com 2000 bolinhas?
   a) às 11 h do dia seguinte
   b) às 23 h do mesmo dia
   c) às 4 h do dia seguinte
   d) às 7 h do dia seguinte
   e) às 9 h do dia seguinte

80. (OBM) Anita imaginou que levaria 12 minutos para terminar sua viagem, enquanto dirigia à velocidade constante de 80 km/h, numa certa rodovia. Para sua surpresa, levou 15 minutos. Com qual velocidade constante essa previsão teria se realizado?
   a) 90 km/h    c) 100 km/h    e) 120 km/h
   b) 95 km/h    d) 110 km/h

81. (Obmep-2006) Um trabalho de Matemática tem 30 questões de Aritmética e 50 de Geometria. Júlia acertou 70% das questões de Aritmética e 80% do total de questões. Qual o percentual das questões de Geometria que ela acertou?
   a) 43%    c) 58%    e) 86%
   b) 54%    d) 75%

## Estratégias de aprendizagem

**Investigando objetivos, recursos e ações de estudo**

Uma tabela como a mostrada a seguir ajuda a planejar os estudos e depois a avaliar os resultados do planejamento. Analise-a e aplique uma tabela semelhante antes de desenvolver o estudo de cada capítulo.

| Meus objetivos | Recursos que tenho para alcançar meus objetivos | Ações que devo tomar para alcançar meus objetivos |
|---|---|---|
| entender porcentagem | conhecimento adquirido no 6º ano | consultar um livro de Matemática do 6º ano |
| entender escala | conhecimento adquirido no 6º ano | consultar um livro de Matemática e um livro de Geografia do 6º ano |
| entender velocidade média | anotar o que sei ou penso do tema antes de estudá-lo | conversar com o professor de Ciências para esclarecimentos |
| entender densidade | anotar o que sei ou penso do tema antes de estudá-lo | conversar com o professor de Ciências para esclarecimentos |
| entender proporções | anotar o que sei ou penso do tema antes de estudá-lo | trocar ideias com os colegas sobre o que eles sabem ou pensam do tema |
| entender regra de três simples | anotar o que sei ou penso do tema antes de estudá-lo | trocar ideias com os colegas sobre o que eles sabem ou pensam do tema |

I. Antes de iniciar o estudo de um tema, você costuma recuperar na memória o conhecimento que já tem sobre ele?

II. Você costuma consultar livros em que já estudou para rever um assunto que será aprofundado agora? Procura conversar com professores de outras matérias para fazer conexões de assuntos que são comuns a mais de uma disciplina escolar?

As estratégias de aprendizagem sugeridas podem ser aplicadas em todas as disciplinas escolares – basta adaptar os objetivos, os recursos e as ações aos temas de cada matéria.

# PROJETO

## Decoração com mosaicos

### Objetivo do projeto
- Construir um mural de mosaicos, criados com padrões geométricos variados para decorar uma parede da escola.

### Organização da classe
- Esta atividade será feita em grupo, e cada grupo vai construir um mosaico. Esses mosaicos, reunidos, serão utilizados na decoração de uma parede da escola; pode ser a parede da classe, do corredor ou de outra dependência.
- Para começar, o professor dividirá a turma em grupos. Em seguida, cada grupo deve ler as instruções abaixo.

### Conhecendo mais sobre mosaico
- Para conhecer melhor o assunto, cada grupo deverá inicialmente fazer uma pesquisa sobre a técnica que será trabalhada.
- Veja algumas sugestões de tópicos para a pesquisa.
  1. Quando surgiu a técnica de construir com mosaicos? Que povos antigos utilizaram essa técnica em suas obras? Reproduza em uma folha um mosaico antigo para treinar.
  2. Quando foi feito o mais antigo mosaico de que temos conhecimento? Onde foi encontrado?
  3. O artista holândes Mauritus C. Escher (1898-1970) trabalhou muito com mosaicos. Pesquise um quadro pintado por ele com base em padrões (motivos repetidos).

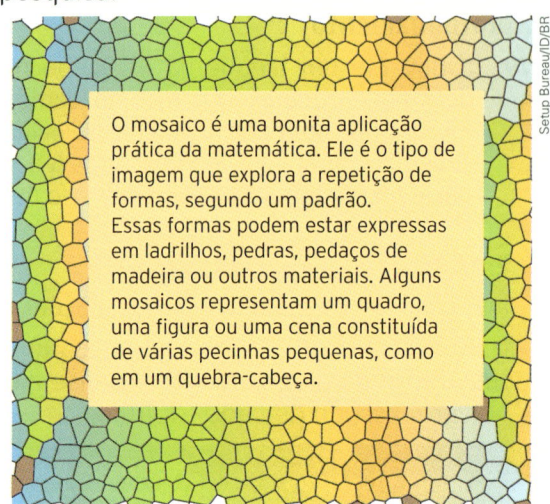

O mosaico é uma bonita aplicação prática da matemática. Ele é o tipo de imagem que explora a repetição de formas, segundo um padrão.
Essas formas podem estar expressas em ladrilhos, pedras, pedaços de madeira ou outros materiais. Alguns mosaicos representam um quadro, uma figura ou uma cena constituída de várias pecinhas pequenas, como em um quebra-cabeça.

### DICAS
**Sites**
- <http://www.bbc.co.uk/portugueseafrica/news/story/2007/03/070228_arteislamica.shtml>
- <http://www.ime.unicamp.br/~samuel/Extensao/TeiaSaber/PDF/GeometriadosMosaicosAgosto2006.pdf>
- <http://miltonborba.org/CD/Interdisciplinaridade/Anais_VII_EPEM/Posteres/p037.doc>

**Livros e revistas**
Procure pelo verbete "mosaico" nos dicionários e em enciclopédias.
Revista *Nova Escola*, n. 193, São Paulo, Abril, jun. 2006.
Disponível em: <http://revistaescola.abril.com.br/matematica/pratica-pedagogica/arte-formas-428107.shtml>.
Acessos em: 18 jan. 2012.

Restaurador trabalhando na reconstrução de mosaico do século I a.C. em Pompeia, na Itália.

## Material

- Cartolina para reproduzir a figura.
- Cartolinas coloridas ou EVA para recortar as peças do mosaico.
- Tesoura com pontas arredondadas, lápis, borracha e cola.

## Aquecimento

- Faça um primeiro mosaico, como aquecimento.
- Copie a figura ao lado dez vezes em uma folha de papel e recorte cada uma. Pinte utilizando duas ou três cores.
- Coloque as figuras lado a lado, sem deixar espaço entre elas, formando um mosaico que lembre uma colmeia de abelhas. Avalie se ficou adequado.

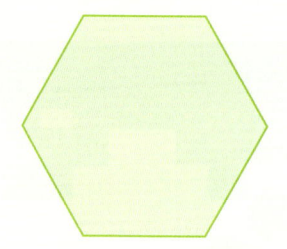

## Procedimento

- A obra que você vai construir utiliza a mesma técnica de repetição de padrões e de formas das figuras geométricas.
- O grupo vai pesquisar uma figura ou criar uma imagem para ser reproduzida pela técnica de mosaico.

Veja a seguir alguns exemplos de imagens que formam mosaicos com apenas duas figuras geométricas.

Mosaico formado por regiões pentagonais e octogonais.

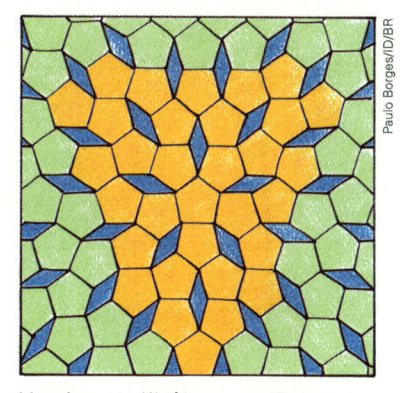

Mosaico constituído por regiões pentagonais e quadrangulares.

## Execução

- Ao escolher as figuras que vai usar, certifique-se de que elas formem um mosaico, ou seja, que elas possam ser colocadas lado a lado sem que restem espaços em branco entre elas.
- Desenhe essas figuras em uma folha de cartolina e recorte-as, de modo que a folha fique com buracos vazados na forma das figuras que foram recortadas. Use essa folha como molde para desenhar as figuras lado a lado sobre outra folha de cartolina, formando o mosaico.

## Divulgação dos resultados

- Terminados os mosaicos, monte a decoração com os colegas.
- Seu grupo deve apresentar para os demais colegas da turma os tópicos mais importantes da pesquisa feita sobre mosaicos; reproduza e mostre alguns mosaicos que seu grupo achou interessantes.

Fotografias de duplas de espelhos posicionadas em diferentes ângulos, com diferentes quantidades de imagens formadas.

# Ângulos, circunferências e círculos

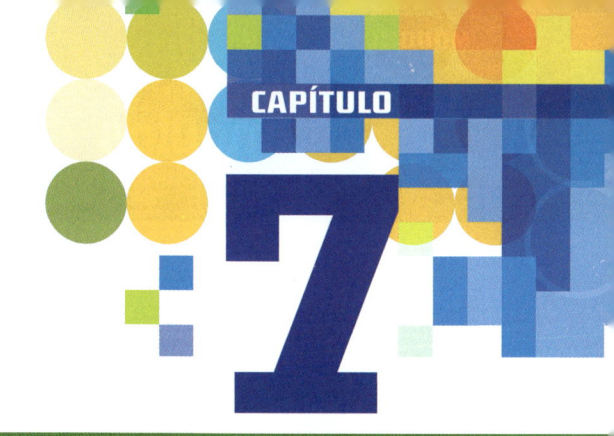

**CAPÍTULO 7**

## O QUE VOCÊ VAI APRENDER

- Ângulos
- Circunferências
- Círculo e gráfico de setores
- Simetria central

## CONVERSE COM OS COLEGAS

Um único espelho plano produz uma única imagem de pessoas ou de objetos colocados diante dele. Quando se posicionam dois espelhos planos como observamos nestas fotografias, formam-se várias imagens de um objeto colocado diante deles.

I. O que você entende por espelho plano? Lembre-se do conteúdo sobre planos que você deve ter aprendido no 6º ano. Se precisar, consulte o dicionário.
II. Que ação pode variar a quantidade de imagens formadas, como ocorre entre as fotografias ao lado?
III. Você pode experimentar obter menos e mais imagens do que as mostradas nas quatro fotografias ao lado. Para isso, coloque dois espelhinhos com moldura, como na fotografia abaixo, e posicione um objeto diante deles.

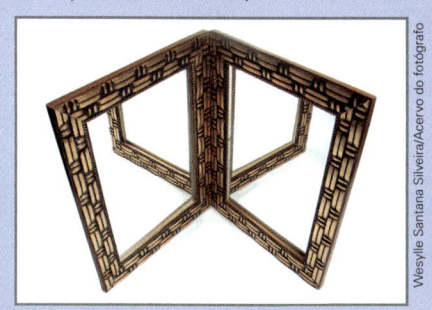

Descreva as ações que você fez para obter a variação da quantidade de imagens.

Imagens em diferentes escalas.

## MÓDULO 1

# Ângulos

Na abertura deste capítulo aparece a palavra ângulo. Você já deve saber o que ela significa em Matemática.

### Definição

**Ângulo** é a figura formada por duas semirretas de mesma origem.

Cada uma dessas semirretas é denominada lado do ângulo e a origem delas é o vértice do ângulo.

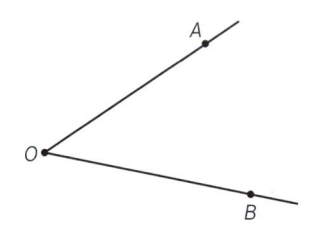

- O vértice desse ângulo é o ponto O.
- Os lados desse ângulo são as semirretas OA e OB.

Existem diversas maneiras de nomear um ângulo. Veja duas delas.

- **Considerando três pontos**: um ponto de cada lado do ângulo e o vértice. Nessa nomeação, o vértice fica no meio dos pontos e recebe acento circunflexo. No exemplo acima, temos o ângulo $A\hat{O}B$ ou $B\hat{O}A$.
- **Considerando apenas o vértice**: o vértice é representado sozinho e também recebe acento circunflexo. Na figura acima, temos o ângulo $\hat{O}$.

## Ângulos congruentes

Observe os ângulos $P\hat{Q}R$ e $S\hat{T}U$.

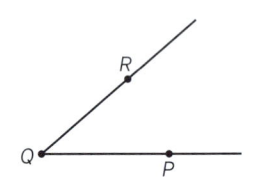

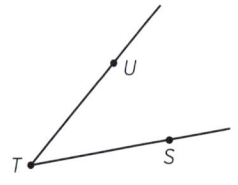

Ao deslocar o ângulo $S\hat{T}U$ até que T coincida com Q e as semirretas QR e TU coincidam, verificamos que as semirretas QP e TS também coincidem.

Por isso, dizemos que os ângulos $P\hat{Q}R$ e $S\hat{T}U$ são **congruentes**. Observe que dois ângulos congruentes têm aberturas iguais.

---

**PARA RECORDAR**

**Semirreta OA:**
O é a origem e A pertence à semirreta.

**Ideia associada a ângulo: giro**

O giro em torno de um ponto fixo dá a ideia de ângulo. Por exemplo, a figura mostra o volante de um carro em três momentos

Posição inicial.

Giro de um quarto de volta no sentido horário, em relação à posição inicial.

Giro de um quarto de volta no sentido anti-horário, em relação à posição inicial.

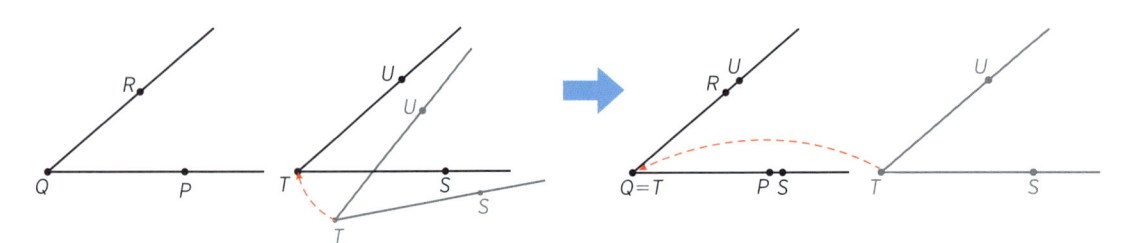

### ●●● Medida de um ângulo

Um ângulo cujos lados não são semirretas coincidentes nem opostas divide o plano em duas regiões: uma convexa e outra não convexa. Observe o esquema ao lado.

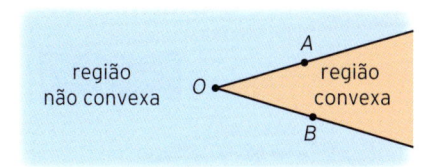

**Região convexa:** É uma região que contém todos os segmentos de reta cujos extremos pertencem a essa região.

**Região não convexa:** É uma região que não contém todos os segmentos de reta cujos extremos pertencem a essa região. Ou seja, existem pelo menos dois pontos pertencentes à região cujo segmento de reta que os une não está totalmente contido nessa região.

Cada ângulo tem duas medidas: uma feita na região convexa e outra feita na região não convexa. Para indicar qual das duas regiões é considerada, desenhamos um pequeno arco próximo ao vértice do ângulo. Veja.

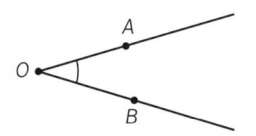

O arco nessa posição indica que a medida de interesse é a feita na região convexa do ângulo AÔB. Também podemos dizer que a medida de interesse é a do ângulo convexo AÔB.

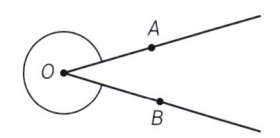

O arco nessa posição indica que a medida de interesse é a feita na região não convexa do ângulo AÔB. Também podemos dizer que a medida de interesse é a do ângulo não convexo AÔB.

Quando não há referência sobre a medida considerada, adota-se sempre a menor medida, que é a feita na região convexa.

Para representar a medida desconhecida de um ângulo é comum utilizar letras gregas minúsculas: $\alpha$, $\beta$, $\gamma$, $\theta$, $\eta$, etc.

### O grau

A unidade padrão de medida de ângulo é o **grau**. Por definição:
- um ângulo nulo – ângulo formado por duas semirretas coincidentes – mede 0 grau (0);
- um ângulo raso – ângulo formado por duas semirretas opostas – mede 180 graus (180°).

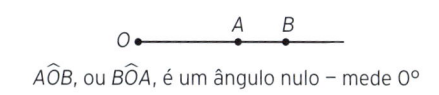

AÔB, ou BÔA, é um ângulo nulo – mede 0°

AÔB, ou BÔA, é um ângulo raso – mede 180°

Logo, a medida 1 grau (1°) corresponde a $\frac{1}{180}$ da medida de um ângulo raso.

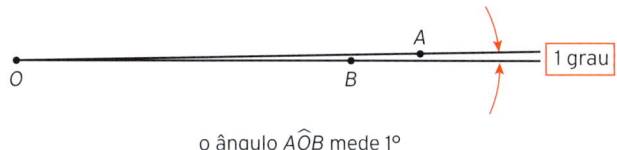

o ângulo AÔB mede 1°

#### Observação

Assim como podemos medir um ângulo, também podemos medir a parte não convexa dele. Para isso, fazemos 360° menos a medida da parte convexa do ângulo.

---

#### UM POUCO DE HISTÓRIA

No ano de 4000 a.C., quando egípcios e árabes tentavam elaborar um calendário, acreditava-se que o Sol girava em torno da Terra numa órbita que levava 360 dias para completar uma volta. Desse modo, a cada dia o Sol percorria uma parcela dessa órbita $\left(\frac{1}{360}\right)$, ou seja, um arco de circunferência de sua órbita.

A esse arco fez-se corresponder um ângulo cujo vértice era o centro da Terra e cujos lados passavam pelas extremidades de tal arco. Assim, esse ângulo passou a ser uma unidade de medida e foi chamado de **grau** ou **ângulo de um grau**.

Logo, para os antigos egípcios e árabes, o grau era a medida do arco que o Sol percorria em torno da Terra durante um dia. Hoje, sabemos que é a Terra que gira em torno do Sol, porém manteve-se a tradição e convencionou-se dizer que o arco de circunferência mede um grau quando corresponde a $\frac{1}{360}$ dessa circunferência.

Disponível em: <http://www.ufrgs.br/museudetopografia/Artigos/Historia_do_Grau.pdf>. Acesso em: 28 dez. 2011.

## Transferidor

O instrumento usado para medir ângulos é o **transferidor**. Ele é dividido em graus.

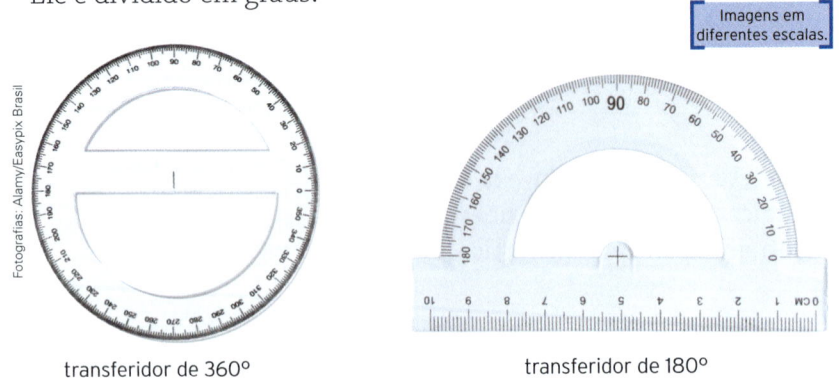

*Imagens em diferentes escalas.*

transferidor de 360°

transferidor de 180°

### Medindo um ângulo com o uso do transferidor

Para medir um ângulo com o transferidor, devemos posicioná-lo de modo que o seu centro coincida com o vértice do ângulo e que um dos lados do ângulo coincida com a linha que indica o 0° (zero grau) do transferidor.

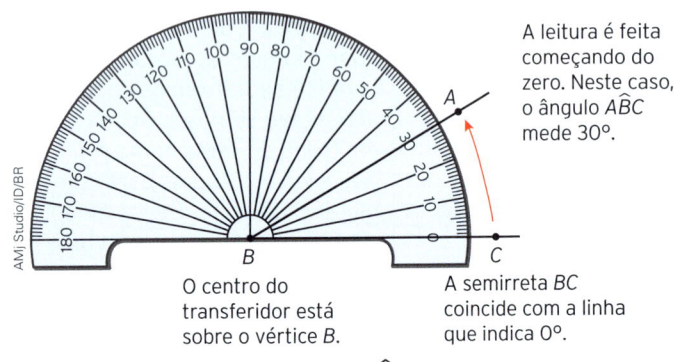

A leitura é feita começando do zero. Neste caso, o ângulo $A\hat{B}C$ mede 30°.

O centro do transferidor está sobre o vértice B.

A semirreta BC coincide com a linha que indica 0°.

Dizemos que o ângulo $A\hat{B}C$ é um ângulo de 30°. Indicamos a medida do ângulo por: $A\hat{B}C = 30°$

### Construindo um ângulo com o uso do transferidor

Veja como construir um ângulo de 70° utilizando um transferidor e uma régua.

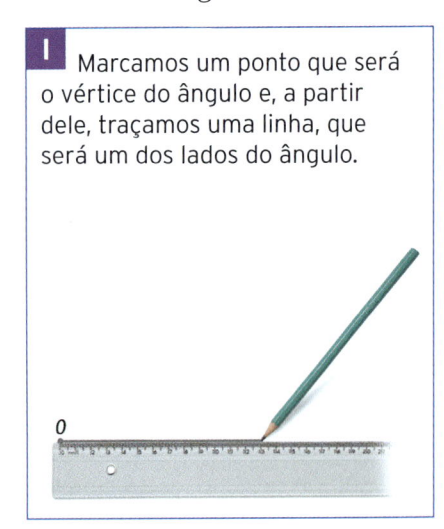

**0:03 Em 3 minutos**

Qual dos dois ângulos convexos abaixo tem maior medida: $A\hat{O}B$ ou $C\hat{O}D$?

**I** Marcamos um ponto que será o vértice do ângulo e, a partir dele, traçamos uma linha, que será um dos lados do ângulo.

**II** Posicionamos o centro do transferidor no vértice do ângulo, de modo que a linha que indica o 0° fique alinhada com a linha traçada, e marcamos um ponto junto à marca de 70°.

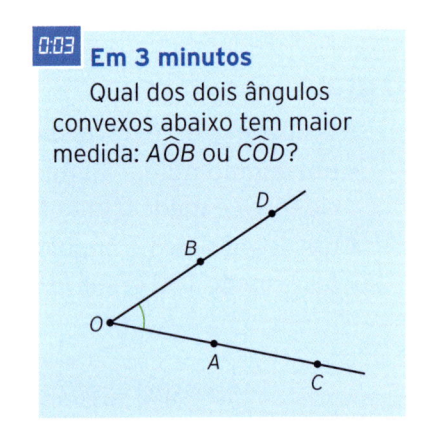

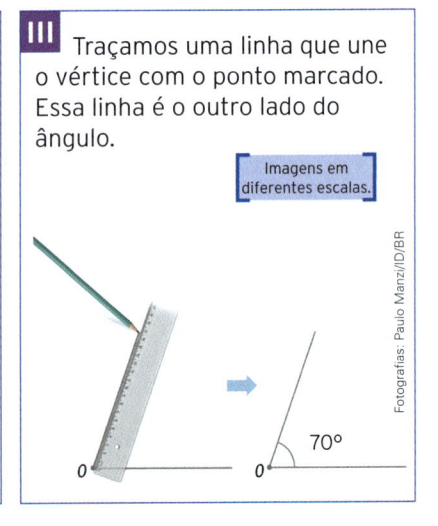

**III** Traçamos uma linha que une o vértice com o ponto marcado. Essa linha é o outro lado do ângulo.

*Imagens em diferentes escalas.*

### ATIVIDADES

**1.** Observe a figura a seguir.

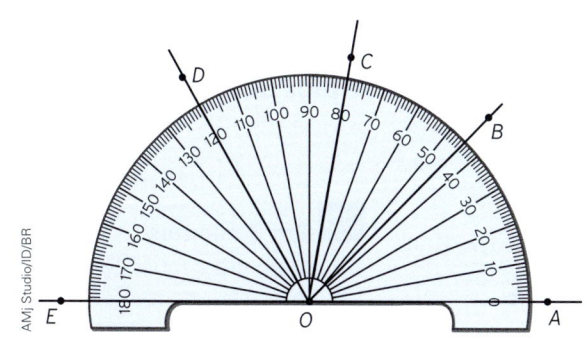

Escreva a medida do ângulo indicado em cada item.
a) $A\hat{O}B$  b) $A\hat{O}C$  c) $A\hat{O}D$  d) $A\hat{O}E$

**2.** Determine a medida correspondente a um giro de:

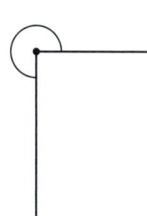

a) $\frac{1}{6}$ de volta
b) $\frac{1}{3}$ de volta
c) $\frac{3}{4}$ de volta 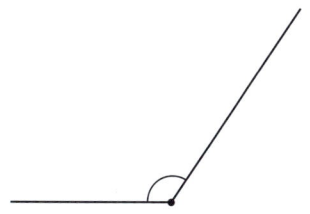
d) $\frac{7}{8}$ de volta

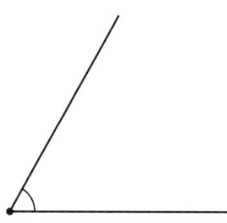

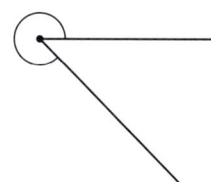

**3.** Utilize um transferidor para medir cada ângulo. Registre a medida no caderno.
a)
b)
c)
d)
e)

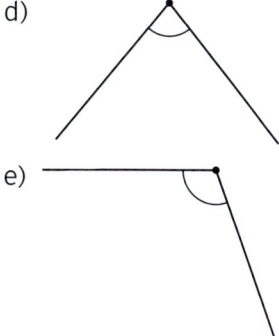

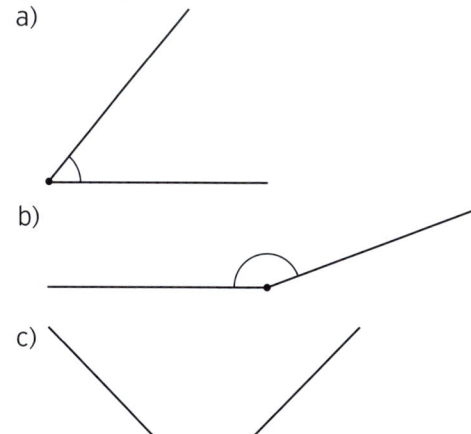

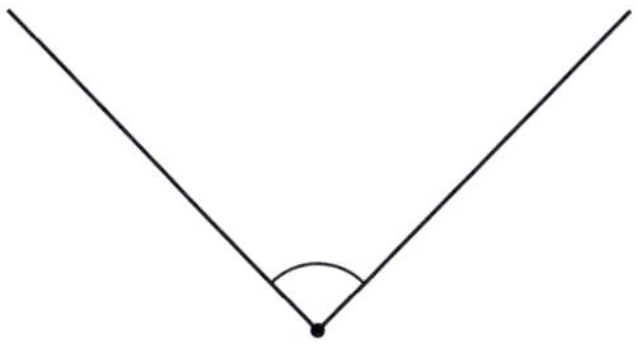

**4.** Com o auxílio de um transferidor, construa ângulos com as seguintes medidas.
a) 40°   c) 112°   e) 230°
b) 85°   d) 175°   f) 330°

**5.** Observando a figura abaixo, e sem realizar medições, copie os itens substituindo cada ■ por > ou <.

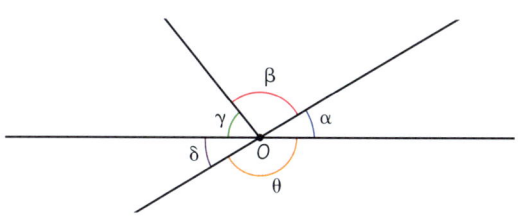

a) β ■ γ   c) β ■ θ   e) θ ■ α
b) γ ■ δ   d) γ ■ θ   f) γ ■ α

**6.** Por meio de estimativas, associe no caderno cada ângulo a uma das seguintes medidas.
I. 45°   II. 135°   III. 150°   IV. 60°
a) 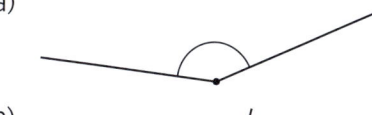
b)
c)
d)

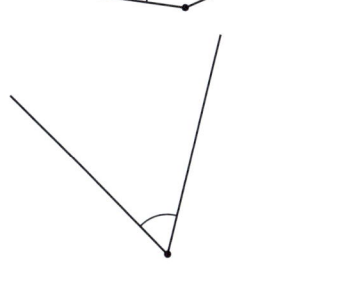

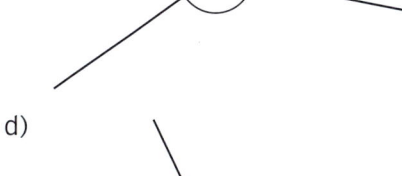

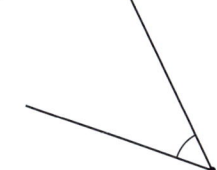

## Submúltiplos do grau

Um ângulo de 1° (um grau) pode parecer ínfimo, uma vez que é uma abertura muito pequena. Mas quando se projeta e fabrica um instrumento de precisão, ou se traça a rota de um avião, por exemplo, muitas vezes é necessário medir ângulos menores do que 1°. Para isso, são utilizados os **submúltiplos do grau**: o **minuto** e o **segundo**. Um grau é equivalente a 60 minutos (60'), e um minuto, a 60 segundos (60").

$$1° = 60' \text{ e } 1' = 60''$$

Utilizando essas relações, podemos mudar a unidade de medida. Vamos analisar dois exemplos.

> **0:03 Em 3 minutos**
> Meio grau equivale a quantos segundos?

- Escrever 4 520" em graus, minutos e segundos.

**I** Inicialmente, escrevemos 4 520" em minutos e segundos. Para isso, dividimos 4 520 por 60, pois 60 segundos equivalem a 1 minuto.

```
4 520 | 60
  320   75  ← minutos
   20       ← segundos
```

Portanto: 4 520" = 75' 20"

**II** Em seguida, escrevemos 75' em graus. Para isso, dividimos 75 por 60, pois 60 minutos equivalem a 1 grau.

```
75 | 60
15   1  ← grau
     └ minutos
```

Então, 75' = 1° 15' e, portanto: 4 520" = 1° 15' 20"

- Escrever 3° 24' 34" em segundos.

**I** Inicialmente, escrevemos 3° em minutos e adicionamos 24' ao resultado obtido.

$$3° = 3 \cdot \underbrace{1°}_{60'} = 3 \cdot 60' = 180'$$

Então: 3° = 180'

24' + 180' = 204'

Portanto: 3° 24' = 204'

**II** Em seguida, escrevemos 204' em segundos e adicionamos 34" ao resultado obtido.

$$204' = 204 \cdot \underbrace{1'}_{60''} = 204 \cdot 60'' = 12\,240''$$

12 240" + 34" = 12 274"

Portanto: 3° 24' 34" = 12 274"

### Adição e subtração de medidas de ângulos

Para adicionar medidas de ângulos, adicionamos graus com graus, minutos com minutos e segundos com segundos. O mesmo vale para subtrair medidas de ângulos: subtraímos graus de graus, minutos de minutos e segundos de segundos. Veja os exemplos.

---

Caso a soma dos minutos ou dos segundos exceda 60, deve-se fazer a conversão de segundo para minuto ou de minuto para grau.

42° 51' 29" + 21° 20' 52"

```
  42° 51' 29"
+ 21° 20' 52"
─────────────
  63° 71' 81"      81" = 60" + 21" = 1' + 21"
  63° 72' 21"      72' = 60' + 12' = 1° + 12'
  64° 12' 21"
```

Portanto: 42° 51' 29" + 21° 20' 52" = 64° 12' 21"

---

Algumas vezes, é necessária uma transformação prévia entre as unidades para que se possa subtrair uma medida de outra.

72° 15' 28" − 35° 37' 51"

```
   72° 15' 28"
 − 35° 37' 51"
  ─────────────
   72° 14' 88"
   71° 74' 88"
 − 35° 37' 51"
  ─────────────
   36° 37' 37"
```

Como não se pode subtrair 51" de 28", escreve-se 15' como 14' e 60" e adicionam-se os 60" aos 28".

Como também não se pode subtrair 37' de 14', escreve-se 72° como 71° e 60' e adicionam-se os 60' aos 14'.

Portanto: 72° 15' 28" − 35° 37' 51" = 36° 37' 37"

## ATIVIDADES

**7.** É possível medir o ângulo AÔB, representado abaixo, sem que a linha que indica 0° do transferidor fique alinhada com um dos lados do ângulo?

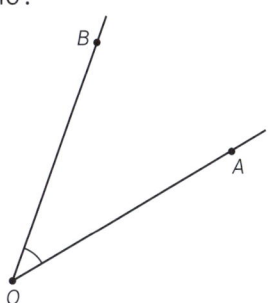

**8.** Marta subtraiu 43° 33' 12" de 29° 57' 13" da seguinte maneira:

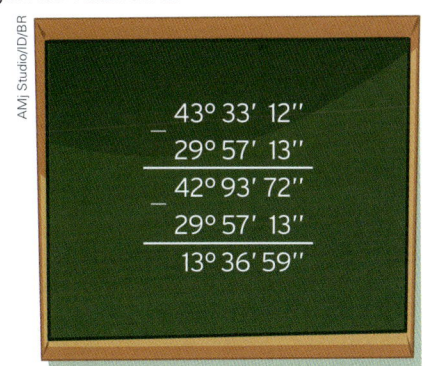

```
  43° 33' 12"
− 29° 57' 13"
  42°93'72"
− 29° 57' 13"
  13° 36' 59"
```

Está correta a maneira que Marta efetuou a subtração? Se não estiver, corrija.

**9.** Escreva cada medida em segundos.
a) 20'
b) 8'
c) 1°
d) 2°

**10.** Efetue.
a) 40° 12' 13" + 58° 20' 40"
b) 72° 13' 40" + 36° 12' 20"
c) 60° 30' 15" − 40° 20' 10"
d) 50° 12' − 36° 10' 20"

**11.** Observe a figura a seguir e escreva a medida do ângulo indicado em cada item.

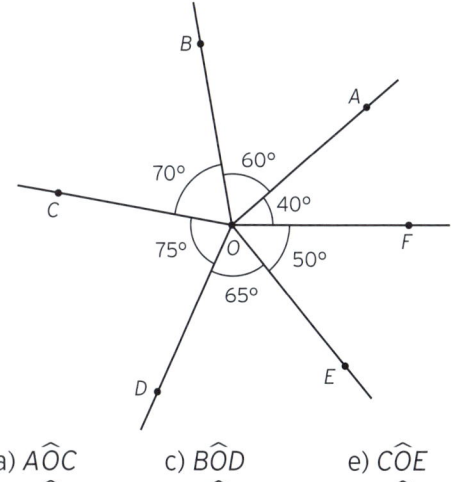

a) AÔC
b) AÔD
c) BÔD
d) BÔF
e) CÔE
f) CÔF

**12.** As coordenadas geográficas de um ponto situado na superfície terrestre se baseiam na latitude e longitude (distância em relação à linha do Equador e em relação ao meridiano de Greenwich) e são dadas em graus, minutos e segundos. Por exemplo, segundo o *Google Earth*, a cidade de São Paulo tem como coordenadas 23° 32' 51" de latitude sul e 46° 38' 10" de longitude oeste.

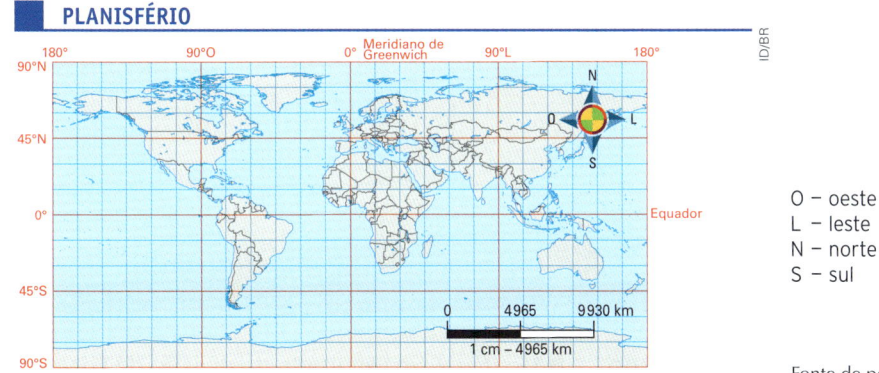

**PLANISFÉRIO**

O − oeste
L − leste
N − norte
S − sul

Fonte de pesquisa: IBGE.

Consulte um atlas e responda:

a) Qual é o país cujas coordenadas mais se aproximam de 20° de latitude norte e 100° de longitude oeste?

b) Montevidéu, no Uruguai, tem latitude aproximada de 34° 52' 48" sul; Caracas, na Venezuela, tem latitude aproximada de 10° 30' norte. Quantos graus de latitude, aproximadamente, separam essas duas cidades?

c) Um avião saiu da cidade de São Paulo e voou 23° para o norte e 4° para o oeste. Nesse momento, qual é a capital de um estado brasileiro mais próxima em que esse avião pode aterrissar?

## Multiplicação da medida de um ângulo por um número natural

Para efetuar a multiplicação da medida de um ângulo por um número natural, deve-se multiplicar o número natural pelos graus, pelos minutos e pelos segundos dessa medida. Se a quantidade de segundos e de minutos resultante for maior do que 60, deve-se fazer a mudança de unidade de medida (segundos para minutos, ou minutos para graus).

Por exemplo, vamos calcular: $4 \cdot 40° \, 18' \, 20''$

$$
\begin{array}{r}
\phantom{\times}40° \quad 18' \quad 20'' \\
\times \phantom{40° \quad 18' \quad}4 \\
\hline
4 \cdot 40° \quad 4 \cdot 18' \quad 4 \cdot 20'' \\
160° \quad 72' \quad \mathbf{80''} \\
160° \quad \mathbf{73'} \quad 20'' \\
\mathbf{161°} \quad 13' \quad 20''
\end{array}
$$

$80'' = 60'' + 20'' = 1' + 20''$
$73' = 60' + 13' = 1° + 13'$

Portanto: $4 \cdot 40° \, 18' \, 20'' = 161° \, 13' \, 20''$

## Divisão da medida de um ângulo por um número natural não nulo

Para efetuar a divisão da medida de um ângulo por um número natural não nulo, devem-se dividir os graus, os minutos e os segundos dessa medida pelo número natural, nessa ordem. Pode ser necessária uma mudança prévia entre as unidades de medida para que se possa efetuar a divisão.

Por exemplo, vamos calcular: $42° \, 30' \, 4'' : 4$

**I** Dividimos 42° por 4.

$$
\begin{array}{r|l}
42° \quad 30' \quad 4'' & 4 \\
\phantom{42°}2° & 10°
\end{array}
$$

**II** Escrevemos os graus restantes em minutos (2° = 120′) e adicionamos 30′ (120′ + 30′ = 150′). Dividimos 150′ por 4.

$$
\begin{array}{r|l}
42° \quad 30' \quad 4'' & 4 \\
\cancel{2°} \quad 150' & 10° \, 37' \\
\phantom{2°}2' &
\end{array}
$$

**III** Escrevemos os minutos restantes em segundos (2′ = 120″) e adicionamos 4″ (120″ + 4″ = 124″). Dividimos 124″ por 4.

$$
\begin{array}{r|l}
42° \quad 30' \quad 4'' & 4 \\
\cancel{2°} \quad 150' & 10° \, 37' \, 31'' \\
\phantom{2°}\cancel{2'} \quad 124'' & \\
\phantom{2° \quad 150'}0'' &
\end{array}
$$

Portanto: $42° \, 30' \, 4'' : 4 = 10° \, 37' \, 31''$

### Ângulo de visão

O ângulo de visão de uma pessoa que se locomove em cadeira de rodas está a uma altura de aproximadamente 1 m do chão, enquanto um adulto de altura mediana que se locomove em pé tem esse ângulo a partir de cerca de 1,60 m.

Por isso, um cadeirante tem a visão do ambiente prejudicada por móveis ou outras barreiras com altura superior a 80 cm.

- Você conhece essa particularidade do ângulo de visão de alguém com dificuldade de locomoção? O que pode ser feito nesse sentido para ajudar essas pessoas?
- Você já teve alguma dificuldade por causa da diferença entre seu ângulo de visão e o dos adultos?

### ATIVIDADES

**13.** Calcule mentalmente e registre no caderno os seguintes valores.
   a) a terça parte de 54°
   b) o dobro de 23° 12′ 15″
   c) a metade de 48° 50′ 26″
   d) um terço de 54° 21′ 36″

**14.** Calcule o triplo de 36° 16′ 56″

**15.** Qual é o resultado da divisão de 1 grau por 3?

**16.** Quantos segundos tem o triplo de 2° 24′?

**17.** Um objeto desloca-se 15° em torno de um eixo a cada meia hora. Quanto tempo esse objeto gastará para deslocar-se 90°?

**18.** Determine o resultado da adição da metade de 104° 35′ 14″ com um terço de 33° 33′ 33″.

## Classificação de ângulos

Você já deve saber que um ângulo é:
- **nulo** quando seus lados são semirretas coincidentes;
- **raso** quando seus lados são semirretas opostas;
- **reto** quando corresponde à metade de um ângulo raso;
- **agudo** quando é menor do que o ângulo reto e maior do que o ângulo nulo;
- **obtuso** quando é maior do que o ângulo reto e menor do que o ângulo raso.

Observe as medidas de alguns ângulos, de acordo com sua classificação.

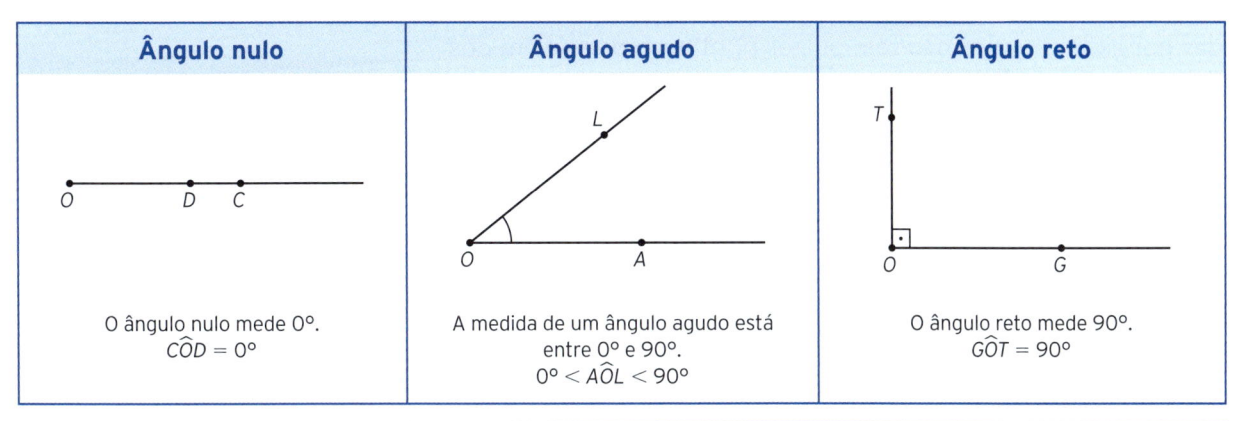

| Ângulo nulo | Ângulo agudo | Ângulo reto |
|---|---|---|
| O ângulo nulo mede 0°. $C\hat{O}D = 0°$ | A medida de um ângulo agudo está entre 0° e 90°. $0° < A\hat{O}L < 90°$ | O ângulo reto mede 90°. $G\hat{O}T = 90°$ |

| Ângulo obtuso | Ângulo raso |
|---|---|
| A medida de um ângulo obtuso está entre 90° e 180°. $90° < T\hat{O}V < 180°$ | O ângulo raso mede 180°. $S\hat{O}R = 180°$ |

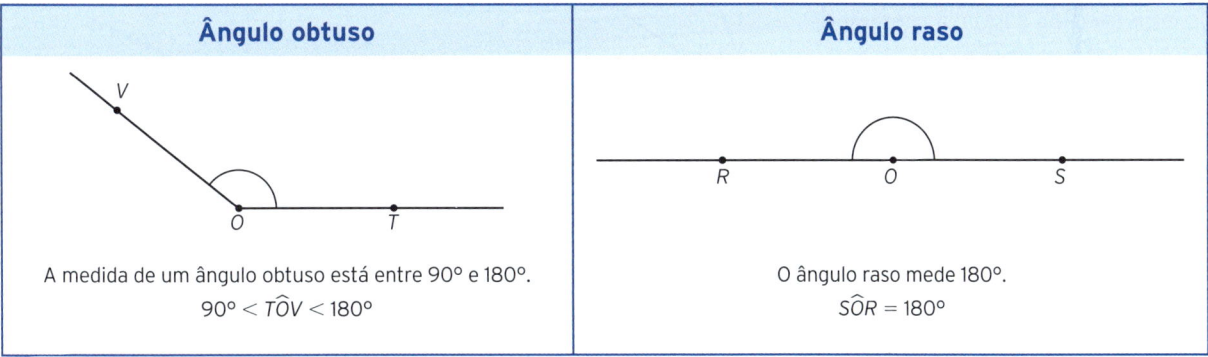

### ATIVIDADES

**19.** Classifique o ângulo destacado em cada figura como agudo, reto ou obtuso.

Imagens em diferentes escalas.

**20.** A soma das medidas de dois ângulos agudos é sempre igual à medida de um ângulo agudo? Explique.

**21.** Meça os ângulos da figura com um transferidor e elabore uma tabela com a medida e a classificação de cada um dos ângulos: $A\hat{B}C$, $A\hat{C}D$, $A\hat{D}E$, $D\hat{E}F$ e $A\hat{O}D$.

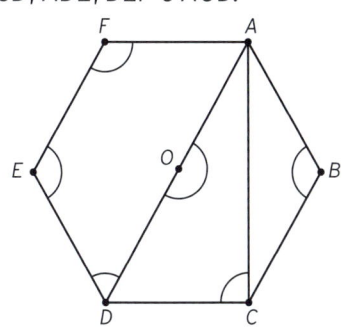

**22.** Quais são as classificações possíveis para um ângulo cuja medida é a diferença entre a medida de um ângulo obtuso e a de um ângulo agudo? Dê exemplos.

## ●●● Ângulos adjacentes e bissetriz de um ângulo

Observe a figura ao lado.

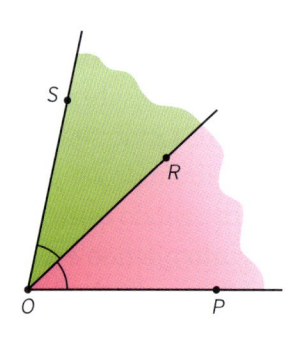

Nela podemos identificar os ângulos $P\hat{O}R$, $R\hat{O}S$ e $P\hat{O}S$. A região convexa determinada pelo ângulo $P\hat{O}R$ está indicada em rosa, e a determinada pelo ângulo $R\hat{O}S$ está indicada em verde.

Dizemos que os ângulos $P\hat{O}R$ e $R\hat{O}S$ são **adjacentes** porque têm um lado comum (semirreta OR), e as regiões convexas determinadas por esses ângulos não têm outros pontos comuns além dos pertencentes a esse lado.

Mas os ângulos $P\hat{O}R$ e $P\hat{O}S$ não são adjacentes, pois, apesar de terem um lado comum (semirreta PO), a região em rosa é comum às regiões convexas determinadas pelos dois ângulos.

### Bissetriz de um ângulo

Observe a figura ao lado.

A semirreta OS forma com cada um dos lados do ângulo $P\hat{O}R$ um ângulo cuja medida é igual à metade da medida do ângulo $P\hat{O}R$. Desse modo, os ângulos $P\hat{O}S$ e $S\hat{O}R$ são congruentes, ou seja, têm medidas iguais.

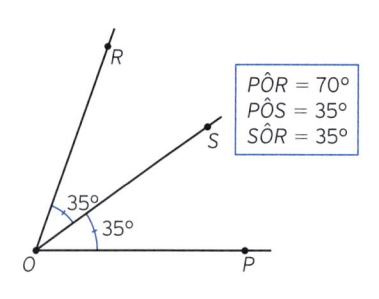

$P\hat{O}R = 70°$
$P\hat{O}S = 35°$
$S\hat{O}R = 35°$

■ Definição

**Bissetriz** de um ângulo é a semirreta com origem no vértice do ângulo e que forma com os lados desse ângulo dois ângulos adjacentes congruentes.

No exemplo dado, a semirreta OS é a bissetriz do ângulo $P\hat{O}R$.

É usual dizer que a bissetriz divide um ângulo em dois ângulos congruentes, ou, ainda, que a bissetriz divide um ângulo ao meio.

### SAIBA MAIS

**Representação geométrica da adição de ângulos**

Considere dois ângulos $A\hat{B}C$ e $D\hat{E}F$. Se existirem dois ângulos adjacentes $P\hat{O}R$ e $R\hat{O}S$, de modo que $P\hat{O}R$ seja congruente a $D\hat{E}F$ e $R\hat{O}S$ seja congruente a $A\hat{B}C$, então dizemos que a representação geométrica da **soma** de $A\hat{B}C$ e $D\hat{E}F$ é o ângulo $P\hat{O}S$.

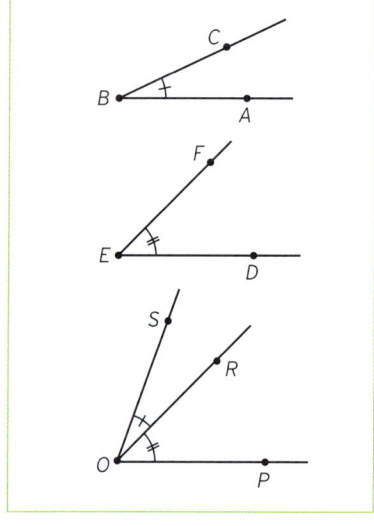

### ATIVIDADES

**23.** A figura de cada item mostra um ângulo (e sua medida) e a bissetriz desse ângulo (e sua medida). Determine, em cada caso, o valor de x.

a) 26°

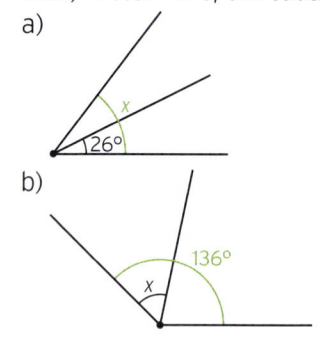

b) 136°, x

**24.** A soma das medidas de dois ângulos adjacentes é 120°. Sabendo que a medida de um é o dobro da medida do outro, determine as medidas desses ângulos.

**25.** Calcule o valor de x, sabendo que $B\hat{O}A = 180°$.

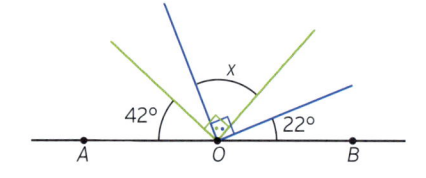

42°, x, 22°

## Ângulos complementares e ângulos suplementares

Dois ângulos são **complementares** quando a soma de suas medidas é 90°. Dizemos que cada um deles é o complemento do outro.

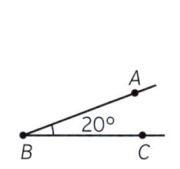

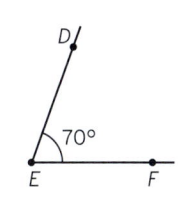

Os ângulos $A\hat{B}C$ e $D\hat{E}F$ são complementares, pois:
20° + 70° = 90°
$A\hat{B}C$ é o complemento de $D\hat{E}F$ e vice-versa.

Dois ângulos são **suplementares** quando a soma de suas medidas é 180°. Dizemos que cada um deles é o suplemento do outro.

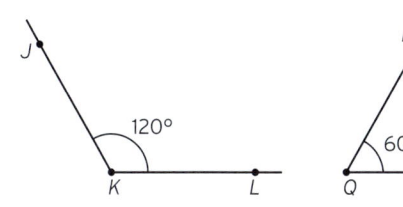

Os ângulos $J\hat{K}L$ e $P\hat{Q}R$ são suplementares, pois: 120° + 60° = 180°
$J\hat{K}L$ é o suplemento de $P\hat{Q}R$ e vice-versa.

Observe mais dois exemplos.

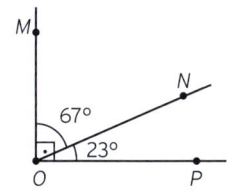

Os ângulos $P\hat{O}N$ e $N\hat{O}M$ são adjacentes e complementares, pois 23° + 67° = 90°. Quando dois ângulos são adjacentes e complementares, os lados que não são comuns formam um ângulo reto. No exemplo, $P\hat{O}M$ é um ângulo reto.

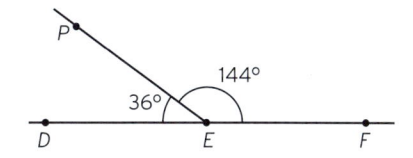

Os ângulos $F\hat{E}P$ e $P\hat{E}D$ são adjacentes e suplementares, pois 36° + 144° = 180°. Quando dois ângulos são adjacentes e suplementares, os lados que não são comuns formam um ângulo raso. No exemplo, $F\hat{E}D$ é um ângulo raso.

### ATIVIDADES

**26.** Complete a tabela abaixo.

| Medida do ângulo | Medida do complemento | Medida do suplemento |
|---|---|---|
| 70° | 20° | 110° |
| 32° | | |
| | | 114° |
| | 0° | |
| | 45° | |

**27.** Na figura a seguir, $C\hat{O}A$ = 180°.

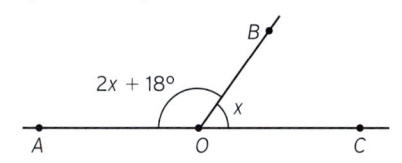

Determine o valor de $x$ e a medida do ângulo $A\hat{O}B$.

**28.** Um ângulo tem medida igual à do seu complemento. Que ângulo é esse?

**29.** Quanto mede o suplemento do complemento de um ângulo de 46°?

**30.** Classifique as alternativas como verdadeiras ou falsas e corrija as falsas.

a) O complemento do ângulo de medida 47° mede 43°.

b) O suplemento do complemento do ângulo de medida 23° mede 103°.

c) O complementar do complementar do ângulo de medida $x$ mede $(90° - x)$.

d) O suplementar do suplementar do ângulo de medida $x$ mede $x$.

## ATIVIDADES

**31.** Determine o valor de x em cada item. As marcas iguais indicam ângulos congruentes.

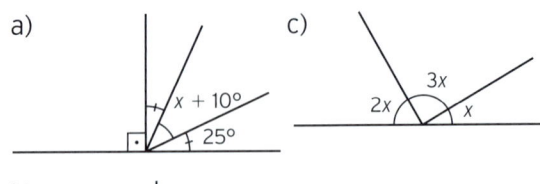

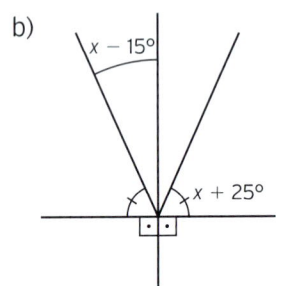

a) [figura: ângulos $x + 10°$ e $25°$ em um ângulo reto]

b) [figura: ângulos $x - 15°$ e $x + 25°$]

c) [figura: ângulos $2x$, $3x$ e $x$ sobre uma reta]

**32.** Explique, por meio de um exemplo, por que as afirmações abaixo são falsas. Faça desenhos para auxiliar na explicação.
a) A soma das medidas de dois ângulos adjacentes é 90°.
b) Ângulos complementares são adjacentes.
c) Apenas os ângulos suplementares são adjacentes.

**33.** Representando por x a medida de um ângulo dado, copie a tabela abaixo e complete-a utilizando a linguagem matemática, seguindo o exemplo.

| Conceito | Linguagem matemática |
|---|---|
| O dobro da medida do ângulo. | $2x$ |
| A medida do complemento do ângulo. | |
| A medida do suplemento do ângulo. | |
| O dobro da medida do complemento. | |
| A metade da medida do suplemento. | |
| O triplo da medida do complemento mais a quinta parte da medida do suplemento do ângulo. | |

**34.** Um dos desafios de um jogo de computador consiste em escolher uma trajetória para atingir um alvo.

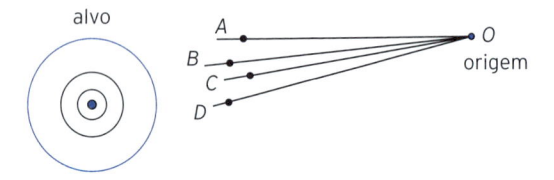

[figura: alvo à esquerda, ponto O (origem) à direita, com semirretas OA, OB, OC, OD]

Qual dos lados dos ângulos acima indica a trajetória que acertará exatamente o centro do alvo?

**35.** Determine a medida do ângulo $A\hat{O}B$ mostrado na figura.

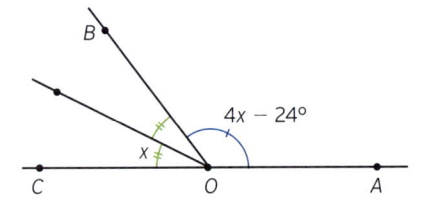

[figura: ângulos $x$ e $4x - 24°$ com vértice em O, pontos C, O, A colineares, B acima]

**36.** Dois ângulos são complementares, e a medida de um é o quádruplo da medida do outro. Quanto mede o ângulo maior?

**37.** A diferença entre as medidas de dois ângulos suplementares é 40°. Quanto mede cada ângulo?

**38.** O suplemento do complemento de certo ângulo mede 126°. Determine a medida desse ângulo.

**39.** Represente dois ângulos $A\hat{O}B$ e $B\hat{O}C$ adjacentes e suplementares, de modo que uma semirreta OD seja a bissetriz do ângulo convexo $B\hat{O}C$ e $D\hat{O}C = 25°$. Em seguida, calcule a medida do ângulo citado em cada item.
a) $B\hat{O}D$  c) $A\hat{O}B$
b) $B\hat{O}C$  d) $A\hat{O}D$

**40.** Represente dois ângulos $A\hat{O}C$ e $C\hat{O}B$ adjacentes e suplementares. Trace as semirretas OD e OE, bissetrizes dos ângulos $A\hat{O}C$ e $C\hat{O}B$, respectivamente. O que se pode afirmar sobre os ângulos $D\hat{O}C$ e $C\hat{O}E$? Explique.

**41.** A figura mostra dois ângulos adjacentes, $P\hat{O}Q$ e $Q\hat{O}R$, e suas respectivas bissetrizes, OS e OT.

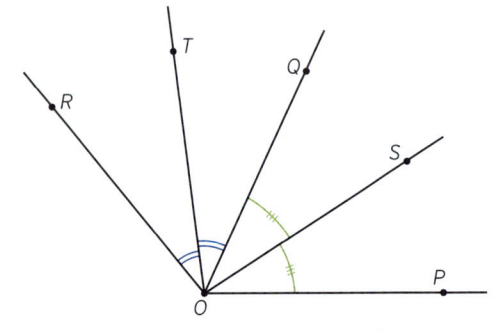

[figura: semirretas OP, OS, OQ, OT, OR com vértice em O]

Calcule a medida do ângulo $S\hat{O}T$, sabendo que $P\hat{O}R = 130°$.

## ••• Ângulos opostos pelo vértice

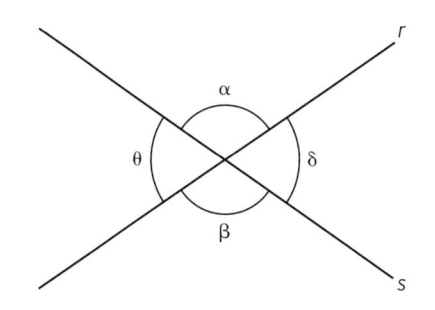

Quando duas retas são concorrentes, elas determinam quatro ângulos. Na figura ao lado, as retas *r* e *s* determinam os ângulos de medidas α, β, δ e θ. Podemos representá-los por: $\hat{\alpha}, \hat{\beta}, \hat{\delta}$ e $\hat{\theta}$

Como os lados do ângulo $\hat{\alpha}$ são semirretas opostas aos lados do ângulo $\hat{\beta}$, dizemos que $\hat{\alpha}$ e $\hat{\beta}$ são ângulos **opostos pelo vértice** (abreviação: o.p.v.). Do mesmo modo, os ângulos $\hat{\delta}$ e $\hat{\theta}$ são o.p.v.

Camila copiou essa figura em uma folha de papel transparente. Com a orientação da professora, ela dobrou o desenho ao meio, verticalmente, de modo que a dobra coincidiu com a bissetriz dos ângulos $\hat{\alpha}$ e $\hat{\beta}$, e observou que os ângulos $\hat{\delta}$ e $\hat{\theta}$ se sobrepuseram. Depois, desfez a dobra e dobrou o desenho ao meio, horizontalmente, de modo que a dobra coincidiu com a bissetriz dos ângulos $\hat{\delta}$ e $\hat{\theta}$, observando que os ângulos $\hat{\alpha}$ e $\hat{\beta}$ também se sobrepuseram.

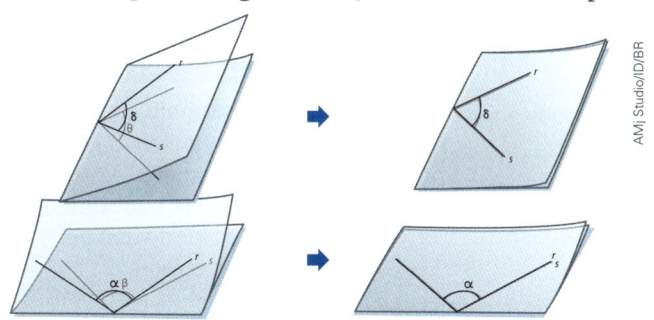

> **SAIBA MAIS**
>
> Os ângulos adjacentes formados por duas retas concorrentes são suplementares.

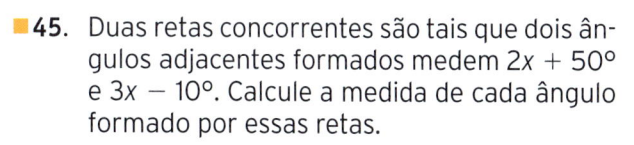

Esse experimento mostra um resultado válido para qualquer par de ângulos o.p.v.

**Teorema**

Dois ângulos opostos pelo vértice são congruentes, isto é, têm medidas iguais.

### Observação

A demonstração de que esse resultado é válido será estudada no Capítulo 6 do Livro 8.

### ATIVIDADES

**42.** Identifique a afirmativa falsa. Faça um desenho que contradiga essa afirmação.
   a) Ângulos opostos pelo vértice têm um vértice comum.
   b) Ângulos com vértice comum são opostos pelo vértice.

**43.** Determine os valores de *x*, *y* e *z* em cada caso.
   a) $x + 34°$, $y + 25°$, $50°$, $z + 47°$
   b) $145°$, $y - 20°$, $z + 7°$, $x + 38°$

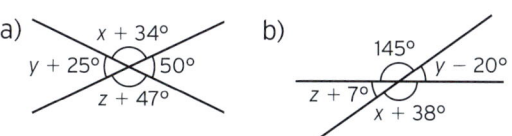

**44.** Dois ângulos opostos pelo vértice são complementares. Quanto mede cada um?

**45.** Duas retas concorrentes são tais que dois ângulos adjacentes formados medem $2x + 50°$ e $3x - 10°$. Calcule a medida de cada ângulo formado por essas retas.

**46.** Determine os valores de *x* e *y* representados a seguir.

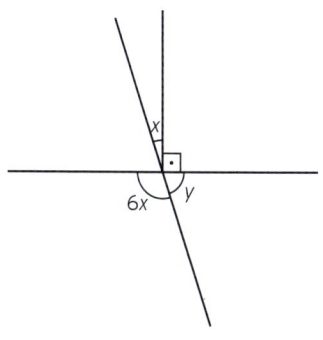

175

# MÓDULO 2
# Circunferências

Vamos recordar alguns conceitos. Para isso, considere dois pontos distintos A e B. Esses pontos determinam o segmento de reta AB. Para medir o comprimento desse segmento de reta, escolhemos um segmento u para ser a unidade de medida e verificamos quantas vezes u cabe em AB. Observe o esquema.

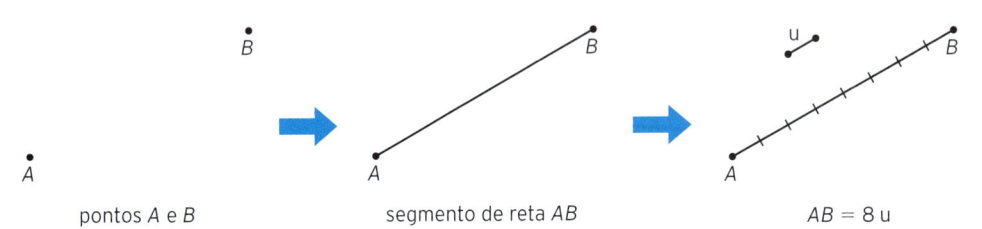

pontos A e B → segmento de reta AB → AB = 8 u

### Definição

A **distância entre dois pontos** é o comprimento do segmento de reta que tem extremidades nesses pontos.

Portanto, de acordo com o esquema acima, a distância entre os pontos A e B é 8 u.

Agora, imagine que a partir de um ponto O dado, você tenha de marcar um ponto cuja distância até O seja 3 cm. Há infinitos pontos que você pode marcar nessas condições; veja alguns deles a seguir. A figura plana formada por todos esses pontos é uma circunferência de centro O e raio 3 cm.

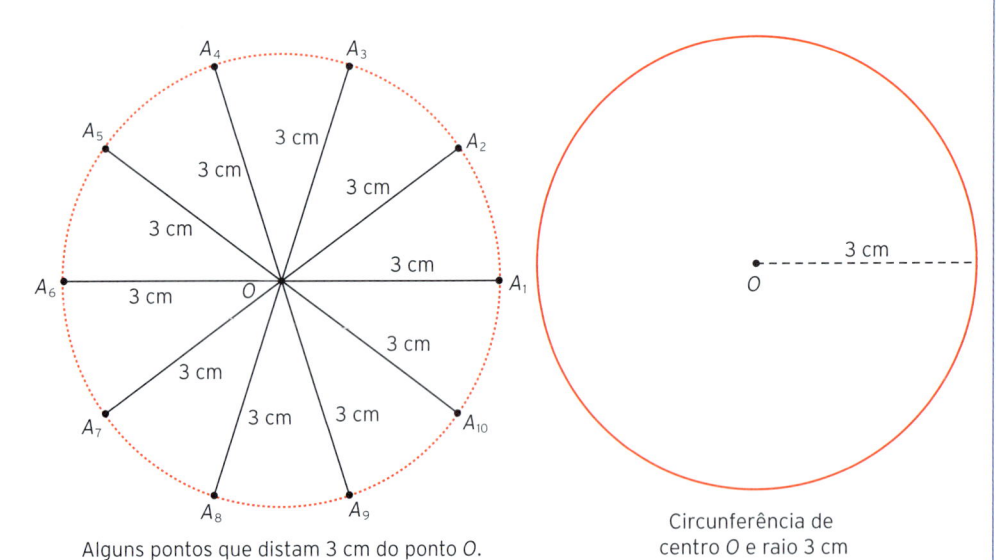

Alguns pontos que distam 3 cm do ponto O.

Circunferência de centro O e raio 3 cm
(todos os pontos que distam 3 cm de O).

### Definição

**Circunferência** de centro O e raio de medida r é a figura formada por todos os pontos de um plano que estão situados a uma distância r de um ponto O desse plano.

## UM POUCO DE HISTÓRIA

**O símbolo da OBM**

O símbolo adotado para representar a nova Olimpíada Brasileira de Matemática, a partir do ano de 1998, foi concebido em cima de um problema matemático que utiliza sete circunferências. Após sofrerem algumas transformações geométricas, elas se posicionam de maneira peculiar: uma, a maior, representada por um anel cinza, delimita o símbolo externamente; outra, também um anel cinza, delimita o símbolo internamente e as cinco restantes, representadas por anéis coloridos, se colocam enfileiradas no caminho entre as duas primeiras. [...]

Olimpíada Brasileira de Matemática

Disponível em: <http://www.obm.org.br/opencms/quem_somos/logotipo/info_logotipo.html>. Acesso em: 16 set. 2014.

## Elementos de uma circunferência

Os principais elementos de uma circunferência são os seguintes.
- **Centro**: o ponto O, na definição anterior.
- **Raio**: qualquer segmento de reta cujas extremidades são o centro da circunferência e um ponto qualquer dela.
- **Corda**: qualquer segmento de reta cujas extremidades sejam pontos da circunferência.
- **Diâmetro**: uma corda que contém o centro da circunferência.

Observe que o centro da circunferência não pertence a ela e, em qualquer circunferência, a medida $d$ do diâmetro é igual ao dobro da medida $r$ do raio ($d = 2r$).

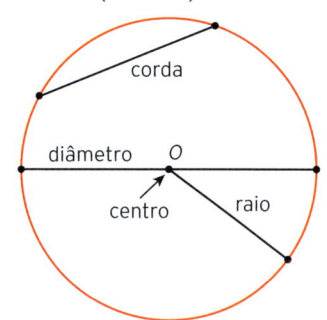

## ●●● Ângulo central e arco de circunferência

Um ângulo cujo vértice é o centro de uma circunferência e cujos lados contêm raios dela é denominado **ângulo central** dessa circunferência. O trecho da circunferência compreendido entre dois pontos distintos pertencentes a ela denomina-se **arco** de circunferência.

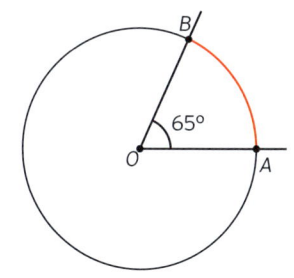

Ângulo central convexo $A\widehat{O}B$ e, em vermelho, o arco de circunferência $\overarc{AB}$ determinado por esse ângulo central.

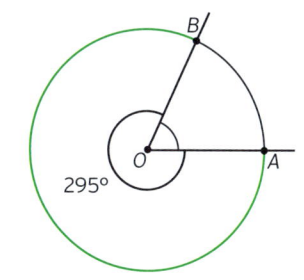

Ângulo central não convexo $A\widehat{O}B$ e, em verde, o arco de circunferência $\overarc{AB}$ determinado por esse ângulo central.

Cada arco está associado a um ângulo central e vice-versa.

### Definição

A **medida angular de um arco** de circunferência é igual à medida do ângulo central associado a ele.

Quando um ângulo central mede 180°, o arco associado a ele também mede 180° e é denominado semicircunferência.

### Observação

Para não gerar dúvidas, o ângulo central convexo será indicado apenas como ângulo central, e o arco de circunferência associado a ele, como arco ou arco menor. Quando nos referirmos ao ângulo não convexo, indicaremos ângulo central não convexo, e o arco de circunferência associado a ele como arco maior.

### Link

A circunferência está associada a um ângulo central de 360°; portanto, um arco associado a um ângulo central de 180° é uma semicircunferência.

## SAIBA MAIS

**Medida do ângulo central**

A medida de um ângulo central não se altera caso a medida do raio da circunferência seja aumentada ou diminuída.

Na figura ao lado, as circunferências têm os mesmos centros, mas raios com medidas diferentes. Observe que o ângulo central $A\hat{O}B$ de qualquer uma dessas circunferências mede 50°.

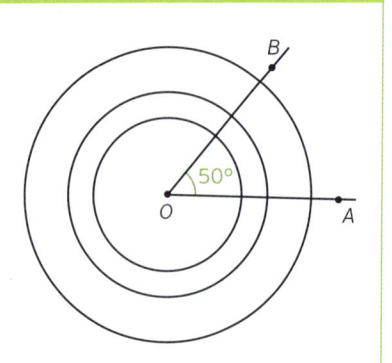

### ATIVIDADES

**47.** Para cada item, escreva no caderno o nome do elemento da circuferência destacado em vermelho.

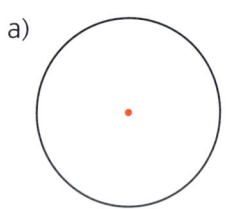

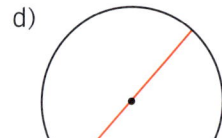

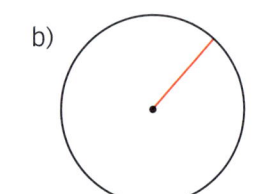

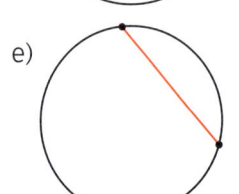

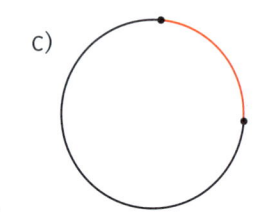

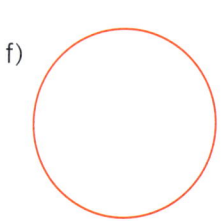

a)

b)

c)

d)

e)

f)

**48.** Considere a seguinte circunferência:

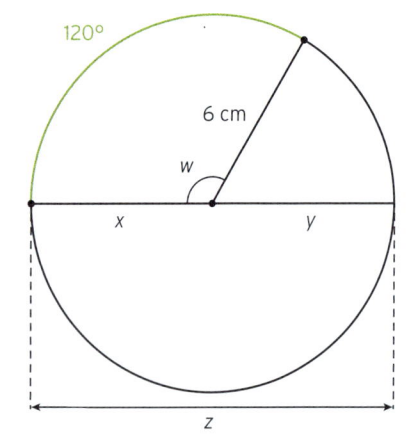

Calcule os valores de $x$, $y$, $z$ e $w$ indicados.

**49.** Na figura abaixo, foram construídos três ângulos centrais adjacentes e congruentes.

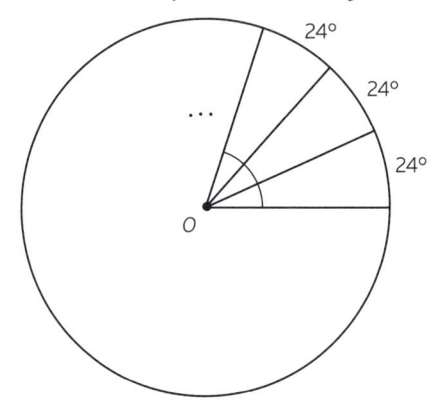

Se continuarmos a construir ângulos adjacentes e congruentes a esses, em quantas partes iguais a circunferência ficará dividida?

**50.** Usando régua, compasso e transferidor, construa uma circunferência e divida-a em 10 partes iguais.

**51.** Considere duas circunferências, $\alpha$ e $\beta$. Sabe-se que a medida do raio de $\alpha$ é o triplo da medida do diâmetro de $\beta$ e o raio de $\beta$ mede 7 cm.
Quanto mede o diâmetro de $\alpha$?

**52.** A medida do raio e a do diâmetro de uma circunferência são expressas como a seguir:
$(4x - 2)$ cm e $(x + 10)$ cm
Quanto mede o raio dessa circunferência?

**53.** Considere um ângulo central convexo de uma circunferência e sua medida: $A\hat{O}B = 4x$. Considere também o arco associado a esse ângulo central. Determine a medida angular desse arco, sabendo que ela é dada por $175° - 3x$.

## Comprimento de uma circunferência

Para medir o comprimento de uma linha simples, podemos "esticar" essa linha, para "transformá-la" em um segmento de reta de tamanho igual; medimos então o segmento de reta obtido.

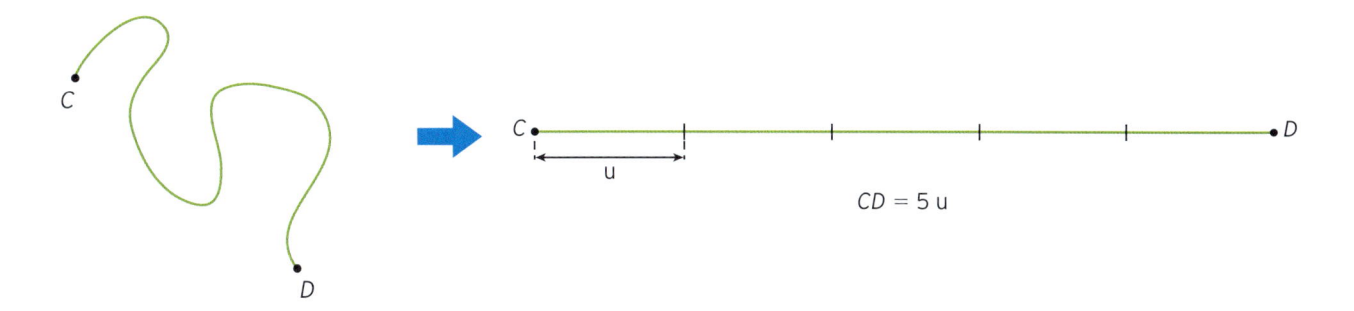

$CD = 5\ u$

Assim, para medir o comprimento de uma circunferência, podemos imaginar que a "cortamos" e a "esticamos", para obter um segmento de reta de tamanho igual; medimos então o segmento de reta obtido.

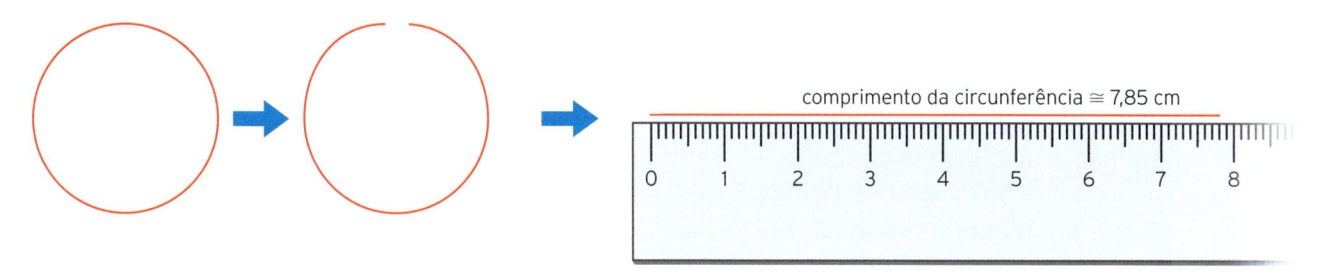

comprimento da circunferência $\cong$ 7,85 cm

### Observação

Lemos o símbolo $\cong$ como: é aproximadamente igual a.

Existe uma fórmula que é utilizada para calcular a medida do comprimento de uma circunferência quando se conhece a medida do seu raio. Na atividade experimental a seguir, essa fórmula será deduzida por você.

**Fórmula:** sentença matemática que indica os cálculos que devem ser realizados para obter certo resultado.

### ATIVIDADES

**54.** Para realizar esta atividade, são necessários os seguintes materiais.
- Cinco objetos de tamanhos diferentes, cujas bases ou partes deles tenham formato circular. Por exemplo: uma lata de suco ou refrigerante, uma lata de leite em pó, um copo, um rolo de macarrão ou uma xícara.
- Fita métrica.
- Calculadora.
- Lápis e caderno para anotações.

I. As bordas das bases ou as laterais dos objetos que tiverem formato circular são as circunferências das quais vamos medir o comprimento $C$. Para realizar cada medição, utilize a fita métrica, colocando-a ao redor do objeto; em seguida, utilize a fita métrica para determinar a medida do diâmetro $d$ da circunferência. Registre os dados em uma tabela como a do modelo abaixo.

| Objeto | Comprimento $C$ da circunferência | Medida $d$ do diâmetro |
|---|---|---|
| Borda da base do copo | 20,6 cm | 6,6 cm |
| | | |

Observe os números da sua tabela. Parece haver alguma regularidade?

## ATIVIDADES

II. É provável que você não tenha percebido alguma regularidade nas medidas registradas. Acrescente, então, mais uma coluna na tabela. Registre nela a razão $\frac{C}{d}$ entre a medida do comprimento da circunferência e a medida do diâmetro. Utilize a calculadora para determinar cada razão. Se necessário, aproxime o valor obtido.

👥 Existe alguma regularidade nas razões obtidas? Qual? Converse com seus colegas e verifique se eles concluíram o mesmo que você.

III. Você e seus colegas devem ter constatado que a razão entre a medida do comprimento da circunferência e a medida do respectivo diâmetro é sempre um valor próximo de 3. Pode-se mostrar que o resultado dessa razão sempre é um mesmo número, um pouco maior do que 3. Esse número é representado por uma letra grega: $\pi$ (lê-se "pi").

Pode-se provar que $\pi$ tem infinitas casas decimais, que nunca se repetem, isto é, ele não é uma dízima periódica. Isso significa que $\pi$ não é um número racional.

O $\pi$ é um número irracional. No 8º ano, você conhecerá outros números que também são irracionais. Como $\pi$ tem infinitas casas decimais, é comum aproximar seu valor para realizar cálculos. Veja uma aproximação para o valor de $\pi$ com 16 casas decimais:

3,1415926535897932

Verifique com seus colegas quem obteve uma razão mais próxima de $\pi$.

IV. Considere uma circunferência qualquer. Chamando de $C$ a medida do comprimento da circunferência e de $d$ a medida do diâmetro dessa circunferência, acrescente em sua tabela mais uma linha, para que fique assim:

| Objeto | Comprimento $C$ da circunferência | Medida $d$ do diâmetro | Razão $\frac{C}{d}$ |
|---|---|---|---|
| Borda da base do copo | 20,6 cm | 6,6 cm | 3,12 |
| ⋮ | ⋮ | ⋮ | ⋮ |
| Circunferência qualquer | $C$ | $d$ | |

Com base no que você leu em III, o que deve ser escrito na célula à direita de $d$ na tabela?

V. Com base nas constatações feitas, vamos determinar a fórmula utilizada para calcular o comprimento de uma circunferência quando é conhecida a medida do raio.

a) No item IV exprimiu-se o fato de que a razão entre a medida do comprimento de uma circunferência e a do seu diâmetro é $\pi$.

$$\frac{C}{d} = \pi$$

Sabendo que a medida do diâmetro de uma circunferência é igual ao dobro da medida do raio da circunferência, escreva a igualdade acima em termos da medida $r$ do raio da circunferência.

b) Transforme a igualdade que você obteve acima em outra equivalente, na qual a variável $C$ apareça isolada no primeiro membro. Essa é a maneira usual de apresentar a fórmula que estamos procurando. A fórmula obtida pode ser sempre utilizada para determinar a medida do comprimento de uma circunferência.

■ 55. O comprimento de uma circunferência mede 43,96 cm. Utilizando a aproximação $\pi = 3,14$, calcule a medida aproximada do raio dessa circunferência.

■ 56. Utilizando a aproximação $\pi = 3,14$, calcule:

a) a medida do comprimento de uma circunferência cujo raio mede 9 cm

b) a medida do raio de uma circunferência cujo comprimento mede 50,24 cm

c) a medida do comprimento de uma circunferência cujo diâmetro mede 21 cm

■ 57. O diâmetro da roda de uma bicicleta de aro 26 mede 60 cm. Quando a roda da bicicleta dá uma volta completa, qual é a distância aproximada que ela percorre?

■ 58. Se aumentarmos o raio de uma circunferência em 1 m, em quanto, aproximadamente, aumentará o seu comprimento?

# Círculo e gráfico de setores

**MÓDULO 3**

Sabemos que, se um ponto pertence a uma circunferência, então, por definição, a distância desse ponto até o centro da circunferência é igual à medida do raio dessa circunferência.

Considere uma circunferência de centro O e raio medindo r. Vamos tomar um ponto P, cuja distância até o centro da circunferência seja menor do que r. A figura 1 mostra um ponto nessa condição. A figura 2 mostra vários pontos nessa condição; há infinitos pontos cuja distância até o centro O é menor do que r. A figura formada por todos esses pontos e pela circunferência é um **círculo** de centro O e raio medindo r (figura 3).

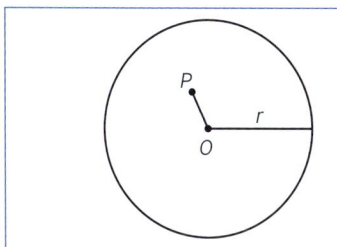

**Figura 1.** A distância entre o ponto P e o centro O é menor do que r.

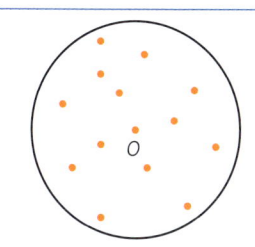

**Figura 2.** Alguns pontos cuja distância até o centro da circunferência é menor do que r.

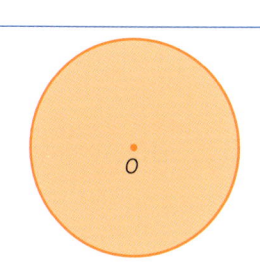

**Figura 3.** Os infinitos pontos que compõem o círculo de centro O e raio medindo r.

### Definição

O **círculo** de centro O e raio medindo r é a figura formada por todos os pontos de um plano cuja distância até o ponto O seja menor do que ou igual a r.

## ●●● Setor circular

Um ângulo cujo vértice é o centro de um círculo e cujos lados contêm raios dele é denominado **ângulo central** desse círculo. Qualquer ângulo central do círculo o divide em duas partes. Cada uma dessas partes é denominada **setor circular**. Sempre que for necessário distingui-las, adotaremos setor *circular menor* para o que apresenta menor ângulo central e, então, menor área e *setor circular maior* para o de maior ângulo central e, então, maior área. A área do setor circular é diretamente proporcional ao ângulo central que o determina.

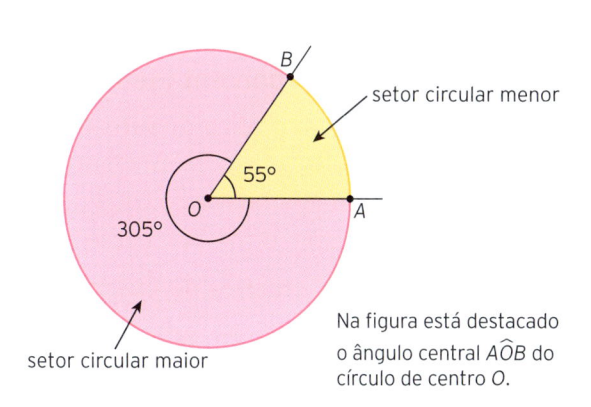

Na figura está destacado o ângulo central $A\hat{O}B$ do círculo de centro O.

### Observação

Um setor circular de 180° é denominado **semicírculo**.

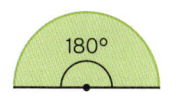

### ATIVIDADES

**59.** A figura ao lado mostra um setor circular de 120°.

Quantos setores como esse são necessários para "completar" o círculo?

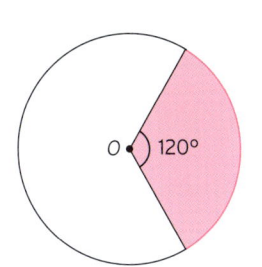

**60.** Calcule mentalmente: quanto mede o setor circular que cabe exatamente 5 vezes no círculo?

**61.** Com o auxílio de régua, compasso e transferidor, construa as seguintes figuras.
a) um círculo com 2 cm de raio
b) um setor circular de 75°

## Gráfico de setores

Uma forma de representar os dados de uma pesquisa é por meio do gráfico de setores, em que os dados são dispostos em setores circulares. É comum optar por esse tipo de gráfico quando se trabalha com valores percentuais. O círculo representa o inteiro, isto é, 100% dos valores; um setor circular, por ser uma parte do círculo, corresponde a uma porcentagem dele. Portanto, a soma dos valores percentuais representados pelos setores deve ser 100%.

O gráfico de setores permite obter visualmente a proporção correta entre os dados, ou seja, o tamanho de cada setor é proporcional à porcentagem que ele representa. Obviamente, pareceria inadequado se um setor que representa 30% do total se apresentasse maior do que um setor que representa 50% do total.

### Construindo um gráfico de setores

Suponha que foi feita uma pesquisa com 300 pessoas sobre o principal meio de transporte utilizado e os dados obtidos foram organizados na tabela abaixo.

| Meio de transporte | Metrô | Ônibus | Carro | Trem | Táxi |
|---|---|---|---|---|---|
| Quantidade de pessoas | 120 | 75 | 60 | 30 | 15 |

Dados fictícios.

### Determinando as porcentagens

Para construir um gráfico de setores que represente esses dados, precisamos calcular a porcentagem que a quantidade de pessoas de cada grupo representa do total de pessoas pesquisadas.

Por exemplo, como o total de pessoas que responderam à pesquisa é 300, os 120 usuários de metrô equivalem a $\frac{120}{300}$ do total. Para expressar essa fração em porcentagem, ela será transformada em uma fração equivalente, com denominador 100. Veja:

$$\frac{120^{:3}}{300_{:3}} = \frac{40}{100} = 40\%$$

Faça o mesmo com os demais valores. Para isso, complete a tabela abaixo.

| Meio de transporte | Metrô | Ônibus | Carro | Trem | Táxi |
|---|---|---|---|---|---|
| Quantidade de pessoas | 120 | 75 | 60 | 30 | 15 |
| Porcentagem | 40% | | | | |

Dados fictícios.

### Determinando as medidas dos ângulos centrais

A seguir, determinaremos a medida do ângulo central que cada setor circular terá. O círculo todo tem 360° e corresponde a 100%. Assim, conhecendo as porcentagens, podemos determinar a medida do ângulo central de cada setor circular utilizando uma regra de três simples. Por exemplo:

100% → 360°
40% → $x$

$$\frac{100}{40} = \frac{360°}{x} \Rightarrow 100x = 40 \cdot 36°$$
$$100x = 14\,400°$$
$$x = 144°$$

Utilize o mesmo raciocínio para calcular as medidas dos demais ângulos centrais. Acrescente mais uma linha à sua tabela, como o modelo a seguir, e preencha-a.

| Meio de transporte | Metrô | Ônibus | Carro | Trem | Táxi |
|---|---|---|---|---|---|
| Quantidade de pessoas | 120 | 75 | 60 | 30 | 15 |
| Porcentagem | 40% | | | | |
| Medida do ângulo central do setor circular | 144° | | | | |

Dados fictícios.

> **PARA RECORDAR**
>
> **Regra de três simples**
>
> Podemos fazer o cálculo das porcentagens utilizando a regra de três simples. Por exemplo:
>
> 300 pessoas → 100%
>
> 120 pessoas → $x$
>
> $$\frac{300}{120} = \frac{100}{x} \Rightarrow 300x = 12\,000$$
>
> $$x = \frac{12\,000}{300} = 40$$
>
> Portanto, 120 pessoas correspondem a 40%.

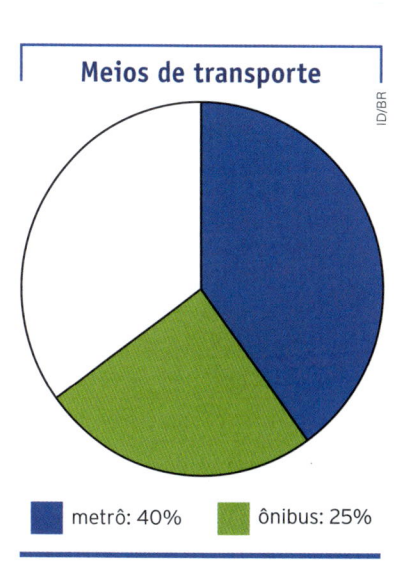

### Desenhando o gráfico de setores

Vamos desenhar o gráfico com o auxílio de régua, compasso e transferidor. Marque um ponto que será o centro do círculo; posicione a ponta-seca do compasso nesse ponto; trace uma circunferência com raio de qualquer medida, por exemplo, 2,5 cm. Com o auxílio do transferidor e da régua, construa um ângulo de 144° com vértice no centro do círculo. Assim, determinamos o setor circular que representa os 40% dos entrevistados que têm como principal meio de transporte o metrô; pinte-o com uma cor. Faça o mesmo para os demais ângulos, construindo-os sempre adjacentes ao anterior. A figura abaixo ilustra parte da construção.

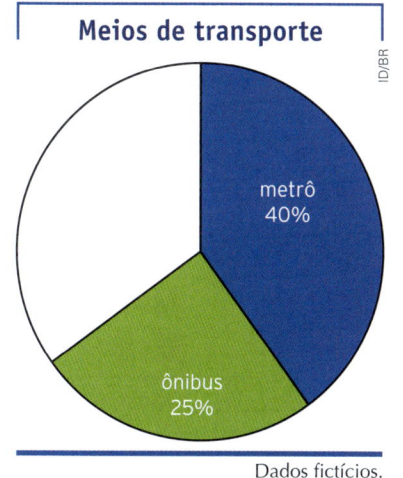

**Meios de transporte**

metrô 40%
ônibus 25%

Dados fictícios.

### Observação

É comum escrever as porcentagens no desenho do gráfico. Para indicar o meio de transporte correspondente a cada setor circular, podemos escrever o nome de cada um deles no próprio desenho, como feito acima, ou criar uma legenda para o gráfico, como ao lado.

**Meios de transporte**

■ metrô: 40%  ■ ônibus: 25%

Dados fictícios.

183

## SAIBA MAIS

### Gráficos de setores 3D

Há situações em que o gráfico de setores é desenhado tridimensionalmente, como mostra o exemplo abaixo.

**Distribuição da população ocupada (segundo setores de atividade econômica) Estado de São Paulo — 2009**

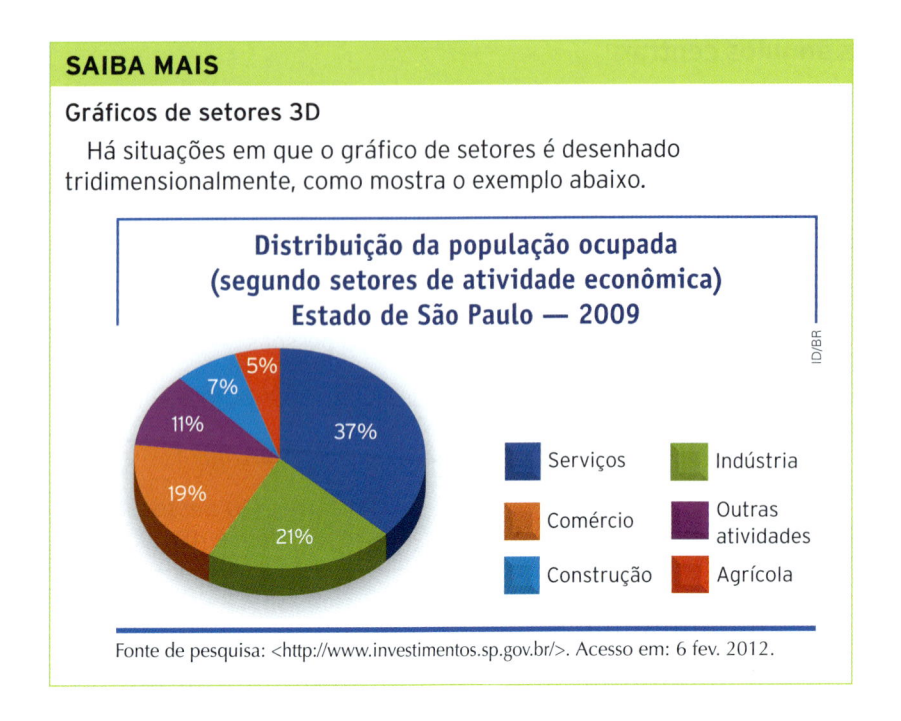

- Serviços: 37%
- Indústria: 21%
- Comércio: 19%
- Outras atividades: 11%
- Construção: 7%
- Agrícola: 5%

Fonte de pesquisa: <http://www.investimentos.sp.gov.br/>. Acesso em: 6 fev. 2012.

## ATIVIDADES

**62.** Camila e Júlia resolveram fazer uma pesquisa com alguns alunos da escola onde estudam. Entre outras perguntas que elas fizeram, estava a seguinte: Das opções abaixo, qual é a sua sobremesa preferida?

Imagem fora de escala.

- Gelatina
- Pudim de chocolate
- Salada de frutas
- Sorvete
- Torta de morango

Com base nas respostas obtidas, elas construíram a tabela abaixo.

| Sobremesa | Quantidade de pessoas |
|---|---|
| Gelatina | 18 |
| Pudim de chocolate | 15 |
| Salada de frutas | 24 |
| Sorvete | 32 |
| Torta de morango | 11 |

Dados criados para esta atividade.

Com as informações da tabela, construa um gráfico de setores que apresente, para cada sobremesa, a porcentagem de pessoas que a preferem.

**63.** Após uma pesquisa com 300 alunos sobre a procedência do lanche que consumiam na escola, foi elaborado o seguinte gráfico de setores.

**Lanche no recreio**

- Traz de casa: 45%
- Come a merenda escolar: 35%
- Compra na cantina: 20%

Dados criados para esta atividade.

a) Quantos alunos trazem o lanche de casa?
b) Quantos compram o lanche na cantina?
c) Quantos comem a merenda oferecida pela escola?
d) Calcule a medida do ângulo central correspondente a cada setor do gráfico.

# Simetria central

**MÓDULO 4**

Você já estudou figuras que apresentam simetria em relação a uma reta (simetria axial); isso significa que é possível dobrar essas figuras de modo que as duas partes sobrepostas coincidam. Veja outro tipo de simetria existente.

### Definição
Um ponto A é **simétrico** de um ponto B em **relação a um ponto** M, centro de simetria, se M for **ponto médio** do segmento AB.

A———M———B

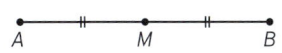

O ponto A é simétrico de B em relação a M.

### Link
O **ponto médio** de um segmento AB é o ponto M pertencente a ele, tal que os segmentos AM e MB são congruentes.

Ou seja, se M é o ponto médio do segmento AB, então AM = MB e vice-versa.

### Definição
Uma figura F é **simétrica** de uma figura G **em relação a um ponto** M, centro de simetria, quando cada ponto de F é simétrico de um ponto de G em relação ao ponto M.

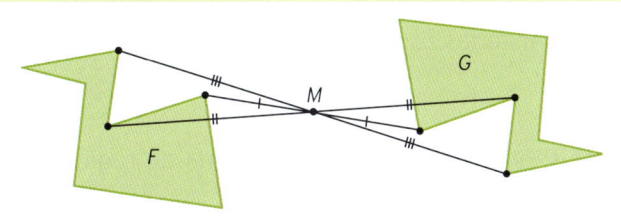

A figura F é simétrica de G em relação a M. Observe que se girarmos 180° a figura G em torno do ponto M, ela vai se sobrepor à figura F e vice-versa.

### Definição
Uma figura é **simétrica em relação a um ponto** M, centro de simetria, quando cada ponto da figura é simétrico de outro ponto da figura em relação ao ponto M. Nesse caso, dizemos que a figura apresenta **simetria central**.

### SAIBA MAIS

**Centro de simetria de uma figura**

O centro de simetria de uma figura pode ou não ser um ponto pertencente a ela. Por exemplo, o centro de simetria da figura abaixo é o centro da figura, pois cada ponto dela tem um ponto simétrico em relação ao centro.

A figura apresenta simetria central, pois é simétrica em relação ao ponto M.

## ATIVIDADES

**64.** Construa a figura G, simétrica da figura F, em relação ao ponto P.

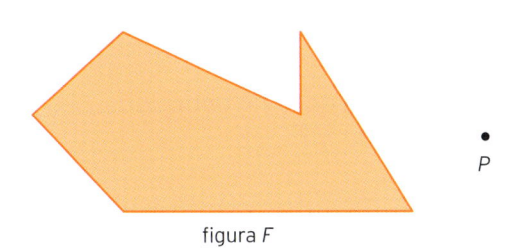

figura F

**65.** Desenhe uma região plana R qualquer e um ponto M que não pertença à figura. Entregue seu desenho a um colega para que ele construa a região S, simétrica da região R em relação ao ponto M, que você desenhou, e faça o mesmo com o desenho dele. Troque novamente o desenho com o colega, para um avaliar se o outro acertou.

**66.** Desenhe uma figura que tenha simetria central, de modo que o centro de simetria da figura pertença a ela.

185

## COMPREENDER E RESOLVER

## Nove retas, muitas regiões

Neste problema, você tem uma folha de papel retangular em que serão traçadas retas que dividem a folha em regiões. Você pode fazer até 9 retas, horizontais ou verticais, de um lado ao outro da folha.

Qual é a quantidade máxima de regiões que se pode obter?

### ■ Compreensão do problema

I. No total, quantas retas você pode fazer na folha de papel?

II. Quais configurações abaixo são permitidas pelas regras do problema e quais não são? Justifique.

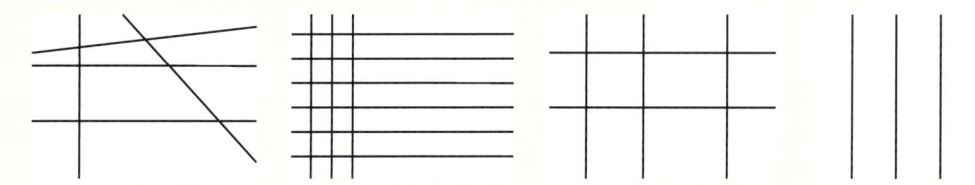

III. Para obter mais regiões, é vantajoso usar todas as 9 retas ou não?

### ■ Resolução do problema

I. Se você fizer apenas retas horizontais, qual é a quantidade máxima de regiões que você pode obter? E se você fizer apenas retas verticais?

II. Se você fizer uma única reta, quantas regiões você obtém? Fazendo mais uma reta, você obtém mais regiões se ela for paralela ou se ela cruzar a reta anterior? Por quê?

III. Variando a quantidade de retas horizontais e verticais, complete a tabela:

| Horizontais | | | | | | | | |
|---|---|---|---|---|---|---|---|---|
| Verticais | | | | | | | | |
| Regiões | | | | | | | | |

IV. Como se faz para calcular a quantidade de regiões que serão obtidas, sabendo a quantidade de retas horizontais e a quantidade de retas verticais? Explique usando um exemplo.

V. Qual é a quantidade máxima de regiões que se pode obter e como se faz para consegui-la?

### ■ Reflexão sobre o problema

I. Se você pudesse fazer até 10 retas horizontais ou verticais, qual seria a quantidade máxima de regiões? E se você pudesse fazer 15 retas nessas mesmas condições?

II. Compare sua resolução com a de seus colegas. Alguém resolveu de modo diferente? Como?

III. Qual foi sua maior dificuldade para resolver esse problema?

IV. O que você aprendeu resolvendo esse problema?

V. Invente um problema semelhante, alterando alguma regra dada no enunciado. Seu problema ficou mais fácil ou mais difícil? Você consegue resolvê-lo?

**Mais:** Resolva os problemas 2 e 10 da página 244.

# MATEMÁTICA E TRANSPORTE

## Boa viagem com o cinto de segurança

O número de automóveis, ônibus e caminhões em circulação no país é cada vez maior. Nas cidades grandes e médias, além do trânsito cada vez mais difícil, o número de acidentes também cresce.

Por esse motivo, o uso do cinto de segurança já é obrigatório em algumas cidades brasileiras. [...]

Se, durante o percurso, o motorista precisa dar uma freada rápida, a ação dos freios segura a carcaça do automóvel e tudo o que está preso a ela, como o motor, os faróis e os bancos.

Rapaz ao volante de um automóvel parado, 2008.

Ocorre que, se as pessoas estiverem soltas dentro do carro, elas não vão sofrer a ação dos freios e continuam a se movimentar com a velocidade que o automóvel tinha anteriormente. Em consequência, acabam se chocando com as partes internas do automóvel.

Por isso o uso do cinto de segurança é tão importante. Com ele, as pessoas ficam amarradas ao banco, que está fixado à carcaça do automóvel. Quando o freio diminui a velocidade da carcaça do automóvel, tudo o que está fixado nela também tem sua velocidade diminuída.

[...]

Longe de ser um enfeite, o encosto de cabeça é também uma peça importante entre os dispositivos de segurança dos veículos.

Pense num automóvel que não possui esse encosto. Numa colisão traseira, o corpo é lançado para a frente, pois está sustentado pelo banco e o banco está preso à carcaça do automóvel. O pescoço e a cabeça, entretanto, ficam acima do banco. Com isso, não são empurrados para frente e tendem a ficar onde estavam.

O resultado é que a cabeça faz um giro muito rápido para trás, o que põe em risco a vida da pessoa.

Se um carro parado for atingido na traseira por um veículo a apenas 28 quilômetros por hora, a cabeça do passageiro, na ausência do encosto, pode girar para trás fazendo um ângulo de até 120 graus. Com o encosto, esse ângulo não passa de 30 graus.

[...]

Movimento da cabeça sem o encosto.

Movimento da cabeça com o encosto.

Disponível em: <http://www.cienciamao.usp.br/tudo/exibir.php?midia=t2k&cod=_ciencias_cie_1g47>.
Acesso em: 16 set. 2014.

### ■ De olho no texto

I. Qual é a utilidade do cinto de segurança nos automóveis?

II. Qual é a importância do encosto de cabeça nos bancos dos automóveis?

III. De acordo com o texto, qual é a diferença entre as medidas dos ângulos em que giram o pescoço de uma pessoa que está em um automóvel sem encosto e o pescoço de uma pessoa que está em um carro com esse equipamento, no momento de uma colisão traseira?

# ROTEIRO DE ESTUDOS

**Autoavaliação**

**67.** Responda:
   a) Quantos segundos tem 12° 5'?
   b) Quantos minutos tem 720"?
   c) Quantos graus, minutos e segundos tem 5 710"?

**68.** Determine o valor da expressão:
$(28° 15' + 30° 27' 40'') - \dfrac{2}{3} \cdot (81° 17' 30'')$

**69.** Determine o valor de x em cada caso.

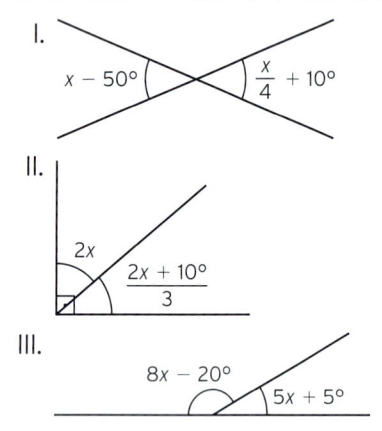

I.
$x - 50°$ ; $\dfrac{x}{4} + 10°$

II.
$2x$ ; $\dfrac{2x + 10°}{3}$

III.
$8x - 20°$ ; $5x + 5°$

Em seguida, complete as frases corretamente.
a) Os ângulos de medidas $x - 50°$ e $\dfrac{x}{4} + 10°$ são denominados
b) Os ângulos de medidas $2x$ e $\dfrac{2x + 10°}{3}$ são denominados
c) Os ângulos de medidas $8x - 20°$ e $5x + 5°$ são denominados

**70.** A diferença entre o dobro da medida de um ângulo e a medida do seu complemento é 45°. Calcule a medida desse ângulo.

**71.** Quanto mede aproximadamente o comprimento de uma pista circular, sabendo que seu diâmetro mede 2 km? Use π = 3,14.

**72.** (OBM) Os resultados de uma pesquisa das cores de cabelo de 1200 pessoas são mostrados no gráfico abaixo.

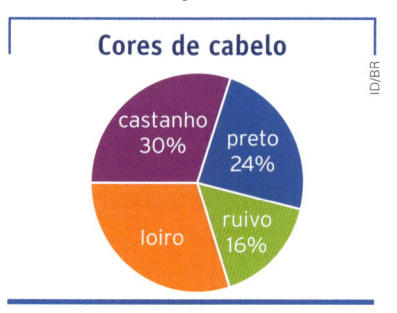

**Cores de cabelo**
- castanho 30%
- preto 24%
- ruivo 16%
- loiro

Quantas dessas pessoas possuem o cabelo loiro?
a) 60    c) 360    e) 840
b) 320   d) 400

**73.** O triângulo ABC é simétrico ao triângulo A'B'C' em relação a um ponto M. Determine o ponto M.

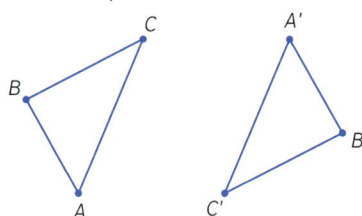

**Nota:** Confira se você acertou todas as questões dessa *Autoavaliação*. Se não acertou, faça as atividades do *Reforço* e da *Revisão* antes do *Aprofundamento*.

## Reforço

**74.** Indique no caderno os pares de medidas correspondentes.
a) 25°              I. 61 380'
b) 28° 16' 50"     II. 90 000"
c) 1 023°          III. 101 810'

**75.** Se $a = 53° 45' 12''$, $b = 15° 32' 21''$ e $c = 19°$, qual é o valor da expressão $3 \cdot (a + b) - \dfrac{c}{2}$?

**76.** Duas retas concorrentes formam dois ângulos opostos pelo vértice cujas medidas são $9x - 2°$ e $4x + 8°$. Quais são as medidas dos quatro ângulos formados por essas retas?

**77.** Sabendo que a semirreta OU é a bissetriz do ângulo não convexo $S\widehat{O}L$, determine a medida do ângulo convexo $S\widehat{O}L$.

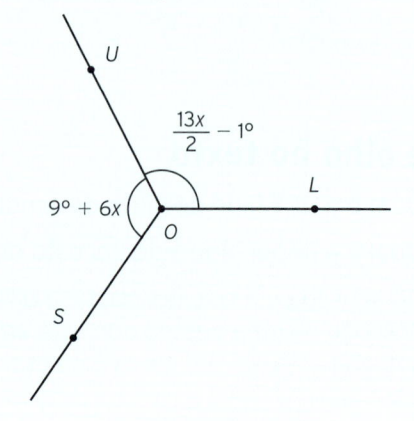

$\dfrac{13x}{2} - 1°$ ; $9° + 6x$

188

78. A seguinte tabela mostra o resultado de uma pesquisa feita com 360 pessoas, em que se perguntou qual é o programa cultural preferido por elas.

| Programa preferido | Quantidade de pessoas | Porcentagem | Medida do ângulo do setor circular |
|---|---|---|---|
| Cinema | 126 | | |
| Música | 90 | | |
| Teatro | 90 | | |
| Dança | 36 | | |
| Outros | 18 | | |

Dados criados para esta atividade

Complete-a adequadamente.

79. Classifique cada afirmação a seguir em verdadeira ou falsa e corrija as falsas.
    a) Duplicando o diâmetro de uma circunferência, o comprimento da circunferência também duplica.
    b) Uma figura apresenta simetria central quando alguns pontos da figura são simétricos a outros pontos da figura em relação a um mesmo ponto $M$.
    c) O ângulo central de um setor circular de $\frac{1}{4}$ do círculo mede 45°.
    d) Dois ângulos congruentes têm medidas iguais.
    e) Dois ângulos suplementares podem ser ambos obtusos.

**Revisão:** Refaça as atividades 11, 12, 14, 18, 20, 22, 23, 25, 28, 38, 39, 42, 50, 51, 56, 59, 61, 62, 63 e 66.

## Aprofundamento

80. Calcule os valores de $x$ e $y$.

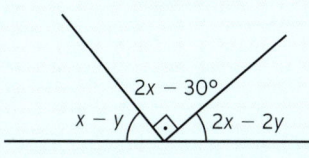

    (figura com ângulos $2x - 30°$, $x - y$, $2x - 2y$)

81. Dois ângulos são suplementares. Determine suas medidas sabendo que o suplemento do complemento de um deles excede o outro em 50°.

82. (Vunesp) O triplo do suplemento de um ângulo é 63° 51' 37". O valor aproximado do ângulo é:
    a) 68° 42' 48"
    b) 132° 42' 38"
    c) 148° 40' 27"
    d) 158° 42' 48"

## Estratégias de aprendizagem

**O poder da antecipação em geometria**

Saber antes de fazer. Antecipar a solução. Prever. Planejar. Essas são qualidades que se formam na criança que desenvolve bem o pensamento geométrico, segundo o argentino Héctor Ponce [...].

[...] Em resumo, ensinar Geometria precisa ser uma atividade muito mais desafiadora e propositiva, que explore a capacidade de dedução.[...]

Disponível em: <http://revistaescola.abril.com.br/matematica/fundamentos/poder-antecipacao-428210.shtml>. Acesso em: 16 set. 2014.

I. Neste capítulo se introduziu um conhecimento fundamental às noções básicas de geometria. Identifique e defina esse conhecimento.

II. Você se sentiu positivamente desafiado no estudo deste capítulo? Explique.

III. O que você entende por "atividade propositiva"? E por "capacidade de dedução"? Se quiser, consulte o dicionário para esclarecer o significado de "propositivo (ou proposição)" e de "dedução".

IV. Você tem "capacidade de dedução"? Por quê?

Quando o estudo da geometria não é bem compreendido, um aluno que vê uma figura simétrica em relação a um ponto de outra figura pode pensar que ambas as figuras são totalmente diferentes, não apenas simétricas entre si.

Aspecto do navio-plataforma construído em Angra dos Reis (RJ), 2011, para a extração de petróleo – ou óleo natural – da camada pré-sal. Abaixo, um esquema mostrando a profundidade em que se encontra a camada pré-sal em relação ao nível do mar; os desenhos que aparecem na superfície da água representam navios-plataforma de exploração de petróleo da camada pós-sal.

# Probabilidade e estatística

**CAPÍTULO 8**

## O QUE VOCÊ VAI APRENDER

- Contagem dos casos possíveis
- Noção de probabilidade
- Pesquisa em estatística

## CONVERSE COM OS COLEGAS

Os primeiros indícios da existência de óleo na camada pré-sal brasileira ocorreram em 2005, na bacia de Santos. Estimativa: depois de refinado, esse produto pode ser transformado em 10 bilhões de barris de petróleo, quantidade suficiente para elevar nossas reservas de petróleo em até 60%. Hoje, depois de outras descobertas, a camada de pré-sal no Brasil é estimada em 1,6 trilhão de metros cúbicos. As rochas do pré-sal atingem 200 quilômetros de largura, e sua extensão é 800 quilômetros do litoral brasileiro, desde Santa Catarina até o Espírito Santo.

Fonte de pesquisa: <http://www.canalvg.com.br/index.php/canalvg/descricao/geral/noticia/1718.html>. Acesso em: 16 set. 2014.

I. O que é metro cúbico?

II. Que recursos da Matemática você acha que os pesquisadores devem ter usado para estimar a quantidade de 1,6 trilhão de metros cúbicos de óleo da camada pré-sal?

III. O que significa camada pré-sal? Consulte o dicionário ou converse com o professor de Ciências ou de Geografia, matérias que em geral abordam esse assunto.

IV. O óleo da camada pré-sal é de difícil extração. Explique por quê, observando o esquema ao lado.

Imagens em diferentes escalas.

## MÓDULO 1

# Contagem dos casos possíveis

Você já estudou situações de multiplicação com a ideia de calcular a quantidade de combinações possíveis em determinadas situações. Vamos relembrar combinações por meio de **desenhos**.

> Jorge formou com seus amigos um time de futebol. Para participar de um campeonato, eles precisam escolher as cores de seu uniforme: a camisa pode ser amarela, azul ou vermelha, e o calção pode ser branco ou preto.
>
> Veja as diferentes possibilidades de combinar as camisas com os calções.
>
> Com as três opções de camisa e as duas de calção, é possível compor seis uniformes diferentes.
>
> Agora, basta escolher o uniforme que mais agrada.

Situações como essas são conhecidas como **contagem dos casos possíveis**. Nesse exemplo se fez a contagem de quantas combinações são possíveis de uma camiseta e um calção. Note que, para representar esses casos, utilizou-se um desenho. Em problemas com muitas combinações, nem sempre é prático fazer um desenho.

Vamos ver a seguir outros problemas de contagem dos casos possíveis e outras estratégias para representá-los.

- Luíza foi passar suas férias com os avós. Em frente à casa deles há uma sorveteria que vende sorvete de frutas em bolas. São oferecidas seis opções de sabores: abacaxi, goiaba, morango, limão, cajá e pitanga. Cada porção de sorvete é vendida com duas bolas de sabores diferentes.

Como ela ficará 15 dias, vamos verificar se com os seis sabores de sorvete é possível montar 15 combinações diferentes com dois sabores. Para isso, vamos fazer uma **tabela** com as possibilidades.

| Sabor dos sorvetes | | | | | | |
|---|---|---|---|---|---|---|
| 2ª bola / 1ª bola | Abacaxi (A) | Goiaba (G) | Morango (M) | Limão (L) | Cajá (C) | Pitanga (P) |
| Abacaxi (A) | * | A e G | A e M | A e L | A e C | A e P |
| Goiaba (G) | ** | * | G e M | G e L | G e C | G e P |
| Morango (M) | ** | ** | * | M e L | M e C | M e P |
| Limão (L) | ** | ** | ** | * | L e C | L e P |
| Cajá (C) | ** | ** | ** | ** | * | C e P |
| Pitanga (P) | ** | ** | ** | ** | ** | * |

\* Como os dois sabores não são diferentes, não há combinação possível nesse caso.
\*\* Esta combinação já foi realizada.

Dados fictícios.

Pela tabela, verifica-se que é possível montar 15 combinações diferentes com dois sabores de sorvete. Logo, Luíza poderá tomar uma combinação diferente a cada dia.

**0:03 Em 3 minutos**
Represente as combinações diferentes de dois sabores de sorvete em forma de **lista**.

- Luís Antônio precisa criar uma senha para acessar seu computador. A senha é pessoal e deve ter três caracteres. Para facilitar a memorização, ele escolheu as iniciais de seu nome, L e A. Quantas senhas de três caracteres podem ser formadas com essas letras?

Para verificar as possibilidades, vamos utilizar um esquema denominado **árvore de possibilidades**.

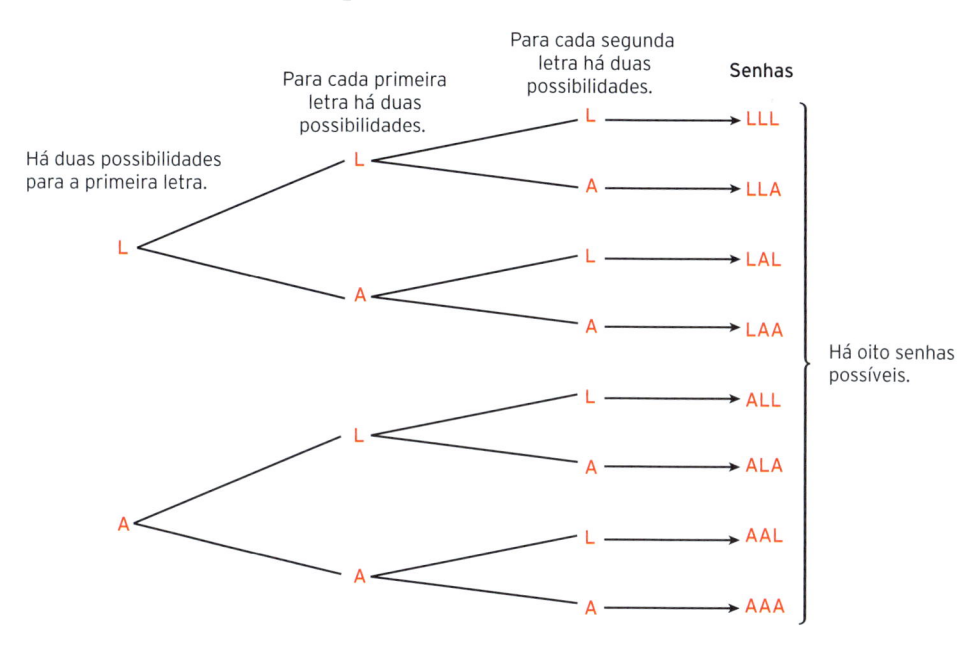

```
Há duas possibilidades    Para cada primeira    Para cada segunda    Senhas
para a primeira letra.    letra há duas         letra há duas
                          possibilidades.       possibilidades.
                                              L ─────► LLL
                                   L ◄
                                              A ─────► LLA
                    L ◄
                                              L ─────► LAL
                                   A ◄
                                              A ─────► LAA
                                                                    Há oito senhas
                                              L ─────► ALL          possíveis.
                                   L ◄
                                              A ─────► ALA
                    A ◄
                                              L ─────► AAL
                                   A ◄
                                              A ─────► AAA
```

Desenhos, tabelas, listas e diagramas em forma de árvore auxiliam na contagem dos casos possíveis em uma situação.

## ATIVIDADES

**1.** Para pintar a bandeira abaixo com três faixas verticais, estão disponíveis tintas nas cores amarela, azul e vermelha.

Desenhe no caderno todas as maneiras possíveis de pintar as faixas dessa bandeira usando as três cores.

**2.** Pedro, Bianca, Teodoro e Ana decidiram fazer um torneio de pingue-pongue. Nesse torneio, todos os participantes jogam entre si apenas uma vez. O campeão será aquele que obtiver mais vitórias ao final de todas as partidas. Construa um esquema com todas as partidas disputadas nesse torneio.

**3.** Bruna está se preparando para ir a uma festa de aniversário e tem em seu armário quatro blusas e três saias que está pensando em usar. Observe as opções que ela tem para combinar as peças.

De quantas maneiras diferentes ela pode se vestir para ir à festa?

**ATIVIDADES**

4. Em um restaurante de comida italiana, o cliente pode escolher entre três tipos de massa (espaguete, ravióli ou *penne*) e quatro opções de molho (tomate, branco, queijo ou bolonhesa).
   a) Construa uma árvore de possibilidades para representar os diferentes pratos que podem ser montados.
   b) Quantos pratos diferentes podem ser montados com essas opções?

5. Em uma lanchonete, é possível escolher entre sucos de laranja, abacaxi, morango e *kiwi*, ou sucos com duas dessas frutas.
   a) Quantas opções de suco com uma fruta um cliente dessa lanchonete tem?
   b) Quantas opções de suco, ao todo, um cliente tem?
   c) Quais são as opções de suco que um cliente pode pedir, supondo que ele não consome abacaxi e não gosta da combinação morango e *kiwi*?

6. Escreva os códigos que podem ser compostos conforme as condições a seguir. Depois, determine quantos são esses códigos.
   a) Códigos compostos de uma letra (M ou N) e um número (1, 3, 7 ou 9), nessa ordem.
   b) Códigos compostos de uma vogal (A, E ou I) e uma consoante (Q, X, W ou Z), nessa ordem.
   c) Códigos compostos de uma vogal (A, E ou I) e uma consoante (Q, X, W ou Z).

7. Na figura abaixo está representada uma parte da árvore das gerações dos antepassados de Fábio.

   a) Represente a árvore genealógica de Fábio até a geração de seus trisavós.
   b) Quantos trisavós Fábio tinha?

8. Escreva todos os números de três algarismos que podem ser formados com os algarismos 2, 6 e 9.

9. Uma agência de turismo oferece pacotes de viagem com passagens aéreas de duas companhias: Cegonha e Voe Bem. Também é possível escolher entre a classe econômica, classe executiva e primeira classe. De quantas maneiras distintas um turista pode escolher sua viagem, sem levar em conta os preços das passagens?

10. Existem três rodovias ligando as cidades Simpática e Feliz, e outras três rodovias entre as cidades de Feliz e Alegre, como ilustrado a seguir.

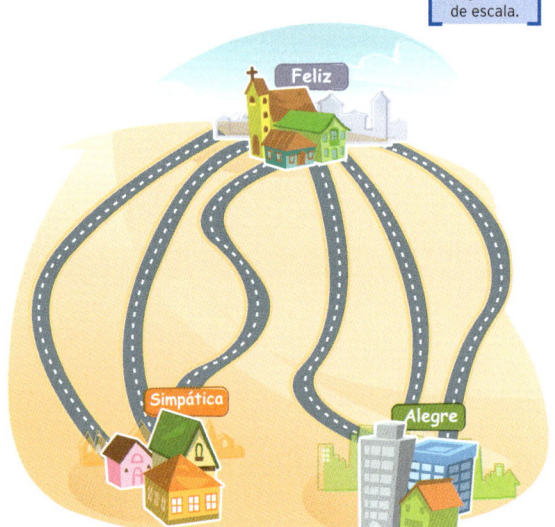

    Quantos caminhos diferentes um motorista pode escolher para ir da cidade Simpática a Alegre, passando por Feliz?

11. Arlete, Cristina, Tânia e Clara disputam uma corrida entre elas. As três primeiras colocadas recebem medalhas. De quantas maneiras diferentes as medalhas podem ser distribuídas entre elas?

12. Que estratégia você utilizou para resolver cada atividade desta página? Por quê? Compare-as com as estratégias utilizadas pelos colegas.

# MÓDULO 2

# Noção de probabilidade

Veja as seguintes situações.

- Marta e Fernanda estão jogando cara ou coroa. Marta ganha quando o resultado é cara; Fernanda ganha quando é coroa. Qual é a chance de cada uma delas ganhar em cada lançamento da moeda?

Como só há dois resultados possíveis, cara ou coroa, a chance de Marta ganhar é uma em duas, ou seja, $\frac{1}{2}$, chance igual à de Fernanda.

- Na mostra cultural da escola, o grupo de oito alunos que obteve destaque com a apresentação de seu trabalho teve o direito de participar do sorteio de um livro.

Representação de coroa (acima) e de cara para a moeda brasileira de 1 real.

Bia  Rita  Carol  Leo  Ana  Lucas  Tina  João

| 1. Qual é a chance de Ana ganhar o livro no sorteio? | 2. Qual é a chance de um menino ganhar o livro nesse sorteio? |
|---|---|
| A chance de Ana ganhar o livro é 1 em 8, isto é, $\frac{1}{8}$. | Como há três meninos no grupo, a chance é 3 em 8, ou $\frac{3}{8}$. |

**Aleatório:** que depende das circunstâncias, do acaso; casual, fortuito, contingente; que depende de ocorrências imprevisíveis quanto a vantagens ou prejuízos.

**Evento:** realização de possível alternativa de um fenômeno probabilístico; acontecimento.

Nas situações descritas acima, do jogo de cara ou coroa e do sorteio do livro, não podemos afirmar com certeza qual será o resultado, apenas listar os possíveis resultados e calcular a chance de ocorrerem. Situações como essas são denominadas experimentos aleatórios, e o número que expressa a chance de ocorrer um evento é denominado **probabilidade**.

Assim, podemos dizer que, no sorteio aleatório do livro, a probabilidade de um menino ganhar é $\frac{3}{8}$, enquanto a probabilidade de Ana ganhar é $\frac{1}{8}$.

### Link
A **probabilidade** de um evento é um número de 0 e 1. É também a razão entre a quantidade de resultados favoráveis e a quantidade total de resultados possíveis. Essa razão pode ser expressa por um número decimal, uma fração ou uma porcentagem.

**Em 3 minutos**

Identifique quais dos experimentos abaixo são aleatórios.
I. Medição da distância em linha reta entre as cidades de Ariquemes, RO, e Miranorte, TO.
II. Contagem da quantidade de crianças que nascem na cidade de Brasília, em um dia qualquer.
III. Cálculo da quantidade de dias com chuva em um mês na cidade de Porto Alegre.
IV. Contagem da quantidade de dias do mês de janeiro em um ano qualquer.
V. Contagem da quantidade de estados do Brasil.

## ••• Cálculo de probabilidades

Vamos calcular algumas probabilidades em experimentos aleatórios. Considere estas dez cartas numeradas.

9  31  36  14  11  5  18  5  19  46

Embaralhamos essas cartas e retiramos uma ao acaso.

| I. Qual é a probabilidade de ela ser a carta com o número 9? | II. Qual é a probabilidade de ela ser a carta com o número 5? |
|---|---|
| Como há uma carta com o número 9 em um total de dez cartas, a probabilidade é $\frac{1}{10}$ = 10%. | Como há duas cartas com o número 5 em um total de dez cartas, a probabilidade é $\frac{2}{10} = \frac{1}{5}$ = 20%. |

Note que, como há o dobro de cartas com o número 5 em relação à quantidade de cartas com o número 9, a probabilidade de ocorrer o evento "retirar ao acaso uma carta com o número 5" é o dobro da probabilidade do evento "retirar ao acaso uma carta com o número 9".

| III. Qual é a probabilidade de a carta retirada ter um número par? | IV. Qual é a probabilidade de a carta retirada ter um número ímpar? |
|---|---|
| Entre as cartas, há quatro com números pares: 36, 14, 18 e 46. Assim, a probabilidade de a carta retirada ter um número par é $\frac{4}{10} = \frac{2}{5}$ = 40%. | Há seis cartas com números ímpares: 9, 31, 11, 5, 5 e 19. Assim, a probabilidade de a carta ter um número ímpar é $\frac{6}{10} = \frac{3}{5}$ = 60%. |

Note que a soma da probabilidade de tirar um número par com a probabilidade de tirar um número ímpar é 100%. Isso ocorre porque, ao retirar uma carta ao acaso, ela é ímpar ou par.

| V. Qual é a probabilidade de a carta retirada ter um número maior do que 50? | VI. Qual é a probabilidade de a carta retirada ter um número menor do que 70? |
|---|---|
| Como não há carta com número maior do que 50, a probabilidade é $\frac{0}{10}$ = 0%. | Como todas as cartas têm números menores do que 70, a probabilidade é $\frac{10}{10}$ = 1 = 100%. |

Note que, quando não há chance de um evento ocorrer, sua probabilidade é 0. Por outro lado, quando o evento ocorre independentemente da carta escolhida, sua probabilidade é 1. No exemplo dado, como qualquer carta retirada ao acaso não será maior do que 50 e sempre será menor do que 70, as probabilidades desses eventos são 0 e 1.

### Observação

Quando dizemos que a probabilidade de obter cara em um lançamento de moeda é $\frac{1}{2}$ (ou 50%), isso significa que, se lançarmos uma moeda muitas vezes, é provável que a quantidade de caras obtidas fique cada vez mais próxima da metade dos lançamentos. Em uma quantidade pequena de lançamentos, por exemplo, três, pode ocorrer, porém, de obtermos coroa em todos eles.

Faça o teste! Lance uma moeda três vezes e observe os resultados. Depois, lance-a mais vezes e verifique se a quantidade de caras obtidas se aproxima de 50% dos lançamentos feitos.

**ATIVIDADES**

13. Luiz tem um aquário com dez peixes, conforme mostra a figura.

    Ele retira ao acaso um dos peixes para dar de presente a seu primo Roberto. Qual é a probabilidade de Roberto ganhar um peixe vermelho?

14. Em uma urna há dez bolas azuis, oito bolas amarelas e duas bolas verdes. Reescreva as frases a seguir, corrigindo-as.
    a) Retirando uma bola da urna ao acaso, é grande a probabilidade de a bola ser verde.
    b) A probabilidade de retirar uma bola amarela é maior do que a probabilidade de retirar uma bola azul.
    c) A probabilidade de retirar uma bola azul é $\frac{1}{10}$.

15. Um garoto escolheu dois nomes da cartela representada abaixo para participar da rifa de uma bola de vôlei.

    Qual é a probabilidade de ele ganhar a bola, considerando que o sorteio do nome é aleatório?

16. Considere o lançamento de um dado com faces numeradas de 1 a 6.
    a) Qual é a probabilidade de o resultado ser 6?
    b) Qual é a probabilidade de o resultado ser par?
    c) Qual é a probabilidade de o resultado ser divisível por 3?
    d) Qual é a probabilidade de o resultado ser um número primo?

17. Construa uma tabela com todos os resultados possíveis obtidos quando lançamos duas moedas simultaneamente.
    Depois, responda: Qual é a probabilidade de se obter coroa nas duas moedas?

18. Em uma festa há 10 meninos e 25 meninas.
    a) Sorteando um convidado ao acaso, qual é a probabilidade de ser um menino?
    b) E de ser uma menina?
    c) Qual é a relação entre esses dois eventos?

19. Dado um baralho comum, de 52 cartas, calcule a probabilidade de ocorrerem os seguintes eventos na escolha aleatória de uma carta.
    a) Ser vermelha.
    b) O naipe ser espadas.
    c) Ser 2 de copas.
    d) Ser 9 vermelho.
    e) O naipe não ser espadas.
    f) Não ser 5 vermelho.

20. Um casal tem uma filha. Quando essa mãe engravidar novamente, qual é a chance de esse segundo filho ser menino?

21. Determine todos os números de dois algarismos que podem ser formados com os algarismos 2, 3, 5 e 6. Em seguida, responda aos itens abaixo.
    a) Qual é a probabilidade de, escolhido um desses números ao acaso, ele ser par?
    b) Qual é a probabilidade de ele ser ímpar?
    c) Qual é a probabilidade de ele ser menor do que 40 e não ter algarismos iguais?

22. Elabore uma tabela com a quantidade de meninos e de meninas em cada turma do 7º ano de seu colégio. Se precisar, peça ajuda ao professor para obter esses dados.
    a) Qual é a probabilidade de, sorteado um aluno ao acaso, ele ser menino?
    b) Qual é a probabilidade de ser uma menina da sua turma?

# MÓDULO 3
# Pesquisa em estatística

Estudamos algumas maneiras de calcular a contagem de casos possíveis e determinar a probabilidade de eles acontecerem. Os procedimentos estudados até aqui, entretanto, nem sempre são suficientes para calcular essas probabilidades.

Imagine, por exemplo, que você queira contratar um plano de saúde, mas os jornais informam que muitos planos não atendem às necessidades dos usuários. Muitas reclamações foram feitas aos órgãos de defesa do consumidor. Veja.

| Plano de saúde | Quantidade de usuários | Quantidade de reclamações |
|---|---|---|
| A | 11 800 | 1 300 |
| B | 18 900 | 1 405 |
| C | 20 400 | 2 100 |

Dados fictícios.

Vamos calcular a porcentagem de reclamações de cada um dos planos.

Plano A: $\frac{1\,300}{11\,800} \cong 0{,}11 = 11\%$

Plano B: $\frac{1\,405}{18\,900} \cong 0{,}07 = 7\%$

Plano C: $\frac{2\,100}{20\,400} \cong 0{,}10 = 10\%$

Entre os planos pesquisados, o que apresenta a menor porcentagem de reclamações é o plano B. Portanto, deve ser o plano que melhor atende às necessidades dos usuários.

## ••• População

Uma pesquisa estatística estuda uma **população**. Essa população pode ser de vários tipos, e nem sempre é constituída de pessoas. Pode ser um grupo de trabalhadores, os habitantes de um município, os usuários de um plano de saúde, a produção agrícola de um estado ou os produtos fabricados pela indústria farmacêutica.

■ Definição

**População**, em uma pesquisa estatística, é o conjunto de todas as coisas, pessoas ou objetos, denominados **indivíduos da população**, com determinada característica que interessa analisar.

---

**UM POUCO DE HISTÓRIA**

**As origens da estatística**

A estatística, do latim *status* (estado), em sua origem coletava e organizava informações do interesse do Estado. Os governantes utilizavam informações estatísticas sobre a população e suas riquezas para estabelecer tributos e organizar as forças militares.

Temos muitos registros de sua utilização. Entre outros: no Egito, pelos faraós; na China, pelos imperadores; nas civilizações pré-colombianas dos maias, incas e astecas.

Durante longo tempo as informações estatísticas foram utilizadas sem uma regularização. Em 1746, o alemão Gottfried Achenwall (1719-1772), professor da Universidade de Göttingen, criou o vocábulo "estatística", cujos métodos, com o tempo, foram sistematizados e organizados por várias pessoas, principalmente na Alemanha.

Fonte de pesquisa: José Maria Pompeu Memória. *Breve história da estatística*. Brasília: Embrapa Informação Tecnológica, 2004. Disponível em: <www.im.ufrj.br/~lpbraga/prob1/historia_estatistica.pdf>. Acesso em: 16 set. 2014.

## Amostra

Em alguns casos, pode ser desnecessário ou impraticável abranger em uma pesquisa todos os indivíduos de uma população, seja porque levaria muito tempo para concluir o trabalho, seja porque seria financeiramente inviável. Em época de eleições, por exemplo, pode-se entrevistar um grupo de eleitores para saber sua intenção de voto, mas não é viável consultar todos os eleitores de um estado, pois a quantidade de pessoas a ser consultada seria muito grande. Por isso, os institutos de pesquisa consultam apenas uma parcela para representar toda a população de eleitores.

Nessa e em outras situações, a pesquisa é feita sobre apenas uma parcela da população, denominada **amostra**. A escolha de uma amostra representativa é muito importante na pesquisa estatística, pois, se essa não for adequada, pode fornecer informações erradas sobre a população.

Suponha, por exemplo, que se deseja saber a quantidade de pessoas que gostam de teatro em determinado município. Nesse caso, não seria apropriado ir a um teatro desse município e perguntar às pessoas que estão ali se elas gostam de ir ao teatro, pois a resposta provavelmente seria sim. É preciso entrevistar pessoas em diferentes locais da cidade para que a amostra seja representativa dessa população.

## Variáveis

O professor Celso dá aulas de Educação Física e pretende organizar grupos para treinamento de alguns esportes no período da tarde, já que, na escola em que ele trabalha, o 9º ano só tem aulas pela manhã. Ele pediu a cada aluno que preenchesse uma ficha. Veja a ficha preenchida por Marcelo.

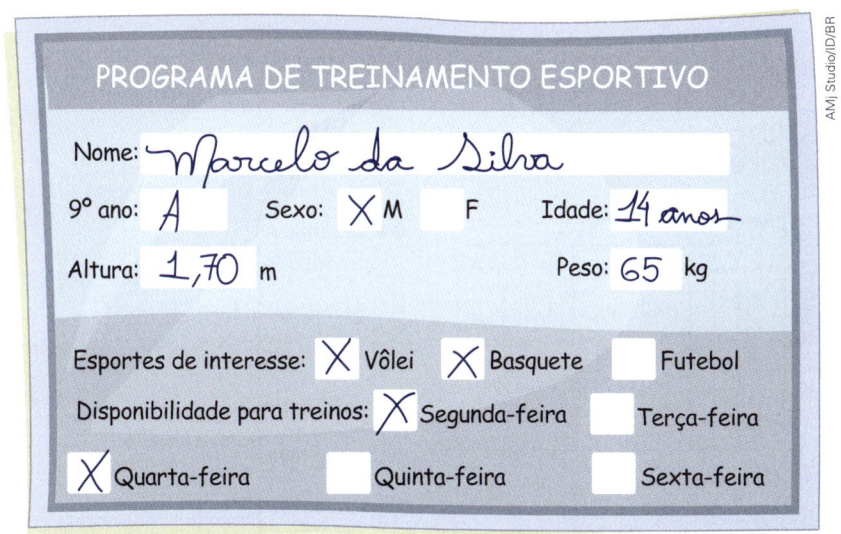

**PROGRAMA DE TREINAMENTO ESPORTIVO**

Nome: Marcelo da Silva
9º ano: A    Sexo: X M   F    Idade: 14 anos
Altura: 1,70 m    Peso: 65 kg

Esportes de interesse: X Vôlei   X Basquete   ☐ Futebol
Disponibilidade para treinos: X Segunda-feira   ☐ Terça-feira
X Quarta-feira   ☐ Quinta-feira   ☐ Sexta-feira

Os dados sobre turma, sexo, idade, altura, peso, esporte de interesse e disponibilidade para treinos apresentam resultados que podem variar de aluno para aluno. Por isso, esses dados são denominados **variáveis**. Cada dado pesquisado em um levantamento estatístico é uma variável.

---

### Doação de sangue

Doação de sangue é o procedimento no qual se retira uma quantidade do sangue de um doador voluntário para realizar uma transfusão a um paciente. O sangue é coletado em uma bolsa com cerca de 450 mL, quantidade que não prejudica o doador, pois é rapidamente reposta pelo organismo, e que pode ajudar a salvar uma vida. Uma amostra de sangue do paciente é retirada para analisar a compatibilidade com o sangue do doador.

- Quais são as semelhanças e as diferenças entre a amostra de sangue, citada no texto, e a amostra utilizada em uma pesquisa estatística?
- Alguém da sua família ou algum conhecido já fez uma doação de sangue?
- Pesquise quais são os requisitos para ser doador de sangue. Conte para seus familiares e amigos as informações que você descobriu e incentive-os a fazer doações de sangue regularmente.

### Em 3 minutos

Frequentemente, uma mesma palavra pode ser utilizada em várias situações, com diferentes significados.

I. Você já ouviu a expressão "fechado para balanço"? O que ela significa?
II. Qual foi a interpretação que o garoto deu à palavra "balanço"?

## ••• Gráfico de colunas e gráfico de barras

Dois tipos de gráfico muito utilizados para representar dados de uma pesquisa estatística são o gráfico de colunas e o gráfico de barras. Nesses tipos de representação, são utilizadas tarjas verticais ou horizontais, cujos comprimentos são proporcionais às quantidades representadas. Veja os exemplos.

Marisa fez uma pesquisa entre os 25 alunos de sua classe para saber a idade de seus colegas. Ela organizou os dados em uma tabela, como a representada a seguir.

| Idade | 11 anos | 12 anos | 13 anos |
|---|---|---|---|
| Quantidade de alunos | 5 | 13 | 7 |

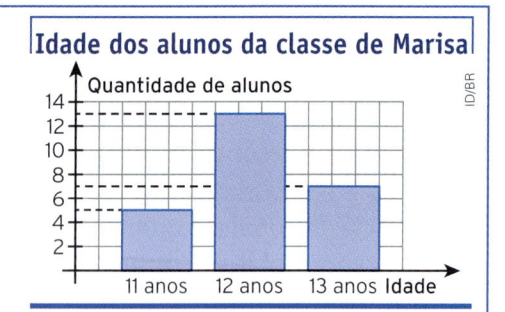

Dados fictícios.

Para construir o gráfico de colunas referente aos dados da tabela, podem-se definir um eixo vertical e um eixo horizontal para representar as informações que estarão contidas nele.
No eixo horizontal definimos a idade (a variável da pesquisa); no vertical, a quantidade de alunos correspondente. As tarjas traçadas devem ter a mesma medida de base, e a altura deve corresponder à quantidade de alunos que têm aquela idade. Assim, como há 13 alunos com 12 anos, a altura do retângulo correspondente é 13 unidades. O mesmo raciocínio é válido para as outras duas tarjas, como pode ser observado no gráfico já construído ao lado.

Esse gráfico possibilita a comparação visual entre a quantidade de alunos com cada uma das idades.

Para construir um gráfico de barras, os procedimentos são semelhantes; as tarjas, porém, são representadas na horizontal. Veja, ao lado, um exemplo de gráfico de barras, com a porcentagem de alunos dos gêneros masculino e feminino (a variável da pesquisa) de uma turma do 7º ano.

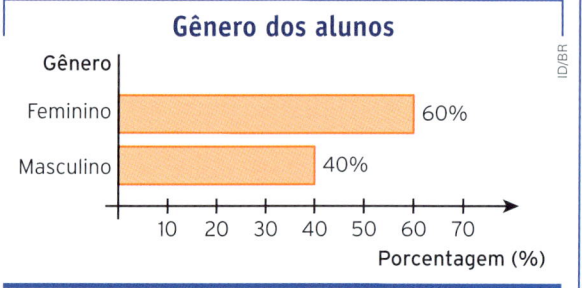

**Idade dos alunos da classe de Marisa**

Dados fictícios.

**Gênero dos alunos**

Feminino 60%
Masculino 40%

Dados fictícios.

### ATIVIDADES

■23. Veja o registro que um meteorologista fez das temperaturas médias durante uma semana.

| Dia da semana | Temperatura |
|---|---|
| Domingo | 23 °C |
| Segunda-feira | 26 °C |
| Terça-feira | 25 °C |
| Quarta-feira | 23 °C |
| Quinta-feira | 18 °C |
| Sexta-feira | 15 °C |
| Sábado | 15 °C |

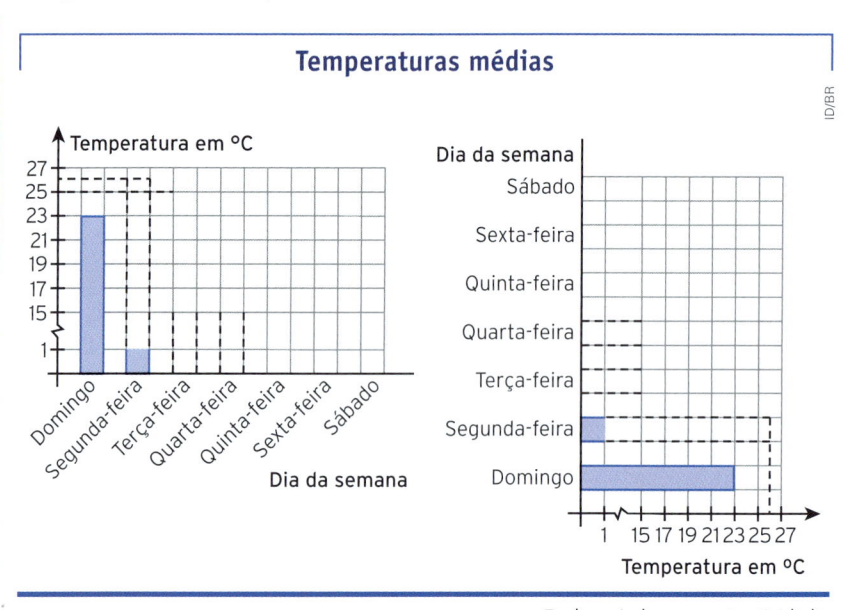

**Temperaturas médias**

Dados criados para esta atividade.

a) Copie os gráficos e complete-os com os dados da tabela acima.
b) O que significa a marca entre o número 1 e o número 15 no eixo das temperaturas?
c) 👥 Elabore outras questões de interpretação do gráfico para um colega responder. Você responde às questões elaboradas por ele.

200

## Gráfico de linha

Outro tipo de gráfico muito comum é o gráfico de linha, ou de segmentos, também conhecido como gráfico poligonal. Veja um exemplo.

Observe, na tabela, as notas das provas mensais de Matemática de um aluno do 7º ano.

| Mês | Fevereiro | Março | Abril | Maio | Junho |
|---|---|---|---|---|---|
| Nota | 5,0 | 6,0 | 4,0 | 7,0 | 7,0 |

Dados fictícios.

Para construir o gráfico de linha referente aos dados da tabela, podem-se definir um eixo vertical e um eixo horizontal para representar as informações que estarão contidas nele. No eixo horizontal definimos os meses; no vertical, as notas correspondentes. Em seguida, marcamos os pontos.

Para marcar, por exemplo, a nota de fevereiro, localiza-se no eixo horizontal o mês de fevereiro e segue-se na linha vertical relacionada a ele até encontrar a linha horizontal relacionada à nota (no caso, 5,0). O ponto deverá ser marcado no encontro dessas duas linhas. Veja o primeiro gráfico com todos os pontos marcados.

Depois, os pontos são ligados por segmentos de reta para análise comparativa de dados consecutivos, ou seja, a evolução das notas a cada mês durante o primeiro semestre (veja o segundo gráfico).

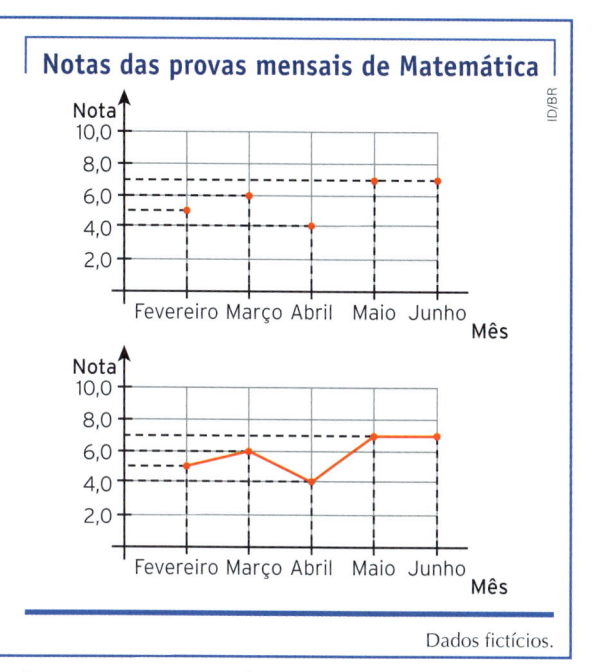

Dados fictícios.

Utilizamos o gráfico de linha quando a intenção é evidenciar a variação de uma informação ao longo do tempo. Nesse caso, fica mais fácil analisar os períodos de crescimento, decréscimo e estabilidade dos dados.

### ATIVIDADES

**24.** Veja o gráfico de linhas a seguir e responda às questões.

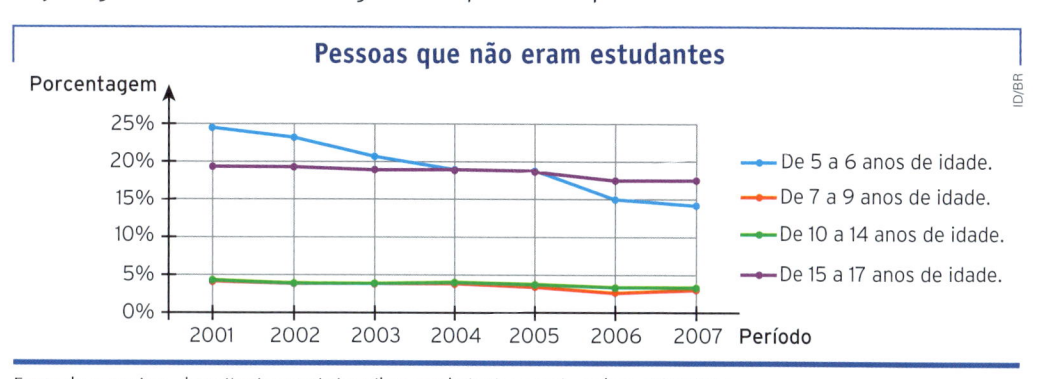

Fonte de pesquisa: <http://seriesestatisticas.ibge.gov.br/series.aspx?vcodigo=ECE373&t=pessoas-que-nao-eram-estudantes-populacao>. Acesso em: 17 set. 2014.

a) Em que faixa de idade havia uma porcentagem maior de pessoas que não estudavam em 2007?

b) Em qual faixa de idade houve maior variação na porcentagem de pessoas que não estudavam, de 2001 a 2007?

**25.** Veja o registro das temperaturas máximas durante uma semana em Blumenau, SC.

| Dia da semana | Domingo | Segunda-feira | Terça-feira | Quarta-feira | Quinta-feira | Sexta-feira | Sábado |
|---|---|---|---|---|---|---|---|
| Temperatura (°C) | 10 | 12 | 14 | 16 | 15 | 13 | 17 |

Dados criados para esta atividade.

Construa um gráfico de linha com os dados da tabela acima.

## ●●● Gráfico de setores

O estudo do gráfico de setores e sua construção foi feito no capítulo anterior. Se necessário, reveja a teoria para resolver as atividades aqui propostas. Observe que nem todas as atividades envolvem gráficos de setores; você precisará identificar o gráfico trabalhado para então resolvê-la.

**ATIVIDADES**

**26.** O gráfico a seguir apresenta os resultados de uma pesquisa feita com 800 internautas sobre jogos *on-line* de preferência.

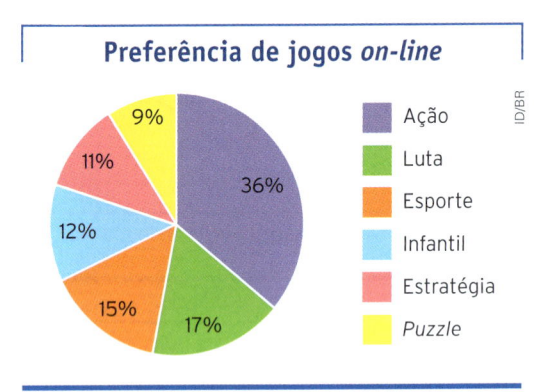

**Preferência de jogos *on-line***

- Ação: 36%
- Luta: 17%
- Esporte: 15%
- Infantil: 12%
- Estratégia: 11%
- *Puzzle*: 9%

Dados criados para esta atividade.

a) Quantos internautas preferem jogos de ação?

b) É correto afirmar que mais da metade dos internautas consultados preferem jogos de ação ou estratégia?

c) Quantos internautas preferem jogos de estratégia ou *puzzle*?

**27.** Uma turma do 7º ano realizou uma votação para escolher entre os alunos um representante da classe. Veja como eles registraram os resultados.

Paula ✓ ✓ | Rodrigo ✓ ✓ |
Júlia ✓ ✓ | Lucas ✓ |

Organize as informações em uma tabela e depois represente-as em um gráfico de colunas.

**28.** A tabela a seguir mostra as quantidades de revistas vendidas em uma banca de jornal durante seis meses.

| Meses | Janeiro | Fevereiro | Março | Abril | Maio | Junho |
|---|---|---|---|---|---|---|
| Revistas vendidas | 200 | 150 | 300 | 250 | 300 | 350 |

Dados criados para esta atividade.

Construa um gráfico de barras para representar as quantidades de revistas vendidas nesse período.

**29.** Veja o seguinte gráfico de setores.

**Reservas mundiais de estanho em 2007 (6,316 milhões de toneladas)**

- China: 26,9%
- Outros: 21,6%
- Malásia: 15,8%
- Indonésia: 12,7%
- Brasil: 11,8%
- Peru: 11,2%

Fonte de pesquisa: DNPM/8º Ds e Mineral Commodity Summaries, 2008. Disponível em: <http://www.dnpm.gov.br/assets/galeriaDocumento/SumarioMineral2008/estanho.pdf>. Acesso em: 17 set. 2014.

a) Qual era o país com a maior reserva de estanho do mundo em 2007?

b) Qual era a reserva de estanho do Brasil?

**30.** A tabela a seguir apresenta a opinião de 80 pessoas que degustaram um produto que vai ser lançado no mercado.

| Opinião | Gostou | Não gostou |
|---|---|---|
| Quantidade de pessoas | 20 | 60 |

Dados criados para esta atividade.

a) De acordo com a pesquisa, o produto será bem aceito pelos consumidores?

b) Com base nas informações da pesquisa, qual é a probabilidade de um consumidor não gostar do produto?

c) Represente os dados dessa tabela em um gráfico de setores.

## ATIVIDADES

**31.** Uma pesquisa realizada em duas turmas do 7º ano apontou que 40% dos alunos leem jornal uma vez por semana, 30% duas vezes, 20% três vezes e 10% não leem jornal. Considerando que as duas turmas juntas têm 60 alunos e que todos responderam a essa pesquisa, represente esses dados em um gráfico de setores e determine a quantidade de alunos em cada divisão do gráfico.

**32.** O gráfico a seguir representa a venda de móveis em uma loja.

**Venda de móveis**

Unidades vendidas
- Outubro: 350
- Novembro: 250
- Dezembro: 400

Dados criados para esta atividade.

a) Qual desses meses teve menos unidades vendidas? Quantas unidades foram vendidas nesse mês?
b) Quantos móveis foram vendidos durante esse trimestre?
c) Considerando o total de móveis vendidos nesse trimestre, qual foi o percentual vendido em dezembro?
d) Represente os dados desse gráfico em um gráfico de setores.

**33.** O Brasil está dividido geograficamente em regiões. A Região Norte, a maior do país, ocupa cerca de 45% do território nacional. A Região Sul é a menor do país. As regiões Centro-Oeste, Nordeste e Sudeste ocupam respectivamente 19%, 18% e 11% do território. Faça um gráfico de setores representando essas informações.

Fonte de pesquisa: <www.mundoeducacao.com.br/geografia/as-regioes-brasil.htm>. Acesso em: 17 set. 2014.

**34.** Veja o seguinte gráfico.

**Alunos matriculados em uma escola**

Quantidade de alunos:
- 2005: 267
- 2006: 360
- 2007: 300
- 2008: 420
- 2009: 450
- 2010: 460

Dados criados para esta atividade.

a) Qual foi o ano com menor quantidade de alunos matriculados?
b) Qual foi a porcentagem aproximada de aumento de 2005 a 2010?

**35.** A atmosfera da Terra é formada basicamente de nitrogênio (78%), oxigênio (21%) e outros gases (1%). Construa um gráfico de barras para representar esses dados.

Fonte de pesquisa: <www.brasilescola.com/geografia/a-dinamica-atmosfera.html>. Acesso em: 17 set. 2014.

**36.** O gráfico a seguir apresenta a distribuição aproximada da população brasileira por faixa etária.

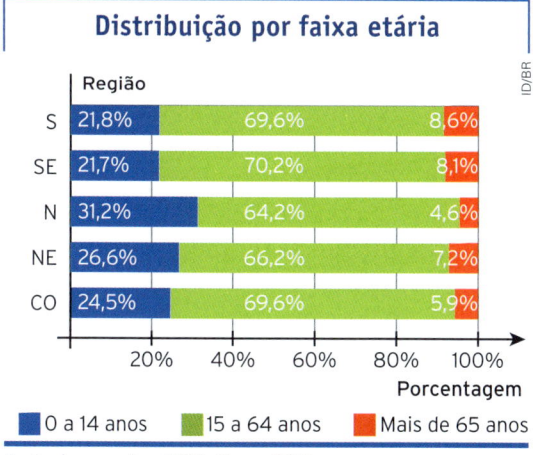

**Distribuição por faixa etária**

| Região | 0 a 14 anos | 15 a 64 anos | Mais de 65 anos |
|---|---|---|---|
| S | 21,8% | 69,6% | 8,6% |
| SE | 21,7% | 70,2% | 8,1% |
| N | 31,2% | 64,2% | 4,6% |
| NE | 26,6% | 66,2% | 7,2% |
| CO | 24,5% | 69,6% | 5,9% |

Fonte de pesquisa: IBGE, Censo 2010.

a) Que tipo de gráfico é esse?
b) Seria mais fácil, em sua opinião, registrar esses dados em gráficos de setores?
c) Organize esses dados em uma tabela.
d) Organize uma tabela com a quantidade de horas que você dedica, em cada dia da semana, às suas atividades rotineiras, por exemplo: dormir, estudar, comer e brincar. Depois, elabore um gráfico com todos os dados que você registrou. Compare com o gráfico dos colegas. Eles escolheram o mesmo tipo de gráfico?

203

# MUNDO TECNOLÓGICO

## Planilha eletrônica: datas e contagem

Para inserir informações no formato "data" em uma célula de uma planilha eletrônica, o mais usual é digitá-las com barras separando dia, mês e ano (digitando, por exemplo, 25/12/2012). O mês pode ser inserido como um número (de 1 a 12) ou como texto (no exemplo, abaixo, "dez" ou "dezembro").

Datas podem ser formatadas em uma planilha de diversas maneiras. Exemplos:

| | A | B | C | D | E | F | G | H | I |
|---|---|---|---|---|---|---|---|---|---|
| 1 | 25/12/2012 | | 25/12 | | 25 dez. 12 | | 25 dezembro 2012 | | dezembro-12 |
| 2 | | | | | | | | | |

(I1, fx: 25/12/2012)

Em uma planilha, além de uma data ser o conjunto de três informações (dia, mês e ano), ela também representa um número, uma contagem de dias. Foi escolhido arbitrariamente o dia 1º de janeiro de 1900 como o dia 1 para as planilhas eletrônicas. Assim, o dia 2 de janeiro de 1900 é o dia de número 2, e assim sucessivamente. O dia 25/dez./2012 é o de número 41 268 – para conferir, basta formatar como número a célula que contém a data.

Para calcular quantos dias separam duas datas, basta efetuar a subtração entre elas. Experimente calcular quantos dias você já viveu.

### Funções DIA, MÊS e ANO

As três informações que compõem uma data podem ser desmembradas com o uso das funções DIA, MÊS e ANO, cujas sintaxes e descrições são parecidas:

*DIA(data) / MÊS(data) / ANO(data):* essas funções retornam o número correspondente, respectivamente, ao dia, mês ou ano da data indicada como argumento. Veja os exemplos:

| B1 | fx | =DIA(A1) |
|---|---|---|
| | A | B | C | D |
| 1 | 25/12/2012 | **25** | 12 | 2012 |
| 2 | | | | |

| C1 | fx | =MÊS(A1) |
|---|---|---|
| | A | B | C | D |
| 1 | 25/12/2012 | 25 | **12** | 2012 |
| 2 | | | | |

| D1 | fx | =ANO(A1) |
|---|---|---|
| | A | B | C | D |
| 1 | 25/12/2012 | 25 | 12 | **2012** |
| 2 | | | | |

### Função CONT.SE

A contagem de casos possíveis é importante para calcular probabilidades. Para isso, pode-se utilizar a função CONT.SE. Veja abaixo a sintaxe da função e uma breve descrição.

*CONT.SE(intervalo de células onde estão todas as informações; critério ou condição):* essa função conta a quantidade de informações, em uma lista, que obedecem a um critério ou condição. No argumento da função, após o ponto e vírgula, pode-se inserir a condição diretamente, entre aspas, ou apontar uma célula que contenha o critério desejado.

No exemplo abaixo, há uma lista de alunos, datas de aniversário e o respectivo mês. Pretende-se calcular quantos fazem aniversário em fevereiro, e quantos fazem no segundo semestre.

| F3 | | fx | =CONT.SE(C2:C14;E3) |
|---|---|---|---|

| | A | B | C | D | E | F |
|---|---|---|---|---|---|---|
| 1 | Aluno | Aniversário | Mês | | Mês | Quantos |
| 2 | Adelino | 22/fev. | 2 | | | |
| 3 | Bárbara | 8/jan. | 1 | | 2 | 3 |
| 4 | Carlos | 13/dez. | 12 | | | |
| 5 | Diana | 12/out. | 10 | | >=7 | 6 |
| 6 | Edcarlos | 22/fev. | 2 | | | |
| 7 | Fátima | 15/set. | 9 | | | |
| 8 | Gabriel | 23/jul. | 7 | | | |
| 9 | Heidi | 3/mar. | 3 | | | |
| 10 | Irineu | 10/out. | 10 | | | |
| 11 | Joana | 21/abr. | 4 | | | |
| 12 | Kevin | 21/fev. | 2 | | | |
| 13 | Luísa | 30/dez. | 12 | | | |
| 14 | Marcos | 28/jun. | 6 | | | |
| 15 | | | | | | |

Na coluna C foram extraídos os meses de aniversário, usando a função MÊS. Examine a fórmula utilizada na célula F3, que conta quantos fazem aniversário em fevereiro. O primeiro argumento, "C2:C14", indica o intervalo de dados. O segundo argumento aponta para a célula E3. Assim, a função conta a quantidade de células entre C2 e C14 que satisfazem a condição que está na célula E3 (igual a 2).

Em F5, a condição é para aniversariantes do segundo semestre. Prepare uma lista como essa e experimente mudar as condições ou as datas de aniversário.

### ■ Faça você

Crie uma planilha com uma lista de aniversários dos alunos de sua turma, como a do exemplo acima. Calcule a probabilidade de sortear um aluno que faça aniversário em:

a) janeiro

b) no primeiro semestre

# MATEMÁTICA E EDUCAÇÃO

## Aprender – Programa de educação do Unicef

O Unicef [Fundo das Nações Unidas para a Infância] trabalha para que haja acesso universal à educação de qualidade que assegure a permanência com aprendizagem e a conclusão da educação básica na idade certa para cada criança e adolescente brasileiro.

O Brasil apresenta um alto índice de acesso das crianças à escola – 97,9%. No entanto, os 2,1% que faltam não são poucos: eles representam 570 mil meninas e meninos que ainda estão fora das salas de aula. Desses, 350 mil são [afrodescendentes]. A imensa maioria dos que estão fora da escola mora nas regiões Norte e Nordeste do País, o que revela claramente as desigualdades regionais e as relacionadas à raça e à etnia de nossas crianças.

A educação de qualidade, além de ser um direito fundamental, amplia e garante os demais direitos humanos e sociais. O Brasil convive com um quadro de desigualdades e de déficits educacionais recorrentes. [...]

Ao denominar seu programa de educação como Aprender, o Unicef entende que, além do acesso à escola, é preciso garantir a aprendizagem das crianças e dos adolescentes. Para que a educação de qualidade seja um direito de todos, o Unicef atua com prioridade em regiões e grupos populacionais com maior vulnerabilidade em relação à garantia desse direito: o Semiárido brasileiro, a Amazônia Legal e as comunidades populares dos grandes centros urbanos. Além disso, procura em todas as suas ações considerar as desigualdades relacionadas à raça e à etnia e busca ouvir, dar voz e promover a participação dos adolescentes.

[...]

Disponível em: <http://www.unicef.org/brazil/pt/activities_9406.htm>. Acesso em: 17 set. 2014.

Sala de aula de escola em Itapira, SP. Fotografia de 2001.

### ■ De olho no texto

I. Quais são as regiões do país onde há mais crianças fora da escola?

II. Por que, apesar do alto índice de acesso das crianças à escola, em algumas regiões há muitas crianças fora das salas de aula?

# ROTEIRO DE ESTUDOS

**Autoavaliação**

37. Ao lançar um dado e uma moeda simultaneamente, observamos as faces que ficam voltadas para cima em cada um. De quantos modos diferentes essas faces podem aparecer?

38. Um bufê tem 4 tipos de salgado e 2 tipos de doce para servir em festas de aniversário. Se em certa festa um cliente quer servir 3 tipos desses salgados e 1 tipo de doce, quantas opções de cardápio o bufê pode oferecer para o cliente escolher?

39. Considere os números naturais que são divisores de 30. Escolhendo um desses números, qual é a chance de ele ser um número primo?

40. (Mauá-SP) Lançam-se dois dados com faces numeradas de 1 a 6. Calcule a probabilidade de a soma ser 10.

41. (FGV) O gráfico seguinte apresenta os lucros (em milhares de reais) de uma empresa ao longo de 10 anos (ano 1, ano 2, até ano 10).

    O ano em que o lucro ficou mais próximo da média aritmética dos 10 lucros anuais foi:
    a) Ano 2      c) Ano 4      e) Ano 9
    b) Ano 3      d) Ano 5

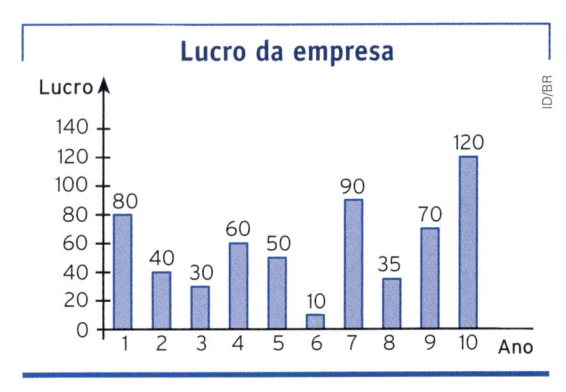

**Lucro da empresa**

(gráfico de colunas: Ano 1: 80; Ano 2: 40; Ano 3: 30; Ano 4: 60; Ano 5: 50; Ano 6: 10; Ano 7: 90; Ano 8: 35; Ano 9: 70; Ano 10: 120)

42. Pesquise em jornais, revistas ou internet as temperaturas máximas e mínimas da sua cidade na última semana.

    a) Construa uma tabela indicando as temperaturas máximas e mínimas em cada um dos dias da última semana.

    b) Registre essas temperaturas em um único gráfico de linhas. Use cor azul para as temperaturas mínimas e vermelho para as máximas.

**Nota:** Confira se você acertou todas as questões dessa *Autoavaliação*. Se não acertou, faça as atividades do *Reforço* e da *Revisão* antes do *Aprofundamento*.

## Reforço

43. Determine quantos números de três algarismos podem ser escritos, utilizando os algarismos 5, 7 e 9, nos seguintes casos:
    a) sem repetição de algarismos
    b) com repetição de algarismos

44. Um baralho contém 52 cartas, sendo 13 de cada naipe (copas, ouros, espadas e paus). Retirando-se de um baralho desses uma carta ao acaso, qual é a probabilidade de se obter uma carta de copas? E um valete?

45. O dono da loja de calçados resolveu verificar, entre os sapatos vendidos nos últimos quatro meses, quantos eram femininos e quantos eram masculinos. Para isso, construiu um gráfico de colunas múltiplas.

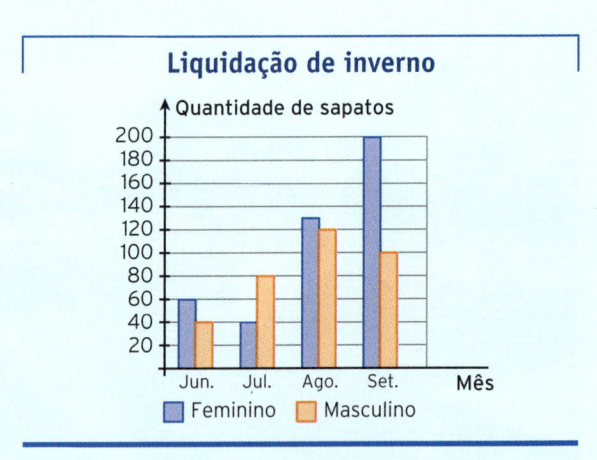

**Liquidação de inverno**

(gráfico de colunas múltiplas – Quantidade de sapatos por mês; Feminino e Masculino: Jun.: 60 e 40; Jul.: 40 e 80; Ago.: 130 e 120; Set.: 200 e 100)

Dados criados para esta atividade.

a) Sabendo que em agosto foram vendidos 130 sapatos femininos, quantos sapatos foram vendidos nesse período?

b) Quantos calçados femininos foram vendidos a mais do que os masculinos durante esse período?

**Revisão:** Refaça as atividades 8, 9, 10, 11, 17, 18, 19, 20, 21, 27, 28, 30, 31, 32 e 36.

## Aprofundamento

**46.** (OBM) O desenho ao lado mostra o mapa de um país (imaginário) constituído por cinco estados.

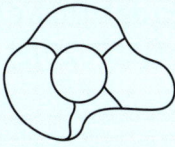

Deseja-se colorir esse mapa com as cores verde, azul e amarela, de modo que dois estados vizinhos não possuam a mesma cor. De quantas maneiras diferentes o mapa pode ser pintado?
a) 12
b) 6
c) 10
d) 24
e) 120

**47.** (Obmep) A figura mostra a planta de uma escola que tem seis salas, indicadas pelas letras de A até F. Joãozinho entrou na escola, percorreu todas as salas e foi embora, tendo passado exatamente duas vezes por uma das portas e uma única vez por cada uma das outras.

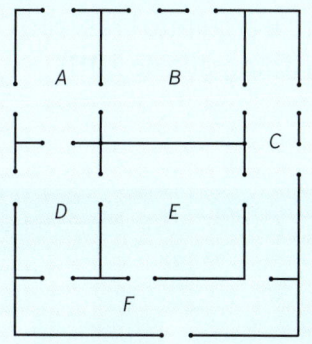

A porta pela qual Joãozinho passou duas vezes liga:
a) as salas A e B
b) as salas C e E
c) as salas E e F
d) a sala D e o lado de fora da escola
e) a sala F e o lado de fora da escola

## Estratégias de aprendizagem

### Natal no vermelho

O texto que você vai ler a seguir foi escrito em dezembro de 2012. Mas ele é útil para pensar, principalmente em conjunto com seus familiares ou responsáveis, a respeito de como planejar os gastos com o Natal de qualquer ano de sua vida.

As estatísticas sobre endividamento mostram que muitos jovens vão comemorar o Natal [...] e passar os meses seguintes lutando para pagar os presentes.

[...]

Um levantamento da Associação Comercial de São Paulo mostrou que 17% dos endividados têm entre 20 e 25 anos – em 2010 eram 10%.

"Existe uma especial ansiedade entre os jovens de consumir moda, de gastar na balada, de comprar carro." [...]

Por exemplo: [...] um levantamento entre os grandes bancos do país [...] descobriu que todos têm cartões de crédito destinados a jovem, oferecendo limites de até R$ 1 000,00 sem necessidade de comprovação de renda.

As contas universitárias oferecem ainda cheque especial, com juros de até 10% ao mês. Nesse ritmo, uma dívida não quitada de R$ 1 000,00 vira, em um ano, R$ 3 000,00 – em dois [anos], serão R$ 9 849,00. [...]

Ricardo Mioto. Natal no vermelho. *Folha de S.Paulo*, 19 dez. 2011, Ilustrada, E6.

I. De acordo com o texto, em 2011, 17% dos jovens estavam endividados com presentes de Natal. De quanto foi o aumento nessa porcentagem, em relação ao ano de 2010, também de acordo com o texto?

II. Falência significa a situação em que uma pessoa devedora de dinheiro se torna impontual nos pagamentos de suas dívidas, chegando ao que se chama de bancarrota (ou quebra financeira).

Prepare no mínimo cinco dicas "antifalência" para sua vida e para sugerir aos seus familiares ou responsáveis e amigos.

> O consumismo é um problema que se combate com educação financeira. Avalie se você deve rever esse assunto na página 119 deste livro.

Memorial da América Latina, em São Paulo (SP), núcleo de cultura e lazer, idealizado e projetado pelo engenheiro e arquiteto brasileiro Oscar Niemeyer (1907–2012). Acima, o croqui; abaixo, a obra finalizada (fotografia de 2011).

# Polígonos, construções geométricas e áreas

**CAPÍTULO 9**

## O QUE VOCÊ VAI APRENDER

- Polígonos
- Construções geométricas
- Áreas de figuras planas

## CONVERSE COM OS COLEGAS

Instrumentos como régua, compasso e esquadro são utilizados há muito tempo por engenheiros e arquitetos na elaboração de projetos. Esses projetos incluem informações sobre inclinação, medidas e formas, além dos materiais a serem empregados na obra.

Nestas imagens você pode perceber o longo trajeto que se percorre desde a ideia traçada no croqui até a finalização da obra.

I. Embora programas de computador substituam a manipulação de régua, compasso e esquadro, os princípios básicos de desenho são os mesmos quando se usam esses instrumentos.
Explique essa afirmativa. Se necessário, consulte no dicionário o significado da palavra "desenho".

II. O que é croqui?

III. Com alguns colegas, faça uma pesquisa sobre Oscar Niemeyer: quando e onde nasceu; sua formação; a importância de sua obra; principais trabalhos no Brasil e em outros países — neste ponto da pesquisa, dê alguns detalhes sobre o Memorial da América Latina.
Não se esqueça de citar as fontes de consulta. O grupo deve apresentar redação própria do trabalho de pesquisa.

Imagens em diferentes escalas.

# MÓDULO 1

# Polígonos

Você já deve saber que **polígono** é a figura plana formada por uma linha poligonal fechada e simples. Vamos agora estudar os elementos, as classificações e algumas propriedades dos polígonos.

## Elementos de um polígono

- **Lado:** cada segmento de reta que o compõe.
- **Vértice:** ponto comum a dois lados.
- **Diagonal:** segmento de reta cujas extremidades são dois vértices não consecutivos.
- **Ângulo interno:** ângulo formado por dois lados que têm um vértice comum (lados consecutivos) no interior do polígono.
  Dizemos que um polígono é convexo quando, considerando quaisquer dois pontos em seu interior, o segmento de reta que os une está totalmente contido no interior desse polígono. Nos polígonos convexos, também definimos o ângulo externo.
- **Ângulo externo:** ângulo suplementar adjacente a um ângulo interno do polígono.

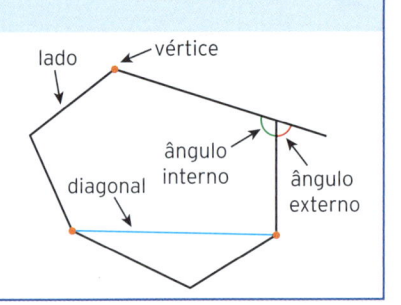

## Cálculo da quantidade de diagonais de um polígono

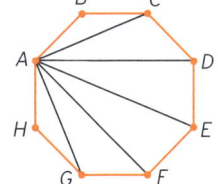

Vamos calcular a quantidade de diagonais de um octógono, cujos vértices são $A$, $B$, $C$, $D$, $E$, $F$, $G$ e $H$. Quantas diagonais podem ser traçadas a partir do vértice $A$?

Como o octógono tem 8 lados, ele tem 8 vértices. Ligando o vértice $A$ a todos os vértices do polígono, excluindo ele próprio e seus vértices consecutivos (pois $AB$ e $AH$ são lados), verificamos que há 5 diagonais. Assim, de cada vértice podem ser traçadas 5 diagonais ($8 - 3 = 5$). Como o octógono tem 8 vértices, poderíamos pensar que a quantidade de diagonais desse polígono é 40, pois $8 \cdot 5 = 40$. Raciocinando desse modo, porém, todas as diagonais seriam contadas duas vezes. Ao contar as diagonais traçadas a partir do vértice $A$ e as traçadas a partir de $C$, por exemplo, contaríamos a diagonal $AC$ duas vezes. Por isso, devemos dividir o total calculado por 2, concluindo assim que a quantidade de diagonais do octógono é 20 ($40 : 2 = 20$).

Generalizando, de cada vértice de um polígono de $n$ lados podem ser traçadas $(n - 3)$ diagonais. O cálculo da expressão $n \cdot (n - 3)$ resulta no dobro da quantidade de diagonais $d$ do polígono e, então, temos a quantidade de diagonais: $d = \dfrac{n \cdot (n - 3)}{2}$

### PARA RECORDAR

**Classificação de polígonos**

| Quantidade de lados | Nome |
|---|---|
| 3 | triângulo |
| 4 | quadrilátero |
| 5 | pentágono |
| 6 | hexágono |
| 7 | heptágono |
| 8 | octógono |
| 9 | eneágono |
| 10 | decágono |
| 12 | dodecágono |
| 20 | icoságono |

### 0:03 Em 3 minutos

A fórmula para o cálculo da quantidade de diagonais de um polígono é válida no caso do triângulo? Explique.

### ATIVIDADES

**1.** Considere o heptágono ao lado para responder às questões a seguir.

a) Quantos e quais são os lados desse polígono?

b) Quais são os ângulos internos desse polígono?

c) Quantas diagonais tem esse polígono?

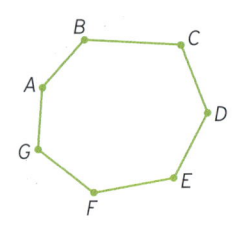

210

## ●●● Triângulos

**Triângulo** é um polígono de três lados.

Se nomearmos os vértices de um triângulo como A, B e C, então indicaremos o triângulo por △ABC (lê-se: triângulo ABC).

### Classificação quanto aos lados

De acordo com a medida de cada lado, um triângulo pode ser:
- **equilátero**: quando os três lados são congruentes, isto é, têm medidas iguais. Em um triângulo equilátero seus ângulos internos também são congruentes. Observe abaixo que a congruência se indica com símbolos iguais.
- **isósceles**: quando pelo menos dois lados são congruentes. Em um triângulo isósceles os dois ângulos formados pelos lados congruentes e o terceiro lado também são congruentes.
- **escaleno**: quando os três lados têm medidas diferentes. Nesse caso, os ângulos também têm medidas diferentes.

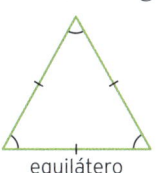

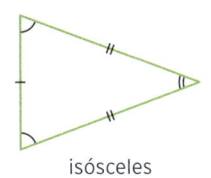

equilátero    isósceles    escaleno

### Classificação quanto aos ângulos

De acordo com os ângulos internos, um triângulo pode ser:
- **acutângulo**: quando os três ângulos internos são agudos (suas medidas são menores do que 90°).
- **retângulo**: quando um dos ângulos internos é reto (mede 90°).
- **obtusângulo**: quando um dos ângulos internos é obtuso (sua medida é maior do que 90° e menor do que 180°).

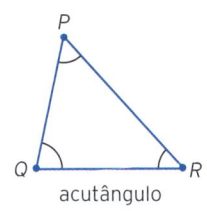

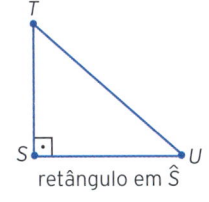

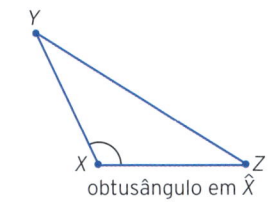

acutângulo    retângulo em $\hat{S}$    obtusângulo em $\hat{X}$

> **SAIBA MAIS**
>
> **Triângulos e eixo de simetria**
> - Um triângulo isósceles não equilátero tem um único eixo de simetria. Veja a figura abaixo. 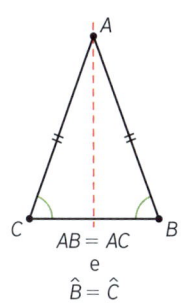
>
>   $AB = AC$
>   e
>   $\hat{B} = \hat{C}$
>
> - Um triângulo equilátero tem três eixos de simetria. Observe. 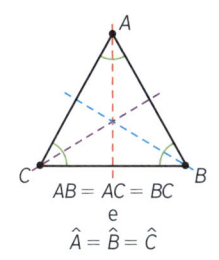
>
>   $AB = AC = BC$
>   e
>   $\hat{A} = \hat{B} = \hat{C}$
>
> - Um triângulo escaleno não tem eixo de simetria.

### ATIVIDADES

**2.** Desenhe o que é pedido em cada item.
   a) Um triângulo isósceles que seja obtusângulo.
   b) Um triângulo retângulo que seja isósceles.
   c) Um triângulo escaleno que seja acutângulo.

**3.** Você deve ter no seu material escolar um par de esquadros.

Com o auxílio de uma régua e um transferidor, meça os lados e os ângulos desses esquadros e classifique os triângulos representados pelas bordas desses instrumentos.

**4.** Na figura 1, a linha tracejada indica o eixo de simetria que é utilizado para a reflexão dos segmentos AB e AH. A figura 2 apresenta a imagem inicial e a imagem obtida.

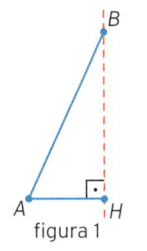

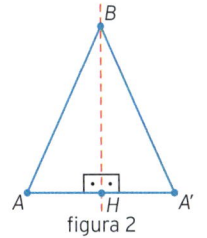

figura 1    figura 2

Classifique quanto aos lados o △ABA' formado.

## Soma das medidas dos ângulos internos de um triângulo

A professora Laura propôs uma atividade para a turma do 7º ano, com o objetivo de mostrar quanto vale a soma das medidas dos ângulos internos de um triângulo. O quadro abaixo mostra o procedimento envolvido nessa atividade e o resultado obtido por três alunos.

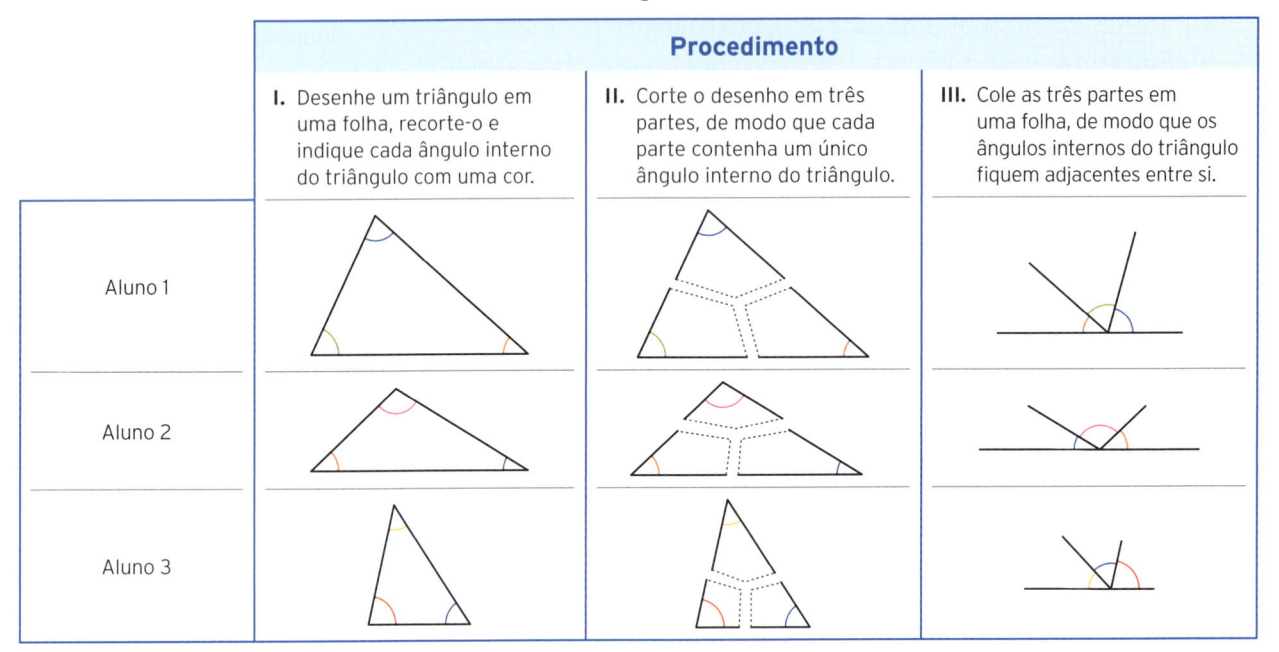

| | **Procedimento** | | |
|---|---|---|---|
| | **I.** Desenhe um triângulo em uma folha, recorte-o e indique cada ângulo interno do triângulo com uma cor. | **II.** Corte o desenho em três partes, de modo que cada parte contenha um único ângulo interno do triângulo. | **III.** Cole as três partes em uma folha, de modo que os ângulos internos do triângulo fiquem adjacentes entre si. |
| Aluno 1 | | | |
| Aluno 2 | | | |
| Aluno 3 | | | |

Observando os casos acima, o que os alunos devem ter concluído a respeito da soma das medidas dos ângulos internos de um triângulo?

Após a realização da atividade, os alunos ficaram intrigados com o fato de a soma das medidas dos ângulos internos de todos os triângulos desenhados ser 180°.

A professora ainda deu mais um exemplo de que esse fato é verdadeiro e, para isso, não recortou o desenho do triângulo em três partes. O esquema a seguir mostra como ela fez.

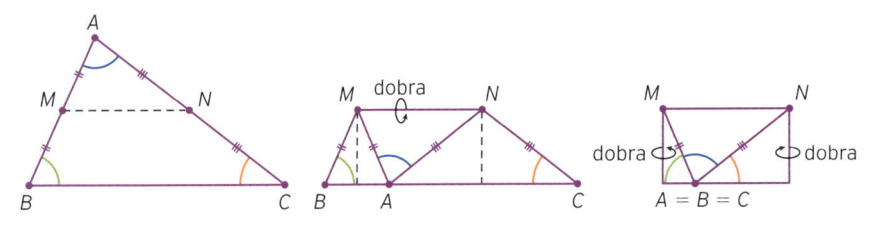

Ao final da aula, a professora Laura explicou que a afirmação abaixo é válida, pois o fato constatado pela turma pode ser demonstrado, ou seja, é possível apresentar argumentos lógicos para mostrar que o resultado é válido para todos os triângulos, independentemente do experimento.

▎ Teorema

A soma das medidas dos ângulos internos de um triângulo é 180°.

### Observação

A demonstração desse resultado será estudada no Capítulo 6 do livro do 8º ano.

**SAIBA MAIS**

Os triângulos equiláteros têm os ângulos internos congruentes.

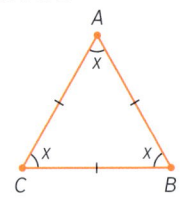

Do triângulo $ABC$, temos que a soma das medidas dos ângulos internos é 180°; então, temos:

$x + x + x = 180°$

$3x = 180°$

$x = \dfrac{180°}{3} = 60°$

Portanto, os ângulos internos de um triângulo equilátero medem 60°.

**ATIVIDADES**

5. Faça a atividade proposta pela professora Laura (descrita no quadro "Procedimento" da teoria) para verificar que a soma das medidas dos ângulos internos do triângulo desenhado é 180°. Compare o resultado com o que foi obtido pelos seus colegas. Em seguida, faça como a professora Laura: desenhe um triângulo qualquer, recorte o desenho e dobre-o para mostrar que a soma das medidas dos ângulos internos desse triângulo também é 180°.

6. Desenhe um triângulo qualquer. Use um transferidor para medir os ângulos internos do triângulo. Qual é o valor da soma das medidas desses ângulos?

7. Um triângulo tem um ângulo interno medindo 50°. Sabendo que os outros ângulos do triângulo são congruentes, calcule as medidas desses dois ângulos.

8. Calcule mentalmente e registre no caderno o valor de cada incógnita.

   a) (triângulo com ângulos 30°, 100° e $x$)
   
   b) (triângulo com ângulos 70°, 60° e $x$)
   
   c) (triângulo retângulo com ângulos 20°, ângulo reto e $x$)
   
   d) (triângulo com ângulos 60°, 60° e $x$)

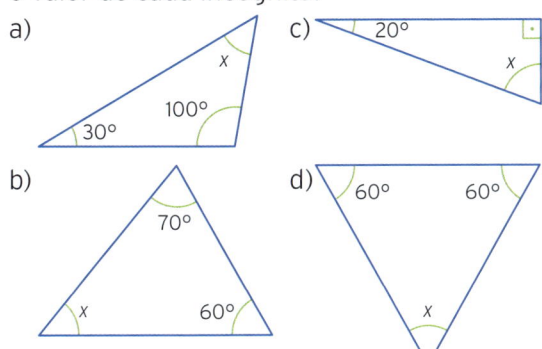

9. Paulo notou que podia dispor o seu par de esquadros como mostra a figura abaixo.

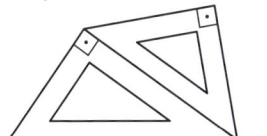

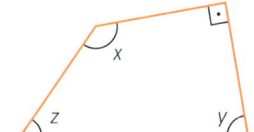

   Considerando o quadrilátero correspondente ao contorno dessa disposição, calcule o valor de $x$, de $y$ e de $z$. (**Dica:** reveja a atividade 3.)

10. Calcule as medidas dos ângulos internos de cada triângulo $ABC$.

    a) (triângulo $ABC$ com ângulos $x + 10°$ em $A$, $x + 30°$ em $B$ e $x + 20°$ em $C$)

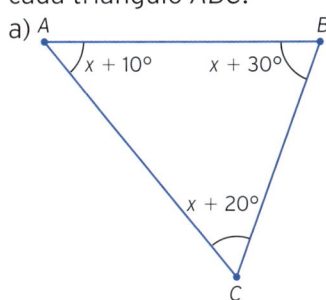

    b) (triângulo $ABC$ com ângulo $4x$ em $A$, $3x + 10°$ em $C$ e $x + 10°$ em $B$)

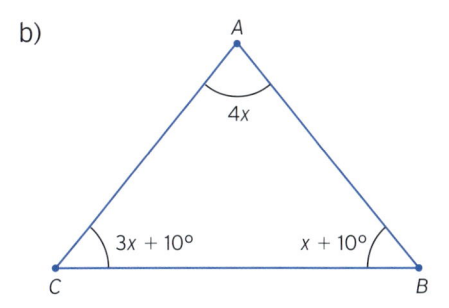

11. Sabendo que o triângulo isósceles tem um único eixo de simetria, calcule o valor de $x$ e de $y$ em cada caso.

    a) (triângulo isósceles com 40°, $y$ e $x$)
    
    b) (triângulo isósceles com 80°, $y$ e $x$)
    
    c) (triângulo com $x$, $y$ e 100°)

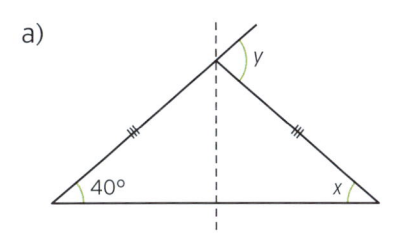

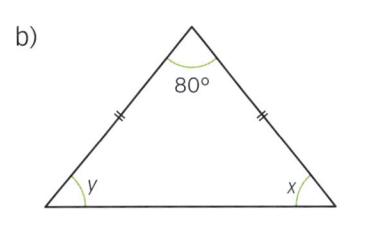

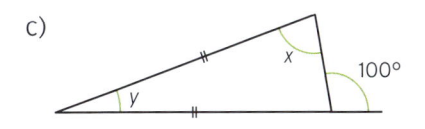

12. Responda.

    a) Um triângulo pode ter dois ângulos internos retos? Justifique.

    b) O que se pode afirmar sobre os dois ângulos agudos de um triângulo retângulo?

    c) Um triângulo obtusângulo pode ter um ângulo interno reto? Justifique.

13. Pode-se demonstrar que, em qualquer triângulo, ao maior lado se opõe o maior ângulo interno. Considerando esse fato, classifique quanto aos lados o triângulo que tem ângulos internos com as seguintes medidas:

    a) 30° e 120°

    b) 60° e 60°

    c) 20° e 70°

## ••• Quadriláteros

**Quadrilátero** é um polígono de quatro lados. Portanto, os quadriláteros têm quatro vértices e, também, quatro ângulos internos.

### Soma das medidas dos ângulos internos de um quadrilátero

Admitindo que a soma das medidas dos ângulos internos de um triângulo é 180°, podemos determinar a soma das medidas dos ângulos internos de um quadrilátero.

Sempre é possível decompor um quadrilátero em dois triângulos ao traçar uma diagonal. Nesse caso, o quadrilátero $ABCD$ a seguir foi decomposto nos triângulos $ABC$ e $ADC$.

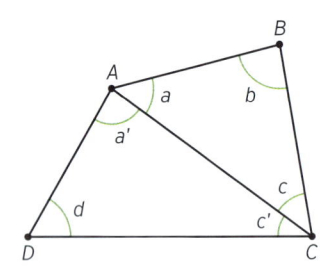

> **A busca por superar a deficiência visual**
>
> A deficiência visual impede o estudo da Matemática?
>
> Se tomarmos exemplos como o do matemático suíço Leonhard Euler (1707-1783), a resposta é não. Euler perdeu a visão de um olho aos 28 anos de idade e a outra aos 60 anos, mas não se abateu. Ele continuou produzindo seus trabalhos, com a ajuda de outras pessoas que liam textos para ele e auxiliavam na escrita de suas ideias.
>
> - Você considera que a vida de Euler pode ser tomada como um exemplo para outros deficientes visuais? Por quê?
> - O que pode ser feito para que os deficientes visuais tenham melhores condições de estudo e trabalho?

Se chamarmos de $S_1$ e $S_2$ a soma das medidas dos ângulos internos do $\triangle ABC$ e do $\triangle ADC$, então são válidas as igualdades:

$S_1 = a + b + c = 180°$ e $S_2 = a' + d + c' = 180°$

Sabendo que $\widehat{A} = a + a'$ e $\widehat{C} = c + c'$, a soma das medidas dos ângulos internos do quadrilátero é:

$\widehat{A} + \widehat{B} + \widehat{C} + \widehat{D} = a + a' + b + c + c' + d =$
$= \underbrace{(a + b + c)}_{S_1} + \underbrace{(a' + d + c')}_{S_2} = 180° + 180° = 360°$

> **0:03 Em 3 minutos**
>
> Se um quadrilátero tem todos os ângulos internos congruentes, quanto mede cada um deles?

**Propriedades**
A soma das medidas dos ângulos internos de um quadrilátero é 360°.

### Classificação dos quadriláteros

Observe as figuras abaixo e tente identificar o que esses quadriláteros têm em comum.

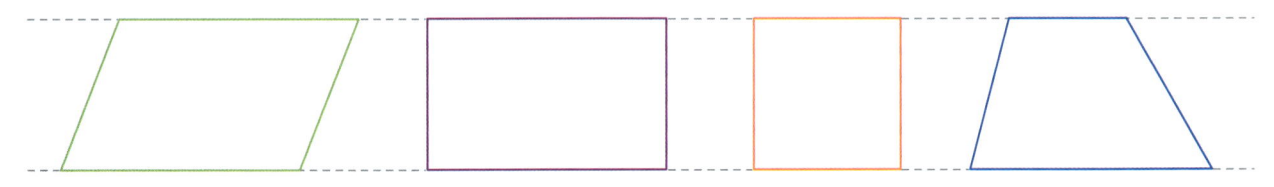

Os quadriláteros acima têm um par de lados paralelos. A seguir, vamos estudar os nomes de quadriláteros como esses.

## Paralelogramos

**Paralelogramo** é um quadrilátero que tem ambos os pares de lados opostos paralelos.

Veja como são classificados alguns paralelogramos.

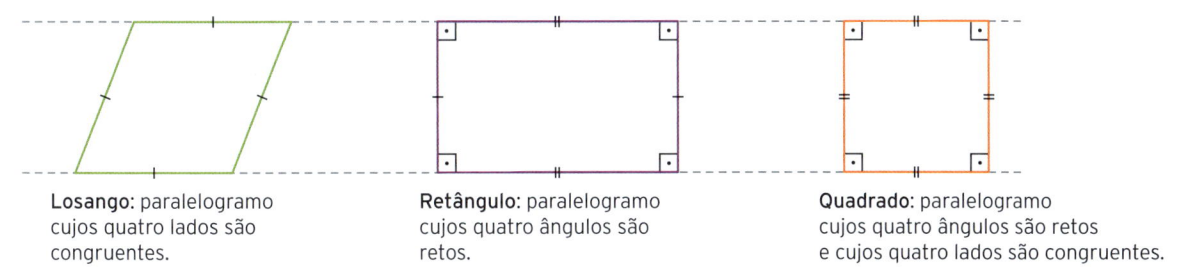

**Losango:** paralelogramo cujos quatro lados são congruentes.

**Retângulo:** paralelogramo cujos quatro ângulos são retos.

**Quadrado:** paralelogramo cujos quatro ângulos são retos e cujos quatro lados são congruentes.

Observe que o quadrado é um paralelogramo; também é um retângulo e também é um losango.

### Propriedades dos ângulos internos dos paralelogramos

Flávia desenhou um paralelogramo e, com o auxílio de um transferidor, mediu os ângulos internos dele. O esquema abaixo mostra as medidas que ela obteve.

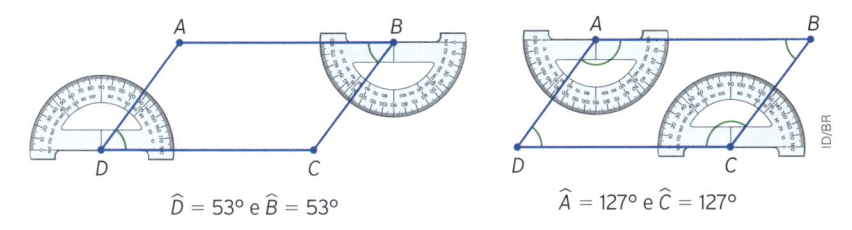

$\hat{D} = 53°$ e $\hat{B} = 53°$

$\hat{A} = 127°$ e $\hat{C} = 127°$

Ela ainda observou que os ângulos de 53° e de 127° são suplementares, pois $53° + 127° = 180°$.

Ao realizar as medições, Flávia constatou duas propriedades que são válidas para qualquer paralelogramo, ou seja, que podem ser demonstradas independentemente de alguma medição.

> **Propriedades**
> Os ângulos opostos de um paralelogramo são congruentes.
> Dois ângulos consecutivos de um paralelogramo são suplementares.

### Observação

As demonstrações desses resultados serão estudadas no Capítulo 7 do livro do 8º ano.

### Trapézios

**Trapézio** é um quadrilátero que tem dois lados paralelos e dois não paralelos. Veja como são classificados alguns trapézios.

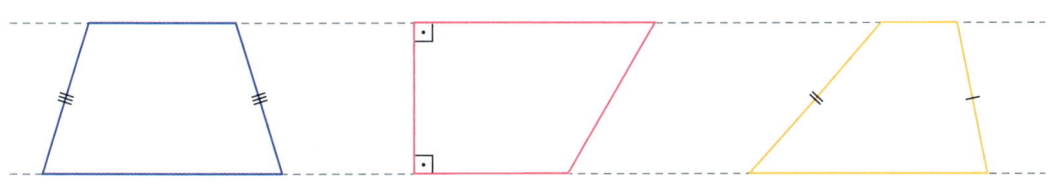

**Trapézio isósceles:** os lados opostos não paralelos são congruentes.

**Trapézio retângulo:** tem dois ângulos retos.

**Trapézio escaleno:** os lados opostos não paralelos não são congruentes e nenhum ângulo é reto.

> **Em 3 minutos**
> Utilize um transferidor para medir os ângulos internos do trapézio abaixo.
>
> O que se pode afirmar sobre os ângulos assinalados com a mesma cor?

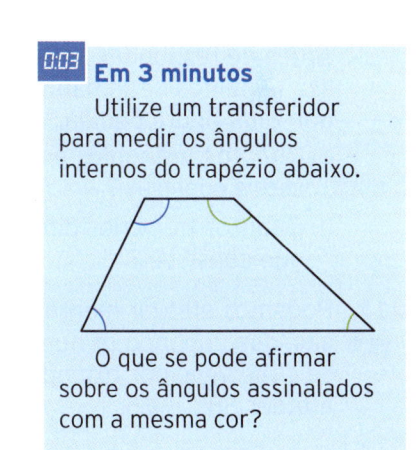

**ATIVIDADES**

**14.** Escreva uma frase para descrever o que é:
a) um trapézio
b) um paralelogramo
c) um retângulo
d) um losango
e) um quadrado

Faça um desenho para ilustrar cada item.

**15.** Classifique cada afirmação em verdadeira ou falsa e justifique.
a) Todo trapézio é um paralelogramo.
b) Todo quadrado é um losango.
c) Todo losango é um quadrado.
d) Nem todo retângulo é um quadrado.
e) Há losangos que são retângulos.

**16.** Observe a figura que Natália formou com 12 palitos de sorvete, todos de tamanhos iguais.

Antes de responder às questões abaixo, utilize 12 palitos de tamanhos iguais para compor cada figura pedida.
a) Quantos triângulos equiláteros você consegue construir?
b) Quantos trapézios diferentes você consegue construir?

**17.** Podemos efetuar mentalmente uma subtração, decompondo os números envolvidos no cálculo. Veja, por exemplo, uma maneira de efetuar 382 − 65.

$$382 - 65 =$$
$$= 380 + 2 - 60 - 5 =$$
$$= 380 - 60 - 5 + 2 =$$
$$= 320 - 5 + 2 =$$
$$= 315 + 2 = 317$$

Resolva mentalmente os seguintes problemas.

a) Um paralelogramo tem um ângulo interno medindo 134°. Qual é a medida dos outros ângulos internos dele?

b) A soma das medidas de dois ângulos internos opostos de um paralelogramo é 250°. Calcule a medida de cada um dos ângulos internos desse paralelogramo.

**18.** Copie o diagrama abaixo.

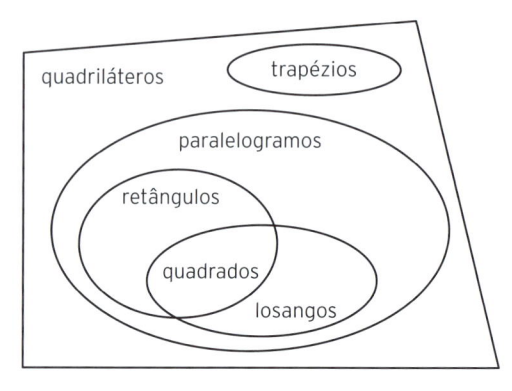

a) Pinte de azul a região que indica os losangos que não são quadrados.

b) Pinte de amarelo a região que indica os losangos que são retângulos.

**19.** A figura a seguir é composta de um quadrado, dois triângulos equiláteros e outro triângulo.

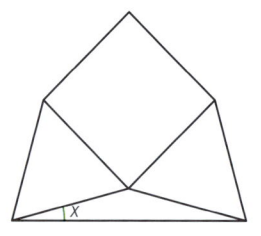

Calcule o valor de $x$.

**20.** Calcule o valor de $x$ em cada item.

a)

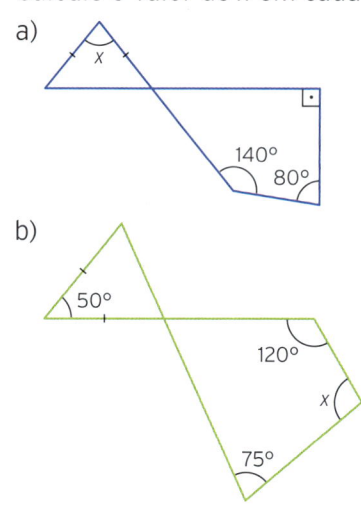

b)

## Soma das medidas dos ângulos internos de um polígono

Sabemos que a soma das medidas dos ângulos internos de um triângulo é 180° e que, de um quadrilátero, 360°. Mas como calcular a soma das medidas dos ângulos internos de um polígono de, por exemplo, 30 lados? É o que vamos estudar agora.

Observe as figuras, sendo $n$ a quantidade de lados do polígono.

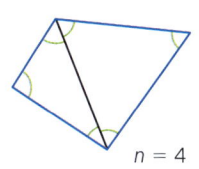

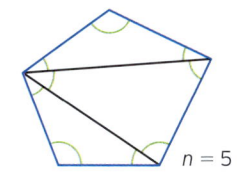

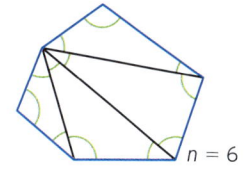

$n = 4$     $n = 5$     $n = 6$

O quadrilátero, o pentágono e o hexágono representados acima foram decompostos em triângulos pelo traçado das diagonais de um único vértice. Em cada caso, a soma das medidas dos ângulos assinalados equivale à soma das medidas dos ângulos internos do polígono. Observando as figuras e utilizando o fato de que a soma das medidas dos ângulos internos de um triângulo é 180°, podemos construir o seguinte quadro.

| Quantidade de lados do polígono | Quantidade de triângulos obtidos na decomposição do polígono | Soma das medidas dos ângulos internos do polígono |
|---|---|---|
| 4 | 4 − 2 = 2 | 2 · 180° = 360° |
| 5 | 5 − 2 = 3 | 3 · 180° = 540° |
| 6 | 6 − 2 = 4 | 4 · 180° = 720° |

Observando os valores no quadro, podemos intuir o seguinte resultado, que é válido para qualquer polígono.

Se um polígono tem $n$ lados, então sua decomposição em triângulos apresenta $(n - 2)$ triângulos. Assim, a soma $S_i$ das medidas dos ângulos internos desse polígono é igual ao produto da quantidade de triângulos por 180°: $S_i = (n - 2) \cdot 180°$

### Polígono regular

Um polígono é **regular** quando todos os seus lados são congruentes e todos os seus ângulos internos também são congruentes.

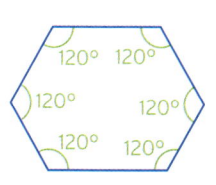

Hexágono com todos os ângulos internos congruentes, mas com lados de tamanhos diferentes. Logo, não é regular.

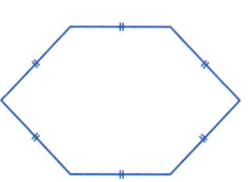

Hexágono com todos os lados congruentes, mas com ângulos internos não congruentes. Logo, não é regular.

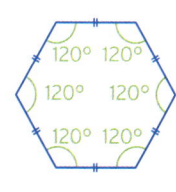

Hexágono com todos os lados congruentes e todos os ângulos internos congruentes. Logo, é um hexágono regular.

### ATIVIDADES

**21.** Calcule a soma das medidas dos ângulos internos de um polígono de 12 lados e de um polígono de 30 lados.

**22.** A soma das medidas dos ângulos internos de um polígono é 900°. Que polígono é esse?

**23.** Calcule as medidas dos ângulos internos de um polígono regular de 18 lados.

**24.** De cada vértice de um polígono é possível traçar 12 diagonais. Qual é a soma das medidas dos ângulos internos desse polígono?

**25.** Sejam $S_{51}$ e $S_{50}$ as somas das medidas dos ângulos internos de um polígono de 51 lados e de 50 lados. Determine o valor da diferença $S_{51} - S_{50}$ e explique a um colega como você pensou para obter esse resultado.

## MÓDULO 2

# Construções geométricas

## ●●● Construção de polígonos regulares com compasso, régua e transferidor

Para construir um polígono regular de $n$ lados com compasso, régua e transferidor, dividimos uma circunferência em $n$ partes iguais. Desse modo, os pontos de divisão da circunferência vão corresponder aos vértices do polígono.

Para dividir uma circunferência em $n$ partes iguais, determinamos a medida do ângulo central correspondente a uma das partes e construímos os ângulos centrais com a mesma medida e adjacentes entre si.

**Exemplo**

Construir um eneágono regular.

Estratégia: precisamos dividir uma circunferência em nove partes iguais. Para isso, determinamos a medida do ângulo central correspondente a uma parte, ou seja, dividimos 360° pelo número de partes, 9.

$$\frac{360°}{9} = 40°$$

Sabendo que devemos construir ângulos centrais de 40°, construímos o eneágono regular. Acompanhe o procedimento.

**I** Traçamos uma circunferência com raio de qualquer medida (usando o transferidor ou um compasso). Com a régua, traçamos um raio qualquer.

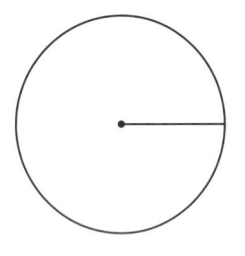

**II** Posicionamos o centro do transferidor no centro da circunferência, de modo que a linha que indica 0° fique alinhada com o raio traçado. Marcamos um ponto junto à marca de 40°.

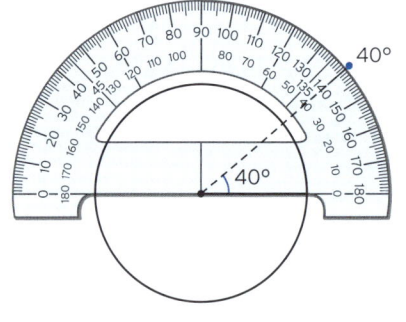

**III** Traçamos o segmento com extremidades no centro da circunferência e no ponto marcado anteriormente. Repetimos o passo II, tomando como raio parte do segmento que acabou de ser traçado. Agora, a linha que indica 0° no transferidor fica alinhada ao segmento traçado.

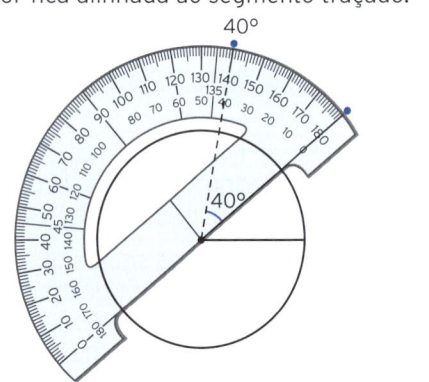

**IV** Repetimos a operação III até dividir a circunferência em 9 partes iguais. Os pontos de divisão da circunferência em partes iguais são os vértices do eneágono regular. Com a régua, traçamos os lados. O eneágono está destacado em azul.

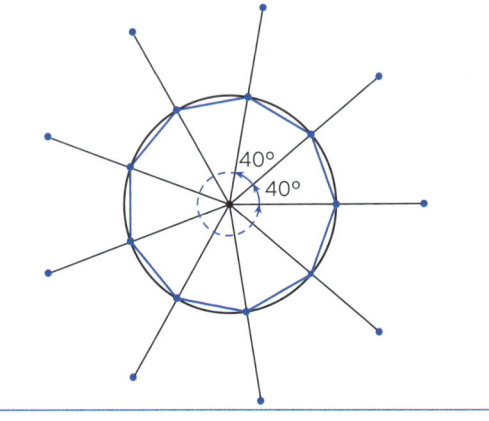

## ATIVIDADES

**26.** Sem usar o transferidor, determine as medidas dos ângulos destacados em vermelho.

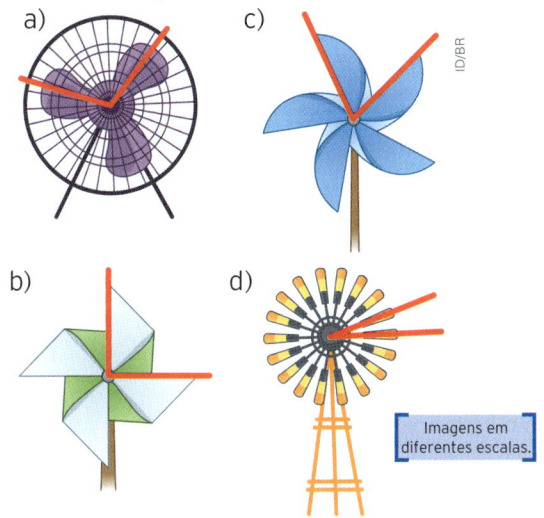

a)

b)

c)

d)

Imagens em diferentes escalas.

**27.** Usando compasso, régua e transferidor, construa um quadrado, um pentágono regular e um hexágono regular.

**28.** Algumas ruas são pavimentadas com lajotas de formato hexagonal regular (veja a primeira fotografia abaixo). Por que lajotas pentagonais regulares (veja a segunda figura abaixo) não costumam ser usadas?

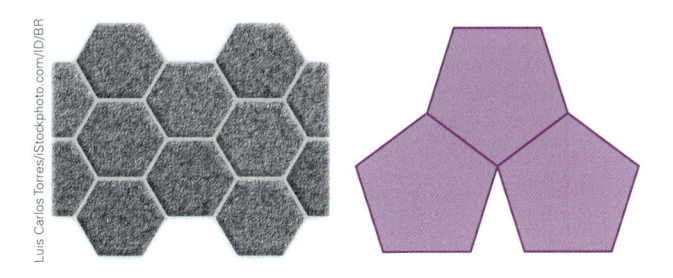

**29.** Observe os polígonos regulares abaixo.

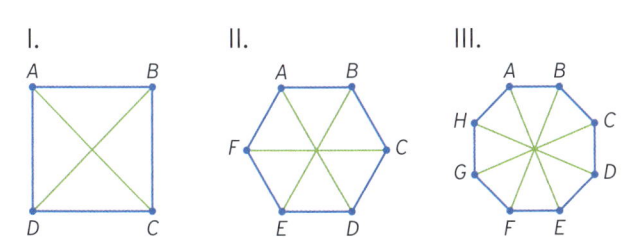

I.  A B D C
II. A B F C E D
III. A B H C G D F E

Ao analisar essas figuras, um aluno construiu a seguinte tabela para organizar suas observações.

|   | I | II | III |
|---|---|----|-----|
| n | 4 | 6  | 8   |
| c | 2 | 3  |     |

a) A que se refere a incógnita $n$? E a incógnita $c$?

b) Copie a tabela e complete-a.

c) Se $n = 12$, qual é o valor de $c$?

**30.** Quantas diagonais de um polígono regular de 26 lados passam pelo seu centro?

**31.** Usando compasso, régua e transferidor, construa o polígono regular que tem exatamente 5 diagonais passando pelo seu centro.

**32.** As diagonais que partem de um mesmo vértice do octógono regular abaixo foram pintadas conforme o tamanho: as que são congruentes foram pintadas com a mesma cor. Note que foram usadas três cores: azul, laranja e verde.

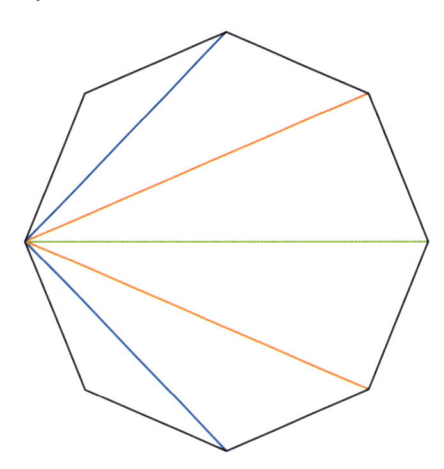

a) Seguindo o mesmo padrão utilizado no octógono, quantas cores você utilizaria para pintar as diagonais que partem de um mesmo vértice de um quadrado? E de um hexágono regular? Construa esses polígonos usando compasso, régua e esquadro. Verifique se sua resposta está correta.

b) Quantas cores seriam necessárias para pintar as diagonais que partem de um mesmo vértice de um dodecágono regular no mesmo padrão descrito acima?

**33.** Esta atividade é para ser resolvida em duplas. Com régua e transferidor, construa um polígono regular de 12 lados. Cada aluno deve, alternadamente, traçar uma diagonal. Perde aquele que traçar uma diagonal que cruze outra. Quem perder tem de desenhar outro polígono regular qualquer para a próxima rodada.

Após o jogo, responda: Que estratégia permite ganhar sempre?

## ●●● Construção de triângulos e quadriláteros com régua, transferidor e esquadro

Por meio de exemplos, vamos analisar procedimentos que permitem a construção de triângulos e quadriláteros, conhecendo algumas de suas medidas.

### Construção de triângulos

Construir um triângulo $ABC$, com régua e transferidor, de modo que $AB = 10$ cm, $\hat{A} = 60°$ e $\hat{B} = 40°$.

**I** Utilizando a régua, traçamos um segmento de reta com 10 cm, que será o lado $AB$ do triângulo. Utilizando a régua e o transferidor, construímos o ângulo $\hat{A}$ (de 60°) no vértice $A$.

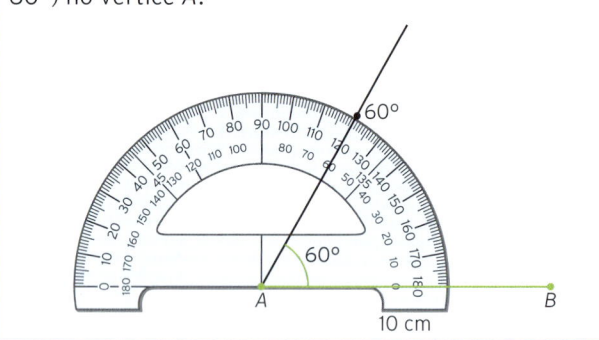

**II** Utilizando a régua e o transferidor, construímos o ângulo $\hat{B}$ (de 40°) no vértice $B$. A intersecção dos lados dos ângulos $\hat{A}$ e $\hat{B}$ determina o vértice $C$ do triângulo $ABC$.

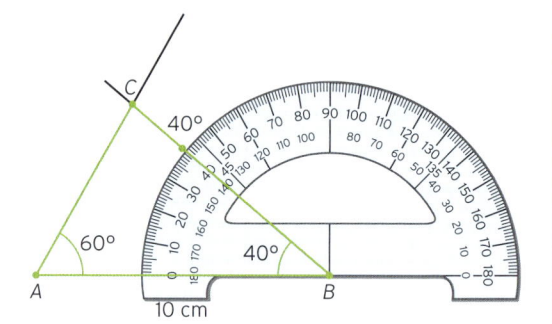

### Construção de quadriláteros

Construir um paralelogramo com régua, transferidor e esquadro, de modo que os lados tenham medidas 7 cm e 4 cm e que um ângulo interno tenha 70°.

**I** Utilizando a régua, traçamos um dos lados do paralelogramo, por exemplo, um lado $AB$ de 7 cm. Utilizando a régua e o transferidor, construímos um ângulo de 70° em um dos vértices, por exemplo, no vértice $A$.

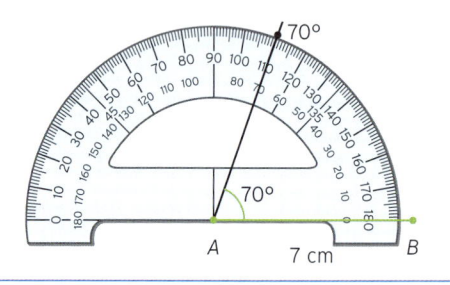

**II** Utilizando a régua, marcamos o ponto $D$ na extremidade do lado $AD$, de modo que $AD = 4$ cm. Com dois lados determinados, falta traçar os lados $BC$ e $DC$, paralelos aos lados $AD$ e $AB$.

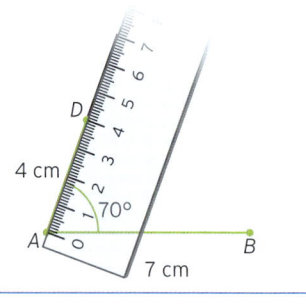

**III** Utilizando a régua e o esquadro, traçamos a reta paralela ao lado $AB$ que passa pelo ponto $D$.

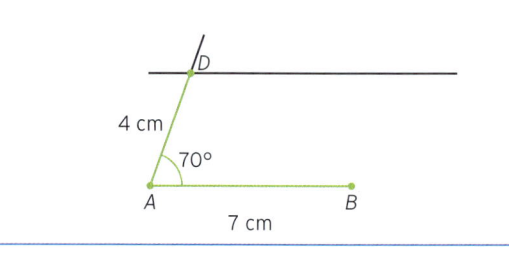

**IV** Analogamente a III, traçamos a reta paralela ao lado $AD$ que passa pelo ponto $B$. A intersecção das retas traçadas determina o vértice $C$ do paralelogramo $ABCD$.

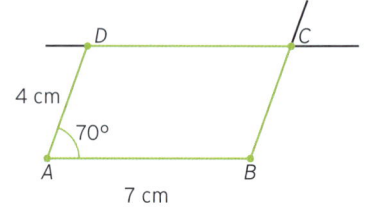

## ATIVIDADES

Nas atividades desta página, quando necessário utilize régua, compasso, transferidor e esquadro para as construções.

**34.** Sem fazer contas, responda: No paralelogramo construído no quadro da página anterior, quanto medem os lados BC e CD? Quanto medem os ângulos $B\hat{C}D$ e $A\hat{B}C$?

**35.** Construa os seguintes polígonos.
   a) Um retângulo com lados medindo 4 cm e 6,5 cm.
   b) Um triângulo retângulo cujos lados perpendiculares meçam 3 cm e 5,5 cm.
   c) Um triângulo isósceles que tenha um ângulo interno de 100° e cujos lados congruentes meçam 5 cm.
   d) Um losango com lados de 4 cm, em que um ângulo interno meça 50°.

**36.** A figura abaixo mostra os vértices A, B e C de um paralelogramo.

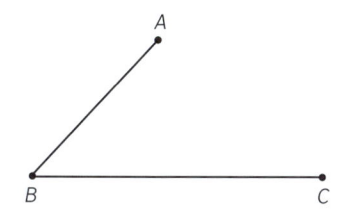

Reproduza-a e determine o vértice D.

**37.** A figura abaixo é uma representação de três cidades, Açucena, Barragem e Crisântemo, ligadas pelas estradas mostradas em azul.

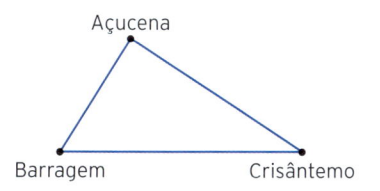

Os prefeitos dessas cidades querem construir novas estradas ligando cada cidade à estrada que liga as outras duas. O prefeito de Açucena, por exemplo, quer construir uma estrada de sua cidade até a estrada que liga Barragem a Crisântemo. Discuta com seus colegas como fazer o traçado mais curto e apresentem uma solução para esse problema.

**38.** Construa um octógono regular ABCDEFGH. Qual é o tipo de quadrilátero cujos vértices são os pontos A, C, E e G? E cujos vértices são os pontos A, E, F e H?

**39.** Construa o octógono regular ABCDEFGH, de modo que os vértices sejam nomeados no sentido horário. Trace as diagonais AD e EH e responda: Como se classifica o quadrilátero ADEH?

**40.** Construa, se possível, os seguintes polígonos.
   a) Um triângulo ABC, em que AB = 3 cm, AC = 5 cm e $\hat{A}$ = 50°.
   b) Um retângulo, de modo que a diagonal forme um ângulo de 30° com um lado que meça 6 cm.
   c) Um triângulo retângulo ABC reto em A, dados AB = 5 cm, AC = 8 cm e $\hat{B}$ = 45°.
   d) Um triângulo isósceles que tenha um ângulo interno de 100° e cujo lado oposto a esse ângulo meça 6 cm.

**41.** Nesta atividade você vai resolver um quebra-cabeça. Para isso, construa três triângulos equiláteros do mesmo tamanho e pinte a região interna deles. Recorte as três regiões triangulares pelo contorno e, em seguida, corte-as por um de seus eixos de simetria. Veja um exemplo.

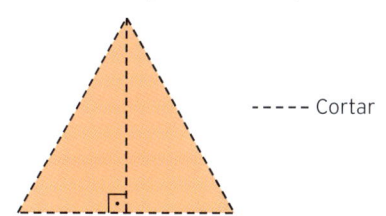

----- Cortar

Você consegue montar uma única região triangular usando todas as seis peças, sem sobreposição, de modo que o contorno da região formada seja um triângulo equilátero?

**42.** Construa um triângulo equilátero com 3,5 cm de altura. (Sugestão: use o fato de que o triângulo equilátero tem três ângulos internos de 60° e três eixos de simetria.)

**43.** Construa um paralelogramo cuja diagonal, de medida 8 cm, forme um ângulo de 30° com um lado que meça 6 cm.

221

## ●●● Construções com régua e compasso

O compasso é um instrumento utilizado, por exemplo, para traçar circunferências e arcos de circunferência de diversos tamanhos, pois podemos ajustar a distância entre a ponta-seca e a grafite. Essa característica do compasso permite que ele seja utilizado para fazer diversas construções geométricas. Veja algumas delas.

**1. Construir uma circunferência de centro O que passe por um ponto P.**

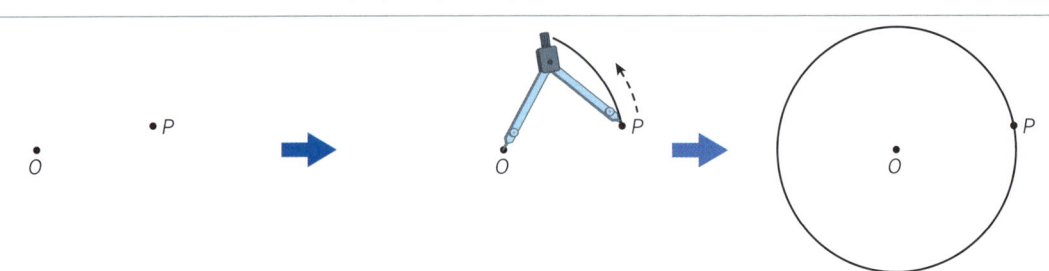

Centramos o compasso em O, ou seja, colocamos a ponta-seca em O. Colocamos a ponta com a grafite sobre o ponto P e traçamos uma circunferência.

**2. Construir uma circunferência de centro O e raio de medida r.**

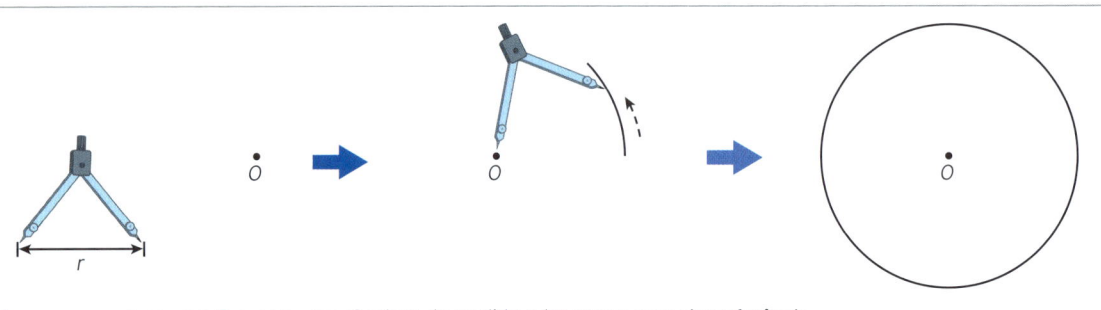

Centramos o compasso em O e, com uma abertura de medida r, traçamos uma circunferência.

**3. Construir dois pontos sobre uma reta dada que distem r de um ponto P.**

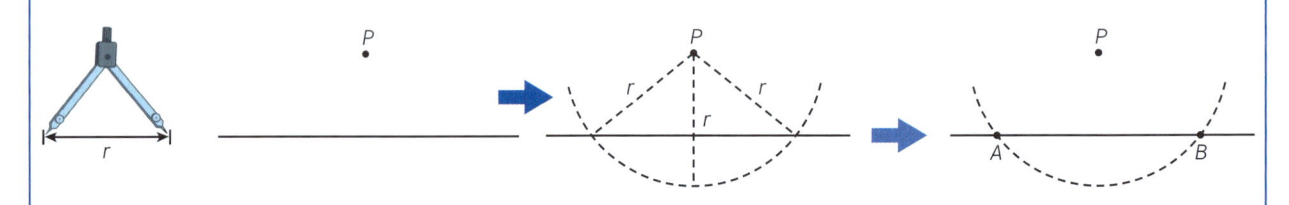

Centramos o compasso em P e, com uma abertura de medida r, traçamos parte de uma circunferência (um arco de circunferência), de modo que o traçado intersecte a reta dada duas vezes (caso seja possível).

**4. Construir dois pontos sobre uma circunferência dada que distem r de um ponto P.**

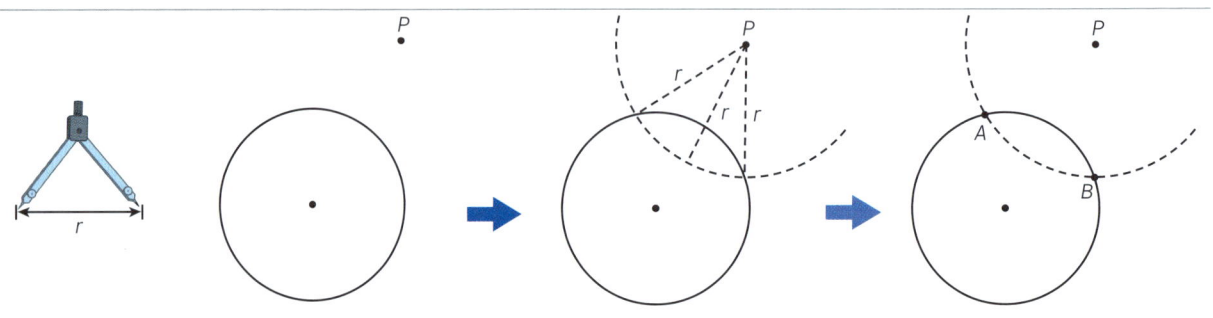

Centramos o compasso em P e, com uma abertura de medida r, traçamos um arco de circunferência, de modo que o traçado intersecte a circunferência dada duas vezes (caso seja possível).

## Transporte de um segmento

**Construir um segmento de reta congruente a um dado segmento AB, sobre uma reta r.**

Abrimos o compasso, de modo que se posicionem suas pontas sobre os pontos A e B. Mantendo a abertura, centramos o compasso em um ponto P da reta r e traçamos um arco que intersecte r em um ponto Q. Os segmentos PQ e AB são congruentes.

## Construção de triângulos, sendo conhecidas as medidas dos lados

Construir um triângulo $ABC$, de modo que $AB = 4{,}5$ cm, $AC = 3{,}5$ cm e $BC = 3$ cm.

**I** Utilizando a régua, traçamos um dos lados do triângulo, por exemplo, o lado AB de 4,5 cm. Centramos o compasso em A e, com uma abertura de 3,5 cm, traçamos um arco de circunferência.

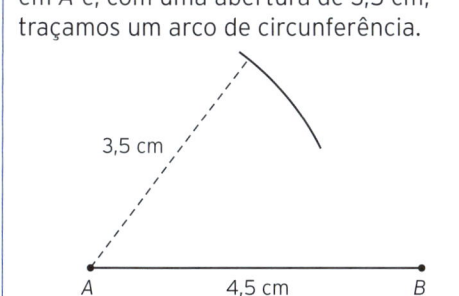

**II** Centramos o compasso em B e, com uma abertura de 3 cm, traçamos um arco de circunferência que intersecte o arco traçado. Essa intersecção é o vértice C do triângulo. Com a régua, traçamos os lados AC e BC.

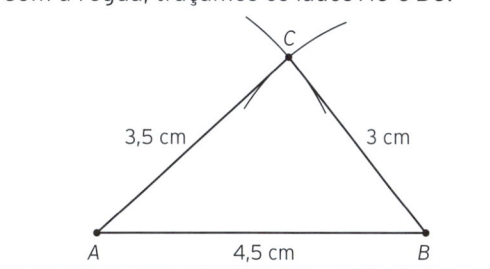

### ATIVIDADES

Para as atividades desta página, quando necessário utilize régua e compasso nas construções.

**44.** Marque dois pontos A e B. Determine um terceiro ponto que diste 3,5 cm de A e 2 cm de B.

**45.** Com régua e compasso, construa:
a) um triângulo equilátero com 3,5 cm de lado.
b) dois triângulos isósceles diferentes cujos lados meçam 4 cm e 3 cm.

**46.** Construa um losango ABCD, considerando as medidas a seguir.

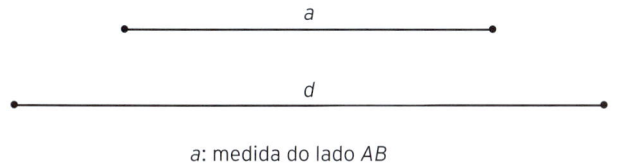

a: medida do lado AB
d: medida da diagonal AC

**47.** Na figura abaixo, o ponto P representa uma cidade, e a reta r, uma estrada.

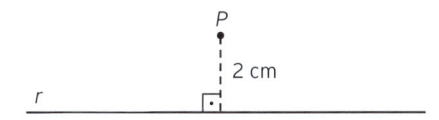

Deseja-se construir um balneário (ponto B) e um cinema (ponto C) nessa estrada. Sabendo que B e C devem distar 7 cm de P, reproduza a figura e determine os locais onde deverão ser construídos o balneário e o cinema.

**48.** Construa um triângulo com lados medindo 7,5 cm, 3 cm e 4 cm. O que você observou? A que conclusão você chegou?

## Transporte de um ângulo

Construir um ângulo congruente ao ângulo $\hat{P}$ dado, de modo que um de seus lados seja a semirreta OS.

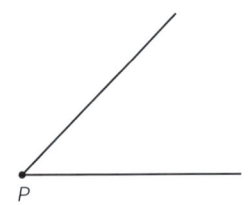

**I** Centramos o compasso em P e, com uma abertura qualquer, traçamos um arco que determina, nos lados do ângulo $\hat{P}$, os pontos A e B.

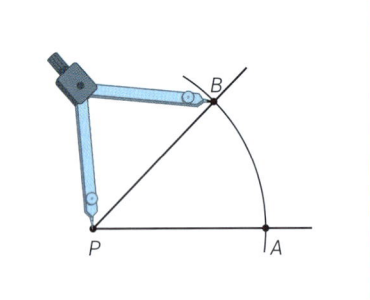

**II** Mantendo a mesma abertura, centramos o compasso em O e traçamos um arco que determina, na semirreta OS, o ponto A'.

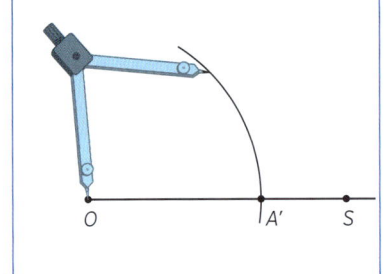

**III** Centramos o compasso em A' e, com uma abertura de medida igual à distância de A até B, determinamos sobre o arco traçado o ponto B'. Traçamos a semirreta OB'.

O ângulo A'ÔB' construído é congruente ao ângulo $\hat{P}$ dado.

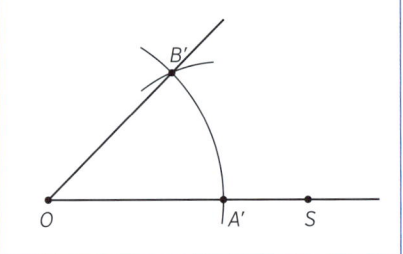

### ATIVIDADES

**49.** Considere o seguinte ângulo de medida α.

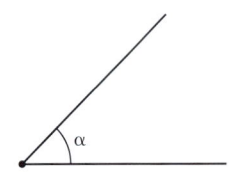

Utilizando régua e compasso, faça as seguintes construções:

a) um triângulo ABC de modo que AB = 4 cm, AC = 3,5 cm e o ângulo BÂC seja congruente ao ângulo de medida α.

b) um losango com 4 cm de lado e que tenha um ângulo interno congruente ao de medida α.

**50.** Considere os ângulos $\hat{P}$ e $\hat{Q}$ mostrados a seguir.

a) Utilizando régua e compasso, construa um triângulo ABC com as seguintes características:
- AB = 4,5 cm;
- ângulos BÂC e AB̂C são congruentes aos ângulos $\hat{P}$ e $\hat{Q}$.

b) Descreva um processo para a construção de um ângulo cuja medida seja a soma das medidas dos ângulos $\hat{P}$ e $\hat{Q}$.

**51.** Construa um polígono regular com as seguintes características:
- tem lado de medida 3,5 cm;
- o ângulo interno é congruente ao ângulo dado abaixo.

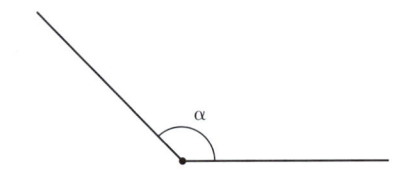

Em seguida, responda: Que polígono é esse?

# Construção de um ângulo de 60°

**I** Traçamos uma semirreta AS. Centrando o compasso em A e com uma abertura de medida r qualquer, traçamos um arco que determina na semirreta o ponto B.

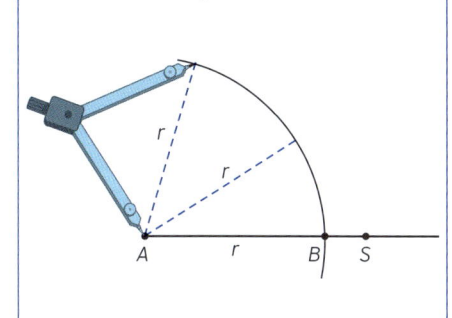

**II** Mantendo a mesma abertura, centramos o compasso em B e traçamos um arco que intersecte o arco traçado anteriormente, determinando o ponto C.

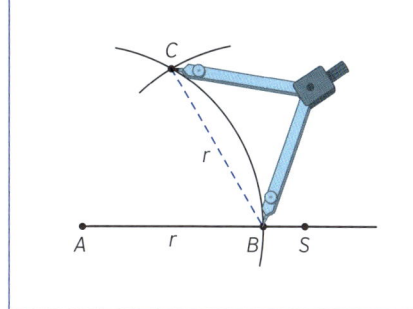

**III** Traçamos a semirreta AC. O ângulo construído mede 60°, pois o triângulo ABC é equilátero (seus três lados medem r).

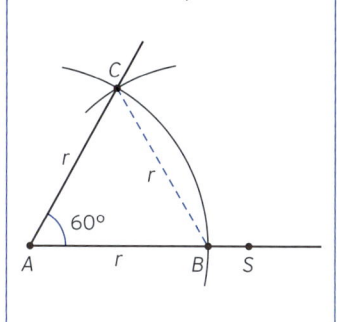

# Construção da bissetriz de um ângulo

Uma das etapas da construção de diversos ângulos consiste em determinar a bissetriz de outro ângulo. Vamos, no exemplo a seguir, construir a bissetriz de um dado ângulo $A\hat{O}B$.

**I** Centrando o compasso em O e com uma abertura qualquer, traçamos um arco que determina nos lados do ângulo $A\hat{O}B$ os pontos P e Q.

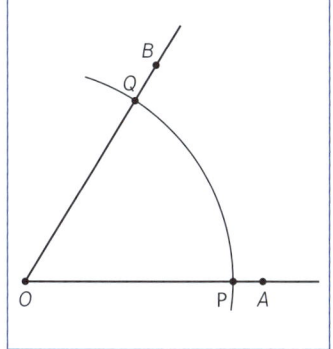

**II** Mantendo a mesma abertura, centramos o compasso em P e traçamos um arco. Sem mudar a abertura, centramos o compasso em Q e traçamos um arco que determina no arco traçado anteriormente o ponto S.

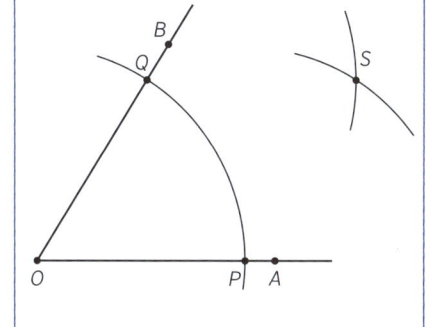

**III** Traçamos a semirreta OS. Essa semirreta é a bissetriz do ângulo $A\hat{O}B$.

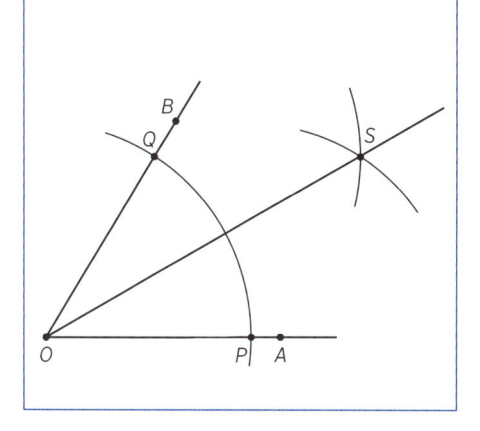

## ATIVIDADES

Para as atividades desta página, quando necessário utilize régua e compasso nas construções.

**52.** Construa os seguintes entes geométricos.
  a) Um ângulo congruente ao que é mostrado abaixo e sua bissetriz.

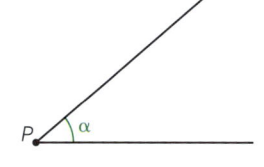

  b) Um ângulo $A\hat{O}B$ de 60° e a respectiva bissetriz OS. Em seguida, responda: Quanto mede o ângulo $A\hat{O}S$?

  c) Um triângulo retângulo, de modo que o lado oposto ao ângulo reto meça 6 cm e um de seus ângulos internos meça 60°.

**53.** Construa um hexágono regular.

## Construção de um ângulo de 30°

Você já viu como se constrói um ângulo de 60° e como se traça sua bissetriz. Essa bissetriz determina com os lados do ângulo de 60° dois ângulos congruentes. Logo, fica determinado um ângulo de 30°.

## Construção de um ângulo de 90°

Estratégia: construímos dois ângulos adjacentes que meçam 60° e, ao traçar a bissetriz de um deles, determinamos um ângulo de 90°. Veja o procedimento.

**I** Executamos os passos I e II da construção de um ângulo de 60°. Com a mesma abertura, traçamos um arco, centrado em C, que intersecta o primeiro arco traçado no ponto D, diferente de B. Assim, $B\hat{A}D = 120°$.

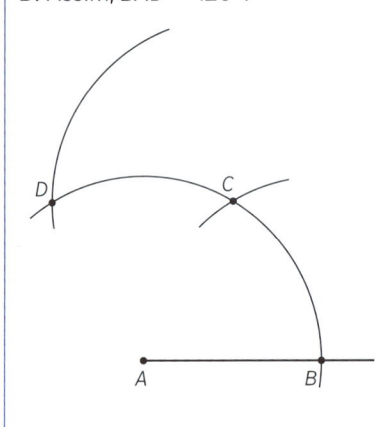

**II** Mantendo a mesma abertura, centramos o compasso em D e traçamos um arco que intersecta o arco traçado anteriormente no ponto E.

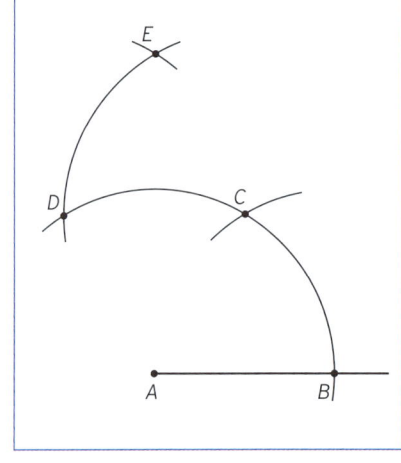

**III** Traçamos a semirreta AE, bissetriz do ângulo $C\hat{A}D$. Desse modo, $B\hat{A}E = 90°$.

Observe que a reta AE é perpendicular à reta AB no ponto A.

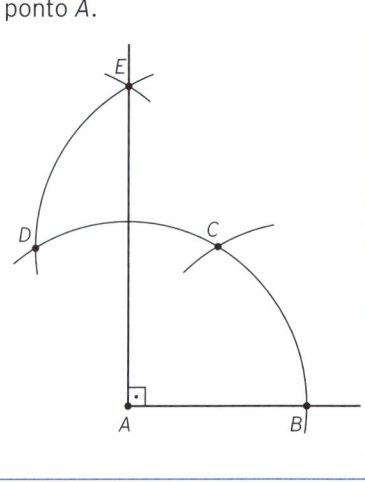

### ATIVIDADES

Quando necessário, faça as construções das atividades a seguir com régua e compasso.

**54.** Construa os seguintes ângulos.
a) um ângulo de 15°
b) um ângulo de 45°
c) um ângulo de 22° 30'

**55.** Copie a figura abaixo e construa a reta que passa pelo ponto P e é perpendicular à reta r.

**56.** Construa os seguintes polígonos.
a) Um paralelogramo com lados medindo 3 cm e 4 cm, que tenha um ângulo interno de 30°.
b) Um quadrado com lado medindo 3 cm.

**57.** Construa um triângulo retângulo que tenha um ângulo agudo de 45° e o lado oposto ao ângulo reto medindo 5 cm.

**58.** Siga as etapas de construção apresentadas a seguir.
I. Trace um segmento AM sobre uma reta r.
II. Trace um segmento MB, também sobre r, de modo que MB = MA e A ≠ B.
III. Trace a perpendicular à reta AB que passa pelo ponto M.

Agora, tome um ponto P sobre essa perpendicular e meça o comprimento dos segmentos de reta PA e PB. O que você observa? O resultado seria o mesmo se você tivesse escolhido outro ponto da perpendicular?

## Construção de duas retas perpendiculares

Construir uma reta perpendicular a uma reta $r$ e que passa por um ponto $P$.

Estratégia: o ponto $P$ pode ou não pertencer à reta $r$. Em ambos os casos, o procedimento de construção da perpendicular é o mesmo.

**I** Com o compasso centrado em $P$, traçamos um arco qualquer que intersecta a reta $r$ determinando os pontos $A$ e $B$.

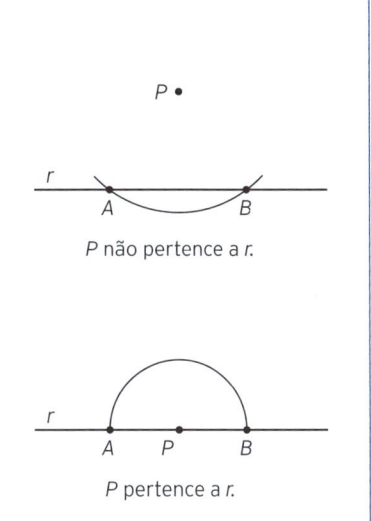

*P não pertence a r.*

*P pertence a r.*

**II** Com abertura maior do que a metade do comprimento do segmento $AB$, traçamos um arco centrado em $A$. Com a mesma abertura, fazemos o mesmo em $B$, de modo que os arcos se intersectam no ponto $Q$.

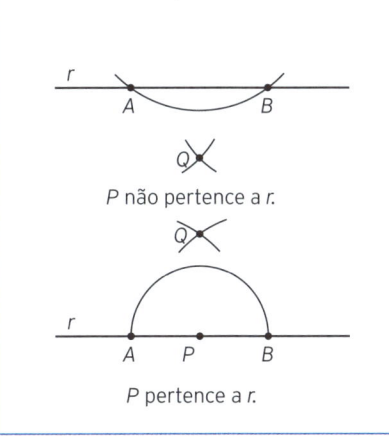

*P não pertence a r.*

*P pertence a r.*

**III** Traçamos a reta $PQ$. Como o triângulo $AB$ é isósceles e $PA = PB$, a reta $PQ$ é o eixo de simetria do triângulo. Logo, a reta $PQ$ é perpendicular à reta $r$, pois divide o ângulo raso $B\hat{P}A$, no segundo caso, em dois ângulos retos.

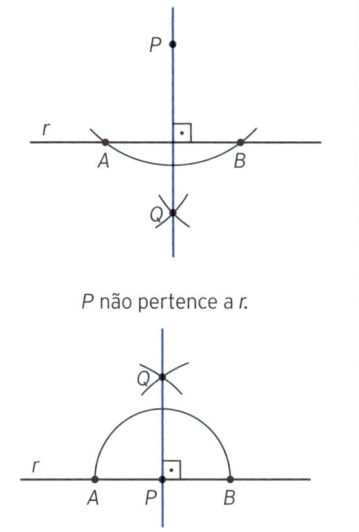

*P não pertence a r.*

*P pertence a r.*

### Observação

Esse procedimento também pode ser utilizado para construir um ângulo de 90°.

## Construção de duas retas paralelas

Construir uma reta paralela a uma reta $r$ e que passa por um ponto $P$ que não pertence a essa reta.

Estratégia: vamos utilizar o fato de um paralelogramo, como o losango, apresentar os pares de lados opostos paralelos.

**I** Com o compasso centrado em $P$, traçamos um arco qualquer que intersecta a reta $r$ determinando o ponto $A$.

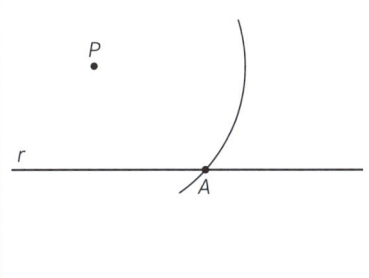

**II** Mantendo a mesma abertura, centramos o compasso em $A$ e traçamos um arco que intersecta a reta $r$ no ponto $B$.

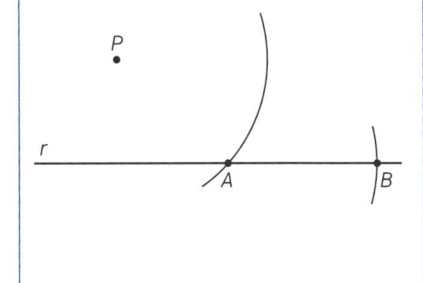

**III** Ainda mantendo a mesma abertura, traçamos um arco centrado em $B$ que intersecta, no ponto $C$ (diferente de $A$), o arco traçado anteriormente. A reta $PC$ é paralela à reta $r$, pois o quadrilátero $PABC$ é um losango.

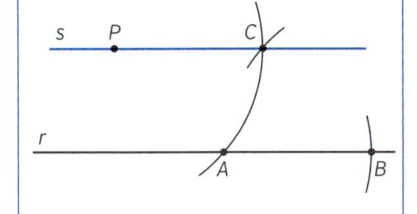

227

## ATIVIDADES

Quando necessário, utilize régua e compasso nas construções desta página.

**59.** Copie a figura abaixo e construa as retas descritas.

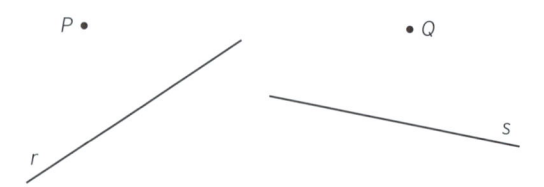

a) A reta que passa pelo ponto P e é perpendicular à reta r.

b) A reta que passa pelo ponto Q e é paralela à reta s.

**60.** A figura abaixo representa um paralelogramo com lados medindo 3 cm e 5 cm e um ângulo interno de 60°.

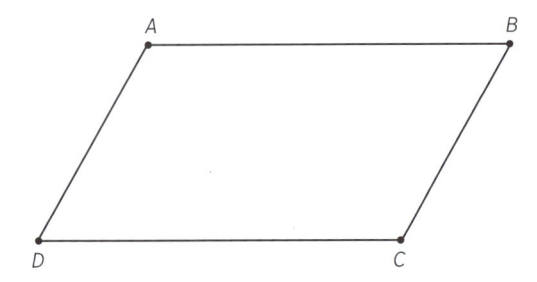

a) Utilize régua e compasso para reproduzir essa figura.

b) Construa as retas que passam pelo ponto A e são perpendiculares aos lados BC e CD. Nomeie de P e Q as intersecções com os lados BC e CD.

c) Os segmentos de reta AP e AQ são alturas do paralelogramo. Elas são congruentes?

**61.** Construa um losango ABCD não quadrado em que os lados CD e AD medem 5 cm. Desenhe a reta que passa pelo vértice A e é perpendicular à reta CD e nomeie a intersecção das retas de P. Desenhe a reta perpendicular à reta AD, que passa pelo vértice B, e nomeie a intersecção das retas de Q. Meça os segmentos AP e BQ. O que você observou? Compare sua resposta com a de seus colegas.

**62.** Camila precisava traçar, com régua e compasso, a reta que passa por um ponto P e é perpendicular a uma reta r. Contudo, o ponto P estava muito próximo da borda do papel onde ela ia desenhar, e isso não permitia a ela seguir o procedimento conhecido.

A professora de Camila, então, ensinou outra maneira de realizar essa construção. Observe.

> Sejam A e B dois pontos distintos, pertencentes à reta r. Centrando o compasso em A, com uma abertura de medida igual ao comprimento AP e depois em B, com uma abertura de medida igual ao comprimento BP, trace dois arcos que se intersectam em um ponto Q, distinto de P. A reta PQ é perpendicular à reta r.

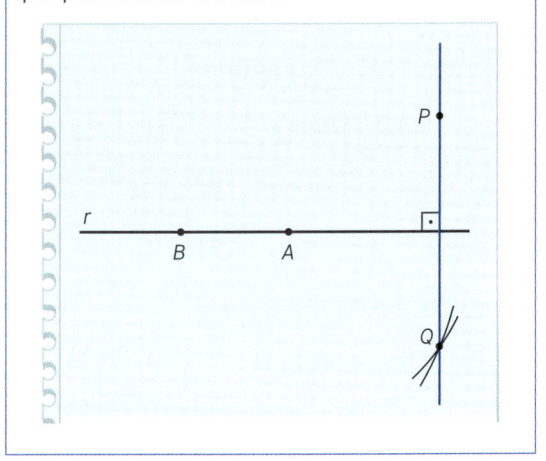

Seguindo as instruções da professora de Camila, reproduza essa construção de uma reta perpendicular.

**63.** Construa em um cartão um polígono qualquer. Peça a um colega que reproduza a figura que você fez, sem vê-la. Como? Escreva uma lista, descrevendo os passos que ele tem de executar para construir a figura. Após a construção, verifique se o seu colega acertou. Caso ele não tenha acertado, verifique se a instrução dada continha todos os dados necessários ou se ela não foi corretamente interpretada. Proponha a mesma construção para outros amigos e compare as soluções apresentadas.

**64.** Construa um ângulo qualquer e a bissetriz dele. Tome um ponto sobre a bissetriz e trace as perpendiculares aos lados do ângulo que passam por esse ponto. Meça o comprimento dos segmentos cujas extremidades são o ponto escolhido da bissetriz e a intersecção do lado do ângulo com a reta perpendicular a ele. O que você observou? Compare a sua resposta com a de outros colegas.

# Áreas de figuras planas

**MÓDULO 3**

## Área de um retângulo e área de um quadrado

A região retangular a seguir foi construída em uma malha quadriculada regular cujos quadradinhos medem **1 cm** de lado.

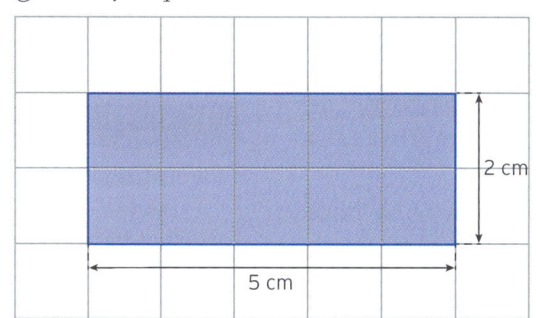

Podemos determinar a área desse retângulo por uma multiplicação. Como a figura é formada por 2 linhas com 5 ▪ cada uma ou, ainda, por 5 colunas com 2 ▪ cada uma, a área do retângulo é equivalente à área de 10 ▪, pois 2 · 5 = 5 · 2 = 10. Assim, a área do retângulo com 5 cm de comprimento (base) e 2 cm de largura (altura) é 10 cm².

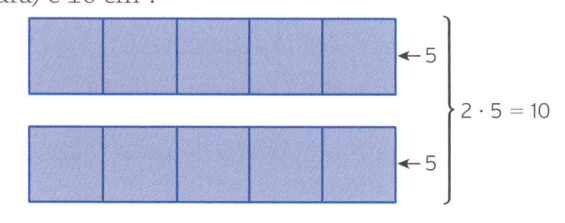

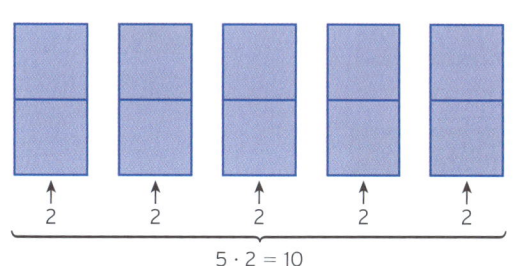

Em resumo, o que fizemos para obter essa área foi multiplicar as medidas da base e da altura dessa região retangular. Para qualquer retângulo de base medindo $b$ e altura medindo $h$, sabe-se que sua área $A_{retângulo}$ é obtida por: $A_{retângulo} = b \cdot h$

Quando uma região retangular também é quadrada, a medida da sua base e da sua altura são iguais. Assim, a área $A_{quadrado}$ do quadrado de lado $l$ é dada por: $A_{quadrado} = l \cdot l = l^2$

### Observação

A área é igual ao produto das medidas da base e da altura do retângulo, mesmo que elas não sejam valores inteiros.

Vamos calcular, por exemplo, a área do retângulo representado ao lado.

3,4 cm = 34 mm   ⎫
2,8 cm = 28 mm   ⎬  Área = $\underbrace{34 \text{ mm} \cdot 28 \text{ mm}}_{\text{medidas inteiras}}$ = 952 mm² = 9,52 cm²

Utilizando diretamente as medidas não inteiras:
Área = 3,4 cm · 2,8 cm = 9,52 cm²

### PARA RECORDAR

**Área do polígono**

Podemos calcular a área de uma região plana poligonal. Daqui em diante, essa área poderá ser chamada **área do polígono**. Quando dizemos, por exemplo, "área do retângulo", estamos nos referindo à área da região retangular. O mesmo vale para os outros polígonos.

### Link

Como os quadradinhos da malha têm **1 cm** de lado, a área de cada um desses quadradinhos é 1 cm².

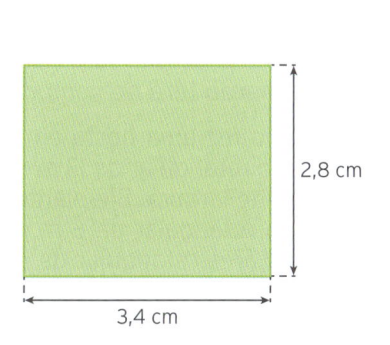

## Área de um paralelogramo

Observe o esquema a seguir.

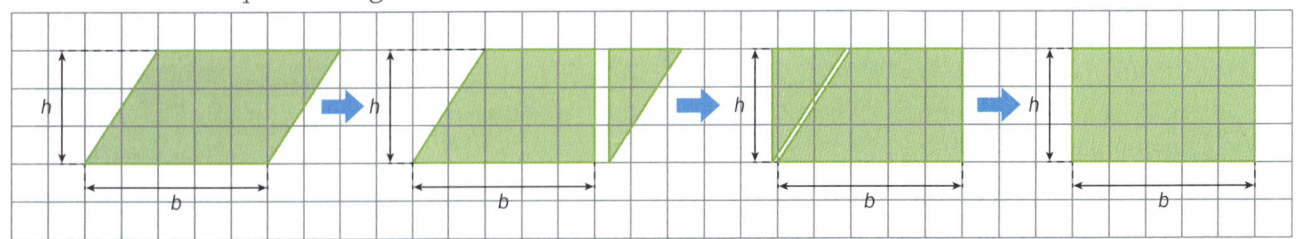

Sempre é possível decompor uma região plana com a forma de um paralelogramo e, com suas partes, compor uma região plana retangular equivalente, como foi feito acima.

Observe que, desse modo, a área de um paralelogramo de **base** medindo $b$ e **altura** medindo $h$ é igual à área de um retângulo de base medindo $b$ e altura medindo $h$. Portanto, a área $A_{paralelogramo}$ é dada por: $A_{paralelogramo} = b \cdot h$

**PARA RECORDAR**

**Figuras equivalentes**
Quando duas figuras planas têm áreas iguais, são denominadas **equivalentes**.

**Link**
Considerando um dos lados do paralelogramo como **base**, a **altura** dele (relativa a essa base) é um segmento de reta perpendicular à base e cujas extremidades pertencem aos lados opostos do paralelogramo.

### ATIVIDADES

**65.** Calcule a área de cada figura a seguir.
a) 12,5 cm × 6 cm
b) 13 cm × 13 cm
c) 9 cm × 5 cm

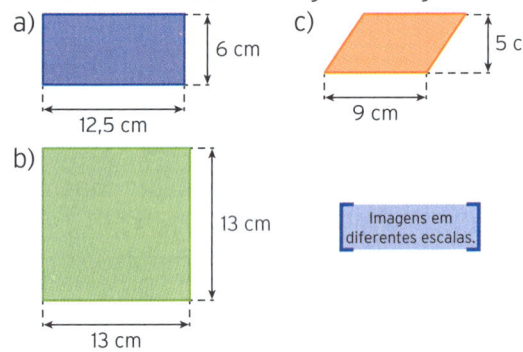

Imagens em diferentes escalas.

**66.** João comprou um terreno retangular de 15 m por 30 m. Se o terreno custava R$ 200,00 o metro quadrado, quanto João pagou pelo terreno?

**67.** Bernardo vai pintar um muro que tem 7,5 m de comprimento e 3 m de altura. Sabendo que com cada lata de tinta que ele vai comprar é possível pintar 8 m² de parede, quantas dessas latas de tinta, no mínimo, Bernardo terá de comprar?

**68.** Mário fez uma horta em um terreno de formato retangular de 13 m de comprimento por 7 m de largura. Ele plantou cenoura em uma área retangular de 6 m por 7 m, tomate em uma área retangular de 4 m por 7 m e repolho na parte restante. Quantos metros quadrados Mário utilizou para plantar repolho?

**69.** A base e a altura de uma região retangular medem 27 cm e 12 cm. Calcule a medida do lado de um quadrado cuja área é igual à área dessa região retangular.

**70.** Uma horta com formato quadrado foi cercada. Sabendo que foram utilizados 28 m de fio para o suporte de uma tela e que o fio dava uma única volta na horta, calcule a área ocupada pela horta.

**71.** Uma região quadrada de 144 cm² de área é equivalente a uma região retangular com 8 cm de altura. Calcule o perímetro dessa região retangular.

**72.** A figura abaixo mostra uma região retangular decomposta em várias regiões quadradas, das quais três apresentam as respectivas dimensões assinaladas, na mesma unidade de medida.

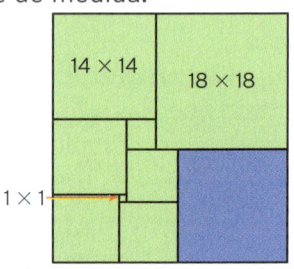

14 × 14    18 × 18
1 × 1

Sem montar equações, determine as medidas dos lados da região quadrada destacada em azul.

## ATIVIDADES

**73.** A figura abaixo é composta de uma região retangular e uma região quadrada.

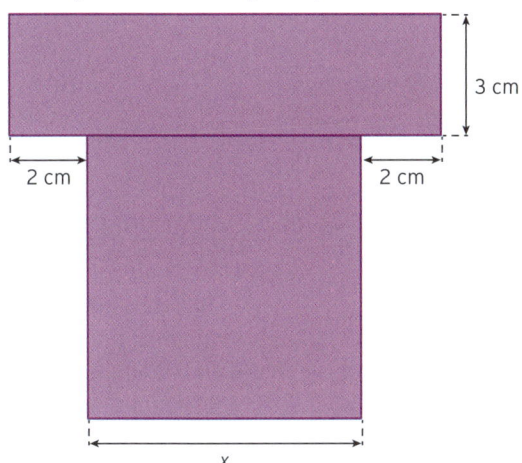

Sabendo que a área da região retangular de 3 cm de altura é 33 cm², calcule o valor de $x$.

**74.** A área do retângulo ABDE abaixo é igual à área do paralelogramo BCDE? Justifique.

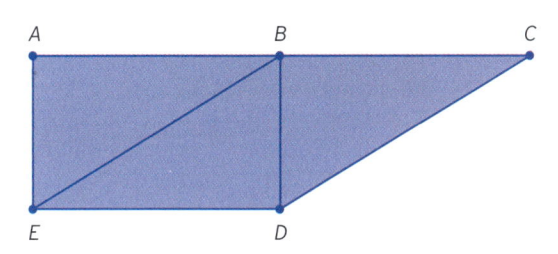

**75.** A área do paralelogramo ABEF abaixo é igual à área do paralelogramo CDEF? Justifique.

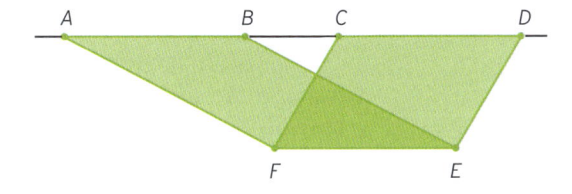

**76.** Considere as regiões retangulares cujo perímetro seja 32 cm e as medidas da base e da altura sejam expressas, em centímetros, por números naturais. A figura abaixo mostra uma região retangular que satisfaz essas condições.

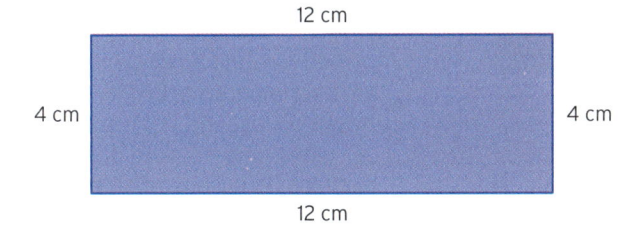

Reúna-se com um colega para listar todas as possíveis dimensões dessas regiões retangulares. Entre todas as possibilidades, qual região retangular apresenta maior área?

**77.** As retas BF e DH são perpendiculares aos lados da região retangular ACEG.

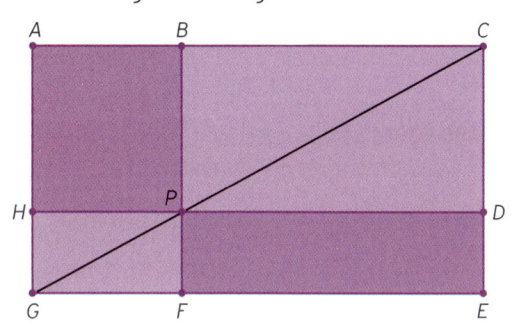

Explique por que as áreas dos retângulos ABPH e DEFP são iguais.

**78.** Se uma região ABCD tem diagonais perpendiculares, então é possível, com as medidas dessas diagonais, deduzir uma fórmula que pode ser utilizada para calcular a área do quadrilátero em questão. Observe o esquema abaixo.

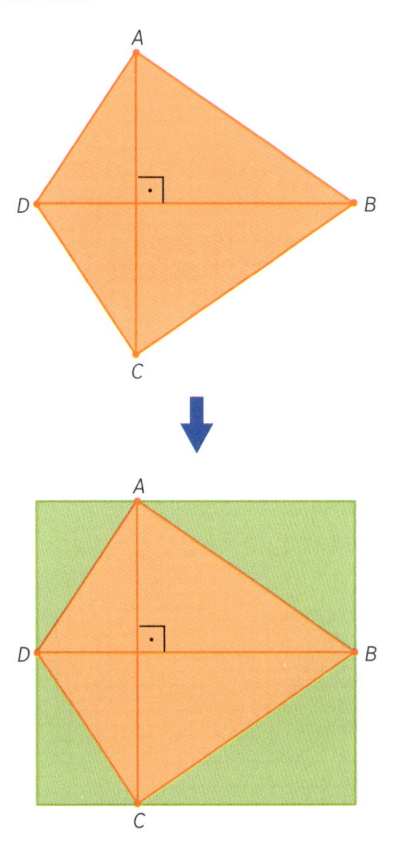

Explique como é possível obter essa fórmula e escreva-a.

231

## Área de um triângulo

Ao duplicar uma região triangular, podemos compor as duas figuras e obter uma região plana com a forma de um paralelogramo.

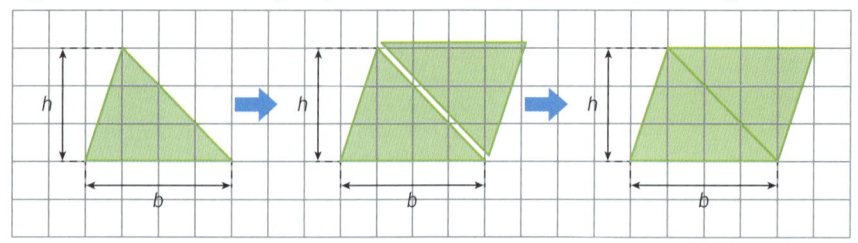

Desse modo, podemos concluir que a área de um triângulo de **base** medindo $b$ e **altura** medindo $h$ é igual à metade da área de um paralelogramo de base medindo $b$ e altura medindo $h$.

Portanto, a área $A_{\text{triângulo}}$ é dada por: $A_{\text{triângulo}} = \dfrac{b \cdot h}{2}$

**Link**
Considerando um dos lados do triângulo como **base**, a **altura** do triângulo (relativa a essa base) é um segmento de reta perpendicular à base e cujas extremidades são um ponto da base e o vértice oposto à base do triângulo.

## Área de um trapézio

Ao duplicar uma região trapezoidal, podemos compor as duas figuras e obter uma região plana com a forma de um paralelogramo.

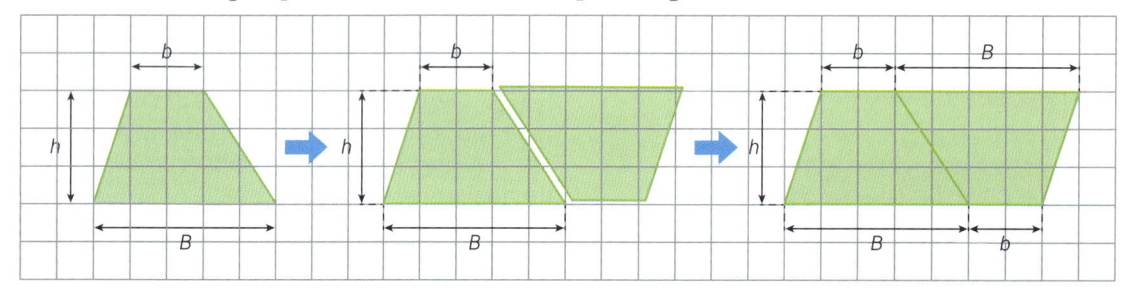

Assim, podemos concluir que a área de um trapézio de **base maior** medindo $B$, **base menor** medindo $b$ e **altura** medindo $h$ é igual à metade da área de um paralelogramo de base medindo $(B + b)$ e altura medindo $h$. Portanto, a área $A_{\text{trapézio}}$ é dada por: $A_{\text{trapézio}} = \dfrac{(B + b) \cdot h}{2}$

**Link**
Os lados paralelos do trapézio são suas bases; a base de maior comprimento é a **base maior**; e a outra é a **base menor**. A **altura** do trapézio é um segmento de reta perpendicular às bases e cujas extremidades pertencem às bases do trapézio.

## Área de um losango

Considere uma região plana com formato de um losango, cujas diagonais medem $D$ e $d$. Ao traçar as retas que passam pelos vértices e são paralelas às diagonais dessa região, determinamos uma região retangular cujos vértices são as intersecções dessas retas e os lados têm medidas iguais a $D$ e $d$. Observe, no esquema a seguir, que a área do **losango** é igual à metade da área do retângulo.

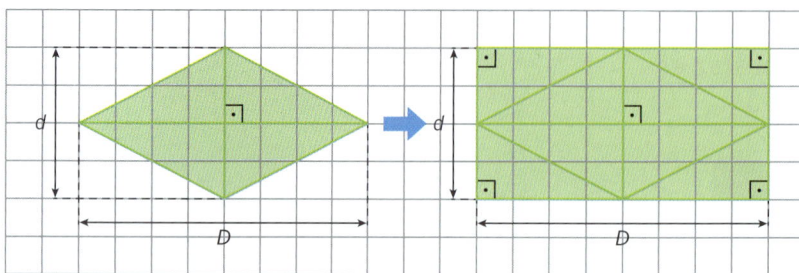

Como a área do retângulo é $D \cdot d$: $A_{\text{losango}} = \dfrac{D \cdot d}{2}$

**Link**
Todo **losango** é também um paralelogramo. Então, a área do losango pode ser calculada pelo produto das medidas da base e da altura.

## ATIVIDADES

**79.** Calcule a área de cada figura a seguir.

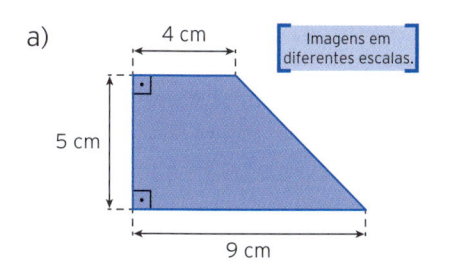

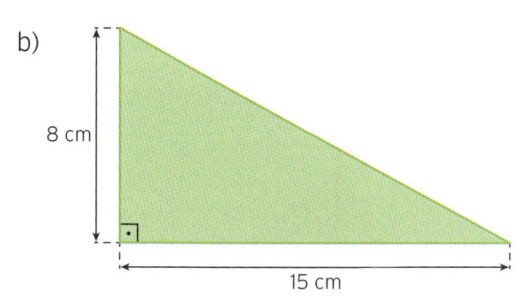

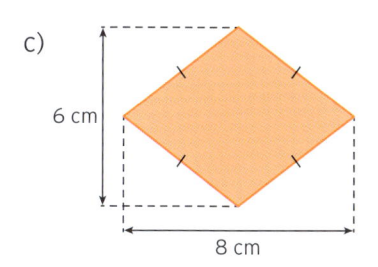

a) [trapézio com bases 4 cm e 9 cm, altura 5 cm]

b) [triângulo retângulo com catetos 8 cm e 15 cm]

c) [losango com diagonais 6 cm e 8 cm]

**80.** Os azulejos de uma cozinha têm formato quadrado, com diagonais que medem 12 cm. Calcule a área de um desses azulejos.

**81.** Qual deve ser o valor de $x$, na figura a seguir, para que a área do trapézio seja 45 dm²?

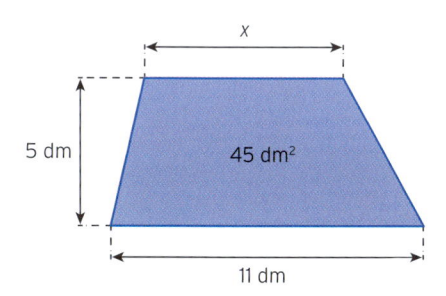

[trapézio com base maior 11 dm, base menor $x$, altura 5 dm, área 45 dm²]

**82.** Determine o valor de $x$ em cada caso.

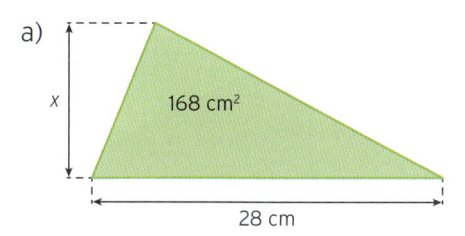

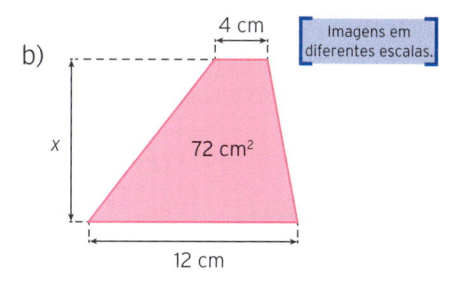

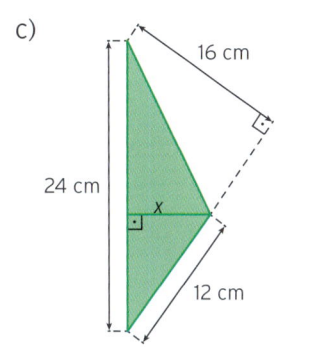

a) [triângulo com base 28 cm, altura $x$, área 168 cm²]

b) [trapézio com base menor 4 cm, base maior 12 cm, altura $x$, área 72 cm²]

c) [triângulo com lados 16 cm, 12 cm e 24 cm, altura $x$]

**83.** Marina fez um carimbo com formato de um losango de 12 cm² de área. A figura abaixo é o resultado de três carimbadas de cores diferentes que Marina deu em uma folha de papel de 600 cm² de área.

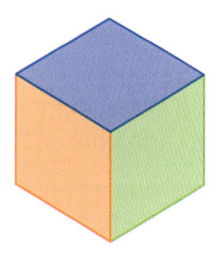

Quantas carimbadas serão necessárias, no mínimo, para Marina preencher toda a folha com esses losangos? (Suponha que a mancha de uma carimbada não se sobreponha às outras.)

**84.** Em um papel quadriculado foi desenhado o octógono abaixo.

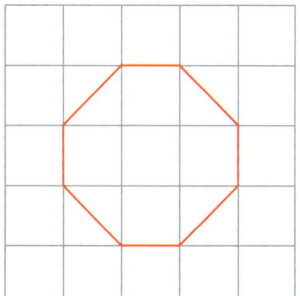

Considerando que o lado de cada quadradinho da malha mede 2 cm, responda:
a) O octógono desenhado é regular? Explique.
b) Qual é a área do interior desse octógono?

## ATIVIDADES

**85.** A figura mostra uma região trapezoidal decomposta em uma região triangular e outra com a forma de um paralelogramo.

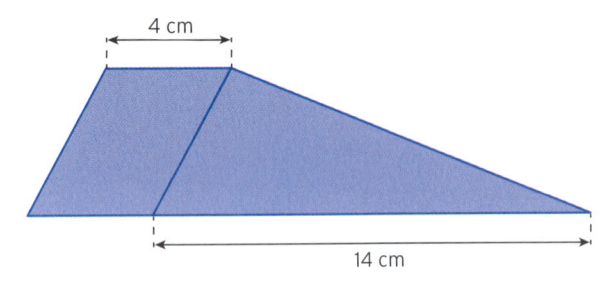

[Figura: trapézio com base menor 4 cm e base maior 14 cm]

Calcule as áreas dessas duas regiões, sabendo que a área do trapézio é 99 cm².

**86.** Roberta decorou a capa de uma agenda, como mostra a figura.

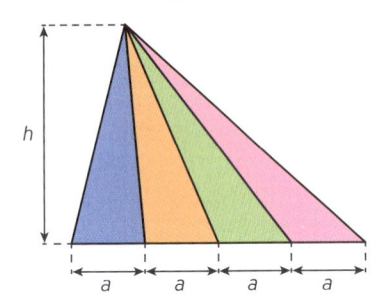

[Figura: triângulo de altura h com base dividida em 4 segmentos iguais de medida a]

Que relação é possível fazer entre as áreas cobertas por cada uma das cores? Explique.

**87.** Calcule a área da região colorida de verde em cada caso a seguir. Considere que o lado BC de cada triângulo está dividido em segmentos de mesma medida, e que a área de cada triângulo ABC é 90 cm².

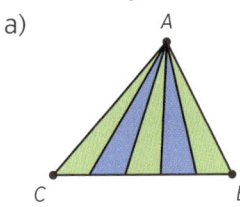

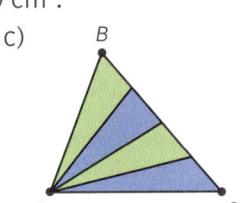

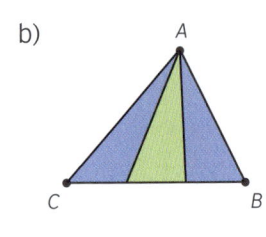

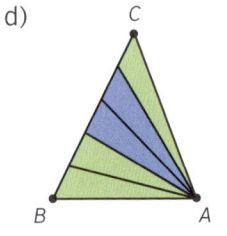

a) [triângulo ABC]

b) [triângulo ABC]

c) [triângulo ABC]

d) [triângulo ABC]

**88.** O perímetro de um trapézio é 108 cm e os lados não paralelos medem 15 cm e 35 cm. Calcule a área desse trapézio, sabendo que ele tem 12 cm de altura.

**89.** Desenhe um retângulo ABCD em que:
- BC = 3 cm
- CD = 4 cm

Sobre o lado CD marque um ponto P qualquer.

a) Calcule a área do retângulo ABCD.

b) Calcule a área do triângulo ABP.

c) A área do triângulo ABP depende da posição do ponto P sobre o lado CD? Explique.

**90.** Calcule a área do quadrilátero ABCD abaixo.

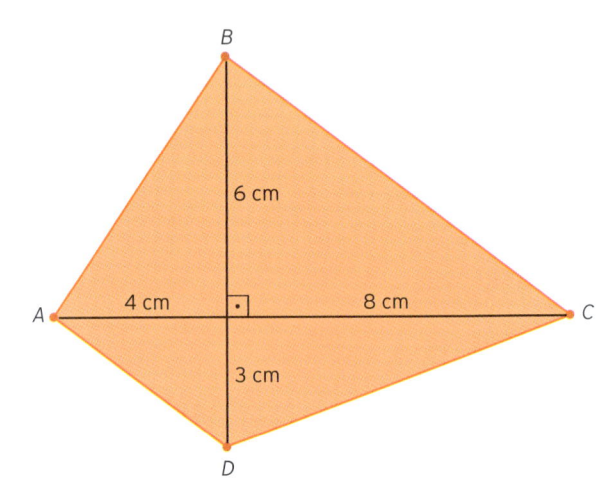

[Figura: quadrilátero com medidas 6 cm, 4 cm, 8 cm, 3 cm]

**91.** Calcule a área do quadrilátero ABCD abaixo. Sugestão: decomponha a região ABCD.

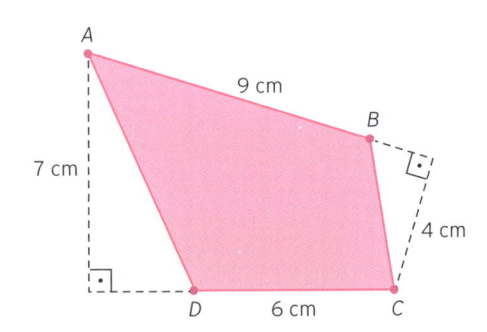

[Figura: quadrilátero com medidas 7 cm, 9 cm, 4 cm, 6 cm]

**92.** Calcule a área do trapézio ABCD a seguir sabendo que:
- AD = 6 cm
- BC = 10 cm

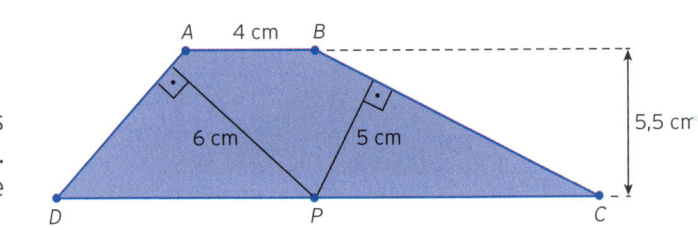

[Figura: trapézio com AB = 4 cm, altura 5,5 cm, com segmentos internos 6 cm e 5 cm até o ponto P em DC]

## ATIVIDADES

**93.** A área de um quadrado é 16 m². Se aumentarmos em 2 m a medida de cada um de seus lados, em quanto aumentaremos sua área?

**94.** Calcule a área do quadrilátero a seguir.

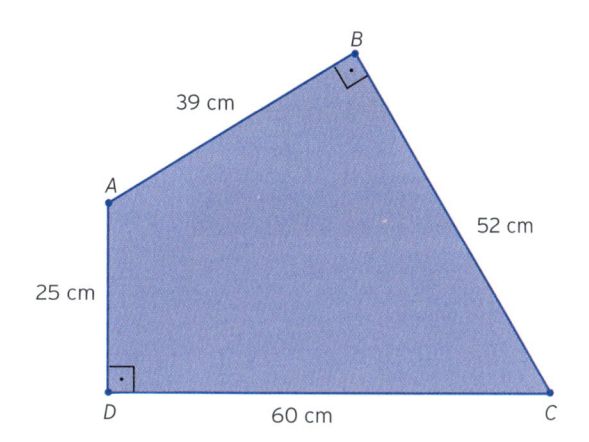

**95.** Se aumentarmos em 12 m o perímetro de uma região quadrada, sua área passará a ser 64 m². Quanto mede o lado da região quadrada original?

**96.** A figura abaixo mostra uma região quadrada *ABCD* e uma região *AEFG* com a forma de um losango.

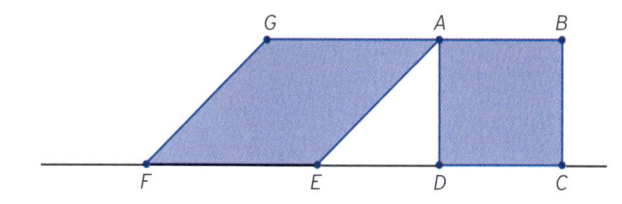

Se *GA* = 12 cm e a área do losango é 72 cm², calcule a área do quadrado.

**97.** Na figura a seguir, as medidas indicadas estão em centímetros.

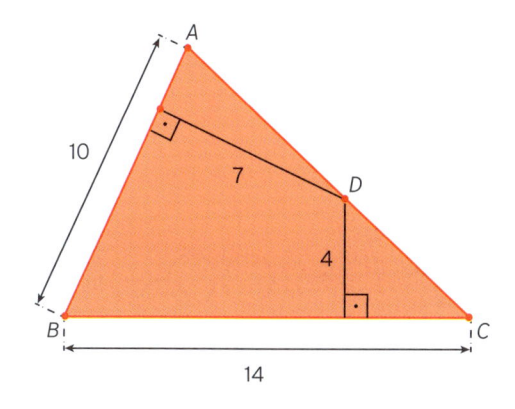

Calcule a área do triângulo *ABC*.

**98.** A área de cada triângulo equilátero que compõe as figuras abaixo é 4 cm².

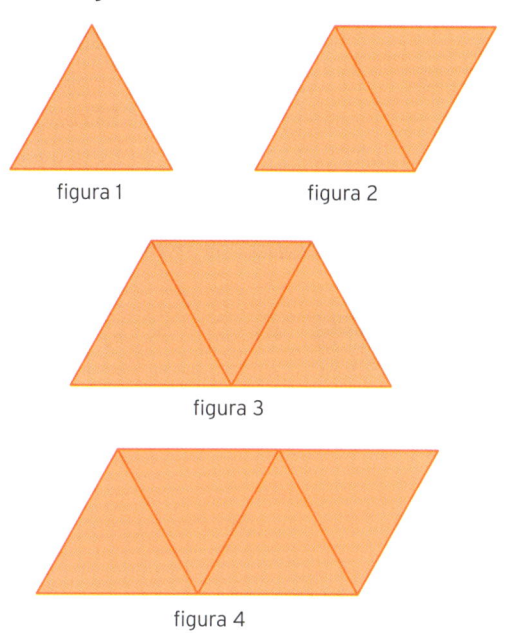

figura 1   figura 2

figura 3

figura 4

a) Copie a tabela a seguir e preencha-a.

| Número da figura | 1 | 2 | 3 | 4 |
|---|---|---|---|---|
| Área da figura (em cm²) | 4 | 8 | | |

b) Qual será o número da figura que tem área 400 cm²?

**99.** A figura mostra um trapézio de bases *AB* e *DC*.

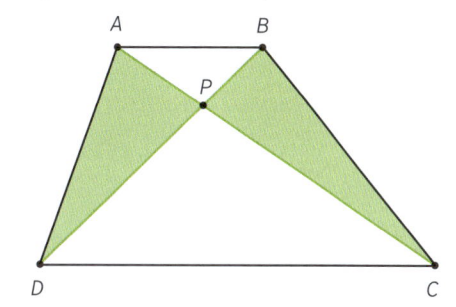

Prove que as áreas dos triângulos *PAD* e *PBC* são iguais.

**100.** A horta de Paulo é quadrada, com a medida do lado igual a três vezes a medida do lado da horta de Júlio, que também é quadrada. Se eles plantam os mesmos legumes e usam a mesma quantidade de adubo por metro quadrado, qual é a razão entre as quantidades de adubo que Paulo e Júlio usam?

**101.** Calcule a área do retângulo que tem 30 m de perímetro e cuja razão entre as medidas dos lados é 4.

# MUNDO TECNOLÓGICO

## A geometria e o computador

Diversos aplicativos são capazes de desenhar formas geométricas. Por exemplo, no *site* iMática da internet (www.ime.usp.br/~leo/imatica), que é mantido por professores e alunos do Instituto de Matemática e Estatística da Universidade de São Paulo, está disponível um programa para uso no ensino da Matemática, o iGeom. Ele permite criar construções como as feitas com régua e compasso, e ainda interagir com elas (geometria interativa).

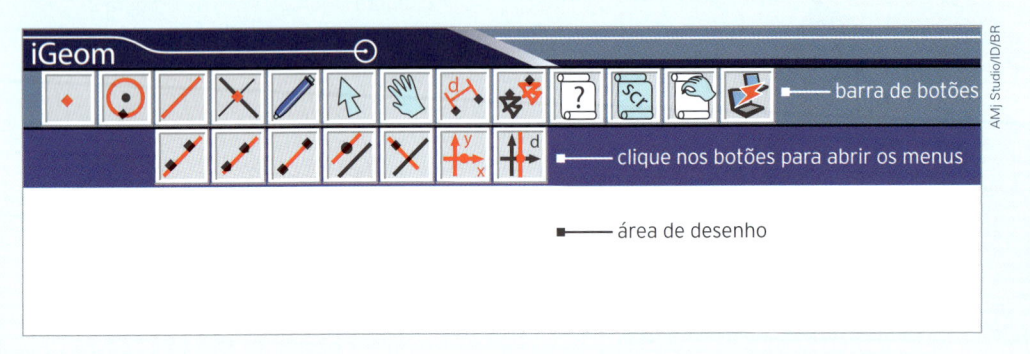

Veja os passos para construir uma circunferência α, uma reta *r* e a circunferência simétrica a α em relação à reta *r*:

1. Ao abrir o programa, clique na aba "em branco" para obter uma nova área de desenho.

2. Use [ícone] para abrir o menu de criar circunferências. No menu, clique no botão [ícone] para construir a circunferência α a partir de dois pontos: primeiro clique em um ponto, que será o centro da circunferência, e depois clique em outro ponto, definindo um raio desejado.

3. Use [ícone] para abrir o menu de criar retas. Use [ícone] para traçar uma reta a partir de dois pontos. Crie uma reta que corte a circunferência em dois pontos.

4. Use [ícone] para abrir o menu que contém o comando [ícone], que cria uma figura simétrica a outra em relação a uma reta.

5. Para isso, clique primeiro sobre a reta que servirá como "espelho" – em nosso caso, a reta que corta a circunferência. Depois, clique sobre os objetos a refletir, no caso, apenas a circunferência. Os objetos selecionados são destacados pelo iGeom com uma cor diferente.

6. Clique em [ícone] para construir a circunferência simétrica a α em relação à reta *r*.

Para finalizar, explore a geometria interativa do iGeom. Use o botão [ícone] para mover um dos pontos da reta *r*, observando o efeito sobre a circunferência simétrica em relação a essa reta. Para isso, clique sobre o ponto, solte o botão do *mouse* e mova-o.

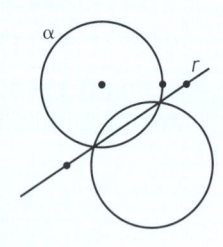

### ■ Faça você

I. Os Anéis Olímpicos (figura ao lado) representam os cinco continentes; seu entrelaçamento representa a união amistosa e pacífica entre as nações. Desenhe os Anéis Olímpicos com o iGeom.

II. Imagine que a Antártida será incluída como o sexto continente na representação dos Anéis Olímpicos. Desenhe, com o iGeom, como poderia ser essa nova representação.

# MATEMÁTICA E TECNOLOGIA

## Em busca da onda perfeita

Pesquisadores do Programa de Engenharia Oceânica da Coordenação dos Programas de Pós-Graduação em Engenharia da UFRJ planejam usar a tecnologia para criar ondas perfeitas numa praia do Rio. Um dos projetos estudados é a construção de um fundo artificial de blocos de concreto ocos, com um formato que lembra um triângulo no alto de uma rampa, na praia da Macumba, a 7 m de profundidade e distante 150 m da areia. "A geometria do fundo artificial permitirá moldar as ondas", diz o engenheiro e surfista Luiz Guilherme Aguiar, um dos envolvidos.

Como isso é possível? As ondas que arrebentam em nossas praias são geradas em tempestades de alto-mar, em águas profundas. À medida que vêm para zonas mais rasas, sofrem transformações na sua altura, direção, velocidade e forma. Quando a onda chega a um local onde sua altura corresponde a 80% da profundidade, ela arrebenta. Uma onda de 1 m de altura, por exemplo, arrebenta quando atinge uma profundidade de 1,25 m. Hoje as ondas da praia da Macumba arrebentam de acordo com as profundidades estabelecidas por bancos de areia móveis.

O fundo artificial vai possibilitar que as ondas quebrem sempre no mesmo local. Sua forma triangular e a pouca inclinação da rampa, da ordem de cerca de 6 graus, farão com que a onda comece a quebrar num só ponto. As ondas formadas nesse trecho terão forma tubular e velocidade de arrebentação em torno dos 30 km/h, considerada ideal para surfistas experientes.

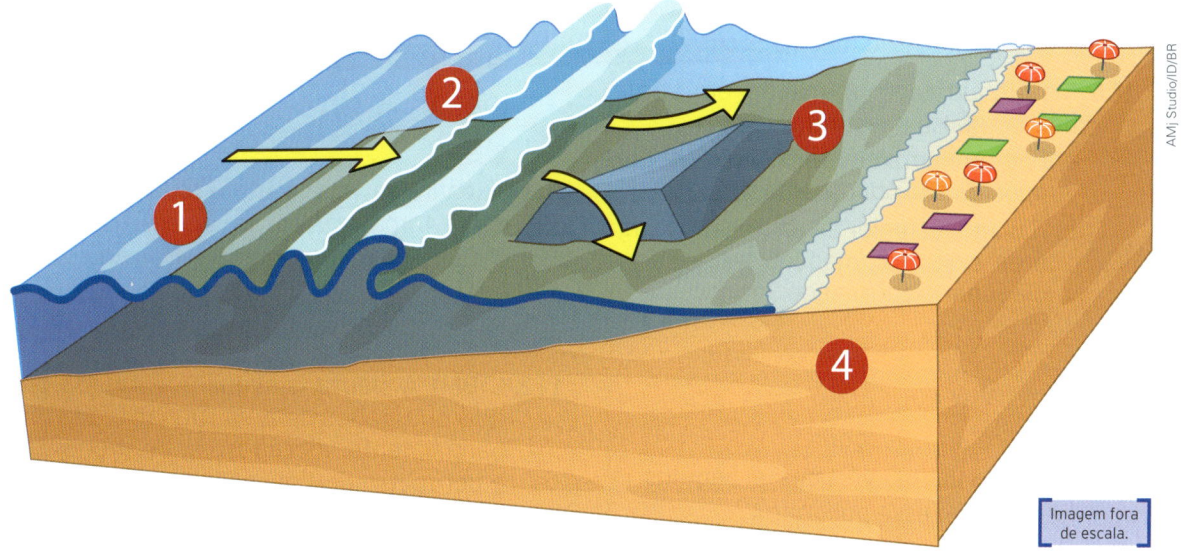

1. A onda se forma em tempestades em alto-mar, em locais de grande profundidade.
2. Ela se propaga e começa a ser afetada pelo fundo do mar a partir do momento em que a profundidade é igual à metade do seu comprimento.
3. O fundo artificial faz com que a arrebentação da onda comece no vértice do triângulo e se propague pelos seus lados. Isso cria duas raias para o surfe.
4. Como a maior parte da energia foi dissipada na arrebentação, as ondas chegarão à praia mais fracas, diminuindo a erosão.

Pablo Nogueira. Disponível em: <http://www.globo.com/Galileu/0,,ECT785614-1719,00.html>. Acesso em: 14 fev. 2012.

## ■ De olho no texto

I. Qual é a finalidade de construir um fundo artificial na praia da Macumba?
II. Por que não é possível ter ondas perfeitas nessa praia?
III. Qual é a forma geométrica da base desse fundo artificial?
IV. Você acha que esse procedimento afetará de alguma forma a natureza?

# ROTEIRO DE ESTUDOS

**Autoavaliação**

102. Considere um losango, um triângulo equilátero, um retângulo e um quadrado. Entre esses polígonos, quais deles são regulares? Por quê?

103. A quantidade de diagonais que podem ser traçadas de um único vértice de um polígono regular é igual a $\frac{3}{4}$ da quantidade de diagonais de um octógono. Qual é a medida do ângulo interno desse polígono?

104. Construa, com régua e transferidor, um triângulo $ABC$ cuja base mede 8 cm, $\widehat{A} = 105°$ e $\widehat{C} = 30°$.

105. Construa, com régua e compasso, um trapézio isósceles $ABCD$, de modo que a base maior $AB$ meça 15 cm, $\widehat{A} = 30°$ e a altura do trapézio meça 2,5 cm.

106. Classifique cada afirmação em verdadeira ou falsa e justifique.
    a) Em um paralelogramo, os ângulos opostos são congruentes.
    b) A diagonal maior de um losango, cuja área é 12 cm², mede 6 cm. Logo, a diagonal menor mede 2 cm.
    c) A área de um paralelogramo é 21 cm². Se a altura desse quadrilátero mede 3 cm, então sua base mede 7 cm.

107. (OBM) Juntando quatro trapézios iguais de bases 30 cm e 50 cm, como o da figura abaixo, podemos formar um quadrado de área 2 500 cm², com um "buraco" quadrado no meio.

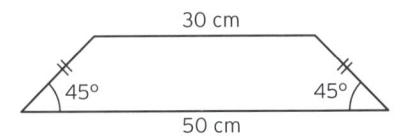

Qual é a área de cada trapézio, em cm²?
a) 200
b) 250
c) 300
d) 350
e) 400

**Nota:** Confira se você acertou todas as questões dessa *Autoavaliação*. Se não acertou, faça as atividades do *Reforço* e da *Revisão* antes do *Aprofundamento*.

## Reforço

108. Considere um eneágono.
    a) Quantos lados, vértices e ângulos internos tem esse polígono?
    b) Quantas diagonais partem de cada vértice?
    c) Quantas diagonais esse polígono tem?
    d) Qual é a soma das medidas dos seus ângulos internos?

109. Determine a soma das medidas dos ângulos internos de um polígono no qual é possível traçar 17 diagonais a partir de cada um de seus vértices.

110. Com régua e compasso, construa um triângulo isósceles $ABC$ cuja base $BC$ mede 4 cm e a altura $AH$ mede 2,5 cm.

111. Com régua e compasso, construa um losango $MNOP$ que tem 5 cm de lado e cujo ângulo agudo mede 45°.

112. (OBM) A figura a seguir é formada por dois quadrados de área 100 cm² cada um, parcialmente sobrepostos, de modo que o perímetro da figura (linha mais grossa) é igual a 50 cm.

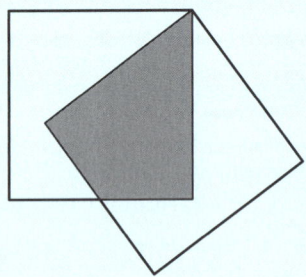

Qual é a área da região comum aos dois quadrados, em cm²?
a) 20        d) 40
b) 25        e) 50
c) 30

**Revisão:** Refaça as atividades 11, 12, 13, 14, 19, 20, 21, 25, 26, 30, 31, 33, 46, 47, 53, 57, 58, 61, 64, 73, 74, 75, 77, 78, 85, 86, 90, 91, 92 e 97.

## Aprofundamento

**113.** (OBM) Com cinco quadrados com lados de 27 cm, formamos uma sequência de figuras, das quais as quatro primeiras são:

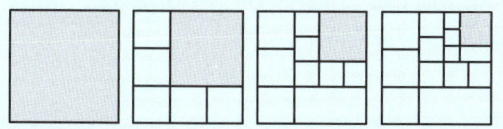

a) Na 4ª figura, qual é a área do quadrado cinza?

b) Na 5ª figura, qual é a área do quadrado cinza?

**114.** (OBM) Esmeralda tem muitos triângulos retângulos iguais aos da figura.

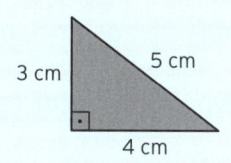

Fazendo coincidir partes dos lados, sem sobrepor triângulos, Esmeralda montou a figura a seguir.

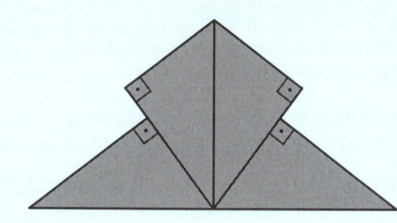

Qual é a área e qual é o perímetro dessa figura?

**115.** Dois polígonos convexos têm $m$ e $m + 4$ lados. Sendo 3960° a soma das medidas dos ângulos internos dos dois polígonos, determine quantas diagonais o polígono com o maior número de lados tem.

**116.** Com régua e compasso, construa um quadrado ABCD, de modo que seus vértices pertençam a uma circunferência de centro O e raio 3 cm.

**117.** (Unifesp) Pentágonos regulares congruentes podem ser conectados, lado a lado, formando uma estrela de cinco pontas, conforme destacado na figura:

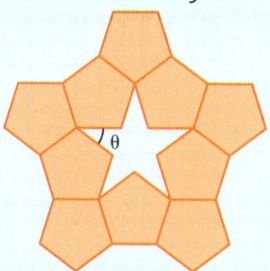

Nestas condições, o ângulo θ mede:
a) 108°    d) 36°
b) 72°     e) 18°
c) 54°

**118.** (UFJF-MG) Prolongando-se os lados AB e CD de um polígono convexo regular ABCD obtém-se um ângulo de 132°, conforme ilustra a figura.

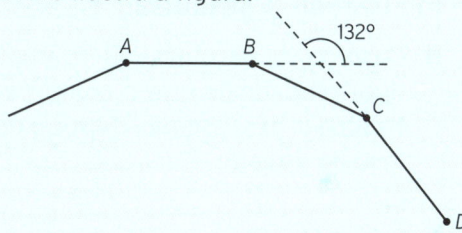

De acordo com o número de lados, esse polígono é um:
a) octógono        d) pentadecágono
b) decágono        e) icoságono
c) undecágono

## Estratégias de aprendizagem

**Fim do ano letivo**

Fim de ano letivo, momento adequado para refletir a respeito dos avanços de sua aprendizagem. Assim, além de realizar uma autoavaliação sincera, você se prepara para a próxima fase escolar.

Relacione em uma tabela de duas colunas:

I. os objetivos que você conseguiu alcançar na disciplina de Matemática neste ano;

II. os objetivos que você não conseguiu alcançar na disciplina de Matemática neste ano.

É oportuno pensar também no que você pode fazer para melhorar seu desempenho como aluno no próximo ano letivo. Boas férias escolares!

## PROJETO

# Exposição de esculturas geométricas

### Objetivo do projeto

Montar uma exposição de esculturas de sólidos geométricos produzidas pelos alunos, que será aberta à visitação da comunidade escolar.

### Organização da classe

Combine com o professor e os colegas uma forma de dividir a classe em cinco grupos. Procure variar a formação de grupos, para ampliar a troca de ideias com os colegas da sala e fortalecer os laços de convivência.
- O professor sorteará uma cor para cada grupo.
- Em seguida, reúna-se com seu grupo e leia as instruções seguintes.

### Planejamento do trabalho

Cada grupo vai expor cinco esculturas, que corresponderão aos cinco poliedros de Platão, relacionados na próxima página, construídos na cor indicada ao grupo pelo professor.
- Para iniciar, é preciso fazer uma pesquisa cuidadosa para conhecer bem alguns aspectos que envolvem os objetos da exposição.
- É preciso, também, providenciar os materiais necessários para a construção dos sólidos.
- Converse com o professor sobre o local da escola em que as esculturas ficarão expostas e como o evento pode ser divulgado na comunidade.

### Realizando a pesquisa

- O grupo vai pesquisar na internet. O ideal é que todos os alunos tenham a oportunidade de usar o computador (da escola ou da comunidade). Não sendo possível trabalhar desse modo, o grupo decide quais participantes ficarão encarregados dessa fase do projeto.

- Veja a seguir alguns tópicos a serem pesquisados; registre as informações obtidas.
    1. Quem foi Platão? Onde viveu e em que época?
    2. O que são os poliedros regulares de Platão e como são formados?
    3. Qual é a origem do nome desses sólidos?
    4. Existe alguma relação especial entre as medidas das arestas desses poliedros?
    5. Existem construções ou objetos do cotidiano que tenham as formas desses sólidos?

## Construção dos objetos

### Material

- Cinco folhas de papel-cartão ou cartolina na cor do grupo.
- Materiais de desenho: régua, compasso, transferidor e esquadro.
- Tesoura com pontas arredondadas.
- Cola ou fita adesiva transparente.
- Lápis e borracha.

### Procedimento

Para cada poliedro que será construído, devem-se seguir os procedimentos.

1. Verifique qual região plana poligonal corresponde às faces do poliedro a ser construído e quantas faces esse sólido tem.
2. Decida qual será a medida do lado da região plana poligonal correspondente à face do poliedro. (Quanto maior o lado da região, maior será o poliedro. Não escolha uma medida muito pequena, pois o sólido ficará exposto.)
3. Com o auxílio dos materiais de desenho, desenhe a região plana poligonal no papel-cartão. Faça isso o número de vezes que for necessário para formar o sólido. Depois, recorte as regiões planas traçadas.
4. As primeiras faces (as regiões planas poligonais) do poliedro podem ser unidas pela parte interior do sólido com fita adesiva. As demais podem ser coladas por fora para formar o poliedro de Platão desejado.
5. Em vez de usar fita adesiva transparente, também é possível recortar as regiões planas poligonais com abas que podem ser dobradas e utilizar cola para compor o poliedro de Platão. Veja exemplos ao lado.

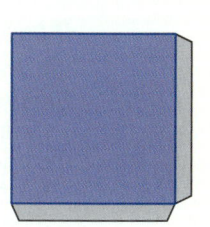

### Montagem da exposição

tetraedro regular 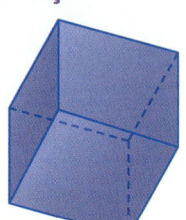    hexaedro regular     octaedro regular 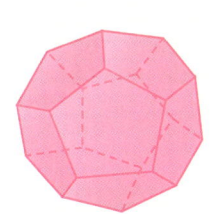    dodecaedro regular     icosaedro regular

- Cada grupo deve elaborar um cartaz sobre um dos tópicos de pesquisa sugeridos no item "Realizando a pesquisa".
- Uma ideia para organizar o material a ser exposto é fixar o cartaz em um mural ou parede e colocar o sólido correspondente em uma mesa ou suporte, logo abaixo do cartaz.

---

**DICAS**

Há *sites* para a pesquisa na internet, além de livros que podem facilitar muito o seu trabalho. Veja:
- <http://www.mathsisfun.com/platonic-solido.html> (em inglês)
- <http://euler.mat.ufrgs.br/~ensino2/alunos/06/index.htm>
- <http://www.educ.fc.ul.pt/icm/icm99/icm43/sol-plat.htm>

Acessos em: 14 fev. 2012.

*Os poliedros de Platão e os dedos da mão*, de Nilson José Machado. São Paulo: Scipione, 1995.

## LEITURAS E SITES INDICADOS AOS ALUNOS

Para que você amplie seu conhecimento sobre temas estudados neste livro, sugerimos a seguir alguns livros e *sites* úteis e interessantes.

### Livros

*A profecia*, de Egidio Trambaiolli Neto.
São Paulo: FTD. Coleção O Contador de Histórias da Matemática.
**Sinopse**: Histórias com enigmas para serem resolvidos pelo uso da Matemática. Desenvolvendo o gosto pela leitura e a pesquisa, o livro é acrescido de um suplemento de trabalho, que traz desafios em forma de atividades.

*O que fazer primeiro?*, de Luzia Faraco Ramos.
São Paulo: Ática. Coleção A Descoberta da Matemática.
**Sinopse**: Passando as férias de verão na praia, Filipe, Nice e Rafa conhecem Zito e Marisa. No meio de muita diversão, como um campeonato de surfe e um torneio de vôlei, essa turminha acaba participando de um programa de incentivo à pesquisa. Mas precisam decidir se vão escolher um tema para pesquisar ou se vão compor uma música ou criar uma peça de teatro. O que eles querem mesmo é ganhar a competição! Nessa busca, a amizade entre eles torna-se cada vez mais forte.

*Como encontrar a medida certa*, de Carlos Marcondes.
São Paulo: Ática. Coleção A Descoberta da Matemática.
**Sinopse**: Um livro que guarda uma grata surpresa que acompanha quatro jovens de férias em um sítio, onde se animam com atividades como cercar o terreno de uma horta e ajudar na construção de uma casa. A surpresa aguarda também as personagens no fim da história.

*Medir é comparar*, de Cláudio Xavier da Silva e Fernando M. Louzada.
São Paulo: Ática. Coleção A Descoberta da Matemática.
**Sinopse**: Hóros, um herói de jogos de *video game*, congela o tempo para que ninguém perceba a ausência de Thiago e Lucas, que viajam pelo Brasil em sua companhia. As personagens navegam por rios desconhecidos, passeiam de balão, acampam em cavernas e criam um original sistema de medidas.

*A invenção dos números*, de Oscar Guelli.
São Paulo: Ática. Coleção Contando a História da Matemática.
**Sinopse**: Livro que trata dos seguintes temas: número concreto (aparecimento dos números); número natural (sistemas de numeração); número irracional (triângulos e comprimento da circunferência); números racionais na forma decimal; números inteiros negativos.

*O homem que calculava*, de Malba Tahan.
São Paulo: Record.
**Sinopse**: Um sábio descobre que pode se dar bem usando seus conhecimentos matemáticos. Um livro que instiga a aprendizagem dos fundamentos da Matemática.

*Os poliedros de Platão e os dedos da mão*, de Nilson José Machado. São Paulo: Scipione. Coleção Vivendo a Matemática.
**Sinopse**: Interessante caminho intuitivo percorrido por Platão até chegar aos cinco poliedros regulares – tetraedro, cubo, octaedro, dodecaedro e icosaedro. Com textos e atividades de geometria, o livro ajuda a compreender, de maneira contextualizada com o cotidiano, conceitos como ângulos, área, volume e figuras geométricas.

*Geometria das dobraduras*, de Luiz Márcio Imenes.
São Paulo: Scipione. Coleção Vivendo a Matemática.
**Sinopse**: Por meio do origami, o leitor se aproxima da Matemática, sendo levado a conhecer e a experimentar essa bela técnica de dobradura com papel, que faz surgir diversas figuras geométricas.

*Alice no país dos enigmas*, de Raymond Smullyan.
São Paulo: Zahar.
**Sinopse:** Nessa recriação da obra *Alice no país das maravilhas*, de Lewis Carroll, as personagens Alice, a Falsa Tartaruga, o Grifo, a Rainha de Copas e o Chapeleiro Louco fazem o leitor se deparar tanto com a lógica como com o *nonsense* (falta de senso, de sentido), tanto com o verdadeiro como com o falso, tanto com o real como com o imaginário.

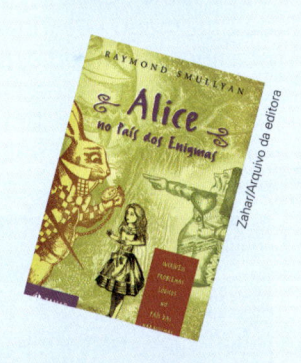

### Sites

**Arte & Matemática.** <http://www2.tvcultura.com.br/artematematica/home.html>
**Brasil Escola.** <http://www.brasilescola.com/matematica/>
**IBGE** *Teen*. <http://www.ibge.gov.br/ibgeteen>
**iMática.** <http://www.matematica.br/>
**Klick Educação.** <http://www.klickeducacao.com.br>
**Matemática Interativa Linux.** <http://www.projetomil.org/>
**Olimpíada Brasileira de Matemática.** <http://www.obm.org.br>
**Olimpíada Brasileira de Matemática das Escolas Públicas.** <http://www.obmep.org.br>
**Só Matemática.** <http://www.somatematica.com.br/>
**Testes matemáticos.** <http://www.testonline.com.br/matematic.htm>
Acessos em: set. 2014.

## MAIS PROBLEMAS

1. Cláudia comprou sete pães a mais que Maria. Maria, por sua vez, comprou o dobro da quantidade de pães que João comprou. Ao todo, compraram 32 pães. Quantos pães cada um comprou?

2. Fazendo 3 retas em uma folha de papel, em qualquer direção, qual é o máximo de regiões que você pode obter?

3. Mariana ganhou um pacote contendo 152 caramelos. No primeiro dia ela come 2 caramelos, no segundo dia come 5, no terceiro, 8, aumentando sempre três caramelos em relação ao dia anterior. Quanto tempo vai durar esse pacote?

4. Muitos *shows* que acontecem na cidade de São Paulo são realizados no estádio Cícero Pompeu de Toledo, mais conhecido como estádio do Morumbi. A área do gramado destinada à pista, nessas ocasiões, tem cerca de 90 m por 72 m e pode comportar cerca de 18 000 pessoas. Segundo essa estimativa, quantas pessoas, aproximadamente, podem ocupar um metro quadrado?

Fotografia do estádio do Morumbi antes do início de partida do Campeonato Brasileiro, 2010.

5. Usando os tetraminós, de quantas maneiras você consegue cobrir completamente, sem sobreposições, um tabuleiro quadrado cujo lado mede 4 quadradinhos? Você consegue cobrir o tabuleiro sem usar nenhum tetraminó repetido?

6. Júlia, Luíza e Andréa são irmãs, todas filhas de Tiago, que tem 44 anos. Júlia é quatro anos mais nova que Luíza e Andréa é 9 anos mais velha que Júlia. Sabendo que as idades das três meninas somam a metade da idade de seu pai, descubra a idade de cada uma.

7. João está treinando para participar de uma maratona que acontecerá daqui a 10 semanas. Para isso, seu treinador fez o seguinte programa de treinos: João deve correr 10 km diariamente na 1ª semana, 14 km diariamente na 2ª semana, 18 km na 3ª semana, e assim por diante. Sendo assim, quantos quilômetros João correrá diariamente na semana que antecederá a maratona?

8. Como você faria para estimar a quantidade de grãos contidos em um pacote de feijão?

9. Quais tetraminós podem ser dobrados de modo que formem um cubo "vazado", como o da figura abaixo?

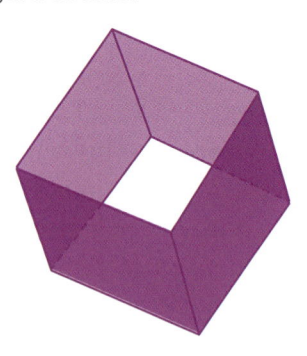

10. Usando uma quantidade fixa de retas horizontais e verticais, Joana conseguiu obter um máximo de 42 regiões em um papel a partir de uma única folha retangular. Quantas retas ela fez, sabendo que há uma reta a mais em uma direção do que na outra?

# QUESTÕES DE CONCURSOS

Todas as ilustrações desta seção foram reproduzidas dos concursos de que fazem parte.

## Capítulo 1 – Números inteiros

1. (Obmep-2005) Marina, ao comprar uma blusa de R$ 17,00, enganou-se e deu ao vendedor uma nota de R$ 10,00 e outra de R$ 50,00. O vendedor, distraído, deu o troco como se Marina lhe tivesse dado duas notas de R$ 10,00. Qual foi o prejuízo de Marina?
   a) R$ 13,00   c) R$ 40,00   e) R$ 50,00
   b) R$ 37,00   d) R$ 47,00

2. (Obmep-2005) Quantos números inteiros, múltiplos de 3, existem entre 1 e 2 005?
   a) 664   c) 667   e) 669
   b) 665   d) 668

3. (Obmep-2006) Pedro vende na feira cenouras a R$ 1,00 por quilo e tomates a R$ 1,10 por quilo. Certo dia ele se distraiu, trocou os preços entre si, e acabou vendendo 100 quilos de cenoura e 120 quilos de tomate pelos preços trocados.

   Quanto ele deixou de receber por causa de sua distração?
   a) R$ 1,00   d) R$ 5,00
   b) R$ 2,00   e) R$ 6,00
   c) R$ 4,00

4. (CMPA-RS-2010) O presidente de uma multinacional fica no cargo por 4 anos, os seus colaboradores ficam no cargo por 6 anos e os seus auxiliares ficam no cargo por 3 anos. Se, em 2011, houver eleição interna nessa empresa, por voto de todos, para os três cargos, o ano em que serão realizadas, de novo e simultaneamente, as eleições para esses cargos será:
   a) 2015   c) 2017   e) 2023
   b) 2016   d) 2020

5. (Obmep-2010) O quadriculado deve ser completado usando, em cada casa, um dos números inteiros de 1 a 8, de modo que não haja repetição. A soma dos números de cada linha e cada coluna deve ser como indicado fora do quadriculado; por exemplo, a soma dos números da última coluna deve ser 16.

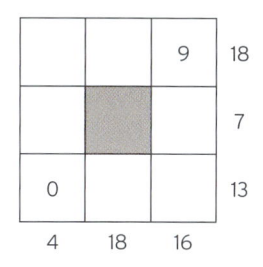

   Qual é o número que vai aparecer na casa sombreada?
   a) 4   d) 7
   b) 5   e) 8
   c) 6

6. (OBM-2010) Quantos divisores positivos de 120 são múltiplos de 6?
   a) 4   d) 8
   b) 5   e) 12
   c) 6

7. (CMDPII-DF-2009) Sistematicamente dois alunos do Colégio Militar Dom Pedro II realizaram pesquisas: um, a cada 6 dias e o outro a cada 9 dias. Se em 20 de outubro de 2005 ambos estiveram na biblioteca realizando uma pesquisa, e considerando que o mês de outubro tem 31 dias, em qual das datas seguintes ambos estarão realizando novamente uma pesquisa?
   a) 06/11/2005   d) 21/11/2005
   b) 10/11/2005   e) 25/11/2005
   c) 19/11/2005

8. (Obmep-2010) Um número é enquadrado quando, ao ser somado com o número obtido invertendo a ordem de seus algarismos, o resultado é um quadrado perfeito. Por exemplo, 164 e 461 são enquadrados, pois $164 + 461 = 625 = 25^2$. Quantos são os números enquadrados entre 10 e 100?
   a) 5   d) 9
   b) 6   e) 10
   c) 8

245

## QUESTÕES DE CONCURSOS

**9.** (CMS-BA-2010) Partindo de um ponto inicial (ponto *x*), Luiz caminha seguindo a seguinte orientação até atingir o ponto final (ponto *F*):
- 3 metros para Leste
- 5 metros para o Sul
- 4 metros para o Leste
- 8 metros para o Norte
- 9 metros para Oeste
- 3 metros para o Sul

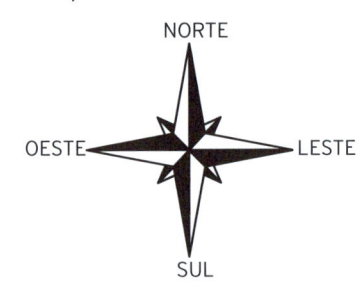

Se Luiz fizesse um caminho diferente desse, a menor distância que percorreria é:
a) 2 metros
b) 3 metros
c) 4 metros
d) 5 metros
e) 6 metros

**10.** (CMPA-RS-2010) Se numerarmos de 1 a 5 os vértices da estrela indicada na figura abaixo e, em seguida, percorrermos a estrela no sentido indicado pela ordem crescente dos números, colocando o número 6 no vértice 1, o número 7 no vértice 2, o número 8 no vértice 3 e assim, sucessivamente, até o número 2 010, então tem-se que o vértice onde esse número aparecerá será o que apresenta o número:

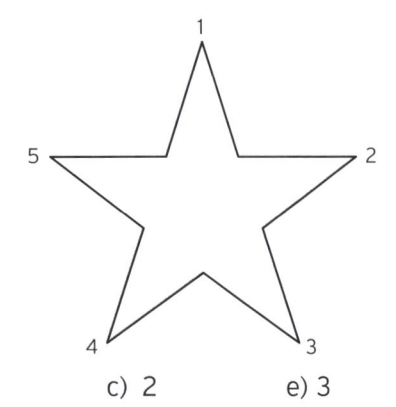

a) 1
b) 5
c) 2
d) 4
e) 3

## Capítulo 2 – Números racionais

**11.** (Obmep-2005) A capacidade do tanque de gasolina do carro de João é de 50 litros. As figuras mostram o medidor de gasolina do carro no momento de partida e no momento de chegada de uma viagem feita por João.

Quantos litros de gasolina João gastou nesta viagem?
a) 10
b) 15
c) 18
d) 25
e) 30

**12.** (CMPA-RS-2010) Três décimos, de uma semana de 7 dias, correspondem a:
a) 2 dias e 1 hora
b) 2 dias, 2 horas e 4 minutos
c) 2 dias, 2 horas e 24 minutos
d) 2 dias e 12 horas
e) 3 dias

**13.** (Obmep-2007) Qual é o sinal que Clotilde deve colocar no lugar de "?" para que a igualdade fique correta?

$$\frac{3}{7} ? \frac{6}{5} = \frac{5}{14}$$

a) :
b) ·
c) +
d) =
e) −

**14.** (OBM-2004) Simplificando a fração $\dfrac{2004 + 2004}{2004 + 2004 + 2004}$, obtemos:

a) 2 004
b) $\dfrac{113}{355}$
c) $\dfrac{2}{2004}$
d) $\dfrac{2}{3}$
e) $\dfrac{2}{7}$

15. (Obmep-2007) Sueli resolveu dar uma volta em torno de uma praça quadrada. Ela partiu do vértice P, no sentido indicado pela flecha, e caiu ao atingir $\frac{3}{5}$ do percurso total.

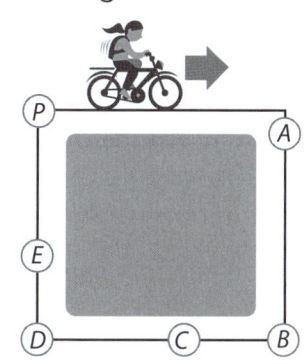

Qual ponto indica o local em que Sueli caiu?
a) O ponto A.
b) O ponto B.
c) O ponto C.
d) O ponto D.
e) O ponto E.

16. (CMSM-RS-2009) No Brasil, o horário de verão é adotado pelas regiões Sudeste, Sul e alguns estados da região Centro-Oeste. Se a economia de energia elétrica na região Sudeste representa $\frac{1}{2}$ do valor total economizado (4 bilhões de reais) enquanto a economia na região Sul representa $\frac{3}{4}$ do restante, então qual o valor economizado pelos estados da região Centro-Oeste?
a) 500 milhões de reais
b) 600 milhões de reais
c) 700 milhões de reais
d) 800 milhões de reais
e) 900 milhões de reais

17. (CMRJ-RJ-2009) Flávio deseja escrever seu próprio testamento, no qual pretende deixar seus bens a três herdeiros: A, B e C. Determinando a fração de $\frac{3}{5}$ da fortuna para a pessoa A e $\frac{3}{8}$ para a pessoa B, qual percentual deve deixar para a pessoa C a fim de que totalize o restante da fortuna?
a) 0,25%
b) 0,5%
c) 1,25%
d) 2%
e) 2,5%

18. (OBM-2005) Uma placa decorativa consiste num quadrado de 4 metros de lado, pintada de forma simétrica com algumas faixas, conforme indicações no desenho ao lado. 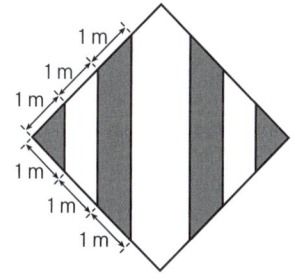
Qual é a fração da área da placa que foi pintada?
a) $\frac{1}{2}$   b) $\frac{1}{3}$   c) $\frac{3}{8}$   d) $\frac{6}{13}$   e) $\frac{7}{11}$

19. (Obmep-2009) Na expressão $\frac{a}{b} + \frac{c}{d} = \frac{29}{30}$ as letras a, b, c e d representam números inteiros de 1 a 9. Qual é o valor de a + b + c + d?
a) 14
b) 16
c) 19
d) 21
e) 23

20. (CMPA-RS-2010) O inverso do valor final da expressão $\left(\frac{3}{5} + \frac{2}{3} \cdot \frac{1}{2}\right) : \left(\frac{3}{7} \cdot \frac{14}{3} - \frac{1}{4}\right)$ é um número entre:
a) 1 e 2
b) 0 e 1
c) 4 e 5
d) 2 e 3
e) 3 e 4

21. (Obmep-2010) Qual é o valor de $1 + \dfrac{1}{1 - \frac{2}{3}}$?
a) $\frac{1}{3}$
b) $\frac{3}{2}$
c) $\frac{4}{3}$
d) 2
e) 4

## Capítulo 3 – Grandezas e medidas

22. (CMSM-RS-2006) Quantos paralelepípedos que medem 5 cm de largura, 0,2 dm de comprimento e 30 mm de altura são necessários para montar um cubo com o menor valor possível para suas medidas (largura, comprimento e altura)?
a) 60
b) 27 000
c) 900
d) 30
e) 1800

**QUESTÕES DE CONCURSOS**

23. (CMPA-RS-2010) Se a soma de todas as arestas de um cubo é igual a 60 cm, então o volume desse cubo, em cm³, é igual a:
a) 1   c) 27   e) 125
b) 8   d) 64

24. (Obmep-2005) Um cubo de madeira tem 3 cm de aresta. Duas faces opostas foram pintadas de amarelo e as outras quatro faces foram pintadas de verde. Em seguida o cubo foi serrado em 27 cubinhos de 1 cm de aresta, conforme indicado no desenho.

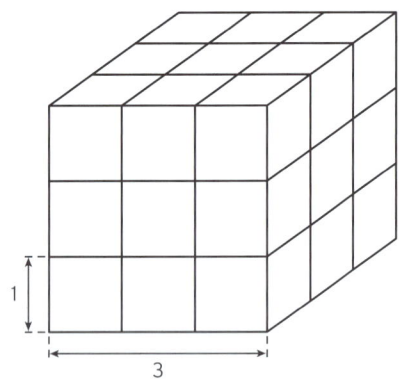

Quantos cubinhos têm faces pintadas com as duas cores?
a) 16   d) 22
b) 18   e) 24
c) 20

25. (CMRJ-RJ-2008) A figura abaixo representa uma folha de papel retangular, onde estão destacados 6 quadrados. Com a parte destacada dessa folha, pode-se montar um cubo.

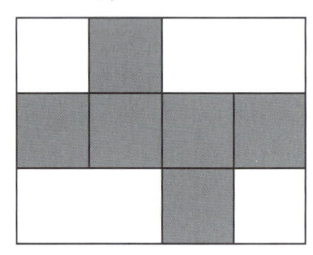

Se a área da folha é 432 cm², o volume desse cubo, em cm³, é:
a) 8   b) 27   c) 64   d) 125   e) 216

26. (CMSM-RS-2005) Um botijão de gás tem volume interno de 13,5 m³. Consomem-se por dia 500 dm³ de gás. Quantos dias irá durar esse botijão de gás?
a) 20   d) 25
b) 22   e) 27
c) 24

27. (CMB-DF-2006) Ao se triplicar tanto o comprimento quanto a largura e a altura de um paralelepípedo retângulo, em quantas vezes o seu volume será aumentado?
a) 3   c) 9   e) 27
b) 6   d) 18

28. (CMRJ-RJ-2005) Para lavar seu carro, Marcelo retirou água de um reservatório, em forma de paralelepípedo, que estava completamente cheio, utilizando um balde cuja capacidade é de 10 litros, que sempre saía completamente cheio. A figura abaixo apresenta as dimensões do reservatório de onde Marcelo retirou a água.

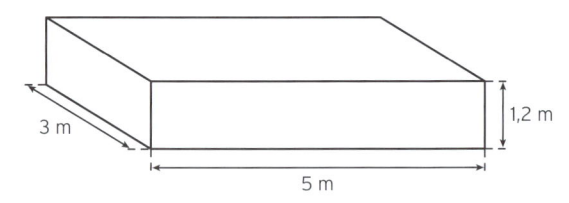

Após lavar o carro, Marcelo verificou que o nível da água no reservatório diminuiu o equivalente a 1,2 cm. O número de baldes que foram utilizados é:
a) 18   d) 21
b) 19   e) 22
c) 20

29. (CMB-DF-2006) As cisternas de um conjunto habitacional comportam 210 000 litros de água. Determine a quantidade de baldes, com 17 500 cm³ de capacidade para encher completamente tais cisternas.
a) 12   d) 2 100
b) 120   e) 12 000
c) 1 200

30. (CMB-DF-2009) Um feirante comprou 15 quilos (kg) de alho para vender em pacotes de 150 gramas (g). Ao final do dia, ele tinha vendido a metade dos pacotes. Dentre as opções abaixo, a única que apresenta a sequência de operações que determina a quantidade de pacotes que restaram ao final do dia é:
a) [(15 · 100) : 150] : 2
b) [(15 : 1000) : 150] : 2
c) [15 : (1000 · 150)] : 2
d) [(15 : 100) : 150]·2)
e) [(15 · 1000) : 150] : 2

31. (CMSM-RS-2006) Quando se fala em capacidade de um recipiente, pensamos em litros. Litros de água, de gasolina, de leite, de refrigerante, entre outros. Os alunos que forem aprovados e classificados para ingressar no Colégio Militar de Santa Maria precisarão fazer um exame de sangue e por isso precisarão tirar uma certa quantidade de sangue que não precisa ser medida em litros e sim em mililitros. Se o enfermeiro tirar 5 mL de sangue, então isso representa...
    a) 50 cL
    b) 0,05 L
    c) 0,0005 kL
    d) 0,0005 daL
    e) 0,05 hL

32. (CMRJ-RJ-2009) Um caminhão vai ser carregado com 109 sacos de batata com 45 kg cada um. Se o peso do caminhão é 3 t, qual será o peso do caminhão com a carga?
    a) 79,05 t
    b) 790,5 kg
    c) 7,905 kg
    d) 7,905 t
    e) 79,05 kg

33. (OBM-2009) Uma barra de chocolate é dividida entre Nelly, Penha e Sônia. Sabendo que Nelly ganha $\frac{2}{5}$ da barra, Penha ganha $\frac{1}{4}$ e Sônia ganha 70 gramas, o peso da barra, em gramas, é:
    a) 160
    b) 200
    c) 240
    d) 280
    e) 400

## Capítulo 4 – Equações

34. (OBM-2009) Eduardo escreveu todos os números de 1 a 2009 numa folha de papel. Com os amigos, combinou o seguinte: cada um deles poderia apagar quantos números quisesse e escrever, no fim da lista, o algarismo das unidades da soma dos números apagados. Por exemplo, se alguém apagasse os números 28, 3, 6, deveria escrever no fim da lista o número 7, pois 28 + 3 + 6 = 37. Após algum tempo, sobraram somente dois números. Se um deles era 2000, qual dos números a seguir poderia ser o outro?
    a) 0
    b) 1
    c) 3
    d) 5
    e) 6

35. (CMB-DF-2006) Por quanto devemos multiplicar 21 para que o produto seja o sêxtuplo de 231?
    a) 11
    b) 21
    c) 33
    d) 66
    e) 76

36. (OBM-2009) Esmeralda lançou um dado dez vezes e obteve 57 como soma de todos os pontos obtidos nesses lançamentos. No mínimo, quantas vezes saíram 6 pontos?
    a) 5
    b) 6
    c) 7
    d) 8
    e) 9

37. (Obmep-2005) O aniversário de Carlinhos é no dia 20 de julho. Em agosto de 2005, ao preencher uma ficha em sua escola, Carlinhos inverteu a posição dos dois últimos algarismos do ano em que nasceu. A professora que recebeu a ficha disse:
    – Carlinhos, por favor, corrija o ano de seu nascimento, senão as pessoas vão pensar que você tem 56 anos! Qual é a idade de Carlinhos?
    a) 11 anos
    b) 12 anos
    c) 13 anos
    d) 14 anos
    e) 15 anos

38. (CMS-BA-2010) Marcos Garcia Bastos formou a sua senha de acesso ao computador do seu trabalho com as iniciais do seu nome, seguida de seis numerais. Sabe-se que os três primeiros numerais da senha são 1, 4, e 3. O número formado pelos seis numerais é divisível por 12 e é o menor número possível. Para ter acesso ao seu computador no trabalho Marcos deverá digitar:
    a) MGB143052
    b) MGB143016
    c) MGB143008
    d) MGB143004
    e) MGB143310

39. (OBM-2007) Esmeralda e Pérola estão numa fila. Faltam 7 pessoas para serem atendidas antes de Pérola e há 6 pessoas depois de Esmeralda. Duas outras pessoas estão entre Esmeralda e Pérola. Dos números abaixo, qual pode ser o número de pessoas na fila?
    a) 9
    b) 11
    c) 13
    d) 14
    e) 15

## QUESTÕES DE CONCURSOS

**40.** (Obmep-2008) Ana e Beatriz compraram dezoito bombons de mesmo preço. Ana pagou por oito deles e Beatriz pelos outros dez. Na hora do lanche, dividiram os bombons com Cecília e cada uma delas comeu seis. Para dividir igualmente o custo dos bombons, Cecília deveria pagar R$ 1,80 para Ana e Beatriz. Ela pensou em dar R$ 0,80 para Ana e R$ 1,00 para Beatriz, mas percebeu que essa divisão estava errada.

Quanto ela deve pagar para Beatriz?
a) R$ 0,90
b) R$ 1,10
c) R$ 1,20
d) R$ 1,30
e) R$ 1,50

**41.** (CMSM-RS-2009) O tempo é dividido em anos, meses, semanas, etc. Uma semana tem sete dias porque, há muito tempo atrás, queria-se homenagear os sete astros que podiam ser vistos: Sol, Lua, Mercúrio, Vênus, Marte, Júpiter e Saturno. Se naquela época também pudessem ser vistos Urano e Netuno, a semana teria nove dias. Considerando essa possibilidade, calcule aproximadamente o número de semanas a menos que teria um ano.
a) 13
b) 15
c) 18
d) 21
e) 25

**42.** (Obmep-2006) A figura representa parte de uma régua graduada de meio em meio centímetro, onde estão marcados alguns pontos.

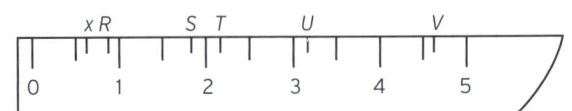

Qual deles melhor representa o número $2x + 1$?
a) R
b) S
c) T
d) U
e) V

**43.** (Obmep-2006) Cada um dos símbolos □ e △ representa um único algarismo.

$$\begin{array}{r} \square\,2\,\square \\ \times\quad\square \\ \hline \triangle\,6\,\triangle \end{array}$$

Se a multiplicação indicada acima está correta, então o valor de □ · △ é:
a) 12
b) 15
c) 27
d) 39
e) 45

**44.** (Obmep-2010) Para qual valor de $x$ a igualdade $3 - \dfrac{6}{4 - \dfrac{8}{1+x}} = 0$ é verdadeira?
a) 3
b) 4
c) 5
d) 6
e) 7

## Capítulo 5 – Inequações e equações com duas incógnitas

**45.** (Saresp-2005) O preço de uma corrida de táxi é composto de uma parte fixa, chamada de bandeirada, de R$ 3,00, mais R$ 0,50 por quilômetro rodado. Uma firma contratou um táxi para levar um executivo para conhecer a cidade, estipulando um gasto menor que R$ 60,00. O número $x$ de quilômetros que o motorista do táxi pode percorrer nesse passeio é representado por:
a) $x < 50$
b) $x < 60$
c) $x < 114$
d) $x < 120$

**46.** (Obmep-2010) Na figura, $x$ é a média aritmética dos números que estão nos quatro círculos claros e $y$ é a média aritmética dos números que estão nos quatro círculos escuros.

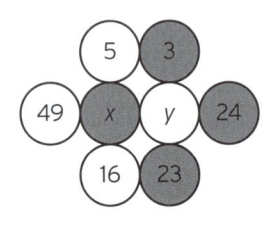

Qual é o valor de $x - y$?
a) 0
b) 1
c) 2
d) 3
e) 4

**47.** (Obmep-2005) O piso de uma cozinha foi revestido de ladrilhos brancos e pretos, conforme a figura. Cada ladrilho branco custou R$ 2,00 e cada ladrilho preto custou R$ 3,00.

Quanto foi gasto na compra dos ladrilhos?
a) R$ 126,00
d) R$ 177,00
b) R$ 144,00
e) R$ 189,00
c) R$ 174,00

**48.** (Obmep-2005) Rosa e Maria começam a subir uma escada de 100 degraus no mesmo instante. Rosa sobe 10 degraus a cada 15 segundos e Maria sobe 10 degraus a cada 20 segundos.

Quando uma delas chegar ao último degrau, quanto tempo faltará para a outra completar a subida?
a) meio minuto
d) 50 segundos
b) 40 segundos
e) 1 minuto
c) 45 segundos

**49.** (Obmep-2008) Carlos poderá aposentar-se quando a soma de sua idade com o número de anos que ele trabalhou for 100. Quando Carlos fez 41 anos, ele já havia trabalhado 15 anos. Qual é a idade mínima que ele deverá ter para poder se aposentar?
a) 59   c) 61   e) 63
b) 60   d) 62

**50.** (OBM-2009) Se $a = 2^{40}$, $b = 3^{20}$ e $c = 7^{10}$, então:
a) $c < b < a$
d) $b < c < a$
b) $a < c < b$
e) $c < a < b$
c) $b < a < c$

**51.** (CMB-DF-2009) Um assaltante está 90 metros à frente de um policial, que passa a persegui-lo. Enquanto o assaltante percorre 2 metros (m), o policial percorre 5 metros (m). É correto afirmar que:
a) a distância percorrida pelo assaltante até ser alcançado é superior à terça parte da distância percorrida pelo policial.
b) quando o policial alcança o assaltante, a diferença entre as distâncias percorridas pelo policial e pelo assaltante é inferior a 80 metros.
c) quando o policial alcança o assaltante, a soma das distâncias percorridas pelo policial e pelo assaltante é igual a 190 metros.
d) o assaltante percorre menos de 50 metros antes de ser alcançado pelo policial.
e) o policial percorre 60 metros até alcançar o assaltante.

**52.** (Obmep-2009) Uma torneira enche um tanque em oito horas e outra torneira enche o mesmo tanque em quatro horas. Ao meio-dia, a primeira torneira foi aberta com o tanque vazio e, duas horas depois, a segunda torneira também foi aberta. A que horas o tanque ficou cheio?
a) 14 h
d) 15 h 30 min
b) 14 h 30 min
e) 16 h
c) 15 h

**53.** (CMSM-RS-2006) João Víctor é um triatleta, ele nada mil metros dia sim, dia não, corre dez quilômetros de 3 em 3 dias e pedala com bicicleta de 4 em 4 dias. No dia 1º de setembro João Víctor nadou, correu e pedalou. Em qual, ou quais dias de setembro a coincidência voltou a acontecer?
a) 19 de setembro
b) 8, 15, 22 e 29 de setembro
c) 17 de setembro
d) 16 e 31 de setembro
e) 13 e 25 de setembro

**54.** (CMS-BA-2010) Se $x$, $y$ e $z$ são números naturais maiores que zero, tais que $2x = 3y = 5z$, então o menor valor possível de $x + y + z$ é:
a) 10   c) 26   e) 40
b) 20   d) 31

55. (CMSM-RS-2009) O mais famoso dos cometas é o "Cometa Halley". Ele aparece a cada 76 anos aproximadamente e sua última aparição foi em 1986. Um outro cometa não muito famoso é o "Cometa Singer Brewster". Ele aparece a cada 6 (seis) anos aproximadamente e em 1986 também foi registrada sua passagem. Com base no texto acima, em qual ano, aproximadamente, será registrada a passagem dos dois cometas ao mesmo tempo?

Fonte de pesquisa: <http://www.cometografia.com.br/cometas_periodicos.htm–10/08/2009>.

a) 2009
b) 2062
c) 2153
d) 2214
e) 2300

## Capítulo 6 – Proporcionalidade

56. (Obmep-2010) A figura mostra quatro quadrados iguais dentro de um quadrado maior. A área em cinza é 128 cm² e a área de cada quadrado menor é igual a 9% da área do quadrado maior.

Qual é a área do quadrado maior?
a) 128 cm²
b) 162 cm²
c) 200 cm²
d) 210 cm²
e) 240 cm²

57. (CMSM-RS-2006) Ao vender um determinado tipo de queijo, o comerciante informou que ele apresenta 45% de água, 30% de gordura e 25% de proteína. Qual a quantidade, em gramas, de cada componente, existente, respectivamente, em 70 kg do queijo vendido?

a) 21 000 g, 175 000 g e 31 500 g
b) 31 500 g, 21 000 g e 17 500 g
c) 45 000 g, 30 000 g e 25 000 g
d) 17 500 g, 31 500 g e 21 000 g
e) 31 500 g, 17 500 g e 21 000 g

58. (CMS-BA-2010) Maria pediu uma *pizza* que veio dividida em 16 pedaços iguais. Sabendo que Maria comeu apenas um pedaço dessa *pizza*, ela comeu o equivalente a:
a) 0,0125 da *pizza*
b) 0,0615 da *pizza*
c) 0,0625 da *pizza*
d) 0,125 da *pizza*
e) 0,625 da *pizza*

59. (OBM-2007) Em uma certa cidade, a razão entre o número de homens e mulheres é 2 : 3 e entre o número de mulheres e crianças é 8 : 1. A razão entre o número de adultos e crianças é:
a) 5 : 1
b) 16 : 1
c) 12 : 1
d) 40 : 3
e) 13 : 1

60. (Obmep-2005) Os médicos recomendam, para um adulto, 800 mg de cálcio por dia. Sabe-se que 200 ml de leite contêm 296 mg de cálcio. Quando um adulto bebe 200 ml de leite, qual é o percentual da dose diária recomendada de cálcio que ele está ingerindo?
a) 17%
b) 27%
c) 37%
d) 47%
e) 57%

61. (OBM-2005) Um galão de mel fornece energia suficiente para uma abelha voar 7 milhões de quilômetros. Quantas abelhas iguais a ela conseguiriam voar mil quilômetros se houvesse 10 galões de mel para serem compartilhados entre elas?
a) 7 000
b) 70 000
c) 700 000
d) 7 000 000
e) 70 000 000

62. (Saresp-2005) Marcos fez um empréstimo de R$ 120 000,00, que deverá pagar com juro de 1% sobre o valor emprestado a cada mês. Sabendo que ele pagou R$ 6 000,00 de juros, quantos meses levou para pagar o empréstimo?
a) 3 meses
b) 4 meses
c) 5 meses
d) 6 meses

63. (CMRJ-RJ-2009) Se numa fração diminuímos o numerador de 40% e o denominador de 60%, então a fração original:
a) diminui 20%
b) aumenta 20%
c) diminui 50%
d) aumenta 50%
e) aumenta 30%

64. (Obmep-2009) Os alunos do sexto ano da Escola Municipal de Quixajuba fizeram uma prova com 5 questões. O gráfico mostra quantos alunos acertaram o mesmo número de questões; por exemplo, 30 alunos acertaram exatamente 4 questões.

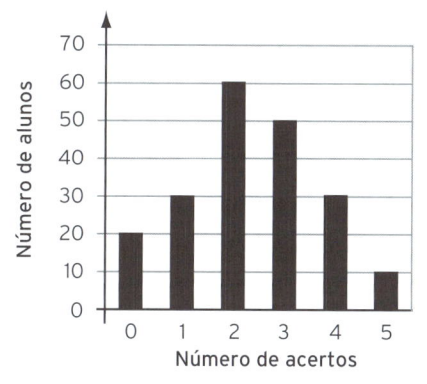

Qual das afirmações a seguir é verdadeira?
a) Apenas 10% do total de alunos acertaram todas as questões.
b) A maioria dos alunos acertou mais de 2 questões.
c) Menos de 200 alunos fizeram a prova.
d) 40 alunos acertaram pelo menos 4 questões.
e) Exatamente 20% do total de alunos não resolveram nenhuma questão.

65. (OBM-2004) Um artesão começa a trabalhar às 8 h e produz 6 braceletes a cada vinte minutos; seu auxiliar começa a trabalhar uma hora depois e produz 8 braceletes do mesmo tipo a cada meia hora. O artesão para de trabalhar às 12 h, mas avisa ao seu auxiliar que este deverá continuar trabalhando até produzir o mesmo que ele. A que horas o auxiliar irá parar?
a) 12 h
b) 12 h 30 min
c) 13 h
d) 13 h 30 min
e) 14 h 30 min

66. (Saresp-2005) O proprietário de uma pequena loja de produtos naturais emprega duas funcionárias, Joana e Carolina. No mês de julho ele decidiu dividir um bônus de R$ 160,00 entre as duas funcionárias, de forma que cada uma receberia um valor inversamente proporcional ao número de faltas naquele mês. Carolina faltou 3 vezes, e Joana faltou 2. A quantia recebida por Joana como bônus é igual a:
a) R$ 72,00
b) R$ 80,00
c) R$ 96,00
d) R$ 108,00

## Capítulo 7 – Ângulos, circunferências e círculos

67. (Saresp-2007) O movimento completo do limpador do para-brisa de um carro corresponde a um ângulo raso.

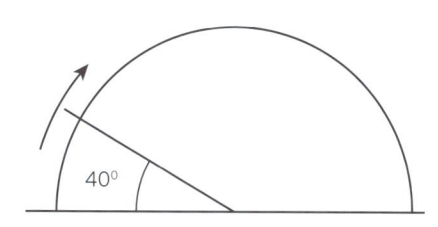

Na situação descrita pela figura, admita que o limpador está girando em sentido horário e calcule a medida do ângulo que falta para que ele complete o movimento completo.
a) 50°
b) 120°
c) 140°
d) 160°

68. (Saresp-2005) O encosto da última poltrona de um ônibus, quando totalmente reclinado, forma um ângulo de 30° com a parede do ônibus (veja a figura abaixo). O ângulo A na figura abaixo mostra o maior valor que o encosto pode reclinar.

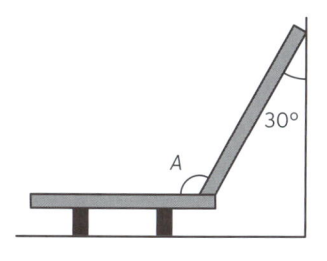

O valor de A é:
a) 50°
b) 90°
c) 100°
d) 120°

## QUESTÕES DE CONCURSOS

**69.** (Obmep-2005) Qual é a medida do menor ângulo formado pelos ponteiros de um relógio quando ele marca 2 horas?

a) 30°
b) 45°
c) 60°
d) 75°
e) 90°

**70.** (Obmep-2005) Qual é a medida do menor ângulo formado pelos ponteiros de um relógio quando ele marca 12 horas e 30 minutos?

a) 90°
b) 120°
c) 135°
d) 150°
e) 165°

**71.** (Obmep-2007) A figura mostra um polígono regular de dez lados com centro O.

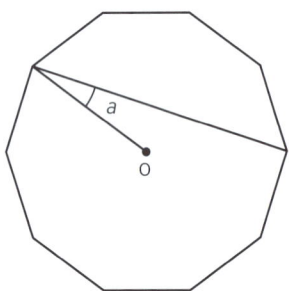

Qual é a medida do ângulo $a$?
a) 15°
b) 18°
c) 20°
d) 30°
e) 36°

**72.** (Obmep-2009) A figura é formada por 5 trapézios isósceles iguais.

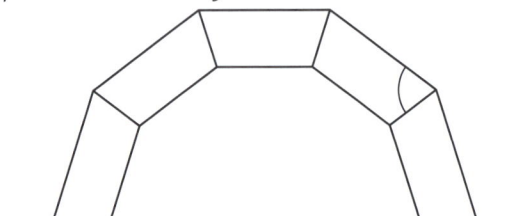

Qual é a medida do ângulo indicado?
a) 72°
b) 74°
c) 76°
d) 78°
e) 80°

**73.** (Obmep-2010) Na figura as circunferências de centros A e B são tangentes aos lados do retângulo e têm diâmetros iguais a 4 cm. A distância entre os pontos R e S é 1 cm.

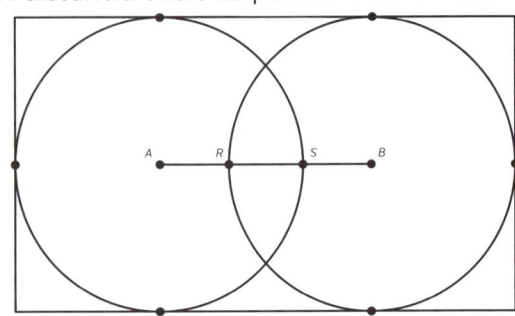

Qual é o perímetro do retângulo?
a) 16 cm
b) 18 cm
c) 20 cm
d) 22 cm
e) 24 cm

**74.** (Obmep-2006) Uma tira de papel retangular é dobrada ao longo da linha tracejada, conforme indicado, formando a figura plana da direita.

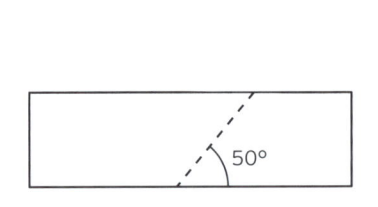

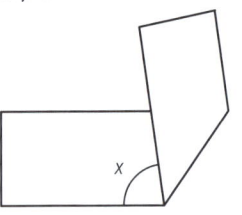

Qual a medida do ângulo $x$?
a) 30°
b) 50°
c) 80°
d) 100°
e) 130°

**75.** (OBM-2007) Na figura, o lado AB do triângulo equilátero ABC é paralelo ao lado DG do quadrado DEFG.

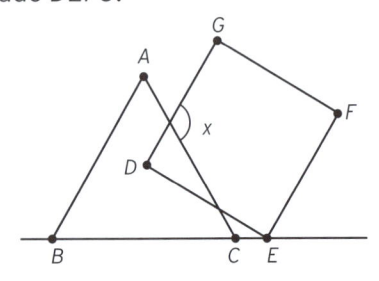

Qual é o valor do ângulo $x$?
a) 80°
b) 90°
c) 100°
d) 110°
e) 120°

76. (OBM-2009) O relógio de parede indica inicialmente meio-dia.

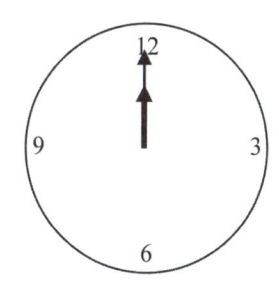

Os ponteiros das horas e dos minutos irão formar um ângulo de 90 graus pela primeira vez:
a) entre 12 h e 12 h 10 min
b) entre 12 h 10 min e 12 h 15 min
c) entre 12 h 15 min e 12 h 20 min
d) entre 12 h 20 min e 12 h 25 min
e) após as 12 h 25 min

## Capítulo 8 – Probabilidade e estatística

77. (Obmep-2006) Dois casais de namorados vão sentar-se em um banco de uma praça.
Em quantas ordens diferentes os quatro podem sentar-se no banco, de modo que cada namorado fique ao lado de sua namorada?
a) 1
b) 2
c) 3
d) 4
e) 8

78. (OBM-2009) Numa fila para compra de ingressos para um jogo da seleção brasileira havia 49 pessoas: 25 corintianos, 14 flamenguistas e 10 gremistas. Sabendo que cada pessoa da fila torce para um único time, dois torcedores do mesmo time não estão em posições consecutivas, podemos concluir que:
a) tal fila não existe.
b) algum dos torcedores das extremidades da fila é gremista.
c) algum dos torcedores das extremidades da fila é flamenguista.
d) algum flamenguista é vizinho de um gremista.
e) algum gremista é vizinho de dois corintianos.

79. (OBM-2005) Numa caixa havia 3 meias vermelhas, 2 brancas e 1 preta. Professor Piraldo retirou 3 meias da caixa. Sabendo-se que nenhuma delas era preta, podemos afirmar sobre as 3 meias retiradas que:
a) são da mesma cor.
b) são vermelhas.
c) uma é vermelha e duas são brancas.
d) uma é branca e duas são vermelhas.
e) pelo menos uma é vermelha.

80. (Obmep-2008) Em um jogo, Pedro lança uma moeda para decidir quantas casas avançar. Quando sai cara, ele avança uma casa; quando sai coroa, ele avança duas casas. O jogo acaba quando Pedro alcança ou ultrapassa a última casa. Faltam três casas para Pedro terminar o jogo.
Qual é a probabilidade de que ele tire coroa em sua última jogada?
a) $\frac{7}{8}$
b) $\frac{5}{6}$
c) $\frac{2}{3}$
d) $\frac{5}{8}$
e) $\frac{3}{4}$

81. (Obmep-2009) A figura mostra um polígono em forma de T e uma maneira de dividi-lo em retângulos de lados 1 cm e 2 cm.

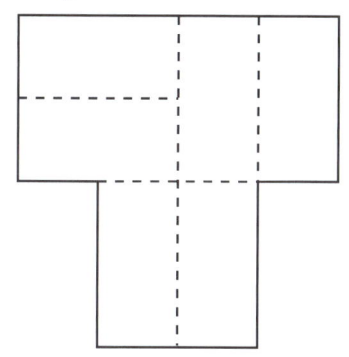

De quantas maneiras distintas, incluindo a da figura, é possível fazer divisões desse tipo?
a) 7
b) 9
c) 11
d) 13
e) 15

82. (Obmep-2009) Um torneio de futebol com 57 times será disputado com as seguintes regras:
- Nenhum jogo pode terminar empatado.
- O time que perder duas partidas será eliminado.
- O torneio termina quando sobrar apenas um time, que será o campeão.

Se o time campeão perder uma vez, quantas partidas serão disputadas no torneio?
a) 56
b) 57
c) 58
d) 112
e) 113

83. (Obmep-2009) Luciana tem três canetas pretas e três vermelhas. Ontem ela pegou, ao acaso, uma dessas canetas e colocou-a

na bolsa. Hoje ela colocou uma caneta preta na bolsa. Se ela retirar uma dessas duas canetas da bolsa, sem olhar, qual a probabilidade de essa caneta ser preta?

a) $\frac{1}{2}$   c) $\frac{3}{5}$   e) $\frac{4}{7}$

b) $\frac{2}{3}$   d) $\frac{3}{4}$

84. (Obmep-2008) Fábio tem cinco camisas: uma preta de mangas curtas, uma preta de mangas compridas, uma azul, uma cinza e uma branca, e quatro calças: uma preta, uma azul, uma verde e uma marrom. De quantas maneiras diferentes ele pode se vestir com uma camisa e uma calça de cores distintas?

a) 12   c) 17   e) 20
b) 15   d) 18

85. (OBM-2006) Num relógio digital, as horas são exibidas por meio de quatro algarismos. Por exemplo, ao mostrar 00 : 00 sabemos que é meia-noite e ao mostrar 23 : 59 sabemos que falta um minuto para meia-noite. Quantas vezes por dia os quatro algarismos mostrados são todos pares?

a) 60   c) 105   e) 240
b) 90   d) 180

86. (OBM-2006) As permutações da palavra BRASIL foram listadas em ordem alfabética, como se fossem palavras de seis letras em um dicionário. A 361ª palavra nessa lista é:

a) BRISAL   d) SABRIL
b) SIRBAL   e) LABIRS
c) RASBIL

87. (OBM-2007) Um código de barras é formado por barras verticais pretas de três larguras diferentes. Duas barras pretas sempre são separadas por uma barra branca, também com três larguras diferentes. O código começa e termina com uma barra preta, como no exemplo abaixo.

Considere um código S, formado por uma barra preta fina, duas médias e uma grossa, separadas por barras brancas finas. Quantos códigos S diferentes podem ser assim formados?
a) 4   b) 6   c) 12   d) 24   e) 36

## Capítulo 9 – Polígonos, construções geométricas e áreas

88. (Obmep-2005) As duas peças de madeira a seguir são iguais.

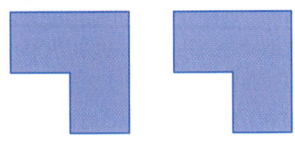

Podem-se juntar essas duas peças para formar uma peça maior, como mostra o seguinte exemplo.

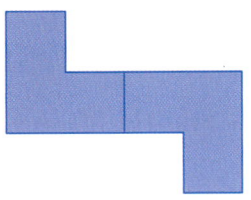

Qual das figuras abaixo representa uma peça que NÃO pode ser formada com as duas peças dadas?

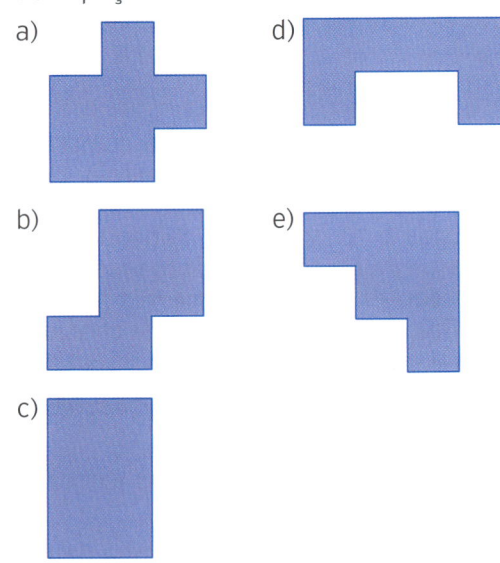

a)   d)
b)   e)
c)

89. (CMB-DF-2006) Um campo de futebol tem formato retangular. O seu comprimento mede 1 dam e a sua largura mede 0,6 hm. Determine a área desse campo.

a) 0,06 m²   d) 60 m²
b) 0,6 m²    e) 600 m²
c) 6 m²

90. (CMB-DF-2009) O *tangram* é um quebra-cabeça chinês antigo. O nome significa

"7 tábuas da sabedoria". Ele é composto por sete peças, chamadas de "tans", que podem ser posicionadas de maneira a formar um quadrado. Nesse quebra-cabeça, devem-se sempre observar duas regras: todas as peças devem ser usadas e não é permitido sobrepor as peças. Considerando que o *tangram* abaixo representa a unidade, a forma decimal da fração que representa a soma das áreas das peças 5, 6 e 7 é:

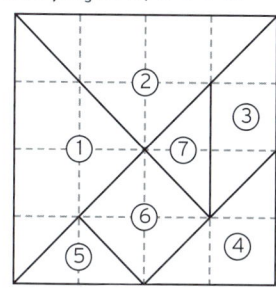

a) 0,0625
b) 0,125
c) 0,2
d) 0,25
e) 0,5

91. (CMS-BA-2009) O Sr. L. A. Jota pretende trocar o piso da sala de sua casa de praia, que tem as seguintes dimensões:

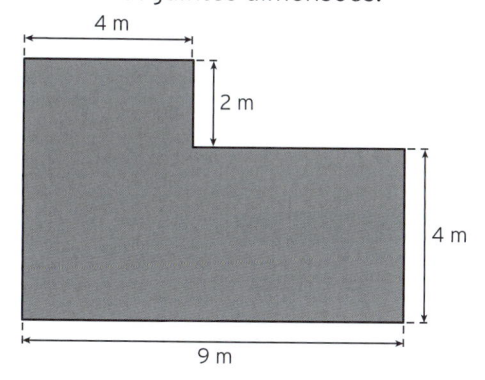

Ele pretende cobrir toda a área da sala com placas quadradas de 20 cm de lado, que são vendidas ao preço de R$ 16,00 por metro quadrado. Quanto o Sr. L. A. Jota deverá gastar para comprar esse piso sem que haja sobra no final?
a) R$ 576,00
b) R$ 448,00
c) R$ 384,00
d) R$ 704,00
e) R$ 1248,00

92. (CMS-BA-2009) Uma piscina vai ser totalmente azulejada. Suas medidas são 1,7 m de profundidade, 15 m de comprimento e 12 m de largura. Qual a área a ser azulejada?
a) 225,9 m²
b) 271,8 m²
c) 300,0 m²
d) 306,0 m²
e) 451,8 m²

93. (Obmep-2007) Nanci tem seis quadrados de cartolina iguais, como na figura I. Com esses cartões ela montou a figura II.

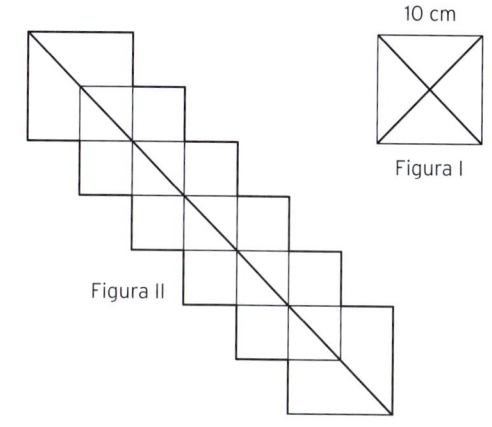

Qual é a área dessa figura?
a) 450 cm²
b) 475 cm²
c) 525 cm²
d) 540 cm²
e) 600 cm²

94. (CMRJ-RJ-2005) Uma metalúrgica utiliza chapas de aço quadradas, de 1 m de lado, para recortar pedaços quadrados de 30 cm de lado. Ao sair da máquina, da chapa original sobra uma parte, considerada como sucata, conforme figura abaixo.

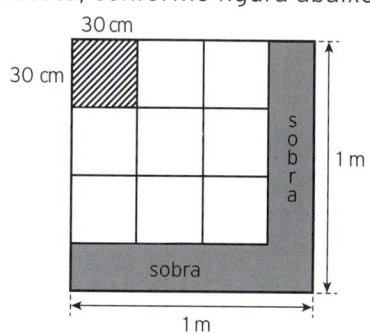

Desprezando as aparas decorrentes dos cortes e sabendo que o cm² da referida chapa custa R$ 0,02, assinale a opção correta.
a) Para cada chapa recortada, a metalúrgica tem uma sobra de 18 dm².
b) Para a metalúrgica não ter prejuízo financeiro, deverá vender as sobras de cada chapa recortada, como sucata, por R$ 38,00.
c) A cada 5 chapas recortadas, a metalúrgica perde o equivalente a $\frac{17}{20}$ da chapa no tamanho original.
d) A chapa no tamanho original custa R$ 20,00.
e) Cada pedaço quadrado recortado custa R$ 1,80.

## Siglas das questões de concursos

CMB-DF — Colégio Militar de Brasília
CMDPII-DF — Colégio Militar Dom Pedro II
CMPA-RS — Colégio Militar de Porto Alegre
CMRJ-RJ — Colégio Militar do Rio de Janeiro
CMS-BA — Colégio Militar de Salvador
CMSM-RS — Colégio Militar de Santa Maria
OBM — Olimpíada Brasileira de Matemática
Obmep — Olimpíada Brasileira de Matemática das Escolas Públicas
Saresp — Sistema de Avaliação de Rendimento Escolar do Estado de São Paulo

## Gabarito das questões de concursos

### Capítulo 1
**Números inteiros**
1. c
2. d
3. b
4. e
5. a
6. c
7. e
8. c
9. a
10. b

### Capítulo 2
**Números racionais**
11. d
12. c
13. a
14. d
15. c
16. a
17. e
18. c
19. b
20. a
21. e

### Capítulo 3
**Grandezas e medidas**
22. c
23. e
24. a
25. e
26. e
27. e
28. a
29. e
30. e
31. d
32. d
33. b

### Capítulo 4
**Equações**
34. d
35. d
36. c
37. a
38. d
39. b
40. c
41. a
42. c
43. c
44. a

### Capítulo 5
**Inequações e equações com duas incógnitas**
45. c
46. e
47. d
48. d
49. e
50. a
51. a
52. e
53. e
54. d
55. d

### Capítulo 6
**Proporcionalidade**
56. c
57. b
58. c
59. d
60. c
61. b
62. c
63. d
64. d
65. d
66. c

### Capítulo 7
**Ângulos, circunferências e círculos**
67. c
68. d
69. c
70. d
71. b
72. a
73. d
74. c
75. e
76. c

### Capítulo 8
**Probabilidade e estatística**
77. e
78. e
79. e
80. d
81. c
82. e
83. d
84. c
85. c
86. e
87. c

### Capítulo 9
**Polígonos, construções geométricas e áreas**
88. e
89. e
90. d
91. d
92. b
93. b
94. b

# Gabarito dos roteiros de estudos

## Capítulo 1 (p. 40)

### Autoavaliação

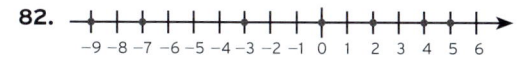

**82.** 

a) −9 e 5

b) e c)

| Número | Valor absoluto | Simétrico |
|---|---|---|
| −7 | 7 | 7 |
| 5 | 5 | −5 |
| −3 | 3 | 3 |
| −9 | 9 | 9 |
| 0 | 0 | 0 |
| 2 | 2 | −2 |
| 4 | 4 | −4 |

d) Não.

**83.** a) Verdadeira, pois o sucessor de −21 é −20, o antecessor de 21 é 20 e 20 e −20 são opostos.

b) Falsa, pois entre −2 e 2 há três números inteiros: −1, 0 e 1

c) Verdadeira, pois os números inteiros maiores do que −1 são o zero e os números inteiros positivos.

d) Verdadeira, pois a definição de módulo é a distância entre a origem e o ponto que representa o número, e essa distância é sempre um número positivo.

**84.** 12 metros de profundidade: −12
55 metros de profundidade: −55

**85.** a) −8    b) 15    c) −2    d) 23

**86.** 3 horas e 45 minutos.

**87.** 

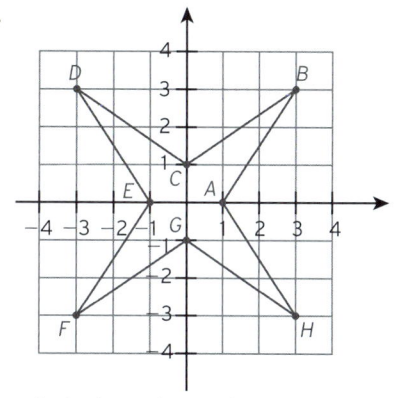

estrela de quatro pontas

### Reforço

**88.** a) • temperatura de um *freezer* doméstico: −18 °C
• temperatura da superfície do Sol: 6 000 °C
• recorde mundial de frio (no polo Sul): −88 °C
• temperatura normal do corpo humano: 36,5 °C
• recorde mundial de calor (na Líbia): 58 °C
• temperatura em que a água transforma-se em gelo: 0 °C
• temperatura do congelador de uma geladeira: −3 °C

b) −88 °C; −18 °C; −3 °C; 0 °C; 36,5 °C; 58 °C; 6 000 °C

**89.** b

**90.** a)

| Data | Depósito | Retirada | Saldo |
|---|---|---|---|
| 31/3 | R$ 200,00 | – | + R$ 120,00 |
| 1º/4 | – | R$ 150,00 | − R$ 30,00 |
| 3/4 | – | R$ 60,00 | − R$ 90,00 |
| 5/4 | R$ 50,00 | – | − R$ 40,00 |
| 10/4 | R$ 100,00 | – | + R$ 60,00 |

b) −R$ 80,00

**91.** −4 e 6

**92.** b

### Aprofundamento

**93.** A equipe A terá 450 fichas a menos do que a equipe B.

**94.** Resposta possível:

| 3 | −2 | −1 |
|---|---|---|
| −4 | 0 | 4 |
| 1 | 2 | −3 |

**95.** c

**96.** c

## Capítulo 2 (p. 66)

### Autoavaliação

**87.** a) Verdadeira.
b) Verdadeira.
c) Verdadeira.
d) Falsa, pois, por exemplo, os números $-\frac{1}{3}$ e 0,617 são racionais, mas não são naturais.

**88.** $-5\frac{9}{13} = -\frac{74}{13}$      $7,124 = \frac{7124}{1000} = \frac{1781}{250}$

$33 = \frac{33}{1}$      $-93,39 = -\frac{9339}{100}$

$-18,6 = -\frac{186}{10} = -\frac{94}{5}$      $-2\frac{15}{28} = -\frac{71}{28}$

Em ordem crescente: $-\frac{9339}{100}, -\frac{94}{5}, -\frac{74}{13}, -\frac{71}{28}, \frac{1781}{250}, \frac{33}{1}$

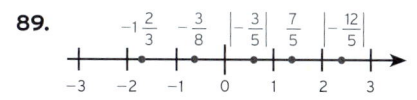

**89.** 

a) V    c) III    e) II
b) IV   d) I

**90.** a) $\frac{53}{20}$    b) $\frac{9}{2}$

**91.** e

### Reforço

**92.** a) $\frac{4}{9}$    c) $-\frac{49}{200}$

b) $-\frac{1}{8}$    d) 0,425

**93.** a) 4
b) 4 e −7
c) todos

# Gabarito dos roteiros de estudos

94.

| $-\dfrac{5}{2}$ | $-4$ | $-\dfrac{3}{2}$ |
|---|---|---|
| $-1$ | $-2$ | $-5$ |
| $-\dfrac{9}{2}$ | $-2$ | $-\dfrac{3}{2}$ |

95. e
96. d

**Aprofundamento**
97. 5,65
98. c
99. c
100. 12

## Capítulo 3 (p. 92)

**Autoavaliação**
65. 4 374 cm³
66. 3,2 m
67. 550 000
68. 12,8 minutos
69. 432 litros
70. 400 arrobas
71. Vender as flores imediatamente.
72. 53

**Reforço**
73. c
74. d
75. 17 000
76. 20 000
77. c

**Aprofundamento**
78. b
79. Vão os homens de 60 kg e de 65 kg. Volta um deles, por exemplo, o de 60 kg. Vai o homem de 80 kg. Volta o homem de 65 kg. Vão os homens de 60 kg e de 65 kg novamente, finalizando a viagem.
80. 8 cm
81. d.

## Capítulo 4 (p. 118)

**Autoavaliação**
65. a) $4x + 6$
    b) $\dfrac{p}{a^2}$
66. $-3$
67. a) III
    b) I
    c) IV
    d) II
68. a) sim    b) não    c) sim
69. 7
70. a) 5 m
    b) A: 60 m³; B: 30 m³
71. a) $-\dfrac{5}{3}$    b) $-\dfrac{5}{2}$    c) $\dfrac{55}{6}$

**Reforço**
72. Respostas possíveis:
    a) $0,1x$ ou $\dfrac{x}{10}$    c) $xy - x^2$
    b) $\dfrac{a + b + c}{3}$    d) $(p + q)^2$
73. a) $5x$    c) $-4x - 20$
    b) $-\dfrac{3}{2}x$    d) $9x - 31$
74. a) Verdadeira, pois a simplificação de uma equação não altera seu valor e, consequentemente, não altera sua raiz.
    b) Verdadeira, pois: $4^2 - 16 = 16 - 16 = 0$ e $(-4)^2 - 16 = = 16 - 16 = 0$
    c) Falsa, pois sua raiz é $-10$, que não é um número natural.
    d) Falsa, pois $-7 - 2 \cdot 7 = -7 - 14 = -21 \neq 21$.
75. d
76. I. $x = -84$
    II. $x = -\dfrac{3}{5}$
    III. $x = 5$
    IV. $x = \dfrac{35}{4}$
    a) III
    b) I e II
    c) I
77. 12 cm
78. c

**Aprofundamento**
79. d
80. a) $-7$    b) $\dfrac{5}{6}$
81. d
82. R$ 400,00
83. R$ 252,00

## Capítulo 5 (p. 138)

**Autoavaliação**
46. a) Verdadeira, pois adicionar um mesmo número aos dois membros de uma desigualdade não altera a sentença.
    b) Verdadeira, pois multiplicar os dois membros de uma desigualdade por um número positivo não altera a sentença.
    c) Falsa, pois multiplicar os dois membros de uma desigualdade por um número negativo altera a sentença. Correção: Se $-x \leq 8$, então $-x \cdot (-1) \geq 8 \cdot (-1)$.
47. 4
48. $-5, \dfrac{1}{2}$ e $4$
49. a) 0, 1, 2, ..., 12 e 13
    b) 0, 1, 2, ..., 20 e 21
    c) 0, 1, 2, ...
    d) 7, 8, 9, ...
50. a) Não    b) $-2$    c) 1
51. 376 unidades

**Reforço**

**52.** a) $a + 0,2 \leq 2,5$ ou $a + 20 \leq 250$
b) $n > 2 \cdot (n + 1)$
c) $\frac{x}{3} - 10 > x$

**53.** c

**54.** a) $x < -8$     c) $x \leq \frac{5}{13}$
b) $x < \frac{3}{7}$     d) $x < -6$

**55.** b

**56.** a) $100 + 1,25x$
b) Ao dirigir menos de 80 quilômetros nos dois dias.

**57.** Respostas possíveis: (0, 5); (1, 4); (2, 3); (3, 2); (4, 1) e (5, 0).

**Aprofundamento**

**58.** 50 e 150

**59.** a) No novo procedimento; No procedimento antigo.
b) $x < 320$

**60.** d

**61.** 2,7

### Capítulo 6 (p. 158)

**Autoavaliação**

**67.** a) 15 cm     c) $\frac{16}{25}$
b) $\frac{4}{5}$     d) não

**68.** a) 4 metros     c) 15%
b) 300 000 km/s     d) 7,85 g/cm³

**69.** R$ 480,00; R$ 600,00 e R$ 1200,00

**70.** a) diretamente proporcionais
b) diretamente proporcionais
c) inversamente proporcionais
d) inversamente proporcionais

**71.** 52 km/h

**72.** 64 kWh

**Reforço**

**73.** a) 27, 12, 33, 42 e 8
b) Medicina

**74.** a) sim     c) sim
b) não     d) não

**75.**

| Estado | População (habitantes) | Área aproximada (km²) | Densidade demográfica aproximada (hab./km²) |
|---|---|---|---|
| Rio de Janeiro | 15 420 375 | 43 696 | 352,90 |
| São Paulo | 39 827 570 | 248 208 | 160,46 |
| Espírito Santo | 3 351 665 | 46 078 | 72,74 |

Disponível em: < http://www.ibge.gov.br/vamoscontar/2010/guias_flipbook/guia_ensino_medio.pdf>.
Acesso em: 15 set. 2014.

**76.** 3,75 litros/min

**77.** a) Aílton: 360 m/min; Patrícia: 300 m/min
b) Usain Bolt: aproximadamente 10,43 m/s
Aílton: 6 m/s
Patrícia: 5 m/s

**78.** 4

**Aprofundamento**

**79.** a

**80.** c

**81.** d

### Capítulo 7 (p. 188)

**Autoavaliação**

**67.** a) 43 500''
b) 12'
c) 1° 35' 10''

**68.** 4° 31'

**69.** I. 80°
II. 32° 30'
III. 15°
a) opostos pelo vértice
b) complementares
c) suplementares

**70.** 45°

**71.** 6,28 km

**72.** c

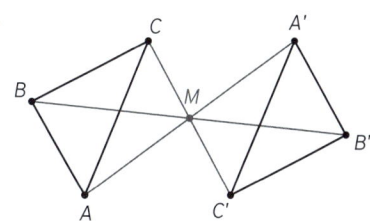

**73.**

**Reforço**

**74.** a) II     b) III     c) I

**75.** 198° 22' 39''

**76.** Dois medem 16°, e os outros dois, 64°.

**77.** 102°

**78.**

| Programa preferido | Quantidade de pessoas | Porcentagem | Medida do ângulo do setor circular |
|---|---|---|---|
| Cinema | 126 | 35% | 126° |
| Música | 90 | 25% | 90° |
| Teatro | 90 | 25% | 90° |
| Dança | 36 | 10% | 36° |
| Outros | 18 | 5% | 18° |

**79.** a) Verdadeira.
b) Falsa, uma figura apresenta simetria central quando todos os pontos da figura são simétricos a outros pontos da figura em relação a um mesmo ponto M.

# Gabarito dos roteiros de estudos

c) Falsa, o círculo todo tem 360° de ângulo central; assim, o ângulo central de um setor circular de $\frac{1}{4}$ do círculo medirá:
$\frac{1}{4}$ de $360° = \frac{1}{4} \cdot 360° = 90°$

d) Verdadeira.

e) Falsa, ao adicionarmos dois ângulos suplementares obtemos 180°. Assim, se um ângulo é obtuso (maior do que 90°), o seu suplementar não pode ser obtuso também, pois sua soma superaria 180°; nesse caso se trata de um ângulo agudo (menor do que 90°).

79. Espera-se que os alunos percebam que, como a quantidade total de pessoas é 360 e uma circunferência completa tem 360°, cada pessoa representará um setor circular de 1°; então, 126 pessoas representarão 126°, e assim por diante.

| Programa preferido | Quantidade de pessoas | Porcentagem | Ângulo do setor circular |
|---|---|---|---|
| Cinema | 126 | 35% | 126° |
| Música | 90 | 25% | 90° |
| Teatro | 90 | 25% | 90° |
| Dança | 36 | 10% | 36° |
| Outros | 18 | 5% | 18° |

**Aprofundamento**

80. $x = 60°$ e $y = 30°$
81. $x = 70°$ e $y = 110°$
82. d

## Capítulo 8 (p. 206)

**Autoavaliação**

37. 12
38. 8
39. $\frac{3}{8}$
40. $\frac{1}{12}$
41. c
42. a) Resposta pessoal.
    b) Resposta pessoal.

**Reforço**

43. a) 6
    b) 27
44. $\frac{1}{13}$
45. a) 770
    b) 90

**Aprofundamento**

46. b
47. b

## Capítulo 9 (p. 238)

**Autoavaliação**

102. O quadrado e o triângulo equilátero. O losango e o retângulo serão regulares se forem quadrados.

103. aproximadamente 159°

104. Como o triângulo tem ângulos internos de medida 105° e 30° e a soma das medidas dos três ângulos é 180°, $\hat{B} = 45°$. Utilizando a régua, traçamos um segmento AB de medida 8 cm. No vértice A posicionamos o 0° do transferidor alinhado com o segmento AB, marcando o ângulo de 105°. Traçamos esse ângulo. No vértice B procedemos da mesma maneira, marcando e traçando o ângulo de 45°. A intersecção dos lados desses ângulos determina o vértice C do triângulo, cujo ângulo interno, por construção, mede 30°.

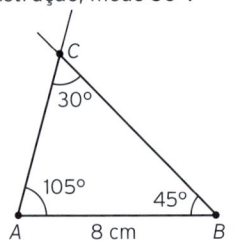

105. Utilizando a régua, traçamos um segmento AB de 15 cm. No vértice A, construímos com o compasso um ângulo de 30° com o segmento AB.

Como o trapézio é isósceles, os lados não paralelos são congruentes e, do mesmo modo, os ângulos da base são congruentes. Assim, em B, também construímos, com o compasso, um ângulo de 30°.

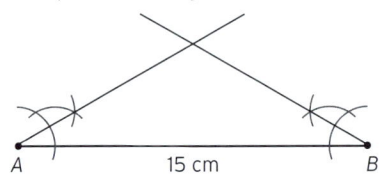

Para saber a altura do trapézio, determinamos em um ponto P qualquer do segmento AB uma reta perpendicular ao segmento nesse ponto. Para tanto, basta construir um ângulo de 90°. No lado desse ângulo marcamos um segmento de 2,5 cm, determinando um ponto Q na reta.

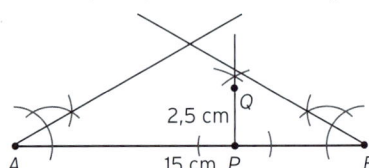

Por esse ponto Q, construímos também uma reta perpendicular à PQ, determinando uma reta paralela a AB e que dista 2,5 cm desta. A intersecção dessa reta com os lados dos ângulos de 30° construídos determina os vértices C e D do trapézio isósceles.

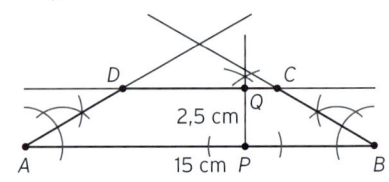

106. a) Verdadeira.
    b) Falsa, pois se a área do losango é 12 cm² e sua diagonal maior mede 6 cm, sua diagonal menor deve medir 4 cm, para que $\frac{6 \text{ cm} \cdot 4 \text{ cm}}{2} = 12$ cm².
    c) Verdadeira, pois 7 cm · 3 cm = 21 cm².

107. e

**Reforço**

**108.** a) 9 lados, 9 vértices e 9 ângulos internos
b) 6 diagonais
c) 27
d) 1260°

**109.** 3 240°

**110.** Primeiro caso

Traçamos uma reta qualquer e marcamos um ponto A. Por esse ponto, traçamos uma reta perpendicular à reta traçada e, nela, marcamos um segmento AH de 2,5 cm.

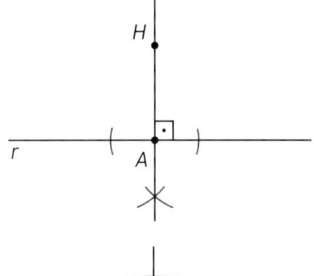

Pelo ponto H, traçamos uma reta perpendicular à AH, que será, então, paralela à reta traçada inicialmente.

Com a ponta-seca do compasso centrada em A, traçamos um arco de abertura 4 cm que intersecta a reta paralela nos pontos B e C. Traçando os segmentos AB e BC, obtemos o triângulo isósceles ABC.

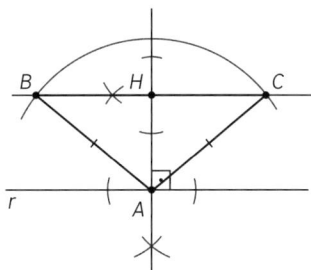

Segundo caso

Em um triângulo isósceles, a altura relativa ao lado de medida diferente dos demais pertence ao eixo de simetria do triângulo; portanto, divide esse lado em dois segmentos congruentes. Como no triângulo proposto a base mede 4 cm, essa altura divide o segmento em dois segmentos de 2 cm.

Nela, um segmento BH de medida 2 cm. Com a ponta-seca do compasso em H e abertura também de 2 cm, construímos um arco que intersecta a reta em um ponto C, diferente de B.

Pelo ponto H, traçamos uma reta perpendicular a BH e marcamos nela um segmento AH de 2,5 cm de comprimento. Traçando os segmentos AB e AC, obtemos o triângulo isósceles ABC.

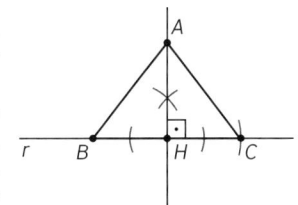

**111.** Traçamos uma reta qualquer e marcamos nela um ponto M. Começando em M, construímos um ângulo de 22° 30' para cada lado da reta construída. Sobre os lados desses ângulos, marcamos os segmentos MN e MP de 5 cm de comprimento.

Com a ponta-seca do compasso centrada em N ou em P e abertura de 5 cm, traçamos um arco de circunferência que intersecta a reta traçada inicialmente em um ponto O. Traçando os segmentos NO e OP, obtemos o losango MNOP.

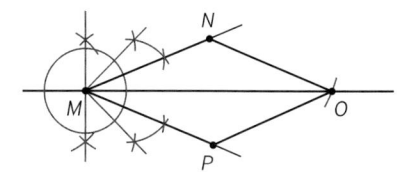

**112.** e

**Aprofundamento**

**113.** a) 64 cm² b) $\frac{256}{9}$ cm²

**114.** 24 cm²; 26 cm

**115.** 90

**116.** Marcamos um ponto O e, com a ponta-seca do compasso em O e abertura de 3 cm, traçamos uma circunferência.

Marcamos nessa circunferência um ponto A e traçamos o segmento OA. Construímos em A um ângulo de 45° com o segmento OA. A intersecção do lado desse ângulo com a circunferência determina um ponto B.

Construindo um ângulo de 90° em B, determinamos na circunferência um ponto C. Construindo um ângulo de 90° em C, determinamos um ponto D. Traçando o segmento DA, obtemos o quadrado ABCD inscrito na circunferência.

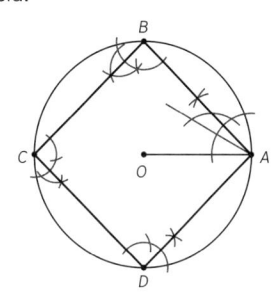

**117.** d

**118.** d

# Referências bibliográficas

ARTHUR, C.; ALBERT, S. *As ideias da álgebra*. Trad. Hygino Domingues. São Paulo: Atual, 1994.

BARBOSA, J. L. M. *Geometria euclidiana plana*. Rio de Janeiro: SBM, 2004 (Coleção do Professor de Matemática).

BARBOSA, R. M. *Descobrindo padrões em mosaicos*. São Paulo: Atual, 1993.

_____. *Descobrindo padrões pitagóricos*. São Paulo: Atual, 1993.

BAUMGART, J. K. *Tópicos de história da matemática para uso em sala de aula*: história da álgebra. Trad. Hygino H. Domingues. São Paulo: Atual, 1992. v. 4.

BERLOQUIM, P. *100 jogos geométricos*. Lisboa: Gradiva, 1991.

BOYER, C. B. *História da matemática*. 2. ed. Trad. Elza F. Gomide. São Paulo: Edgard Blücher, 1991.

CAROLI, A.; CALLIOLI, C. A.; FEITOSA, M. D. *Matrizes, vetores, geometria analítica*. 9. ed. São Paulo: Nobel, 1978.

CENTURIÓN, M. *Conteúdo e metodologia da matemática*: números e operações. São Paulo: Scipione, 2002 (Série didática – classes de magistério).

CONTE, C. B. *Pitágoras*: Ciência e magia na antiga Grécia. São Paulo: Madras, 2010.

D'AMBROSIO, U. *Educação matemática*: da teoria à prática. Campinas: Papirus, 1997.

DANTZIG, T. *Número, a linguagem da ciência*. Lisboa: Áster, 1970 (Coleção Marco Polo).

D'AQUINO, C. *Ganhei um dinheirinho*: o que posso fazer com ele? São Paulo: Moderna, 2010.

_____. *Dinheiro não é brincadeira*. Disponível em: <http://www.serasaexperian.com.br/gibi/p01.htm>. Acesso em: 10 jan. 2011.

DELORS, J. *Educação*: um tesouro a descobrir. São Paulo: Cortez/Unesco, 2003.

DINIZ, M. I. de S. V.; SMOLE, K. C. S. *O conceito de ângulo e o ensino de geometria*. São Paulo: Instituto de Matemática e Estatística da USP/Spec/PADCT/Capes, 1993.

DOMINGUES, H. H. *Fundamentos de aritmética*. São Paulo: Atual, 1991.

EVES, H. *Tópicos de história da matemática para uso em sala de aula*: história da geometria. São Paulo: Atual, 1992.

_____. *Introdução à história da matemática*. Trad. Hygino H. Domingues. São Paulo: Unicamp, 2005.

GALVÃO, M. E. E. L. *História da Matemática*. São Paulo: Edifieo, 2008.

GARBI, G. G. *C.Q.D.*: explicações e demonstrações sobre conceitos, teoremas e fórmulas da geometria. São Paulo: Livraria da Física, 2010.

_____. *O romance das equações algébricas*. São Paulo: Livraria da Física, 2009.

GOWERS, T. *Matemática*: Uma breve introdução. Lisboa: Gradiva, 2008.

GUNDLACH, B. H. *Tópicos de história da matemática para uso em sala de aula*: história dos números e numerais. Trad. Hygino H. Domingues. São Paulo: Atual, 1992. v. 1.

HEIN, N.; DADAM, F. *Teoria unificada dos conjuntos*. Rio de Janeiro: Ciência Moderna, 2009.

HILBERT D. *Fundamentos da geometria*. Lisboa: Gradiva, 2003.

IFRAH, G. *Os números*: a história de uma grande invenção. São Paulo: Globo, 1998.

_____. *História universal dos algarismos*. Rio de Janeiro: Nova Fronteira, 1995. v. 2.

JULIANELLI, J. R. *Cálculo vetorial e geometria analítica*. Rio de Janeiro: Ciência Moderna, 2008.

KALEFF A. M. M. R. *Vendo e entendendo poliedros*. Niterói: Eduff, 1998.

KARLSON, P. *A magia dos números*. Porto Alegre: Globo, 1961.

LAURICELLA, C. M. *A Matemática do ENEM*: mais de 110 exercícios resolvidos. Rio de Janeiro: Ciência Moderna, 2011.

LINDQUIST, M. M.; SHULTE, A. P. (Orgs.). *Aprendendo e ensinando geometria*. São Paulo: Atual, 1994.

LINS, R. C.; GIMENEZ, J. *Perspectiva em aritmética e álgebra para o século XXI*. Campinas: Papirus, 1997.

MARQUES, M. *Teoria da medida*. Campinas: Unicamp, 2009.

MLODINOW, L. *A janela de Euclides*: a história da geometria, das linhas paralelas ao hiperespaço. Belo Horizonte: Geração, 2010.

NETO, J. B. *Cálculo*: para entender e usar. São Paulo: Livraria da Física, 2009.

NOVAZZI, A.; LORETO JÚNIOR, A. P. *Cálculo básico*: teoria e exercícios. São Paulo: LCTE, 2011.

NUNES, T.; BRYANT, P. Compreendendo números racionais. In: *Crianças fazendo matemática*. Porto Alegre: Artmed, 1997.

PAIVA, M. *Matemática*: conceitos, linguagens e aplicações. São Paulo: Moderna, 2005. v. 1.

POLYA, G. *A arte de resolver problemas*. Rio de Janeiro: Interciência, 2006.

REZENDE, E. Q. F.; QUEIROZ, M. L. B. *Geometria euclidiana plana e construções geométricas*. Campinas: Unicamp, 2011.

RONAN, C. A. *História ilustrada da ciência*: das origens à Grécia. Rio de Janeiro: Jorge Zahar, 2001. v. 1.

SAMPAIO, F. A. *Matemágica*: história, aplicações e jogos matemáticos. Campinas: Papirus, 2009 (Série atividades).

SAUTOY, M. du. *A música dos números primos*: a história de um problema não resolvido na matemática. Rio de Janeiro: Zahar, 2003.

SOARES, L. J. *Construção dos conjuntos numéricos*. Pelotas: Educart, 2008.

SOUZA, J. C. de M. e. *Matemática divertida e curiosa*. 27. ed. Rio de Janeiro: Record, 2009.

SPERANDIO, D.; MENDES, J. T.; SILVA, L. H. M. *Cálculo numérico*: características matemáticas e computacionais dos métodos numéricos. São Paulo: Pearson, 2006.

STEIN, J. D. A. *A Matemática pode mudar sua vida*. Rio de Janeiro: Elsevier, 2010.

STEWART, I. *Almanaque das curiosidades matemáticas*. Rio de Janeiro: Zahar, 2009.

SURENDRA, V. *Ideias geniais*: os principais teoremas, teorias, leis e princípios científicos de todos os tempos. Belo Horizonte: Gutenberg, 2011.

TATTERSALL, J. *Elementary number theory in nine chapters*. Londres: Cambridge University Press, 1999.

VORDERMAN, C. [et al.]. *Matemática para pais e filhos*. São Paulo: Publifolha, 2011.

WAAL, F. de. *A era da empatia*: lições da natureza para uma sociedade mais gentil. São Paulo: Companhia das Letras, 2009.

WILSON, R. J.; WATKINS, J. *Graphics*: an introductory approach. Nova York: John Wiley & Sons, 1990.

ZEGARELLI, M. *Matemática básica & Pré-álgebra para leigos*. Rio de Janeiro: Alta Books, 2009.

### Encarte

## ••• Jogo Alinhando números inteiros

- **Material**: 44 cartas (40 cartas contêm números positivos e negativos, e quatro cartas têm valor zero)
- **Número de jogadores**: de 2 a 4 jogadores ou equipes.
- **Objetivo**: Conseguir o maior número de pontos, alinhando as cartas sobre a mesa em ordem crescente.

### Regras

1. Combinar quantas cartas serão entregues a cada rodada, com um máximo de 9 cartas para cada jogador.
2. Distribuir as cartas entre todos os jogadores.
3. Ao sinal **já**, cada jogador abre suas cartas e as organiza em linha, a partir da sua esquerda, da menor para a maior.
4. A pessoa ou equipe que primeiro ordená-las corretamente ganha 3 pontos; a segunda ganha 2, e a terceira, 1 ponto.
5. Em caso de empate, os dois jogadores recebem mais 3 cartas, e quem encaixá-las primeiro recebe os pontos.
6. Se o jogador que terminou antes tiver errado a sequência, ele perde um ponto.
7. Se todos errarem, ninguém ganha pontos.
8. As cartas usadas na rodada são colocadas de lado, e as demais distribuídas novamente entre os jogadores. Caso todas as cartas tenham sido usadas, elas devem ser reembaralhadas e redistribuídas.
9. Vence a partida quem primeiro conseguir 10 pontos.

### Variante

- Organizar as cartas em ordem decrescente.

### Para refletir

- O zero vai ficar sempre na posição central da sequência?

---

## ••• Jogo Batalha dos inteiros

- **Material**: 44 cartas (as mesmas utilizadas no jogo *Alinhando números inteiros*)
- **Número de jogadores**: 2 a 4 jogadores ou equipes.
- **Objetivo**: Conseguir a maior quantidade de cartas, efetuando as operações matemáticas antes dos outros jogadores.

### Regras

1. Definir qual operação será usada no jogo: adição ou multiplicação.
2. Embaralhar e distribuir as cartas entre todos os jogadores, de modo que cada um fique com um monte de cartas fechado. Se forem 3 jogadores, distribuir apenas 42 cartas.
3. Ao sinal **já**, cada jogador abre a primeira carta de cima de seu monte, colocando-a na mesa para todos verem.
4. Em seguida, os jogadores devem, ao mesmo tempo, calcular mentalmente o resultado da operação escolhida com todas as cartas abertas. Por exemplo: a soma ou o produto de todas as cartas.
5. Quem primeiro disser o resultado certo ganha as cartas da rodada, colocando-as embaixo do seu monte.
6. Em caso de empate, as cartas são colocadas de lado e entregues ao vencedor da próxima rodada.
7. Vence a partida a pessoa ou equipe que conseguir todas as cartas, ou tiver a maior quantidade delas quando o tempo de jogo terminar.

### Variante

- Iniciar só com dois jogadores.
- Introduzir o jogo com as cartas menores e inserir as outras aos poucos.

### Para refletir

- Se houver 4 jogadores e a operação escolhida for a multiplicação, qual o maior resultado possível? E o menor?

265

## Encarte

**Cartas para os jogos Alinhando números inteiros e Batalha dos inteiros**

# Encarte

### Cartas do Jogo Alinhando números inteiros

**Encarte**

### Cartas do Jogo Alinhando números inteiros

# Encarte

## ••• Jogo Bingo com Matemática

Este é um jogo de bingo no qual os números são resultados de problemas matemáticos que os jogadores devem resolver.

- **Material**: Cartelas com respostas numéricas. Pequenos objetos para representar peões, como tampinhas de garrafa PET.
- **Número de jogadores**: 4 jogadores ou equipes.
- **Objetivo**: Completar uma linha, coluna ou diagonal na cartela, de acordo com os resultados dos problemas apresentados.

### Regras

1. Cada jogador escolhe uma das cartelas.
2. O professor deve ler para os alunos um dos problemas. Não é necessário seguir a ordem dos problemas da página.
3. Cada jogador ou equipe deve resolver o problema proposto.
4. Os jogadores devem então procurar, em suas cartelas, a casa que contém a resposta do problema e marcá-la com uma peça.
5. Se um jogador completar uma linha, coluna ou diagonal em sua cartela, deve dizer "bingo", em voz alta.
6. O jogo para momentaneamente, e o professor confere a cartela do jogador e as respostas.
7. Se a cartela tiver sido preenchida corretamente, o jogador é declarado vencedor. Caso contrário, ele é eliminado do jogo.
8. Se ninguém fizer bingo, o professor escolhe outra pergunta e o jogo recomeça.

### Variante

- Se quiser, o professor pode criar outros problemas, contanto que as respostas não difiram das 16 que constam nas cartelas.

### Para refletir

- Qual a principal diferença desse jogo para um bingo normal?

## ••• Cartelas para o Jogo Bingo com Matemática

**Cartela 1 (BINGO com Matemática):**

| 4 | 6 | 10 | 2 |
|---|---|---|---|
| $\frac{5}{2}$ | 3 | 20 | 14 |
| 5 | 240 | 12 | 1 |
| 16 | 50 | 1000 | 15 |

**Cartela 2 (BINGO com Matemática):**

| 16 | 20 | 1 | 2 |
|---|---|---|---|
| 12 | 1000 | 5 | $\frac{5}{2}$ |
| 240 | 15 | 14 | 3 |
| 4 | 6 | 50 | 10 |

## Encarte

### Cartelas para o Jogo Bingo com Matemática

**Cartela 1 (BINGO com Matemática):**

| 10 | 14 | 4 | $\frac{5}{2}$ |
|---|---|---|---|
| 1 | 15 | 16 | 2 |
| 50 | 6 | 3 | 5 |
| 240 | 20 | 12 | 1000 |

**Cartela 2 (BINGO com Matemática):**

| 1000 | 240 | 1 | 6 |
|---|---|---|---|
| 20 | 15 | 50 | 3 |
| 14 | $\frac{5}{2}$ | 4 | 12 |
| 10 | 2 | 16 | 5 |

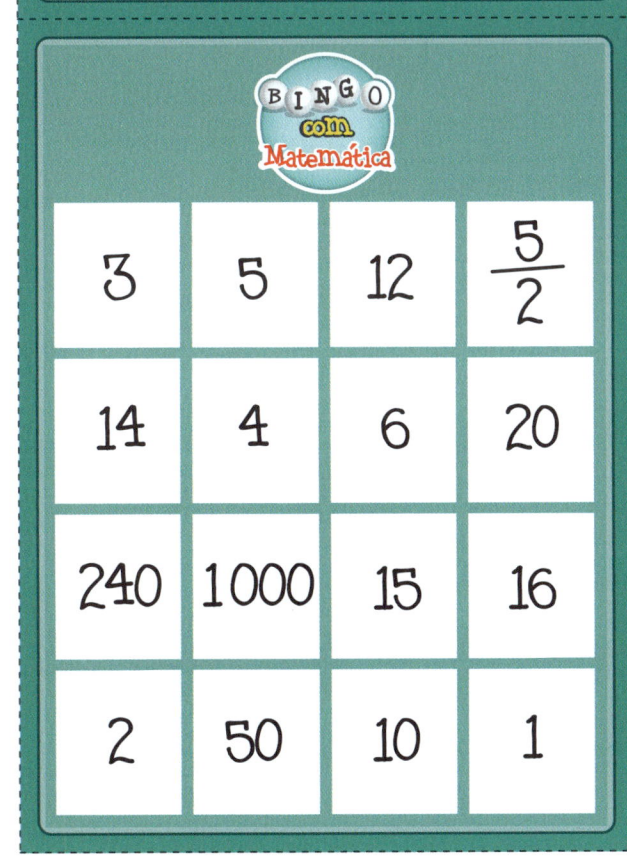

**Cartela 3 (BINGO com Matemática):**

| 3 | 5 | 12 | $\frac{5}{2}$ |
|---|---|---|---|
| 14 | 4 | 6 | 20 |
| 240 | 1000 | 15 | 16 |
| 2 | 50 | 10 | 1 |

**Cartela 4 (BINGO com Matemática):**

| 15 | 4 | 16 | 3 |
|---|---|---|---|
| 10 | 12 | 240 | 1 |
| 50 | 2 | 1000 | 6 |
| 20 | 5 | $\frac{5}{2}$ | 14 |

# Encarte

### ●●● Jogo das proporções

- **Material**: 36 cartas (marcadas de 1 a 9, 4 cartas para cada número).
- **Número de jogadores**: de 2 a 6 jogadores.
- **Objetivo**: Formar uma sequência, na ordem correta, que corresponda a uma proporção.

## Regras

1. Distribuir 4 cartas para cada jogador e dispor as restantes em uma pilha.
2. Cada jogador, caso não tenha uma sequência que represente uma proporção, retira uma carta da pilha e, em seguida, descarta outra, ficando sempre com 4 cartas. Se ele ainda não tiver cartas que formem uma proporção, passa a vez. Observe os exemplos abaixo.

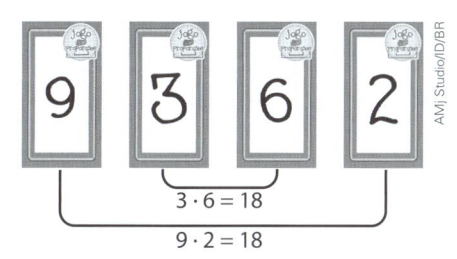

9 | 3 | 6 | 2
$3 \cdot 6 = 18$
$9 \cdot 2 = 18$

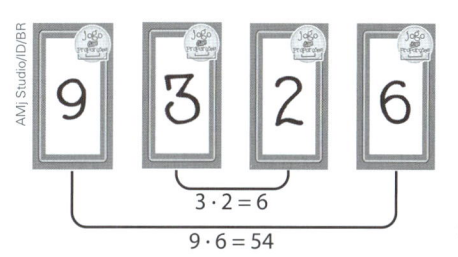

9 | 3 | 2 | 6
$3 \cdot 2 = 6$
$9 \cdot 6 = 54$

Note que a ordem das cartas é importante. O primeiro exemplo representa uma proporção, mas o segundo não.

3. Se o jogador apresentar as cartas em sequência incorreta, ou seja, que não forme corretamente uma proporção, perde a vez e sai da rodada.
4. O jogador seguinte, caso não tenha uma sequência que represente uma proporção, pode retirar uma carta da pilha ou pegar a descartada pelo jogador anterior. Depois também deve descartar uma carta.
5. O jogador que formar uma proporção corretamente marca 1 ponto.
6. Anotar a pontuação e reiniciar o jogo, recolhendo as cartas de todos os jogadores, embaralhando-as e distribuindo-as novamente.
7. Vence o jogador que fizer mais pontos.

## Para refletir

- É possível formar mais de uma proporção com as mesmas cartas?

### ●●● Carta para o Jogo das proporções

277

# Encarte

## Cartas para o Jogo das proporções